责任编辑：张　铁
责任校对：张志文
责任印制：丁淮宾

图书在版编目（CIP）数据

保险保障基金参与保险业风险处置与市场退出研究（Baoxian Baozhang Jijin Canyu Baoxianye Fengxian Chuzhi yu Shichang Tuichu Yanjiu）/任建国主编．—北京：中国金融出版社，2014.8
（中国保险保障基金制度研究与实践丛书）
ISBN 978 - 7 - 5049 - 7625 - 3

Ⅰ.①保…　Ⅱ.①任…②陈…③聂…　Ⅲ.①社会保险基金—基金管理—风险管理—研究—中国②社会保障基金—基金管理—风险管理—研究—中国③保险业—风险管理—研究—中国　Ⅳ.①F842②D632.1

中国版本图书馆 CIP 数据核字（2014）第 192494 号

出版
发行　**中国金融出版社**

社址　北京市丰台区益泽路 2 号
市场开发部　（010）63266347，63805472，63439533（传真）
网 上 书 店　http://www.chinafph.com
　　　　　　（010）63286832，63365686（传真）
读者服务部　（010）66070833，62568380
邮编　100071
经销　新华书店
印刷　利兴印刷有限公司
尺寸　169 毫米×239 毫米
印张　23.5
字数　347 千
版次　2014 年 8 月第 1 版
印次　2014 年 8 月第 1 次印刷
定价　40.00 元
ISBN 978 - 7 - 5049 - 7625 - 3/F. 7185
如出现印装错误本社负责调换　联系电话（010）63263947

中国保险保障基
制度研究与实践丛
ZHONGGUO BAOXIAN BAOZHANG
ZHIDU YANJIU YU SHIJIAN CONGS

保险保障基金参与保险业风险处置与市场退出研究

BAOXIAN BAOZHANG JIJIN CANYU BAOXIANYE
FENGXIAN CHUZHI YU SHICHANG TUICHU YANJIU

主　编◎任建国
副主编◎陈志理　聂永泰

中国金融出版社

序

　　保险保障基金制度是保险行业防范化解风险，保护保险消费者合法权益的一种重要的市场化救助制度。20 世纪 30 年代美国率先建立保险保障基金制度后，世界上很多国家相继建立了这类制度。经过几十年的发展，保险保障基金制度在全球范围不断发展和完善，发挥着越来越重要的作用。

　　1995 年，我国《保险法》首次对保险保障基金制度进行了原则性规定，保险业率先在我国金融行业建立了市场化的风险自救机制。从概念和功能上看，我国的保险保障基金是指按照《保险法》和《保险保障基金管理办法》规定，由保险公司缴纳，全行业集中管理，在保险公司发生重大风险，可能严重危及社会公众利益和金融稳定的情形下，统筹使用于救助保单持有人、保单受让公司或者处置保险业风险的行业风险救助基金。从发展历程上看，我国保险保障基金制度先后经历了"单独提取、专户存储"的企业留存阶段，"专户缴入、加强监管"的集中管理阶段和"借鉴经验、积极改制"的公司化运作阶段。2008 年 9 月，经国务院批准，保监会、财政部、中国人民银行三部门共同颁布了新的《保险保障基金管理办法》，设立了中国保险保障基金有限责任公司（以下简称保险保障基金公司），依法负责保险保障基金的筹集、管理和使用。目前，我国保险保障基金制度已成为加强保险业风险管理的重要制度安排和防范化解行业风险的有效工具。随着金融改革的全面深化，保险业发展的市场化程度将越来越高，市场竞争将越来越激烈，保险公司优胜劣汰将成为一种常态。面对市场在资源配置中起决定性作用的新形势，保险保障基金制度如何才能经得住市场和实践的检验，成为摆在我们面前的重大课题。

　　近年来，保险保障基金公司做了不少富有成效的工作，基金管理不断优化，规模突破 500 亿元，保值增值能力不断提高；风险处置平台日趋完善，初步积累了符合保险业市场化发展实际、成功处置行业风险的若干经验；风险监测工作扎实推进，逐步建立了有保险保障基金公司特色的风险监测和预警指标体系。中国保险保障基金制度研究与实践丛书的出版，既是对公司过去几年实践的梳理和总结，又是对保险保障基金事业未来发展的再探索，对我国保险保障基金制度的完善和发展具有积极的意义。可以说，只有在实践中不断总结经验、积极探索，充分学习借鉴先进国家和地区的成功做法，才能集各家之长，形成符合中国保险业市场化发展实际，能够有效防范化解行业风险的保险保障基金管理模式和风险监测与处置体系，筑牢保险行业风险屏障。

　　我国的保险保障基金制度还很年轻，需要进一步探索和解决的问题还很多。希望本丛书的出版能够起到"抛砖引玉"的作用，唤起业界、学界对保险保障基金事业的更多关注和对保险保障基金制度的研究热情；也希望这些研究成果能够为有志于从事保险保障基金理论研究和实践的各位学者、专家提供一定的帮助。

二〇一四年七月

前　　言

　　保险保障基金制度作为保险体系的重要组成部分，在国外已有几十年的历史，而在我国尚属新生事物。目前，国内理论上的研究成果主要体现在宏观政策层面，对保险保障基金的具体运行情况的研究较为薄弱。实践方面，迄今为止我国还没有保险公司破产的先例，动用保险保障基金处置保险业风险的经验较少，相关配套制度也在不断完善中。本书在借鉴其他国家（地区）先进制度和案例、总结自身经验的基础上，从理论到实践，对保险保障基金参与保险业风险处置、建立健全保险市场退出机制方面进行了研究。主要研究成果和内容如下：

一、主要研究成果

（一）风险处置方面

　　通过对保险保障基金参与风险处置及救助、救济的理论和实务的研究，取得以下成果：一是界定了保险业风险、风险处置、问题保险公司及保障基金公司风险处置职能几个重要概念，并从弱势群体保护、金融脆弱性、担保、利益相关者等经济学、管理学和法学视角阐述了保障基金公司风险处置职能的理论依据。二是将保险公司风险处置划分为风险显现、破产预防（持续恢复）、破产预防向破产过渡、破产等四个阶段，探讨了不同阶段保障基金公司的具体功能和作用。三是将保障基金公司救助保险公司的方式分为管理救助和财务救助两大类：提出了在尚未动用保险保障基金时，保障基金公司提前介入保险公司的风险处置工作，通过参与整顿、接管或托管的方式从管理上帮助控制和化解风险，对问题保险公司进行管理救助的理念；论述了保障基金公司动用保险保障基金，采用持股、提供借款和担保等股权或债权手段，对问题保险公司进行财务救助的方式；并对救助的条件和路径进行了深入研究。四是研究了以重整手段处置保险公司风险的方法，探讨通过司法途径解决问题保险公司风险。五是理顺了撤销清算和破产清算的实施关系，研究了受偿资产的管理与处置实务。六是开展保单救济标准研究，提出了我国保单救济标准的完善思路；明确了救济的条件、标准以及流程等实际问题。

（二）市场退出方面

通过对保险市场退出机制中的保险保障基金进行理论和实务研究、与其他国家（地区）进行比较，在总结我国保险保障基金风险处置经验和借鉴其他国家（地区）成功案例的基础上，取得以下成果：一是梳理了我国保险公司市场退出现有的基本法律框架，针对当前存在的问题，构建了保险公司市场退出以及保险保障基金参与保险业风险处置的法律法规体系。二是总结了保险保障基金参与风险处置的实践经验和存在的问题，为今后参与保险业风险处置工作提供了指导性意见。三是研究了美国、英国、日本、加拿大及中国台湾地区保险保障基金管理运行机制，对相关制度及案例操作进行了比较分析，为规范我国保险保障基金参与风险处置的法律法规和实施程序提供了参考。四是通过对境外保险市场退出的实务分析，结合保险保障基金相关理论，明确了保险保障基金使用应遵循市场化、成本最小化和风险最小化三原则。五是对保险保障基金参与风险处置的实践性问题进行研究探讨，分别对保单持有人、保单受让公司、保险公司的救济制定详细的实施流程，并通过对其他国家（地区）保险保障基金救助标准进行比较和分析，对我国保障基金赔偿限额、范围划定、救助对象提出了初步意见，为《保险保障基金救济工作手册》的制定和《保险保障基金管理办法》的修订奠定了理论和实证基础。

二、主要研究内容

本书研究内容主要包括第一编"保险保障基金参与处置保险业风险研究"与第二编"建立健全保险市场退出机制 ——完善保险保障基金管理运行机制"两大部分。

第一编"保险保障基金参与处置保险业风险研究"共分为六章，其内容安排如下：

第一章"保险业风险处置与保险保障基金制度"重点阐述了有关风险处置的概念和方式，在论述保险保障基金参与保险业风险处置的必要性与法律依据的基础上介绍了保险保障基金制度的设计理念、发展历程与内容框架。

第二章"保险保障基金公司风险处置职能定位"阐述了保险保障基金公司参与风险处置的理论基础，比较分析了境外保险保障基金管理机构风险处置职能，最后提出了保险保障基金公司在我国保险业风险处置中的职能定位。

第三章"保险公司救助研究"从总结实践经验出发，借鉴境外金融机构风险处置案例，研究了对问题保险公司进行救助的方式、条件和基本流程。

第四章"保单救济研究"重点解决了保险公司被撤销或者被宣告破产情况下风险处置的相关工作，包括保单救济启动与实施的条件、对保单持有人和保单受让公司实施救济的流程、救济中的清算与受偿。同时也论述了保单救济中各方责任、救济的标准、风险与争议处理、再融资等问题。

第五章"政策建议"通过总结实践经验与实务研究，提出了完善保险保障基金制度与相关法规建设、完善保险保障基金的筹资方式、综合运用多种风险处置方式、改进保单救济范围和标准、增强保险保障基金公司在风险处置中的参与度、建立保险保障平台六项建议。

第六章论述了风险处置主体与股东会的关系、被处置保险公司的司法保护、行政清算程序与破产程序的衔接、受偿资产管理和处分、上市保险公司和外资保险公司风险处置等特殊问题。

第二编"建立健全保险市场退出机制 ——完善保险保障基金管理运行机制"共分为四章，内容安排如下：

第七章"我国保险公司市场退出基本法律框架"首先立足于法学的视角，考察了当前我国保险公司市场退出制度的法律环境，并在深入挖掘现行制度存在问题的基础上，提出了完善市场退出制度的建议。

第八章"我国保险保障基金管理运行实践"介绍了目前我国保险保障基金管理运行的情况，详细阐述了我国保险保障基金参与新华人寿、中华联合的风险处置实践，并在此基础上深刻剖析了管理运行实践中的种种问题。

第九章"保险保障基金管理运行有关问题比较研究"对美国、英国、日本、加拿大及中国台湾地区保险保障基金立法情况、管理机构、融资方式、参与救助的方式、救助范围及限额进行了介绍；并从基金的设置、覆盖类型、功能、筹集方式、征收标准、保障范围及补偿限制等方面进行了共性和差异性分析；同时对相关破产案例进行了比较分析，为我国保险保障基金制度建设和实践操作提供了参考。

第十章"完善保险保障基金管理运行机制的政策建议"从基金的使用原则、程序、条件、各方责任等方面完善保险保障基金管理运行的法律法规；从接收保险公司、救济保单持有人和保单受让公司、处置保险公司等方面完善保险保障基金进行救济的实施程序；通过保险保障基金救济标准的比较与分析，结合我国现行规定，对救济对象、赔偿限额、保障范围等方面进行完善。

目 录

第一编　保险保障基金参与处置保险业风险研究

1

第二编　建立健全保险市场退出机制
——完善保险保障基金管理运行机制

第一编
保险保障基金
参与处置保险业风险研究

第一章
保险业风险处置与保险保障基金制度

第一节　保险业风险处置方式

一、基本概念

（一）保险业风险

保险业是金融领域中专门经营风险的行业。保险公司作为风险集合与分散的专业机构以及风险定价的专业机构，在经营中极易遭遇风险损失不确定性引起的经营成本不确定性。

"风险"在经济学中的定义是"结果与预期的不确定性"，相应地，保险业风险是指保险业正常运行的不确定性。保险业风险是一个含义广泛的概念，根据不同维度有不同分类①。依据《保险保障基金管理办法》及保险保障基金的功能定位，本文中的保险业风险主要是指保险公司风险，以及由于保险公司风险引致的其他保险业内风险。

（二）有问题保险公司

现有研究成果对相关概念的论述：阙方平（2003）② 认为，有问题银行是指接近或已经丧失金融清偿能力（流动性清偿能力和资本清偿能力）

---

① 按照从宏观到微观的分类，大致可以分为保险市场风险、保险市场主体风险、保险产品风险。其中，保险市场主体风险又可以区分为保险公司风险、保险资产管理公司风险、保险中介机构风险、保险客户方风险等。

② 阙方平：《加强银行监管亟待解决的若干问题》，载《武汉金融》，2003（4）。

的商业银行机构。徐安良（2006）[1] 认为，问题金融机构是指经营管理上出现严重问题，或因突发事件影响面临挤兑、倒闭或破产危险的金融机构。其问题通常表现为内部控制机制缺乏或失灵，资产大量呆滞或发生严重损失，流动性丧失，支付能力急剧下降或陷于严重支付危机，财务状况恶化，资不抵债，发生信用危机或信誉危机等。孙海芹（2007）[2] 认为问题金融机构是指已接近或处于无流动性清偿能力（技术上违约），或无资本清偿能力（净资产等于或小于零）的金融机构。张领伟（2010）[3] 认为，只要出现下列四项标准的一项，该保险公司即为"有问题保险公司"：一是保险公司治理出现严重问题，主要是指公司内控机制、管理运营出现重大问题；二是保险公司面临严重支付压力和流动性债务清偿压力，主要是指由于集中支付、退保、清偿一般债务等带来的短期流动性压力；三是保险公司偿付能力严重不足，主要是指认可资产和认可负债的比例严重恶化；四是保险公司资不抵债，达到《企业破产法》第二条的标准。

2009 年，中国保监会开始对产险、寿险公司实施分类监管，根据风险程度，将保险公司分为 A、B、C、D 四类。其中 A 类表示低风险，即偿付能力达标，公司治理、资金运用、市场行为等方面正常。B 类表示中等风险，即偿付能力达标，公司治理、资金运用、市场行为等方面虽有问题，但并不严重。C 类表示较高风险，即偿付能力不达标，或公司治理、资金运用、市场行为等其他方面存在较大风险。D 类表示高风险，即偿付能力严重不达标，或偿付能力虽然达标，但公司治理、资金运用、市场行为等至少一个方面存在严重问题。

本书采用中国保监会对保险公司依据风险程度分类的监管标准，将风险较高和风险高的 C、D 两类保险公司称为"有问题保险公司"。

（三）风险处置

在现有文献中，风险处置一词正式应用于国务院 2008 年 4 月颁布的《证券公司风险处置条例》，但该条例并未对风险处置进行明确定义。在法

---

[1] 徐安良：《在深化改革中防范金融风险》，载《开放导报》，2006（5）。
[2] 孙海芹：《对我国问题金融机构处置工作的政策思考》，载《新疆金融》，2007（7）。
[3] 张领伟：《保险公司风险处置研究》，南开大学博士论文，2010。

制办、证监会关于《证券公司风险处置条例》的问答中，明确指出停业整顿、托管、接管、行政重组、撤销是条例规定的五种主要风险处置措施。2008 年 9 月颁布的《保险保障基金管理办法》对处置一词也多有提及，如第八条第二款"监测保险业风险，发现保险公司经营管理中出现可能危及保险业的重大风险时，向中国保监会提出监管处置建议"，第三款"对保单持有人、保单受让公司等个人和机构提供救助或参与对保险业的风险处置工作"。

本书依据立法实践，认为风险处置的含义可以确定为：以维护保单持有人利益和金融稳定为根本目的，国家有关公权力机关通过行政、经济手段或司法程序对保险公司风险进行处理，使有问题保险公司最终恢复正常经营状况或退出市场的过程。现阶段，我国保险公司风险处置主要是针对在保险公司经营中出现重大风险、违法经营或被采取风险控制措施后仍不足以有效控制风险时，为维护保险市场秩序、保护保单持有人权益，保险监管或有关机构依法采取整顿、接管、撤销，托管、重组、重整等措施，控制和化解保险公司风险的行为。

二、我国保险业风险处置方式

在成熟的国际市场上，保险公司风险处置必须依法进行，而目前我国有关法律法规仍不完善，保险监管部门对保险公司的处置方式、处置程序仍处于探索、论证和不断总结的阶段。在现行的法律法规框架下，综合《公司法》、《企业破产法》和最新修订的《保险法》等法律规定，参考保监会发布的有关政策规范性文件，并结合境内境外金融保险业风险处置实践，我们认为，我国保险业的风险处置方式可分为以下几种：（1）整顿；（2）接管；（3）托管；（4）重组重整；（5）撤销清算；（6）破产清算。

（一）整顿

整顿是指保险公司出现法定情形时，保险监督管理部门决定成立专门组织对问题保险公司进行特殊管制的一种措施。

根据我国《保险法》的规定，保险公司未依法提取或结转各项责任准备金，或者未依法办理再保险，或者严重违反《保险法》关于资金运用的规定，保险监督管理机构依法作出限期改正的决定后，保险公司逾期未改正的，国务院保险监督管理机构可以决定选派保险专业人员和指定该保险公司的有关人员组成整顿组，对公司进行整顿。监管部门作出的整顿决定应当载明被整顿公司的名称、整顿理由、整顿组成员和整顿期限，并予以公告。整顿组监督被整顿保险公司的日常业务，被整顿公司的负责人及有关管理人员应当在整顿组的监督下行使职权。在整顿过程中，被整顿保险公司的原有业务继续进行。但是，国务院保险监督管理机构可以责令被整顿公司停止部分原有业务、停止接受新业务，调整资金运用。

整顿与整改等保险公司自行纠正的行为不同，有专门的组织（整顿组）介入。整顿组是整顿方式中的重要法律主体，通过行使法律赋予监督权，在对保险公司进行整顿的过程中起着关键的作用。整顿组的监督是对保险公司日常业务的监督，是直接的现场监督，这些日常业务主要包括精算业务、展业业务、财务会计业务、理赔业务、保险资金运用情况、内部审计、控制工作情况。

（二）接管

接管是指由保险监督管理机构指派接管组织直接介入保险公司的日常经营管理，并由接管组织负责保险公司全部经营活动的监管活动。

对保险公司实施接管是一种比较严厉的行政监管措施。它与保险公司的整顿不同，保险公司的整顿是保险监督管理机构纠正保险公司违法行为，恢复其正常经营状况的一种较温和的措施，整顿组织并不直接介入保险公司的日常经营，而是监督该保险公司的日常业务、该保险公司的负责人及有关管理人员，在整顿组织的监督下行使职权。保险监督管理机构对保险公司实施监督一般不采用接管的方式，只有当保险公司严重违反《保险法》的有关规定，损害社会公共利益，可能严重危及或者已经危及保险公司的经营状况时，保险监督管理机构才会决定对保险公司实行接管。保险监督管理机构已对保险公司实行接管，应当指派人员成立接管组织，由该接管组织接替原经营管理机构行使保险公司的经营管理权。保险监督管理机构决定接管保险公司的，保险公司应当向接管组织办理财产和事务的移交手续，并协助接管组织清理保险公司的财产、账目和债权债务。

采用接管方式进行风险处置的社会成本较小，主要是接管人对被接管人进行检查、清理、整顿过程中需要付出的成本较少。其优点主要有：（1）对陷入危机的保险公司进行最后挽救，有使其"起死回生"的可能。（2）接管期间保险公司的原有债权债务关系不变，被保险人和其他债权人不会因此而遭受损失。（3）即使该保险公司最终仍退出市场，由于经历了接管这一过渡期，对社会的冲击将大大减弱。

《保险法》颁布以来，唯一的接管案例是1997年对永安财险的接管。1997年12月1日，经中国人民银行批准，中国人民银行陕西省分行发布公告，依据《保险法》的有关规定，鉴于永安财产保险股份有限公司存在着严重违法和违规问题，决定依法对其进行接管；接管期限为1997年12月1日至1998年5月31日；接管期间，由接管组行使永安财产保险股份有限公司的一切经营管理权，代行公司原董事会、监事会的职责；被接管的永安财产保险股份有限公司的债权债务不因接管而变化；接管期间，照常办理业务，并接受已承保业务的赔案。永安财险的主要问题是注册资本金不实。根据《保险法》的规定，保险公司的最低实收资本金为人民币2亿元，永安财产保险股份有限公司注册资本金为人民币6.8亿元，而实收资本金不足人民币1亿元；以价值虚估的固定资产抵充资本金；固定资产超比例，少数股东控制公司；未经批准擅自设立分支机构，并开办业务；做假账，掩盖资产亏空；账外经营，以及违规开办保险业务等。通过接管，重新募集了资本金，调整了股权结构，重新选举了董事会和监事会，改组了公司经营班子。目前，接管早已结束，该公司经营步入正常。接管永安财险是《保险法》颁布以来也是新中国成立以来的第一例，它对中国保险业产生了相当大的震动和影响。

（三）托管

在我国《保险法》中，并未规定托管的措施。但根据《金融机构撤销条例》，保险公司的托管制度可以找到法律依据。《金融机构撤销条例》第十二条规定："清算期间，清算组可以将清算事务委托中国人民银行指定的金融机构（以下简称托管机构）办理。托管机构不承担被撤销的金融机构债务，不垫付资金，不负责被撤销的金融机构人员安置。托管费用列入被撤销的金融机构清算费用。"第三十七条规定："托管机构不履行托管职责，造成被撤销的金融机构财产损失的，应当依法承担民事责任，并对其负有责任的主管人员和其他直接责任人员依法给予纪律处分。"

参考证券公司风险处置经验和保险业实际情况，我们对保险业风险处置中的托管定义如下：托管是指保险公司由于整顿、关闭、撤销等原因不能维持正常的经营活动时，由国务院保险监督管理部门指定专业机构成立托管组，行使被托管保险公司的部分或全部业务的经营管理权的行为。托管是为了使问题保险公司恢复正常经营条件，或最终通过转让、并购、重组、清算等程序而使保险公司退出市场而设计的一种中间程序，具有临时性和过渡性的特点①。

较之整顿组而言，托管组的组成人员应该更具有专业性和市场性。托管组的主要职责是：第一，保证未停止部分的业务能够正常经营；第二，保障保单持有人的资金安全；第三，核查风险，及时向保险监督部门报告业务运行中的紧急情况并提出解决方案。而在关闭和清算程序中，托管组的工作职责则重在清理保险业务和保证资产安全。

从法律关系的角度分析，在托管过程中，托管组和保险公司股东会、董事会的关系如何协调，这是法律不明确的地方。保险监管部门应该重视这一问题，通过政策规范性文件来弥补。

（四）重组重整

现行保险法律法规没有关于重组的明确规定。《保险法》第一百五十

---

① 我们在此将托管可能发生的情形分为整顿、关闭和撤销。但也有学者认为托管只可能在关闭时存在：在金融机构市场退出过程中，托管是同关闭联系在一起的，一家金融机构被关闭后，便进入清算阶段。清算期间，清算组可以将清算事务委托监管部门指定的金融机构办理；托管机构不承担被撤销机构的债务，不垫付资金，不负责被撤销机构的人员安置；托管费用列入清算费用。托管机构与清算组之间的法律关系应由《信托法》来加以规范。但目前我国对托管实施方案（财务和交易业务以及计算机系统的托管）、退出托管的方案选择（拍卖、转让、客户整体转托管等）、托管中各利益相关方的权益保障以及托管的程序、期限、后果等都没有明确的法律法规予以规范，托管处处留下了行政干预的痕迹，干扰了市场功能的发挥。在实践中对于托管的操作也极不规范，甚至于监管部门将接管与托管混为一谈，近年来监管部门颁发的处理危机证券公司与信托公司的公告中，便存在以托管代替接管的误用。正确的做法是，如果监管部门认为危机金融机构有挽救价值的，应向法院申请进入接管程序；如果监管部门认为无挽救价值的，应当先对危机金融机构实施关闭，然后指定某金融机构对其进行托管清算。参见秦四海：《金融机构接管立法的若干问题》公司法律咨询网，2004－11－16。

二条规定："保险公司的股东利用关联交易严重损害公司利益，危及公司偿付能力的，由国务院保险监督管理机构责令改正。在按照要求改正前，国务院保险监督管理机构可以限制其股东权利；拒不改正的，可以责令其转让所持的保险公司股权。"该法条具有通过股权重组方式进行重组的含义，一定程度上为股权重组提供了法律依据，但与重组的丰富内涵相比仍是不够的。在我国保险业有限的风险处置案例中，行政主导下的重组是非常重要的处置方式，如中国人寿利差损"老保单"剥离、新华人寿问题股东股权收购等，都是通过行政主导下的重组，有效地化解了保险公司风险问题。因此，在参考《证券公司风险处置条例》的基础上，我们认为保障基金公司参与行政主导下的重组，是指对因违规被采取监管措施或偿付能力存在问题有重大风险隐患，可能危及保单持有人利益或保险业稳定，需要救助的保险公司，保障基金公司在监管机构的批准下，提前介入展开风险调查，按一定价值购入股东的股权，或直接注入资金购入公司股权的行为。

行政主导下的重组本质上仍然是当事人意思自治下的自由协商，遵循契约机制，可能面临重组协议通过难度较大、重组期间仍然面临巨大的偿债和资产保全压力等问题。与重组相比，法院主导和监督下的重整有显著优势。《企业破产法》第二条规定："企业法人不能清偿到期债务，并且资产不足以清偿全部债务或者明显缺乏清偿能力的，依照本法规定清理债务。企业法人有前款规定情形，或者有明显丧失清偿能力可能的，可以依照本法规定进行重整。"根据该条规定，我们认为保障基金公司参与司法重整，是指对可能或已经发生破产原因但又有再建希望的保险公司，保障基金公司根据提前介入风险调查的情况，在法院主持下，作为重组方参与司法重整并对保险公司开展救助的行为。重整程序司法保障力强、谈判难度低、法院可以强裁通过重整计划。重整程序开始后，保全措施解除，相关诉讼、仲裁、执行程序中止。重整可以大幅降低除保险债权以外其他债权的清偿比例，可以大幅削减或无偿剥夺现有股东的股权，从而降低保障基金公司参与重整的成本。对重整开始前成立的尚未履行或者尚未履行完毕的商事合同，重整开始后保险公司的经营者或破产管理人就可以挑选对保险公司有利的合同继续履行而解除产生不利经济效果的合同。因此，为救助陷入困境的保险公司，保障基金公司选择重整的方式，更能达到降低成本，提高效率，化解风险的目的。

（五）撤销清算

撤销清算是指保险监管部门对风险保险公司依法采取行政强制措施，取消对其的经营许可，终止其经营活动，清算其债权债务，并最终取消其主体资格的过程。根据《保险法》规定，保险公司因违法经营被依法吊销经营保险业务许可证的，或者偿付能力低于保险监管机构规定标准，不予撤销将严重危害保险市场秩序、损害公共利益的，由保险监管机构予以撤销并公告，依法及时组织清算组进行清算。按照这一规定，保险公司被撤销后，必须进行行政清算[①]。

行政清算是金融机构撤销的重要环节，在《证券公司风险处置条例》中又称作行政清理。保险公司属于金融企业，具有专业性强、保单债权人众多和理赔兑付业务不能中断等特点，一旦因违法经营或偿付能力不足后果严重等原因被撤销，就需要公正、专业的外部组织介入，在维持必要业务正常运行的同时，负责清理债权债务关系、申请动用保险保障基金收购保单债权，以及查处违法违规行为并追究有关人员的责任。保险公司的撤销清算工作由保险监管机构组织实施或授权实施。

《保险法》对撤销的规定较为原则，具体操作和程序可在《金融机构撤销条例》中找到相关法律依据。保险公司撤销大致包括以下程序：一是作出撤销决定；二是由监管部门组织有关部门、保险保障基金公司和有关专业人士组成清算组，清理被撤销保险公司的债权债务；三是在撤销决定作出后或者在破产申请依法向人民法院提出前，动用保险保障基金收购保单债权，或者被撤销保险公司清算财产不足以偿付保单利益的，动用保险保障基金对保单持有人进行救济；四是撤销清算结束后，办理工商注销登记手续，或经监管部门批准进入破产程序。

（六）破产清算

破产清算是指当保险公司存在《企业破产法》规定的情形时，经保险监管部门同意，进入司法破产程序，通过破产清算退出市场。根据《保险

---

① 所谓行政清算，是指保险公司因出现法定情形，被依法撤销时所引发的程序，与解散清算相对应，亦可称为撤销清算。

法》第九十条的规定，保险监管机构可以直接向人民法院提出对被处置保险公司进行破产清算；保险公司自身及其债权人在经保险监管机构同意后，也可以向人民法院提出破产清算。

以破产清算方式处置高风险保险公司，有利于完善法制化、市场化的保险公司退出机制，是保险市场走向成熟的标志，且破产程序在具有公开性的司法权主导下实施，可以较好地维护债权人的利益。但保险公司和证券公司一样具有较强外部性，风险具有扩散性，直接破产可能损害保单持有人的利益，打击投保人的信心，引起市场混乱和社会不安，因此，保险公司的破产必然会和普通企业的破产程序有所区别：首先，破产清算必须得到保险监管部门的批准方可进行。其次，保险公司在进入破产清算前，必须完成行政清算等工作，在确保人寿保单顺利转让、投保者利益得到保障、市场稳定的条件下，方可进入司法破产清算程序。在实践中，保险公司的风险处置做法应当是，保险公司在进入破产清算前，先由保监会组织成立行政清算组，在行政主导下完成行政清算程序后，再向法院提出破产申请。

（七）风险处置方式的选择与转化

1. 风险处置方式的选择

面对问题保险公司，如何选择恰当的风险处置措施，是考量监管部门风险处置能力的首要问题。值得说明的是，风险处置措施的选择应当考虑被处置保险公司的特殊性和地方政府的态度与意见。

中国的保险业实施分业经营，尽管《保险法》在一定程度上允许财产保险公司经营部分人寿保险业务，但整体上的分业经营格局十分明确。因此，对保险公司的风险处置采取何种措施，就必然要考虑被处置公司是寿险公司还是财险公司，以及保险公司的规模、在当地的市场地位等重要因素。对于寿险公司，涉及到众多周期较长的人寿保单，涉及面广，需要审慎为之。一旦采取风险处置措施，很多业务并非能够即刻终止，而是需要借助于托管等措施来维持业务的持续经营。财险公司的财险合同往往都是短期的保险合同，处置起来相对容易些。但是也需要考虑到财险的涉众性，要注意维护财险市场的稳定。尤其是对于某些在当地起主导作用的大财险公司，其风险处置措施就得特别慎重，纯粹地由保险保障基金予以救助，可能会面临救助资金的短缺，而若武断地采取撤销、行政清算等处置措施，又必然会大大冲击当地保险市场行业的稳定。

任何保险公司的风险处置，一旦进入接管、清算等严厉的程序，都必须要考虑地方政府的态度和意见。因为保险公司风险处置过程中的资产清算、员工安置等问题，都需要得到地方政府的支持。从证券公司的风险处置经验来看，国务院监管部门与地方政府的沟通、协调、合作显得特别重要。因此，在风险处置决定作出之前以及在处置过程中，监管部门应当与地方政府充分沟通，而在特别严重的处置措施中（如接管、行政清算、破产清算等处置措施），可以通过政策规范性文件，要求被撤销的保险公司所在地的地方人民政府成立撤销工作领导小组，组长由地方人民政府负责人担任。撤销工作领导小组应当支持、配合清算组催收债权和办理其他清算事务，并组织有关部门依法维护社会治安秩序，处理突发事件，查处违法行为，依法追究有关责任人员的法律责任。

2. 风险处置方式的转化

在前文列举的主要风险处置方式中，存在复杂的转化问题（参见图1-1）。

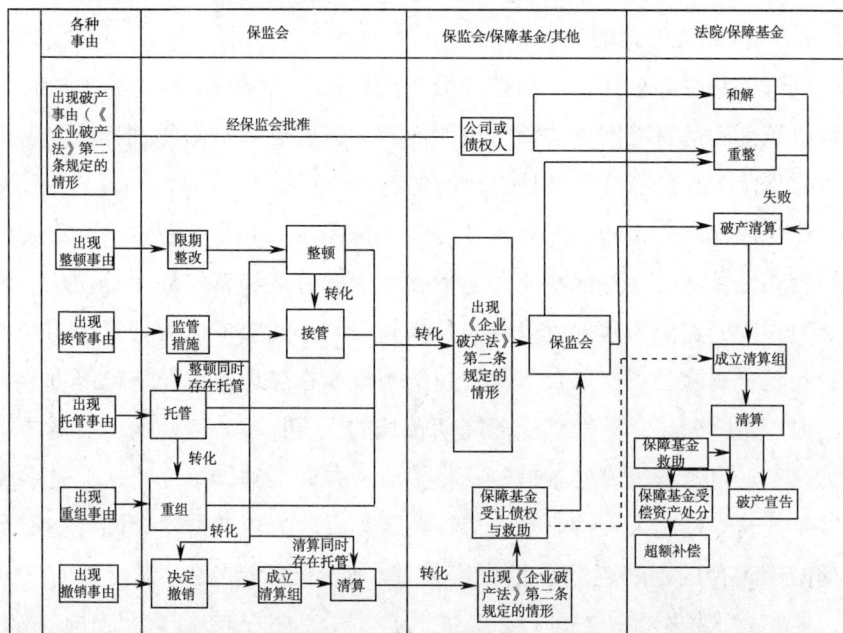

图 1-1　保险业风险处置主要方式及相关转化流程图

整顿可转化为接管、撤销清算等，或者整顿过程中同时存在托管；托管可转化为重组、撤销清算、破产清算等，或者撤销清算中同时存在托管。此外还有破产清算与重组、撤销清算与重整和破产清算之间的转化问题等。

第二节　保险保障基金参与保险业风险处置的必要性与法律依据

保险保障基金就是按照《保险法》的要求，由保险公司在经营业务过程中，按照当年保费收入的一定比例提取，在保险公司被撤销、被宣告破产等情形下，用于向保单持有人或者保单受让公司提供保障，或者在保险公司存在重大风险时予以救助的法定基金。保险保障基金设立的主要目的和基本功能在于进行行业内部的风险救助：在保险公司被撤销、被宣告破产及在保险业面临重大危机、可能严重危及社会公共利益和金融稳定的情形下，向保单持有人或者保单受让公司提供保障，并在保险公司存在重大风险时参与其风险处置。我们在此节将对于保险保障基金参与保险业风险处置的必要性与法律依据加以分析。

一、保险保障基金参与保险业风险处置的必要性

（一）保险保障基金参与保险业风险处置是为了更好地保护保单持有人的利益

维护保单持有人的利益是保险保障基金参与保险业风险处置的根本出发点和归宿。在保险公司被撤销或被宣告破产后，使用保险保障基金进行保单救济，能够给保单持有人的利益提供法定的有效保障，有利于稳定保险市场，维护金融稳定。在发现保险公司存在较为重大的潜在风险时，可使用一定金额的保险保障基金，通过注资、借款、提供担保等方式逐步化解风险，有利于更有效率地使用资金，以维护保单持有人利益，避免保险公司破产后进行保单救济给保险保障基金造成的更大资金支出成本。从国际范围看，美国、英国、日本、加拿大，以及中国台湾、中国香港等保险业较为发达的国家和地区都建立了保险保障基金及其参与风险处置的制

度，对于防范和化解保险业风险发挥了重要作用。

（二）保险保障基金参与风险处置是行政处置的补充

在整个金融机构的风险处置模式上，存在司法主导和行政主导两种主要的模式。在大部分西欧国家，对问题金融机构进行接管或破产通常是法院的职责，而金融监管当局更多扮演配角。在风险处置过程中，整顿组、托管组、接管组等处置主体基本上都要在法院监督下进行处置活动。美国等国家则基本采取的是行政主导模式，其基本理由是，与金融监管者相比，司法人员对问题金融机构业务及其经营信息的了解更少，他们往往处于一个更不利于获取信息的位置，其任命的管理人在进入管理之前，对问题金融机构的状况也一无所知，在接管金融机构后仍需一定的熟悉时间。而且，如果金融机构倒闭的数量众多，法院系统本身承载负荷过大，就需要司法外权责机关的帮助。

在我国，保险业的风险处置基本采取行政主导的模式。保险监管与保险保障基金制度在时序上具有先后顺序，在执行方面具有主动和被动的区别。保险监管机构对保险公司的风险认定在先，保险保障基金对其后续事项的处理在后。保险监管力度对于保险保障基金的积累和筹集具有重要导向作用；反过来，保险保障基金制度对破产保险公司的处理情况又会反馈到保险监管机构，促使监管机构对其监管行为和监管思路进行修正。保险监管是由监管机构主动对保险市场主体实施各种检查，而保险保障基金则实质上是承保机构的资金蓄水池，在保险公司发生破产或其他风险问题时处理保险公司利益相关者的赔偿问题，相对于监管是一种"被动"的特殊事件触发性制度。保险保障基金实质上是常规保险监管的补充和延伸，是一种保险业风险处理的应急机制。

（三）保险保障基金参与风险处置无法用再保险替代

保险保障基金制度与再保险相比所分散的风险性质与风险范围是不同的，再保险可以分散保险公司一部分风险，但是不但分散额度有限，而且分散范围也很有限。保险保障基金则要承担更广意义上的风险分担。保险保障基金制度在保险公司面临重大风险的情况下介入，其分散的风险是保险公司整体经营、运行、管理、资金运用等多方面风险的集中和综合，其处理风险的种类和范围大大超出再保险能力所及。二者的差异还在于是否将盈利作为一个重要的经营目标。再保险公司（集团）大多将利润与股东利益作为目标，不可避免地产生一些根据投入产出比选择业务的短期行为，而保险保障基金是由国家设立的，旨在解决破产保险公司的后续问题的长期保障制度。

由上述可见，保险保障基金制度参与保险公司风险处置，是保险业行政/司法监管和再保险制度的有效补充。该制度的建立是我国金融领域的一项重大改革和制度创新，它意味着我国长期以来实行的"金融机构退市，国家财政兜底"体制在保险领域被率先冲破，它将保险市场上隐形的国家信用直接转换为制度化的行业信用，在增进行业自律、降低政府等公共机构的救助支出成本和保护消费者利益方面的作用均不可替代。

二、我国保险保障基金参与保险业风险处置的法律依据

目前，我国保险保障基金参与保险业风险处置的法律依据主要是《企业破产法》、《保险法》和《保险保障基金管理办法》。

保险企业破产程序启动既要符合《企业破产法》的一般规定，又要按照金融企业的特殊规定进行。《企业破产法》第二条规定了破产的一般启动条件：企业法人不能清偿到期债务，并且资产不足以清偿全部债务或者明显缺乏清偿能力的，依照《企业破产法》规定清理债务。企业法人有前款规定情形，或者有明显丧失清偿能力可能的，可以依照《企业破产法》规定进行重整。《企业破产法》针对金融企业的特点，在第一百三十四条规定：商业银行、证券公司、保险公司等金融机构有《企业破产法》第二条规定情形的，国务院金融监督管理机构可以向人民法院提出对该金融机构进行重整或者破产清算的申请。国务院金融监督管理机构依法对出现重大经营风险的金融机构采取接管、托管等措施的，可以向人民法院申请中止以该金融机构为被告或者被执行人的民事诉讼程序或者执行程序。金融机构实施破产的，国务院可以依据《企业破产法》和其他有关法律的规定制定实施办法。

《保险法》对上述规定进行了回应。《保险法》第九十条规定，保险公

司有《中华人民共和国企业破产法》第二条规定情形的，经国务院保险监督管理机构同意，保险公司或者其债权人可以向人民法院申请重整、和解或者破产清算；国务院保险监督管理机构也可以依法向人民法院申请对该保险公司进行重整或者破产清算。

相关法律并未对保险保障基金参与保险公司风险处置的具体方式进行规定，而是对保险保障基金的管理机构即保险保障基金公司的相关行为进行了规定。这些规定主要体现在三部委联合发布的《保险保障基金管理办法》中。《保险保障基金管理办法》第八条对保险保障基金公司的业务范围进行了规定，包括：监测保险业风险，发现保险公司经营管理中出现可能危及保单持有人和保险行业的重大风险时，向中国保险监督管理委员会（以下简称中国保监会）提出监管处置建议；对保单持有人、保单受让公司等个人和机构提供救济或者参与对保险业的风险处置工作；在保险公司被依法撤销或者依法实施破产等情形下，参与保险公司的清算工作；管理和处分受偿资产；国务院批准的其他业务。《保险保障基金管理办法》第十七条规定，动用保险保障基金，由中国保监会拟定风险处置方案和使用办法，商有关部门后，报经国务院批准。保险保障基金公司按照风险处置方案和使用办法的规定，负责办理登记、发放、资金划拨等具体事宜。

第三节　保险保障基金制度设计的基本理念

保险保障基金可以按照事先确定的规则，向保单持有人提供全额或部分保障，以减少保单持有人的损失，确保保险机构平稳退出市场，维护金融稳定和公众对保险业的信心。因此，建立一个什么样的保险保障基金制度，如何设计科学、合理的保险保障基金制度，不仅关系到保单持有人的利益，而且对保险市场的健康发展也具有深远的影响。在设计制度时，功能定位、基本目标与可能的负面效应这三个方面是设计理念的基础。

一、保险保障基金制度在金融安全网中的定位

金融安全网是指为保持金融系统安全稳健运行而建立的危机防范和管

理的一系列制度安排，主要包括为限制金融机构风险的发生和扩大而设计的风险监控系统，对遇到清偿能力困难的金融机构提供的各种紧急援助，以及在金融机构破产时对其客户提供的最后保障计划。从功能视角来看，尽管各国的制度安排千差万别，一国的金融安全网大体上都由各监管当局的审慎监管、中央银行最后贷款人、保险保障制度、证券投资者保护制度、存款保险制度以及清晰定义的问题金融公司解决机制组成。

在保险系统的安全网中，审慎监管制度框架设计是为了降低潜在的风险，目的在于监控保险公司是否遵守相关制度，从而确保保险体系的安全与稳健；最后贷款人制度是防止其流动性危机的蔓延；问题保险公司解决机制是解决问题保险公司的市场退出；而保险保障基金制度则倾向于关注问题保险公司的资产净值，并保护保单持有人的利益。可见，金融安全网各构成要素之间是一种互补的关系。保险保障基金制度在其中的角色是，一旦保险公司将要发生风险或已经发生风险，或已经危及保单持有人利益和保险保障基金安全，它将发挥作用以化解风险或使风险的不良后果降低到最低水平。实际上，保险保障基金制度扮演着下游的危机防范和处置角色。

鉴于此，保险保障基金的功能应定位于有条件的金融安全网的组成部分，保险保障基金制度仅仅是保险公司经营的一个重要的外部环境，不是防范风险的根本保障，不能过度依赖保险保障基金来化解保险体系的风险。

二、保险保障基金制度的基本目标

作为保险业监管体系的组成部分，保险保障基金制度的设计理念应当与保险监管理论相一致。金融监管的主要根据是金融系统中存在着由外部因素、市场垄断力量以及信息问题所引发的市场失灵[①]。外部因素包括体系失效的风险，如由于一个机构的破产或受破产威胁而引起一个或多个其他机构破产的风险。对市场力量的关注来自于对形成自然垄断的企业可能

---

① 艾伦·加特：《管制、放松与重新管制》，陈西露等译，11页，北京，经济科学出版社，1999。

破坏金融资源配置效率的担心。最后，信息问题主要源于顾客没有能力判断所购服务的质量或无力对债务人实施有效监督而可能遭受欺诈。

上述引发市场失灵的问题中，第一和第三个问题尤其突出。所以，保险保障基金制度作为监管体系的组成部分，其存在的理论依据基于两点假设：第一，由于保险产品的保障性使得公众对保险公司经营的安全性十分敏感，个别公司的不稳定演变为危机的可能性更大；第二，投保人在信息与监督能力方面相对保险公司而言处于弱者的地位。由这两个假设可推论出，一个有效的保险保障基金制度应当具备两个核心职能：（1）保护保单持有人的权益；（2）提高公众对保险体系的信心，维护保险系统的稳定[①]。

三、保险保障基金制度可能的负面效应

一个良性的制度安排除了要考虑制度的有效性以外，还需注重制度安排的代价。代价主要指保险保障基金制度在维护公平、促进稳定的同时是否牺牲了过多的效率。保险保障基金制度可能产生的负面效应主要包括：第一，道德风险问题。道德风险是指由于保险保障基金制度的存在，被保险人放松了对保险公司的监督，削弱了对保险公司的市场约束。尤其是在实行统一费率的情况下，保险公司的风险不与其缴纳的基金额度挂钩，保险保障基金制度带来的补贴可能成为对保险公司产生过度承担风险的激励，使保险公司更倾向于选择风险较大的资产组合。第二，发生逆向选择。逆向选择是指在自愿型、统一费率的保险保障制度中，保险保障基金制度对经营不善的保险公司更具吸引力，经营状况最佳的保险公司对保险保障体系会存在抵触。第三，出现代理问题。代理问题的根源在于，在保险保障基金制度下，保险保障机构与政府部门、保险公司、保单持有人和纳税人各方之间的委托代理关系。例如，保险保障基金公司可能出于自身考虑，将自身利益置于保单持有人和纳税人利益之上，从而延缓对问题保险公司的处置，导致处置成本的增加。此外，保险保障机构还有可能受到

---

① 我国《保险保障基金管理办法》第五条规定："保险保障基金以保障保单持有人利益、维护保险业稳健经营为使用原则……"正是对保险保障基金制度这两个核心职能的确认。

行政因素的影响，对一些特别机构特别对待，导致保单持有人的利益受损。

因此，保险保障基金制度设计中除发挥核心职能外，还要注意避免上述负面效应，尽量减少制度缺陷所造成的保险公司间的不公平竞争和对保险行业经营效率的伤害。包括减少对市场约束力的侵蚀，实现对保险保障基金制度所致的"道德风险"的防范；维护保险公司间的公平竞争秩序，实现保险保障基金制度对不同性质、不同规模保险公司的平等保护；减少个别公司倒闭的处置过程给行业带来的净损失，使行业破产成本最小化。

综上，保险保障基金制度的基本目标可以概括为两项核心目标（保护保单持有人的权益和提高公众对保险体系的信心，维护保险系统的稳定）及三项兼顾目标（减少对市场约束力的侵蚀，维护保险公司间的公平竞争秩序，行业破产成本最小化）。这五项目标正是金融监管的有效性的评价标准——稳定、效率、公平在保险保障制度上的具体体现。在保险保障基金制度的设计中，并非都有专门的法条与这五个目标相对应，而任何一个环节、任何一个规则的设计都应当在权衡这五个目标的综合效果基础上进行计划和实施。

第四节　我国保险保障基金制度发展历程

我国保险保障基金（以下简称保险保障基金）经历了十多年的发展，规模不断增长，管理体制逐步完善，保障功能日益增强，大体经历了以下三个阶段。

一、单独提取、专户存储的企业留存阶段

1995 年颁布实施的《保险法》第九十六条规定："为了保障被保险人的利益，支持保险公司稳健经营，保险公司应当按照金融监督管理部门的规定提存保险保障基金。保险保障基金应当集中管理，统筹使用。"这是对保险保障基金的宗旨、提存和管理首次进行的原则性规定。

此后，中国人民银行和财政部先后发文对保险保障基金的提存和资金

运用进行了较为详细的规定。1996年7月，中国人民银行颁布的《保险管理暂行规定》第三十二条规定："保险公司按当年保险费收入的1%提取保险保障基金，该项基金提取金额达到保险公司总资产的10%时，停止提取该项基金；保险保障基金应单独提取，专户存储于中国人民银行或中国人民银行指定的商业银行。"1997年5月，财政部发布《关于保险公司保险保障基金有关财务管理的通知》，允许保险保障基金在成本中列支，并规定保险保障基金的资金运用仅限于存入四家国有独资商业银行和购买政府债券。1999年颁布执行的财政部《保险公司财务制度》规定："公司应按当年自留保费收入的1%提取保险保障基金，达到总资产的6%时，停止提取。财产保险、人身意外伤害保险、短期健康保险业务、再保险业务提取保险保障基金；寿险业务、长期健康保险业务不提取保险保障基金。"

二、专户缴入、加强监督的集中管理阶段

2002年修订的《保险法》规定，保险保障基金使用的具体办法由保险监督管理机构制定。2004年12月30日，中国保监会发布《保险保障基金管理办法》。该办法规定，保险保障基金分为财产保险公司保险保障基金和人寿保险公司保险保障基金；保险保障基金由中国保监会集中管理，统筹使用；保险保障基金理事会负责对保险保障基金的管理和使用实施监督。2005年3月，中国保监会下发《关于缴纳保险保障基金有关问题的通知》，要求各保险公司将截至2004年末累计已提取的保险保障基金，于2005年内分两批缴入中国保监会开立的保险保障基金专户。自此，保险保障基金实现了集中管理。

2006年2月，保险保障基金理事会成立。保监会副主席李克穆为理事长，其他理事单位分别是：财政部、中国人民银行、国家税务总局、国务院法制办公室、中国人寿保险股份有限公司、中国平安人寿保险股份有限公司、泰康人寿保险股份有限公司、美国友邦保险有限公司上海分公司、中国人民财产保险股份有限公司、中国太平洋财产保险股份有限公司、永诚财产保险股份有限公司、中国人寿再保险股份有限公司、慕尼黑再保险公司北京分公司。理事会负责对保险保障基金的管理和使用实施监督。在

中国保监会的领导和理事会的监督下，保险保障基金收缴顺利、规模稳定增长、制度日趋健全、财务核算规范。

三、借鉴经验、积极改制的公司化运作阶段

保险行业近年来的快速发展对保险保障基金的管理运作提出了更高要求。中国保监会借鉴国际经验，经过充分论证，征求基金理事单位意见，于 2007 年提出成立公司对保险保障基金实行市场化、专业化运作的建议，并获得了国务院的批准。2008 年保险保障基金实施了公司化改制，由国务院出资成立中国保险保障基金有限责任公司（以下简称保险保障基金公司）。2008 年 9 月，中国保监会、财政部、中国人民银行共同制定颁布新的《保险保障基金管理办法》，该办法规定，保险保障基金公司依法负责保险保障基金的筹集、管理和使用；中国保监会依法对保险保障基金公司的业务和保险保障基金的筹集、管理、运作进行监管；财政部负责保险保障基金公司的国有资产管理和财务监督，审批公司预算、决算方案。保险保障基金公司成立后，保险保障基金理事会自行终止。保险保障基金公司成立董事会作为公司的决策机构，第一届董事会九位董事分别来自中国保监会、财政部、中国人民银行、国家税务总局、国务院法制办以及三家保险公司，中国保监会副主席魏迎宁兼任公司董事长。

2009 年修订的《保险法》明确了保险保障基金筹集、管理和使用的基本原则。保险保障基金由保险公司缴纳形成，按照集中管理、统筹使用的原则，在保险公司被撤销或者被宣告破产时，用于向投保人、被保险人、受益人或者寿险合同受让公司等提供救济。

目前，我国保险业已构筑起以公司治理和内控为基础、以偿付能力监管为核心、以现场检查为重要手段、以资金运用监管为关键环节、以保险保障基金为屏障的保险行业防范化解风险五道防线，基本形成了防范化解风险的机制。

第五节　我国现行保险保障基金制度内容框架

保险保障基金制度的整体框架是由诸多方面因素构成的综合体。这些

因素互相影响、互相制约，对各个因素的不同选择构成了各国各具特征的保险保障基金制度。我国现行保险保障基金制度的内容集中体现在新颁布的《保险保障基金管理办法》中，另外《企业破产法》、《保险法》的相关规范也构成了保险保障基金制度的有机组成部分。保险保障基金制度的基本内容主要包括公共政策目标、法定职责与授权、组织形式与治理结构、保险保障基金与政府的关系、成员资格、保障范围与程度、资金征收方式与比例、风险处置与信息披露九个方面。

一、公共政策目标

保险保障基金制度公共政策目标的确定是制度设计的第一步，所有的职责与授权规定均是为了满足政策目标的需要。而确定公共政策目标的首要任务是对金融安全网的安排，以及金融安全网成员关系的协调。随着各国经济金融的发展，保险保障基金制度的公共政策目标会有所演变，但大致可归为保护保单持有人利益；提高公众对保险行业的信心，维护保险系统的稳定；通过建立对问题保险公司的处置规则，提供一种有序的处理破产机构的机制，避免危机的扩大和传播等三项。以上目标并不一定同时存在，有些国家只选上述其一，有些国家则包括更多。

需要说明的是，一项制度的政策目标并非范围越广越好。保险保障基金制度所要实现的公共政策目标本质上是一国保险系统对金融安全网的安排。例如英国的保险保障基金所确定的政策目标只有一项，即保护保单持有人的利益。这是建立在英国高度的行业自律和监管机构的审慎监管制度基础之上的。赋予保险保障基金制度过多的化解保险体系风险的责任有可能导致保险监管的放松以及保险系统风险的积聚。

我国关于保险保障基金制度的公共政策目标的规定体现在《保险保障基金管理办法》第三条、第五条和第十六条。依此三个条文，显然上述三个政策目标均为我国保险保障基金制度所涵括。即不仅仅保护保单持有人的权益，还包括为维护保险业的稳定所需的对保险行业的风险处置，具体又包括危机处置和破产处置两个部分。

二、法定职责与权利

　　保险保障机构的法定职责与授权是由保险保障制度的公共政策目标决定的。由于公共政策目标不同，各国保险保障基金的法定职责与权利也存在差异。有的保险保障机构仅有支付职能，职责仅限于在相关机构（保险监管机构）的指导下，对保单持有人进行赔付，并事前或事后向保险公司收取基金以及机构的运营成本。有的保险保障机构则拥有相对广泛的职责和权利。这些职权包括对参加和退出保险保障制度的审批权、对保险公司进行检查或要求其自查的权利等，这类机构还可能提供财务支持，处置倒闭的保险公司，原则是使保险保障基金的损失最小化。总之，这类机构拥有制定制度、监督制度实施和对倒闭机构进行处置的权限。

　　依据《保险保障基金管理办法》第三条、第八条和第十七条的规定，我国保险保障基金公司拥有相对广泛的职责和权利。其法定职责包括：（1）赔付和救助的职权（责）；（2）风险监测的职权（责）；（3）风险处置的建议权；（4）参与风险处置的权利；（5）参与破产清算的权利；（6）筹集、管理、运作基金的权利等。然而，《保险保障基金管理办法》关于基金公司法定职权的规定与其后文的一些条款有一定的冲突。因为《保险保障基金管理办法》在后文中规定了基金公司的董事任免、基金运营计划的制定、赔付方案的制定、风险处置方案的制定以及保险公司一手信息的获得等各方面将由有关部门行使决策权，保险保障基金公司只能被动执行。这样的话，基金公司法定职能的实现恐怕存在障碍。

三、组织形式与治理结构

　　保险保障机构的组织形式不仅关系到其治理结构，还影响到其职能与授权。一般保险保障机构有三种组织形式：一是由政府建立和管理的保险保障机构，其资金是由政府提供或进行后备支持，这类保险保障机构一般具有广泛的职权和作用，如风险预警和危机处理等；二是保险行业协会建立和管理的保险保障机构，其资金来源于保险公司，没有政府的援助，这类保险保障机构的职权有限，国家一般需要通过立法明确规定监管机构向其提供信息的责任；三是混合形式的保险保障机构。与组织形式相对应的具体问题是保险保障机构采取什么样的运作模式，即治理结构问题。是采取公司制的治理模式，还是行政单位制的政府机构模式，抑或兼具二者特征的混合式，不同的运作模式将涉及保险保障机构的人力资源、内部组织构架、规章制度等具体内容。

依据《保险保障基金管理办法》第六条、第十二条和第十八条的规定，中国保险保障基金公司是国有独资的有限责任公司，其解散需经国务院批准，财产保险保障基金和人身保险保障基金分账管理、分别使用。保险保障基金公司的董事成员共九名，分别来自保监会、财政部、中国人民银行、税务总局、国务院法制办以及三家保险公司。从公司的股权结构和董事组成可以看出虽然我国保险保障基金公司采取了公司化治理结构，但其行政性质较为明显。这一点亦可由其与政府部门的关系中得以体现。《保险保障基金管理办法》第十一条、第十七条和第二十六条规定了保险保障基金公司与保监会的关系，即由保监会向保险保障基金公司提供数据、资料，基金公司没有直接获得其分析保险公司风险隐患所需的各项数据和资料的权利；保监会拟定风险处置方案和基金使用办法，基金公司负责办理具体事宜，并受保监会监管。此外，财政部负责保险保障基金公司的国有资产管理和财务监督。保险保障基金公司需将业绩考评结果定期报送保监会、财政部等有关部门。

四、成员资格

成员资格是涉及强制参加还是自愿参加以及哪些机构参加保险保障基金制度的具体问题。一般而言，参加保险保障基金制度的成员应该服从严格的审慎监管制度，且成员资格应该是强制性的，以避免逆向选择问题。但自愿参加的模式也有其优势，它使保险保障机构具有一定的灵活性，可以通过建立加入标准来控制风险，有助于强化审慎监管制度。

在我国保险保障基金制度下，成员资格控制采取强制加入的方式，全部或部分业务属于保险保障基金救助范围的所有在境内依法登记注册的中国保险公司以及外国保险公司分公司都必须缴纳保险保障基金。

五、保障范围

保险保障基金制度的保障范围主要有：一是保障的险种范围，如区分强制险与非强制险进行不同比例的赔付；二是保障的保单持有人的范围，包括区分机构保单持有人与个人保单持有人、外国保单持有人与本国（州）保单持有人等；三是保障的额度，一般包括保障的上限和比例。保障范围的确定要在公众的承受能力与防范道德风险、培养市场约束力之间进行平衡。

我国保险保障基金制度用除外的方式规定了保障范围。依据《保险保障基金管理办法》第二十五条的规定，境外直接保险业务、再保险、政策性保险业务、企业年金管理业务、中国保监会会同有关部门认定的其他业务、责任董事和高级管理人的保单利益、责任股东的财产保单利益不属于保险保障基金的救助范围，也不需缴纳保险保障基金。在保障的额度上，我国保险保障基金制度对人寿保险合同与非人寿保险合同进行了区分：对非人寿保险合同5万元以内的全额救助，超过5万元的部分的救助，个人为90%，机构为80%；对人寿保险合同对个人以不超过转让前保单利益的90%为限；对机构以不超过转让前保单利益的80%为限。保监会可会同有关部门适时调整救助金额和比例。

六、资金来源

资金来源需要考虑三个方面的问题：一是事前融资还是事后融资，事前融资有助于培育公众对保险公司可能破产的意识、避免破产保险公司本身逃离基金缴纳义务从而有利于基金费用在成员间的公平分摊，但事后融资具有减少基金运作成本、避免资金被挪用等优点；二是确定事前融资的情况下，采用风险费率还是平均费率，风险费率比平均费率更有利于保险系统的审慎监管，但对审计、财务和风险评估等配套制度的要求更高；三是资金来源的构成和管理安排，主要包括政府是否投入资本金（前面已述，这将影响保险保障机构的性质和职能）、基金如何计收以及基金资金短缺时的特殊融资渠道（是否赋予保险保障机构从政府、中央银行、成员机构、公众或其他渠道融资的权利）等。

我国保险保障基金公司由国务院注资成立，保险保障基金的资金来源包括保险公司依法缴纳的保险保障基金、破产程序的受偿收入、投资收益（投资限于银行存款，买卖政府债券、中央银行票据、中央企业债券、中央级金融机构发行的金融债券，以及国务院批准的其他资金运用形式）、捐赠等。在筹资方式上采取事前筹资模式和平均费率，根据《保险保障基金管理办法》第十四条的规定，非投资型财产保险按照保费收入的 0.8% 缴纳，投资型财产保险，有保证收益的，按照业务收入的 0.08% 缴纳，无保证收益的，按照业务收入的 0.05% 缴纳；有保证收益的人寿保险按照业务收入的 0.15% 缴纳，无保证收益的人寿保险按照业务收入的 0.05% 缴纳；短期健康保险按照保费收入的 0.8% 缴纳，长期健康保险按照保费收入的 0.15% 缴纳；非投资型意外伤害保险按照保费收入的 0.8% 缴纳，投资型意外伤害保险，有保证收益的，按照业务收入的 0.08% 缴纳，无保证收益的，按照业务收入的 0.05% 缴纳。在基金规模的控制上，采取以保险行业总资产为基数的计算方法。具体而言，财产保险公司的保险保障基金余额达到公司总资产 6%、人身保险公司的保险保障基金余额达到公司总资产 1% 的，可以暂停缴纳。保险保障基金公司的紧急融资由保监会商有关部门制定融资方案并报国务院批准。

七、对风险保险公司的处置

对风险保险公司的处置方式在很大程度上影响保险保障基金的资金需求以及保险保障基金的使用。处置保险公司的方式和程序由以下目标决定：一是应努力使处置成本最低；二是应避免潜在的不稳定因素影响金融系统和国家经济；三是符合保险保障基金制度的宗旨（保护保单持有人权益和维护行业稳定）。这方面的规则设计包括：一是风险处置中，如何建立金融安全网成员的合作机制；二是对保单持有人或保单受让公司赔付的标准化程序；三是保险保障基金对问题保险公司公开援助的程序；四是过渡公司（如有）运作的标准化程序。

我国《保险保障基金管理办法》在基金公司的业务范围中规定了保险

保障基金公司参与保险公司风险处置的权利，此外规定了保监会指定接收人寿保单的权力。但对基金公司参与风险处置的条件、所扮演的角色、权利与责任和程序等都尚未有法律、法规或其他规范性文件的规定。

八、信息披露

一个有效设计并被公众充分了解的保险保障体系，可以降低单个保险公司出现风险时发生大量退保的可能性。同时，保险保障基金制度的覆盖面、保单持有人得到赔付的程序的透明度和及时性等将影响公众对保险体系的信心，从而影响到保险保障制度维护保险系统稳定的有效性。因此，保险保障基金制度的相关规则、程序应当以法律形式、正式的政策公告或协议等形式"公之于众"，必要的时候通过举行听证会等方式以让公众参与或监督保险保障基金的运作过程。

我国《保险保障基金管理办法》第三十二条规定了保险保障基金公司应当定期向保险公司披露保险保障基金的相关财务信息。另外，上文提及的保险保障基金公司向中国保监会、财政部等有关部门的定期报告制度也是其信息披露制度的组成部分。

第二章
保险保障基金公司风险处置职能定位

首先，本章从经济学、管理学和法学等角度阐述保险保障基金公司风险处置职能的理论依据。其次，本章进行保险保障基金职能的国际和地区比较，提炼事物运行规律以资借鉴，阐明我国保险保障基金公司风险处置职能定位。

第一节　保险保障基金公司参与风险处置的理论基础

保险公司风险处置研究是一个系统工程，保险保障基金公司作为非政府性的专业化处置风险的平台，其风险处置的职能是建立在一定理论基础上的。

一、弱势群体保护理论

社会弱势群体是一个社会学中社会分层基础上的概念，它指的是由于自然与社会的、先天与后天的、人为与非人为因素的影响，在社会地位、财富分配、政治权利行使、法律权利享有方面处于相对不利地位以及在发展方面潜力相对匮乏的人群。一般而言，导致社会弱势群体在社会上处于弱势地位的根本原因除了其自身各种条件的弱势之外，更主要的是他们在制度性资源占有上的弱势。对于社会弱势群体这一权利极易被侵害的人群，能否有效地启动权利救济程序以及能否在权利救济程序中获得实质性补偿，是衡量一个社会中弱势群体权利质量的重要指标，也体现了社会福利和公众利益的水平。

保险市场上的弱势群体有两层含义：一是保单持有人相比保险公司居于弱势地位。在保险市场各参与主体中，保险公司作为风险保障产品的供给方，在风险估测、风险保障和保险精算等方面具有很强的专业技术，加之保险公司拥有的资金实力和信息处理能力，在保险交易中处于优势地位。相对于保险公司的资本规模和获取信息的能力，保单持有人处于弱势地位。二是保单持有人之间也存在强弱之分。一旦发生保险事故而保险公司不能赔付的情况下，大型商业机构、亿万富翁较中小型机构、普通家庭和个人的风险承担能力不可同日而语。

保险保障基金公司保单救济职能是保险弱势群体保护制度中的重要一环。一方面保单救济可弥补由于保险公司经营失败给广大保单持有人造成的损失，是对保单持有人进行保护的一把终极保护伞；另一方面通过保单救济，特别是倾向于中小保单持有人的救济标准的设定和实施，能更充分地体现对社会弱势群体的保护，体现公平公正。

二、金融脆弱性理论

金融脆弱性理论最早是关于货币脆弱性的论述。Marx 认为，货币与生俱来就具有特定的脆弱性。Fisher 最早对金融脆弱性机制进行了深入研究，他认为金融体系的脆弱性与宏观经济周期密切相关，尤其与债务的清偿紧密相关，是过度负债产生债务—通货紧缩过程引起的。Minsky 从企业角度把金融脆弱性研究推向现代研究阶段，他认为借款公司可分为三类：一是抵补性借款企业。其预期收入在总量上、各时间段都可以满足现金支付要求，显然，这是最安全的。二是投机性的借款企业。其预期收入总量大于债务，但前期预期收入小于到期债务本金。这种债务敞口使该企业承担不确定风险。三是"庞兹"借款企业。将借款用于投资回收期很长的项目，在短期内没有足够的收入来支付应付的利息，而长期收益也是建立在假想的基础上。这是最为脆弱的企业。在经济出现繁荣形势的诱导下和追求更高利润驱动下，借款企业倾向于采取更高的负债比率，越来越多的企业显现出投机性和庞兹性，一旦经济走向反面，就会引发企业拖欠债务和破产。Bandt 和 Hartmann 认为金融部门非流动性资产对应流动性负债的特性，以及金融合约包含对相应资产未来价值预期信息和未来现金流承诺的特性，使其相对于其他经济部门更脆弱，更容易陷入系统性危机。

保险企业作为金融部门的组成部分，具有高负债性，短期内的成本支付、部分保险资金投资的长期性以及未来现金流承诺等特性，介于投机性和"庞兹"借款企业之间，具有较强的脆弱性。而且，保险经营和保险市场中的信息不对称加剧了这种脆弱性。一方面，保单持有人在购买保单时收集相关信息及监督公司的经营行为代价过于庞大，其保险行为具有一定的盲目性；另一方面，保险购买与保险赔付之间的时间差带来了多方面的不确定性，加大了保单持有人的忧虑。一旦保险公司出现风险，保单持有人的悲观预期可能会造成所谓的羊群效应，集体行为的非理性被显现出来。

保障基金公司的保单救济职能，使保单利益在保险企业倒闭后也能得到基本保障，有利于稳定保单持有人信心。但由于存在非足额补偿问题以及对保障风险敞口的担忧，事后救济赔偿对降低保险脆弱性仍不足够。为切实防止保险企业倒闭带来的连锁反应和系统性风险，减轻对金融稳定的影响，保险保障基金公司被赋予了救助保险公司的职责，可通过管理、财务或其他帮助和支持措施，促使有问题保险公司恢复正常经营，最大限度地维护保单持有人的利益，有效缓解由保险脆弱性带来的不稳定因素。

三、担保理论

担保是指法律为确保特定的债权人实现债权，以债务人或第三人的信用或者特定财产来督促债务人履行债务的信用制度。政府对金融机构的担保，即是指国家通过政府财政信用担保金融机构履行债务偿还的行为。担保可以减少交易双方的信息不对称风险，从而降低交易成本，保证交易有序进行。政府担保金融机构可以有效抑制金融内在脆弱性带来的风险和风险传染。

政府担保分为隐性担保和显性担保。保险保障基金制度即是典型的显性担保制度。与隐形担保相比，保险保障基金制度虽然运作成本较高，但优势也非常明显：第一，保单持有人利益保护的确定性和可预见性。法定责任通过事先缴费形成的基金来支持，保险保障基金制度依据法律规定提供保障。第二，促进保险公司公平竞争。在保险保障基金制度下，各类保险公司的义务以及保险保障基金对各类保险公司的保护在法律上是平等的，有利于矫正政府和公众对保险公司"太大而不能倒"的认识，避免不公平现象，促进中小保险公司的发展。第三，明确各方在风险处置中的作用。保险保障基金制度可以明确在处置保险公司风险过程中政府、保单持有人以及保险公司等各方主体所需要承担的责任，减少政府进行风险处置的负担，避免保险公司破产将风险扩散到国家财政和中央银行。

我国在 1995 年就已建立保险保障基金制度，2008 年国家专门成立保险保障基金公司，对保险保障基金进行专业化和市场化的管理，提升保险业的风险保障能力。保险保障基金公司作为独立法人主体，承担了全行业保单负债的担保责任。为尽可能降低担保风险，保证保险保障基金的合法使用以及安全，保险保障基金公司有义务和权利以多种方式监测、监督保险公司经营风险，并及时介入保险公司的风险处置过程，依法履行相关职能。

四、利益相关者理论

利益相关者是指那些能够影响企业目标实现，或者在企业实现目标过程中被影响的任何个人和群体①。根据承担风险的方式和与利害关系的紧密程度，可以分为主动的、首要的利益相关者和被动的、次要的利益相关者。前者包括资本市场利益相关者（股东和公司资本的主要供应者）、产品市场利益相关者（顾客、供应商等），以及组织中的利益相关者（雇员）；后者指间接影响企业运行或者受到企业运行间接影响的群体，包括政府、社区等。利益相关者理论在实践发展中，经历了利益相关者影响、利益相关者参与和利益相关者共同治理三个不断深化和演进的阶段。其中，利益相关者共同治理的观念，是在人们认识到利益相关者管理已经变得"极为重要"的新环境中应运而生的。至此，利益相关者的地位从管理对象提升到治理主体的位置。

---

① Freeman，R. Edward. ：Strategic Management：A Stakeholder Approach［M］. Pitman Publishing Inc.，1984. 即弗里曼于 1984 年出版的经典著作《战略管理：利益相关者方法》。

利益相关者共同治理理论的应用性很宽泛。2002 年，中国证监会与原国家经贸委联合出台的《上市公司治理准则》规定："上市公司应尊重银行及其他债权人、职工、消费者、供应商、社区等利益相关者的合法权利。"从而在制度层面应用了利益相关者的理论，对保护利益相关者的利益进行了实践。保险公司相比一般的公司而言，具有更强的公众性和社会性，其治理机制应该更注重利益相关者的利益。在保险公司众多利益相关者中，保单持有人和保险保障基金公司应视为特殊利益相关者。其中保单持有人既是消费者，也是保险公司的债权人，属于主动的、首要的利益相关者。保障基金公司为保险公司的保单负债提供了最终担保，当保险公司正常经营时属于被动的、次要的利益相关者；但当保险公司出现重大风险，保单偿付责任已经事实上转嫁到保障基金公司时，保障基金公司则成为主动的、首要的利益相关者。

广大保单持有人作为分散的个体，且专业知识水平具有局限性，较难实施有效的外部监督和治理介入。理性的保单持有人会要求公信的第三方对保险公司经营作出可信保证。根据《保险保障基金管理办法》，保险保障基金公司作为由政府成立履行特殊职能的国有公司，"保障保单持有人利益"是其与生俱来的职责，即根植于事前、事中代表广大保单持有人对有关保险机构进行外部监督，事中、事后通过代表保单持有人参与保险公司内部治理或重组、重整等方式处置风险进而保障保单持有人最终利益的价值诉求。此外，保障基金公司作为保险公司利益相关者，尤其是作为主动的、首要的利益相关者，在动用保障基金之前，应当具有参与保险公司治理的权利和权力。

第二节　境外保险保障基金管理机构风险处置职能比较

一、境外保险保障基金管理机构风险处置职能的实际情况

（一）美国

金融危机之前，美国保险业主要由各州的保险监督机构管理，适用各

州的《保险法》和各州保险监督官协会及各险种协会发布的有关法令。危机之后的奥巴马政府通过颁布新的金融改革法案加强了对保险业在内的金融领域的集中监管。其中，2009 年《全国保险消费者保护法案》（*The National Insurance Consumer Protection Act*）成为新时期保险行业风险管控的核心法律依据。新的金融改革也赋予了国家保险委员会（National Insurance Commissioner）与由各州保险监督官组成的美国保险监督官协会（National Association of Insurance Commissioner，NAIC）更为重要的功能。

依据该法案，财政部下设专门的国家保险署（Office of National Insurance，ONI），统一了过去较为分散的保险监管职权。但同时，法案也授权各州及有关保险业自治组织对本州或本协会范围内的保险从业机构规定各自具体细致的监管措施。包括鼓励 NAIC 在全国推广电子费率及报表登记系统（System for Electronic Rate and Filing，SERF），利用信息技术的优势，在为整个保险行业相关主体的业务提供更高效服务的同时强化监管。

同时，该法案还专章规定，在国家保险署（ONI）之下再设立消费者事务部（Division of Consumer Affairs），在 NAIC 的配合下，专门负责为保险消费者提供保护。国家保险署专员由总统任命，任期五年，其被赋予了极大的联邦职权，包括对任一家出现资不抵债等法定情形的全国性保险公司进行重整或清算接管。

目前，大多数州都分别建有财产和责任保险保障基金以及人寿和健康保险保障基金。美国保险监督官协会对各州的制度进行协调。各州人寿与健康保险保障协会在 1983 年成立了国家人寿与健康保险保障协会组织（National Organization of Life and Health Insurance Guaranty Association，NOLHGA），旨在于全国的层面协调处理跨州偿付能力危机案件中向保单持有人提供保障的复杂工作。1989 年，全美 55 个财产与意外保险保障协会成立了国家保险保障基金协会（National Conference of Insurance Guaranty Funds，NCIGF）。

根据目前的立法规定及实践案例，保险保障机构一般通过下述方式参与保险公司风险处置：（1）取代保险公司的治理层，进行全面的恢复治理。在保险公司只是治理层面出现问题，还有恢复业务可能的情况下，保险保障基金接管相关治理工作，必要时聘请外部人才，待恢复正常经营后，将公司交还给股东。（2）通过提供担保、承担、再保险或直接提供借款的方式，注入资金，帮助保险公司恢复经营。（3）动用保障基金赔付保单持有人，同时取得公司的股权或债权。在保险公司陷入危机，其保单持有人的利益无法再得到合理保障的情况下，保险保障基金依照联邦议会、财政部及行业协会协商制定的风险处置方案，对按照法律规定有责任赔偿的所有赔案进行调查、调整、和解、处理和支付赔款，也可以对赔款进行否决，对价是保障基金依据处置方案取得相对应的股权或债权。之后，保障基金寻找合适的时机和对象通过市场的手段转让股权或债权得以退出。

（二）日本

20世纪90年代后期，日本保险公司频繁地陷入危机，不断出现日本寿险公司经营失败进行重组的事件。日本政府通过《金融重建法》和《金融早期健全化法》，成立清理回收公司，并允许采取暂时国有化、过渡银行、特别管理等措施，由存款保险公司处理问题金融机构的架构逐渐形成。

1996年以前的日本《保险业法》规定，如出现经营破产的情况，为保护保单持有人利益，应当将保险合同一揽子转移给其他的保险公司。但是，由于现代保险公司的规模过于庞大，一旦发生破产往往存在着保单受让公司负担过重的问题。为使这种合同转移得以顺利进行，对接收破产保险公司合同的保险公司实施资金援助，1996年修改的《保险业法》中新增了设立"保单持有人保险保障基金"的内容。1997年日产生命破产，几乎耗尽日本人寿保险保障基金的资金，为了能够更好地保护投保人利益，日本对《保险业法》进行了进一步的修改，引入了设立保单持有人保障机构的制度。该制度于1998年12月开始实施，负责对日产生命及其后接二连三破产的东邦生命等另五家保险公司的"身后料理"。因此，保单持有人保险保障基金事实上已经被保单持有人保障机构（即被保险人保障公司）制度所取代。被保险人保障公司处置风险的措施有：

1. 对保单受让公司实施资金援助。资金支持方式包括：拨款、资产收购、保单转移后的损失分担等；资金支持的情形：保单完全转移、部分转移、破产保险公司股份合并等。资金支持的类型：保单转移到承继保险公司、保单承担（保单由破产保险公司转移到过渡保险公司）、保单的再承担（由过渡保险公司转移到另外一个保险公司）；保单再转移（保单由被保险人保障公司转移到另一保险公司）。

2. 负责接受破产保险公司有关的保险合同，并负责管理和处理这些保险合同。被保险人保障公司被允许任命为保险管理者或者保险管理者的代理人；在不能找到承继人的情况下，"过渡保险公司"被允许承担破产保险公司的保单；被保险人保障公司被允许收购针对破产保险公司的保单请求权；被保险人保障公司被允许收购失败保险公司的资产，并且作为一种暂时措施允许其就这类资产的买卖和恢复设立信托。

3. 发放贷款。对因暂时的资金周转状况有可能推迟保险金赔付或已经推迟保险金赔付的会员公司发放贷款。发放贷款的目的仅限于保证会员公司顺利地支付保险金，而且，必须确保与贷款有关的资金债权能够收回并符合监管机构的其他必要条件。

（三）英国

英国保险业起步早，历史上经历了较多无偿付能力事件，所以早在1975 年就制定了《保单持有人保护法》。根据该法，保单持有人保护委员会为破产保险公司的保单持有人提供财务上的保障。2000 年《金融服务与市场法》颁布后，英国开始实行统一的金融服务补偿计划（Financial Services Compensation Scheme，FSCS），在金融机构偿付能力不足时，对遭受损失的保单持有人提供一站式的补偿服务。FSCS 由一个计划管理公司运作，该公司是私人有限公司，但其董事会成员由监管者指定。资金来源一般是每年事先征收，必要时会有事后征收。就保业而言，金融服务补偿计划是一个涵盖寿险与非寿险的综合计划。

1. 金融服务补偿计划的职责

FSCS 不仅提供保险担保，而且为存款、投资、抵押咨询提供最后的保障。FSCS 依靠指定给破产保险人的破产执行人来确定权利补偿的要求和数量，但是可以由它自己评判权利要求是否有资格要求保护。FSCS 必须遵守金融监管局制定的规则。

FSCS 介入行为的性质是补偿支付。公司是否出现不能或可能不能支付的情形，由 FSCS 基于以下一个或者几个因素作出决定：（1）自愿解散；（2）监管者决定公司显然不能满足清偿要求；（3）清算人或者管理人被指定；（4）法庭命令；（5）公司自愿协议的批准。

对于长期寿险，该计划必须关注于做好相关安排保证合同的继续履行。FSCS 可能保护或者帮助陷入不履行的保险人业务的转移；保护另一公司发行保单以提供现有保单客户的替换。

2. 保障范围

英国金融服务补偿计划仅仅保护保险经营者的零售客户，典型的被排除在该计划之外的包括：公司（小公司和个体贸易公司除外）；国外公司；集合投资计划，以及任何该计划的受托人和执行者；养老金和退休金，以及任何该基金的受托人（不包括小额的自我管理的基金的受托人，以及小公司或小合伙企业的雇主的职业基金计划的受托人）；跨国机构、政府部门和中央管理当局；省级、地区、地方和市级政府；违约方的董事或经理（但不包括以下情况：违约方是共同协会，但不是大共同协会；为违约方工作的董事或经理没有收到工资和其他公司待遇）；上述人员的亲属；与违约方同属一个集团的机构；持有违约方或与违约方同属一个集团的机构的 5% 的股份的人；违约方或与违约方同属一个集团的机构的审计人员；金融服务补偿计划有限公司（FSCS）认为是造成违约方违约或对此负有责任的人；大型公司；大型合伙企业和大的共同协会；涉嫌从事洗钱犯罪活动的人。然而，针对这些排除在外的主体也是存在例外的，特别是考虑到与强制保险相关的债务。

3. 金融服务补偿计划与金融服务管理局的关系

FSCS 独立于金融监管当局运作，但是仍然要向金融监管当局负责。FSCS 和金融监管当局之间的关系由谅解备忘录调整，根据双方的谅解备忘录，金融监管当局为了确保 FSCS 能够有效运作可以采取以下措施：（1）确保金融服务管理局（Financial Services Authority，FSA）制定的任何规则能够有效实施；（2）确保 FSA 制定的任何规则不会不合理地限制 FSCS 筹集足够的资金满足履行其责任所需花费的能力；（3）通知 FSCS 任何可能影响其满足目标的能力的情形，确保公平和有效地实施规则；（4）确定合适的人选参加 FSCS 董事会，并且确保这不会影响 FSCS 的相对独立性。

而 FSCS 的职责是：（1）保障单个补偿计划的有效运作；（2）制定有效运作的程序帮助 FSCS 实现其功能；（3）征集资金用于满足管理费用、补偿成本和设立成本；（4）为有效而经济的方式实现目标充分利用自身的资源；（5）就其功能的履行情况向 FSA 报告；（6）公布与其运营相关的信息。

FSA 和 FSCS 都意识到紧密的合作、支持和交流很重要，它们努力避免因为交流不畅等原因给彼此造成不便。

（四）中国台湾地区

在中国台湾地区，保险保障基金称为安定基金。根据台湾 2007 年 7 月 18 日公布修正的"保险法"第一百四十三条之三规定，安定基金办理之事项如下：第一，对经营困难保险业之贷款。第二，保险业因与经营不善同业进行合并或承受其契约，致遭受损失时，安定基金得予以低利贷款或补助。第三，保险业依"保险法"第一百四十九条第四项规定被接管、勒令停业清理或命令解散，或经接管人依第一百四十九条之二第三项规定向法院申请重整时，安定基金在必要时应代该保险业垫付要保人、被保险人及受益人依有效契约所得为之请求，并就其垫付金额取得并行使该要保人、被保险人及受益人对该保险业之请求权。第四，保险业依法进行重整时，为保障被保险人权益，协助重整程序之迅速进行，要保人、被保险人及受益人除提出书面反对意见者外，视为同意安定基金代理其出席关系人会议及行使重整相关权利。安定基金执行代理行为之程序及其他应遵行事项，由安定基金订定，报请主管机关备查。第五，受主管机关委托担任接管人、清理人或清算人职务。第六，经主管机关核可承接不具清偿能力保险公司之保险契约。第七，其他为安定保险市场或保障被保险人之权益，经主管机关核定之事项。

二、境外保险保障基金管理机构风险处置职能定位的经验

（一）各国（地区）差异

上文分析可见，制度的设计及其具体实施与国家和地区保险业发展的

状况、宏观经济和金融体系的完备程度、所在国或地区保险法律法规，以及政府监管部门的公共政策等密切相关，金融危机之后，各主要发达国家均痛定思痛，着手进行更为深入的金融改革，其中保险保障基金制度作为金融安全网中关键的一环，重要性不断凸显。具体来看，各国和地区的保险保障基金管理机构处置职能和定位主要存在如下几点差异。

1. 立法传统

由于法系及立法传统的差异，英美法系国家和大陆法系国家立法明显不同。而英美法系国家之间，也因政治体制和国情差异而呈现出各自不同的特点。比如，美国明确区分联邦和各州立法的效力和适用范围，赋予了各州较大的自主权。通常在各州立法的基础上，再有协调性的联邦立法。联邦立法重点在于协调州际差异，是一种衡平性的最终手段。而英国不存在各州立法自治的传统，强调集中于政府和议会的统一立法制度框架。当然也必须强调两者的共同点，也是英美法系共同的核心特点之一，即判例法传统。因此英美两国均更加重视司法实践中的有关案例探索，并最终将有关经验和成果总结反馈到成文立法层面上来。

日本及中国台湾地区同属于典型的大陆法系，拥有"立法机关"制定的各成文法组成的法典体系。其缺点是，新法的制定及现有法律的修改程序皆过于复杂，立法周期长，具有滞后性和缺乏灵活性。这些特殊情况，使得大陆法系国家或地区立法模式一般是：权力机关或部门的立法试点先行，在实践中不断完善配套的部门及地方立法，最后条件成熟后将经验总结性地反映在法律条文中；根本性的成文法典颁布实施后，考虑立法技术，由直接实践且有立法权或司法解释权的机关或部门针对实践的需要，出台配套的"指导意见"、"实施细则"或"司法解释"，以更好地落实立法目的。

具体到保险基金制度层面上，美国具有差异性的各州保险保障基金制度具有更强的针对性和多样性，但也必然面临协调性、同步性不足等问题，金融危机后奥巴马政府出台的一揽子金融改革方案即有强烈的收权集权的倾向性。在当今两大法系不断融合的趋势下，日本和中国台湾等传统大陆法系国家和地区也更加重视对判例法体系优点的借鉴，比如在实践中鼓励所涉及的各方在面临成文法未规定或规定不详尽的新问题时，在及时请示有关主管机关的同时，也积极主动发挥自身优势敢于创造性地尝试解决眼前的实际问题，这在一些案例中已经有所体现。

2. 职能权限划分

各国（地区）不同金融保障机构享有的不同风险处置职能皆源自有关立法的赋权，上面介绍的各国（地区）整体立法传统的差异，也自然导致所有享有风险处置职能的机构之间的不同职能权限及相互关系。

美国是典型的强调州自治的国家，因此强调各保险机构及其分支机构必须加入所在各州的保险保障基金。在现实案例中，也一般均是各州的保险保障基金首先发挥风险处置职能，第一时间处置本州辖下的保险公司对其保单持有人进行救助。当然在这个过程中，美国各州的保险业协会等自治组织及保险监督官协会也起到非常重要的配合作用。

英国的保险业风险处置职能则统一由负责管理运作 FSCS 的一家独立公司来行使，和美国的保险保障基金公司一样，对于风险的事前监控、事中认定及事前事中事后处置均具有极大的自主权，作出相关风险处置决定后一般仅需将有关决议程序的报告交相应各级监管机关备案即可，重大事项则直接向国会或财政部递交定期或不定期报告。

以日本、中国台湾为代表的亚洲国家和地区，则均是先通过基本法典——"保险法"原则性规定"保单持有人保险保障基金"及"保险保障基金管理机构"的整体制度框架，然后由"财政部"及"保险监管机关"甚至"行业自治组织"出台专门的规定，配合落实保险保障基金及其管理机构的具体运作和治理模式设计。在这种模式下，基金的管理与基金筹集机构更加专业化，其肩负的风险处置职能亦更加集中化、效率化和常态化，而主管监管机关与基金筹集机构更多的是在风险处置过程发挥自身的监督和配合作用。

3. 职能定位

关于保险保障基金制度中的风险处置职能，概括起来有被动性的纯粹"付款箱"功能、主动性的成本最小化功能和风险最小化功能三种主流的观点。

（1）被动性的纯粹"付款箱"功能。该观点认为，只有当保险公司被依法撤销或已经宣布破产倒闭后，保险保障基金制度才根据破产公司所欠的债务情况，善后性地处置其被依法撤销或宣告破产后带来的各种后续风险，主要是给予保单持有人一定的保障救济。用通俗的话讲，保险保障基金制度此时发挥的风险处置职能仅为"善后之用"。

（2）主动性的成本"最小化"功能。该观点认为，保险保障基金在保险公司被依法撤销或破产倒闭之前，即发挥相应风险处置职能，提前介入并干预该公司的管理事务，了解有关经营信息，以减少或降低保险保障基金的成本支出。一旦公司被依法撤销或宣告破产后，保险保障基金能够提早并及时制定出保全破产保险公司资产最大化、负债最小化的方案并付诸实施。即不仅只限于"善后之用"，更多的是在必要时对经营有困难的保险公司进行"急救"，即救助，以减少保险保障基金的成本。应该说，目前绝大多数国家的保险保障基金制度的风险处置职能拥有这一功能。

（3）主动性的风险最小化功能。该观点认为，保险保障基金制度要评估其所救助的保险市场的系统性风险，一是被依法撤销或破产倒闭公司可能给保险保障基金带来的风险，二是对整个保险业造成的系统性风险，通过对这两个方面风险的综合评估，既有助于确定保险保障基金事前、事中、事后等各阶段收费的标准以及各阶段动用基金进行救助的程度，又随时对可能发生偿付能力不足的公司进行行之有效的实质性提前干预。这种功能使保险保障基金制度承担了第二监管机构的角色。这与美国以及日本和新加坡等亚洲国家的存款保险制度有诸多相似之处。

（二）经验借鉴

借鉴保险保障基金管理机构处置风险的经验，把握有关改革趋势，对于探索我国保险保障基金公司处置风险具有重要的参考意义。通过分析上述已有经验和改革趋势，值得借鉴的经验可归纳如下：

1. 加强保险保障基金公司在保险业风险处置中的作用

美欧等国的经验表明，每一次金融危机之后的反省与调整，都伴随着对危机处置机构权力的加强。在保险公司危机处置领域，表现为保险保障基金规模不断扩大，清算前介入权力不断加强，保险保障基金管理机构的组织构成及权属层级不断提高。日本及新加坡等亚洲近邻的经验也表明，健全的保险保障基金制度安排以及其中至关重要的保险保障基金管理机构的强有力风险处置职能设计，有利于维持保险市场的稳定和保单持有人的消费信心，促进保险业的整体发展。

结合我国的具体国情，借鉴国外的先进经验，一是总体设计上要更为明确和强化保险保障基金公司市场化处置主体和综合处置平台的地位。发挥其在风险处置中特有的法律地位优势、引进战投谈判优势、吸收人才优势、再融资优势及处置效益激励等优势，更加明确地赋予其综合运用各种与市场联系更为紧密的处置方式和手段进行风险处置的权力，这也有助于转移监管机构在处置中面临的来自各方的压力，提高监管机构决策的主动性和效率。二是个案处置中要更加积极促进有问题保险公司的公司治理改善。鉴于我国保险行业发展阶段和自身国情，处置后保险公司经营管理水平能否有效提高是其是否真正转危为安的关键环节。保险保障基金公司通过在风险处置个案中积极发挥其股东地位优势、经营管理优势、外聘专门人才等优势，可以为有效改进保险公司的公司治理提供更为科学的直接助力。

2. 逐步丰富保险保障基金公司的处置风险手段

研究各国经验可见，金融危机在不同时期显示出不同特性，对有关领域的风险处置提出了不同要求，金融危机的复杂性、信息技术的发展都要求金融保险企业风险处置手段的灵活和创新，主要方向有二：一是处置手段的市场化程度不断加强，二是处置手段的主动性、综合性、规范性、迅捷性不断加强。

具体到我国，应该利用保险保障基金公司特殊的法律地位、技术和人才优势，充分给予其丰富、创新和综合运用各种金融工具进行风险处置的空间，利用包括信息技术在内的最新科技手段不断提高处置和救济效率，并在具体操作环节，丰富、规范有关的交易行为，充分利用招投标等公开、公平的市场化交易方式实现各个阶段的风险处置目标。

3. 不断完善配合保险保障基金公司职能发挥的各项基本制度

保险保障基金公司职能的发挥立足于基金的基本制度，具体包括基金的筹集、运作模式、处置模式、救济范围和标准、与监管机构的关系等。发达国家的保险保障基金制度在实践中不断完善，其中，配合保险保障基金管理机构职能发挥的各项基本制度也在与时俱进地发展，对金融形势的整体稳定起到了至关重要的积极作用。

从我国自身的角度出发，首先，应大力改进保险保障基金公司的基金筹集模式和投资管理机制，完善保单救济流程，规范基金动用的法律程序。同时，健全保险保障基金公司参与风险处置的有关具体制度，发挥保险保障基金公司在整顿、接管、撤销，特别是重组中的各项优势职能，并发挥其风险监测及风险处置建议等功能。

第三节　我国保险保障基金公司风险处置职能定位

一、我国保险业风险处置体系

防范风险是保险业健康发展的生命线，中国保监会一直致力建设防范化解行业风险的长效机制。一方面，立足行业发展实际，夯实制度、创新机制，建立起以公司治理和内控为基础、以偿付能力监管为核心、以现场检查为重要手段、以资金运用监管为关键环节、以保险保障基金为屏障的五道防线，尽可能地消除保险市场运行中不稳定不健康的因素。另一方面，在国际金融危机的大背景下，积极探索和搭建危机管理框架，初步建立起以行政为主导，以市场为补充的风险处置体系。

（一）我国保险业风险处置制度框架

中国保险业正处于上升周期，保险覆盖面和渗透度不断提高，行业实力显著增强，一些历史包袱和新的风险通过行业改革发展得到有效化解，尤其是面对2008年以来国际金融危机的冲击，我国保险业经受住了考验，没有引发行业性危机。正因为我国保险业一直以来风险整体可控，缺乏风险处置实践和经验，如何科学把握和制定风险处置方针政策，并上升为规范化、体系化的法律制度，监管层、学术界仍在摸索前行。目前，保险业风险处置工作主要受相关法律、行政法规、部门规章和规范性文件进行调整和规范。

1. 法律法规层面，主要有《企业破产法》、《保险法》和《金融机构撤销条例》

2007年实施的新《企业破产法》，对金融机构的风险处置基本制度作出了原则规定，国务院金融监管机构有权向人民法院提请对金融机构进行重整和破产清算，这意味着金融机构如果因经营不善达到破产界限，将按照市场经济规则依法进入破产程序，并赋予监管部门处理问题金融机构的手段。作为具有同等效力位阶的法律，2009年新《保险法》主动与《企业破产法》衔接，并作出细化规定。一是明确了保险公司进入破产程序需经保险监管机构事前批准①。二是规定了保险监管机构处置保险公司风险的行政措施包括整顿、接管、撤销、申请破产、责令股东转让股份等。

2001年实施的《金融机构撤销条例》，主要是规范人民银行撤销金融机构的行为，对撤销决定、撤销清算、债务清偿、注销登记和法律责任等作出了规定，是一部较为全面和详细的专项法规。对同属于金融机构的保险公司，该条例具有一定的指导意义。一是《保险法》对撤销的规定较为原则，具体操作和程序可参照《金融机构撤销条例》。二是对《保险法》没有规定的"托管"措施，可在《金融机构撤销条例》中找到相关法律依据。

2. 部门规章及规范性文件，主要有《保险公司偿付能力管理规定》、《关于实施保险公司分类监管有关事项的通知》、《保险保障基金管理办法》、《保险公司风险处置管理办法（草稿）》等

为建立规范有序的保险业风险处置机制，中国保监会对有问题保险公司界定、行业救助资金管理和使用、风险处置方式和程序等重点问题，以部门规章、规范性文件等形式进行了规定。

---

① 《保险法》第九十条规定："保险公司有《中华人民共和国企业破产法》第二条规定情形的，经国务院保险监督管理机构同意，保险公司或者其债权人可以依法向人民法院申请重整、和解或者破产清算；国务院保险监督管理机构也可以依法向人民法院申请对该保险公司进行重整或者破产清算。"

《保险公司偿付能力管理规定》和《关于实施保险公司分类监管有关事项的通知》侧重于建立健全保险业风险预警机制，提出了有问题保险公司界定标准和分类监管措施。其中《保险公司偿付能力管理规定》以偿付能力状况为标准，将保险公司分为三类：一是偿付能力充足率低于100%的不足类公司，二是偿付能力充足率在100%～150%之间的充足Ⅰ类公司，三是偿付能力充足率高于150%的充足Ⅱ类公司。对于不足类保险公司，保险监管可采取限制分红、限制薪酬、限制广告、限制机构、限制业务、限制投资渠道、调整高管、接管等措施；对于充足Ⅰ类和充足Ⅱ类公司，保险监管一般不作干预，但若存在重大偿付能力风险，可要求公司进行整改或采取必要的监管措施。

《关于实施保险公司分类监管有关事项的通知》，将保险公司风险评估从偿付能力单一指标扩大至包括偿付能力、公司治理、资金运用、市场行为在内的综合指标，并根据风险程度将保险公司分为A、B、C、D四类[①]，适用不同的监管政策。对于A类公司，不采取特别措施；对于B类公司，采取监管谈话、风险提示、限期整改、现场检查、提交和实施预防偿付能力不达标计划等一项或多项措施；对于C类公司的监管措施，与偿付能力不足类公司基本一致，同时增加全面检查和向董事会、监事会或主要股东通报公司经营状况两项；对于D类公司，除可采取B、C类公司的监管措施外，还可采取整顿、接管或中国保监会认为必要的其他监管措施。

2008年，为进一步规范保险保障基金的筹集、管理和使用，保障保单持有人合法权益，保监会、财政部、人民银行联合发布了《保险保障基金管理办法》。与2004年办法相比，新办法在保险保障基金性质、管理体制，以及资金筹集、管理、运作等多个方面进行了修改和完善。一是调整了过去法定基金的表述，将保险保障基金性质界定为"非政府性行业风险救助基金"，以提升保险保障基金的行业性和市场性。二是设立保险保障基金公司，实现保险保障基金管理的市场化、专业化运作，增强保险保障基金保值增值的能力。三是突出保护保单持有人原则，参照国际

---

① 详见问题保险公司定义。

惯例，以毛保费收入作为缴纳基数，分入业务和专业再保公司不再缴纳保险保障基金，体现了保险保障基金以救助保单持有人，维护保险消费者利益为核心的原则。四是拓宽了资金运用渠道，在原来银行存款、政府债券的基础上，增加了中央银行票据、中央企业债券、中央级金融机构发行的金融债券等，在保证资金安全的前提下为保险保障基金的保值增值创造了条件。

目前，保监会正研究制定《保险公司风险处置管理办法》，拟对整顿、接管、撤销、重整、破产清算等风险处置措施及程序作出细化规定，形成较为系统的保险公司风险处置法律依据。

（二）多层次风险处置方式

在境外成熟的保险市场上，基本建立起涵盖行政、市场、司法在内的多层次保险业风险处置及市场退出机制，并适用于不同的风险情况。对于一般风险，主要通过市场化方式化解，包括注资、并购、重整、和解、破产清算等，其中重整、和解、破产清算需在司法的监督下实施；对于那些可能引发系统风险的保险公司，行政干预不可回避，但会根据法律制度、市场环境和风险级别决定干预程度。在我国，构建多层次的保险业风险处置方式是大势所趋，已有的保险业风险处置制度对行政、市场、司法方式也有一些基础规定。

1. 行政方式

行政方式是指监管部门对保险公司依法采取整顿、接管、撤销的风险处置方式。该方式的主要特点：以监管机构为主导，依据法律法规的明确授权及规定开展，具有行政强制性。

现有法律法规关于行政方式的规定相对具体。如《保险法》规定了整顿、接管、撤销措施的适用条件、公告要求、人员组织（整顿组、接管组、清算组等）、终止情形等。《保险公司风险处置管理办法（草稿）》对上述措施进行了细化。由于整顿、接管、撤销的有关内容将在之后章节作进一步阐述，在此不再展开阐述。

2. 行政与市场相结合方式

该方式是指在监管部门的引导或推动下，由相关方开展商业谈判，确定风险解决方案，以市场的手段化解风险，具体包括重组、托管等措施。该方式的主要特点：监管机构介入，发挥着引导或推动的作用；相关方可以商业利益为原则进行协商，但必要时需让渡部分利益；救助方案一般以合同等法律文书的形式确定，受相关法律约束和保护。

（1）重组。现行保险业风险处置法律法规没有关于重组的规定。在参考《证券公司风险处置条例》的基础上，我们认为重组可指通过采取注资、股权重组、债务重组、资产重组、合并或其他手段以化解保险公司风险。该措施适用于有重大财务风险，需要通过资金注入或改变财务结构才可以恢复正常经营的保险公司。

在我国保险业有限的风险处置案例中，重组是非常重要的风险处置方式，如新华人寿问题股东股权收购、安邦保险并购瑞福德健康保险等都是典型案例。2009 年实施的新《保险法》吸取了新华人寿风险处置的经验，允许保险监管机构在特定情况下通过股权重组处置保险公司风险，即《保险法》第一百五十二条规定："保险公司的股东利用关联交易严重损害公司利益，危及公司偿付能力的，由国务院保险监督管理机构责令改正。在按照要求改正前，国务院保险监督管理机构可以限制其股东权利；拒不改正的，可以责令其转让所持的保险公司股权。"

重组在化解危机的同时，有利于整合保险市场资源，提高保险业资源配置效率。因此，在通过重组能够化解保险公司风险的情况下，应当避免采用撤销、破产等处置措施。但是，行政推动的重组也存在一定弊端，这主要是因为为了维护金融稳定而采取的重组并非完全市场重组，在一定程度上降低了重组的协同效应。同时，地方保护主义容易限制资源跨区域的自由流动，增加了交易的成本。随着保单持有人利益保护机制的建立、市场经济体制的完善，应当鼓励市场化的并购重组方式。

（2）托管。托管在证券业风险处置中有着较为成熟的制度基础和实践经验，是为了使问题金融机构恢复正常经营条件，或最终通过转让、并购、重组、清算等程序使问题金融公司退出市场而设计的一种中间程序，具有临时性和过渡性的特点。在保险业，托管还是新鲜事物，法律缺乏相关规定，学术研究也鲜有涉及，但作为一种具有较强市场性的处置措施，已经开始进入监管层的视野，并创新运用于具体处置案例中。托管的具体形式有多种，可以是业务经营管理权托管，也可以是资产托管、股份托管。业务经营管理权托管在证券业属于行政方式，《证券公司风险处置条例》有明确规定；但资产托管、股份托管目前仅有市场实践，如华融资产管理公司与德隆系企业签署《资产托管协议》，托管其全部资产；保障基金公司与新疆生产建设兵团签署《股份托管协议》，代为管理其所持的中华联合股份。

3. 司法方式

司法方式是指当保险公司存在《企业破产法》规定的情形时，经保险监管部门同意，进入司法主导的破产程序，通过破产清算退出市场，或者通过破产和解、重整获得重生机会，实现持续经营。该方式的主要特点：司法部门主导，法院的裁定具有强制执行力；监管部门处于配合和支持地位；股东权益不受保护；具有严格的程序要求，如破产启动、债权人会议运作、法院裁定、清偿分配等。

我国保险公司尚没有破产的先例，但保险市场向前发展，走向成熟的过程中，以破产方式处置保险公司风险将难以避免，这也是促进保险业稳定和提高保险市场效率的客观要求。世界各国不乏保险公司破产的例子。20世纪90年代以来，美国每年有0.5%到1%的保险公司破产；英国每年大约有0.5%的保险公司破产，其中1992年达到了2%；1997年日产生命保险的破产宣告了日本保险业"不倒神话"的破灭，并引发了多家保险机构相继破产。我国《企业破产法》和《保险法》对保险公司破产作出基础规定。

现代破产法不仅是市场退出法，也是企业更生法，破产清算、破产和解和重整构成了新《企业破产法》的三大基石。就保险而言，破产清算是对无法挽救的保险公司采取的一种果断和最后的解决方式，使其退出保险市场。破产和解是保险公司与其债权人就债权债务重新安排达成一致，终止破产程序。重整则是对已具有破产原因或有破产之虞，但又存在"在建希望和重整价值"的保险公司，在法院的主导下实施挽救计划，以恢复其经济活力，避免退出市场。

二、保险保障基金公司风险处置职能定位

（一）保险保障基金公司职责和性质

保险保障基金是从投保人缴纳的保费中提取积累形成，用于救济保单持有人、保单受让公司或者处置保险业风险的行业风险救助基金。保险保障基金公司作为国务院批准设立的国有独资公司，是保险保障基金的管理者，其董事会成员分别来自中国保监会、财政部、中国人民银行、国家税务总局、国务院法制办及三家保险公司。

保险保障基金公司成立之初，就肩负着多项重任：一是作为有问题保险公司的股东，行使股东权利。二是作为风险处置的专业机构，采取措施化解行业风险，保障保单持有人权益，维护金融稳定。如当保险公司被撤销或被宣告破产时，向保单持有人或保单受让公司提供救济，又或者像中华联合案例，通过托管、重组等方式处置风险。三是监测行业风险，及时向监管部门提出监管处置建议。四是实现保险保障基金的保值增值。

保险保障基金作为行业最后风险屏障的功能定位，以及保险保障基金公司的组织形式、治理结构和主要职能，都表明保险保障基金公司有别于一般市场主体，是以维护广大保险消费者利益为基本目标，具有一定公共管理职能的政策性企业。

（二）保险保障基金公司风险处置的功能和作用

保险保障基金公司作为基金的管理机构，《保险保障基金管理办法》对其风险处置职能作出了相应规定，一是对可能危及保单持有人和保险行业的重大风险，提出监管处置建议；二是对保单持有人、保单受让公司等个人和机构提供救济；三是参与保险业的风险处置工作；四是在保险公司被依法撤销或者依法实施破产等情形下，参与保险公司的清算工作。这些规定反映了风险处置不同阶段，保障基金公司的不同职能，但究其核心职能，仍是第二、第三项，我们概括为保险公司救助和保单救济（参见图2-1）。

保险公司救助，是指依据有关法律、法规和政策规定，保险保障基金公司通过管理、财务或其他帮助和支持措施，促使有问题保险公司恢复正

常经营的行为。在处置实践中，这种以预防破产，持续经营为特征的"救助"方式也较为常见。为了防止保险公司倒闭所引致的连锁反应和系统性风险，降低风险处置成本，我国保险公司风险处置将尽量采取重组、兼并等救助手段，以期经过对保险公司股权结构和经营进行较大改革，提高其自生能力，防止市场退出从而减少对保险市场的震荡，也是从根本上维护了保单持有人的利益。

保单救济，是指当保险公司被撤销或者被宣告破产时，保险保障基金公司对保单持有人、保单受让公司保单价值进行资金补偿的行为。

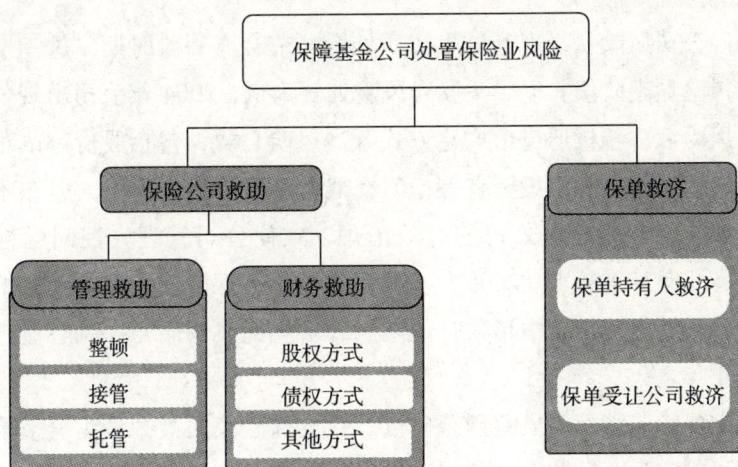

图 2-1　保险保障基金公司的核心职能

根据我国现行保险保障基金制度安排和保险业风险处置实践，保险保险基金公司风险处置兼具"成本最小化"和"付款箱"功能，其中保险公司救助是"成本最小化"要求的体现，保单救济则对应"付款箱"功能。在风险处置的不同阶段，面对不同的风险处置方式和措施，保险保障基金公司风险处置职能各有侧重，具体功能作用也有所不同（参见表 2-1）。

表 2-1　　　　　　　　　　保险业风险处置概览

风险处置阶段	多层次风险处置方式		保障基金公司
	处置方式	处置措施	风险处置职能
风险显现阶段			

续表

风险处置阶段	多层次风险处置方式		保障基金公司风险处置职能
	处置方式	处置措施	
破产预防阶段	行政方式	整顿、接管	保险公司救助
	行政与市场相结合方式	重组、托管	
	司法方式	重整	
破产预防向破产过渡阶段	行政方式	撤销清算	保单救济
破产阶段	司法方式	破产清算	

1. 风险显现阶段

保险公司风险从显现到进入实质处置环节会有一段时期，这一期间我们称为风险显现阶段。以中华联合风险处置为例，2004 年公司出现偿付能力不足风险后，积极通过市场化方式开展风险自救，包括股份制改革、增资扩股、试图引进战略投资者等；但在战略引资过程中由于大股东不愿意放弃控股权，又缺乏对公司的有效治理，致使公司管理失控问题拖而不决，财务亏空越来越大。2008 年金融危机爆发，保险监管部门经过严格风险排查，开始直接干预中华联合风险问题。就此案例而言，风险显现阶段经历了 4 年之久。

根据保险监管部门风险预警制度，只要保险公司被划分为分类监管 C 类，就可确定为有问题保险公司，进入风险显现阶段。初期，保险监管部门多采取一般监管手段，包括监管提示（监管函）、现场检查、行政处罚等；若风险状况没有改善或持续恶化，可以采取限机构、限业务、限投资、限薪酬、调高管等更为严厉的监管措施；当保险公司风险等级上升为 D 类后，保险监管部门就可以采取整顿、接管等风险处置措施。

在此阶段，我们认为保险保障基金公司至少可以发挥以下几方面的作用。一是动态监测风险，对共享的监管统计数据进行分析和挖掘，查找风险点和存在的问题，并进行持续跟踪，动态掌握风险状况。二是进行风险调查，对有问题保险公司开展现场调查，充分掌握风险形成的原因、规模、特点及发展情况。三是研究风险处置方案，在风险调查的基础上，研究各种处置方案，评估处置成本，并向监管部门提出处置建议。四是为保险公司开展自救提供帮助，包括在市场上寻找并推荐重组机会等。

目前，保险保障基金公司在此阶段可发挥的作用还非常有限，仅可做一些风险监测工作。由于监测数据源于监管部门，却又缺乏监管部门的质询和检查手段，保险保障基金公司风险监测工作可能出现结论重复或深度不足等状况。要解决这个问题，关键是要建立保险保障基金公司直接对接有问题保险公司，建立风险评估的前期介入机制，切实发挥保险保障基金公司在风险监测、风险处置方案制定及成本分析方面的专业作用。风险评估的前期介入机制有两种方式。

（1）以行政授权的方式介入。保险保障基金公司本身作为独立的法人，具备专业性、技术性层面的要求，适合作为被授权主体，且前期介入的事项在可授权范围内，符合行政授权的法理要求。通过修改《保险保障基金管理办法》，授予保险保障基金公司提前介入 C 类和 D 类保险公司的权利，保障其对有问题保险公司业务的知情权、调查了解权。

（2）以行业公约的方式介入。基于保险保障基金公司行业组织的性质，可与各保险公司达成公约：为保证保险保障基金适用的合理性和必要性，尽可能减少保险保障基金风险处置成本，保险保障基金公司可对被评为 C 类或 D 类的保险公司的相关业务进行调查，或者委派审计、法律等中介机构对相关公司进行审计和法律风险的评估和审查。

2. 破产预防阶段

保险公司风险等级上升为 D 类，在监管部门的主导或推动下，开展以预防破产为目的的风险处置工作，并维系保险公司日常经营，这一阶段可称为破产预防阶段。此阶段处置的方式和措施比较丰富，可采取整顿、接管等行政方式，也可采取重组、托管等市场方式，甚至是重整的司法方式。不同的处置方式下，保险保障基金公司处置职能的侧重点不同。

（1）在行政方式下，监管部门是风险处置的主体，主要依据法律法规明确授权及规定开展整顿、接管等处置工作。保险保障基金公司可作为监管部门实施整顿、接管工作，防范和化解风险的"工具性"机构。《保险法》要求监管部门选派保险专业人员加入整顿组、接管组，保险保障基金公司作为行业组织和专业风险处置机构，具备参与或承担相关工作的能力，且保险保障基金公司是有问题保险公司利益相关者，从降低保险保障基金处置成本的角度考虑，也比其他专业机构更具有化解风险的强烈意愿，有利于提高处置工作效率。

（2）在行政和市场相结合的方式下，保险保障基金公司在监管部门的引导、监督下，可作为重组方或托管受托方，更主动地履行处置职能。一是保险保障基金公司可通过协商谈判，选择风险处置成本最低，最有利于维护保险保障基金利益的处置方案。二是保险保障基金公司作为独立的法人，可以在市场上发现并运用丰富、灵活的财务工具，提升风险处置效率。三是保险保障基金公司通过重组、托管获得有问题保险公司的控制权，有利于防控风险继续恶化，降低保险保障基金处置成本。

一般而言，市场主体可以从事法律没有禁止的行为，但是否也适用于具有公共职能的保险保障基金公司，有待商榷。在现行规定下，保险保障基金公司参与重组是有法律依据的，即得到国务院的批准；但保险保障基金公司托管有问题保险公司则没有相关规定。考虑到保险保障基金公司行政和市场的双重属性，我们认为托管也需要有原则规定，但不宜过细，应为保障基金公司风险处置的市场化预留一定的空间。

（3）在司法的方式下，依据有关法律法规的规定，在法院主持的重整程序中，在监管部门的授权下，保障基金公司参与其中，发挥自身风险处置职能优势，在重整人的选定、重整计划的制定、审议及执行等各个环节积极配合有关各方履职。

3. 破产预防向破产过渡阶段

对于那些破产预防失败的问题保险机构，监管机构将需要考虑市场退出的问题。破产作为保险公司退出市场的一种方式，其本质与其他企业破产并无不同。但考虑到保险公司是经营风险的特殊金融机构，为社会大众提供各种安全保障，属于公众公司。若直接破产将损害保单持有人的利益，打击投保人的信心，甚至引起市场混乱和社会不安。因此，保险公司的破产必然与普通企业的破产程序有所区别：首先，破产申请必须得到保险监管部门的批准方可进行。其次，保险公司在进入破产前，应对保单持有人保护等事宜进行安排，在确保保单持有人利益得到保障、市场稳定的条件下，方可进入破产程序。否则不利于破产案件的审理，使破产程序难以发挥其快速退市、公平清偿债权人的优势。可见，破产预防失败的保险公司要走向破产需要一定的条件和时间，我们称为破产预防向破产过渡阶段。

在此阶段，有两个重要的问题需要考虑，即如何保护保单持有人利益和进入破产程序的条件是什么？一是如何保护保单持有人利益。根据《保险法》第一百条的规定："保险公司应当缴纳保险保障基金。保险保障基金应当集中管理，并在下列情形下统筹使用：（一）在保险公司被撤销或者被宣告破产时，向投保人、被保险人或者受益人提供救济；（二）在保险公司被撤销或者被宣告破产时，向依法接受其人寿保险合同的保险公司提供救济；（三）国务院规定的其他情形。保险保障基金筹集、管理和使用的具体办法，由国务院制定。"保险保障基金向保单持有人或保单受让公司提供救济的前提条件有两个，被撤销和被宣告破产。其中撤销是行政方式，由监管部门主导，宣告破产是司法方式，由司法部门主导，实施主体不一致。换言之，保险保障基金提供救济要么在监管部门的组织监督下实施，要么在司法部门的组织监督下实施。考虑到保单救济的专业性、救济的效率效果以及我国现行金融机构管理体制，我们认为在监管部门的组织监督下实施救济更具为合适。因此，对需要进行保单救济的保险机构，在进入破产程序前，应先撤销该保险公司，进行撤销清算，并由保险保障基金公司出面依法收购保单债权，使绝大部分保单持有人利益得到保障。二是进入破产程序的条件。除上述提及的保险保障基金公司进行保单救济这一条件外，根据司法机构的审判经验，进入破产程序还需具备的特殊条件包括：（1）职工已经安置或有切实可行的职工安置方案；（2）在风险处置期间没有不当处置资产的情况；（3）公安机关专案组收缴的资产、账簿要移交；（4）地方政府要有维护社会稳定的方案；（5）监管部门要有正式批准意见；（6）最高人民法院要有正式批准意见。

在此阶段下，保险保障基金公司最主要的职责是实施保单救济，其前提则是在撤销清算阶段要完成保单债务的清理、确认工作，因此《保险保障基金管理办法》也赋予保险保障基金公司参与保险公司清算工作的职责。

（1）保险保障基金公司在撤销清算工作中的职责。与整顿、接管一样，撤销也属行政方式，保险保障基金公司作为监管部门的助手，发挥着"工具性"的作用。保险保障基金公司的公益特性以及其作为利益相关人，对清算工作的公平性和效率性有着更为强烈的大局意识和责任意识。因此，除保险保障基金公司加入清算组，参与清算工作的形式外，监管部门也可考虑将撤销清算的组织工作授予保险保障基金公司，由其组织、协调相关专业机构开展工作，以提高清算和保单救济工作的效率和效果。当然在此过程中需要建立有效的监督体制，如建立第三方审计制度等。

（2）保险保障基金公司在保单救济工作中的职责。保单救济与证券、银行客户救济最大的不同点在于，救济金额（保单利益）的不确定性，尤其是对需赔付的保单，救济工作具有很强的专业性。目前，监管部门对保单救济工作中的模式尚未有明确意见。我们认为主要有三种可能：一是采用证券业风险处置经验，以行政主导为主，由地方纪检、监察、检察、公安、财政、税务、审计、监管部门、人民银行、清算组等有关部门和机构的人员组成甄别确认小组，负责对申请救济的保单真实性、合法性进行甄别，确认救济金额。保险保障基金公司则根据甄别确认小组确定的金额和监管部门批准支付的意见支付保险保障基金。保险保障基金公司对甄别确认工作具有监督权。二是保险保障基金公司主导模式，自行组织力量负责登记、甄别确认、发放和资金拨付等工作。监管部门负责指导和监督。三是兼容模式，仍以行政主导为主，保险保障基金公司主要负责业务操作，包括保单救济的登记、甄别确认、发放和资金拨付等，但对甄别确认引起的纠纷、稳定等重要问题，仍然由相关政府部门组成工作组，开展行政认定工作，确保保单救济工作平稳推进。

我们认为上述三种模式可能会在不同阶段出现。在当前社会信用体系不健全、保险公司信息化水平参差不一、保险保障基金公司不具备网络条件的情况下，模式一和模式三更为现实可行。当行业发展更为成熟和规范，社会信用体系相对健全，保险保障基金公司具有先进的技术手段去识别保单真伪，提高救济金额核定效率，模式二也可能成为现实，并会大大减轻政府压力，提高救济效率。

4. 破产阶段

在法院受理破产申请后，保险公司风险处置就进入了破产阶段。此时，保险保障基金公司已基本完成保单债权的收购工作，替代了广大保单持有人成为保险公司新的、最大的债权人。在此阶段，保险保障基金公司的主要职责是依法参加债权人会议及其常设机构，有效维护保险保障基金债权利益。此外，保险保障基金公司是否可以担任管理人，在破产阶段发挥更大的作用，目前法律法规并不明确。同属于金融安全网的证券投资者保护基金公司曾做过相关研究和分析，认为从法学解释学的角度看，现行《企业破产法》和《最高人民法院关于审理企业破产案件指定管理人的规定》并非完全排除了证券投资者保护基金公司被指定为管理人的可能，这一问题尚需要在将来有关破产法的司法解释或者有关金融机构破产的法律和行政法规中进一步明确。

第三章
保险公司救助研究

第一节　保险公司救助方式

保险公司的风险除具有金融企业风险的一般性，同时也具有自身的特殊性。本节重点从梳理问题金融机构风险处置案例和境内外金融机构救助方式入手，研究和分析保险保障基金公司救助保险公司的主要方式。

一、境内外金融机构救助方式及案例

（一）整顿

整顿属于行政处罚的一种。一般意义的整顿是指金融机构主管部门依据有关规定，责令被监管企业停止部分业务、对违法违规行为进行调查并纠正的行政处罚措施。

中国证监会对证券公司曾实施过停业整顿的处置措施。如2002年9月9日，大连证券停业整顿。停业整顿组进入大连证券后主要采取的措施：一是通过媒体刊登和在总公司及营业部进行张贴公告的方式宣布对大连证券实施停业整顿，由大通证券对大连证券营业部进行托管，托管期间营业部照常经营，对经登记确认后的个人柜台债务的合法本金和利息进行补偿；二是组织中介机构对大连证券进行清查审计；三是保全大连证券财产；四是采取原址新建的方式将原有证券营业部进行停业整顿，妥善转移客户；五是妥善处置公司员工。2003年4月3日，证监会关闭了处于停业整顿中的大连证券。

（二）接管

接管是指在金融机构治理混乱，管理失控或者严重危害金融市场秩序时，由监管部门强制性全面接管该问题机构的政府行为。

1. 境外金融机构接管案例

2008 年 9 月，美国政府接管房利美和房地美，控股"两房"。2008 年 9 月 25 日，美国联邦存款保险公司（FDIC）查封、接管了全美最大的储蓄及贷款银行——华盛顿互惠公司（Washington Mutual Inc.）。2010 年 9 月，美国联邦监管部门宣布接管了伊利诺伊州 Warrenville 的 United Corporate Federal Credit Union、得克萨斯州 Plano 的 Southwest Corporate Federal Credit Union 和康涅狄格州 Wallingford 的 Constitution Corporate Federal Credit Union 三家公司信贷联盟，总资产达 196.7 亿美元。

2. 我国金融机构接管案例

在我国行政接管的典型案例是对南方证券的处置。2004 年 1 月 2 日，证监会、深圳市政府联合对南方证券实施行政接管，接管期间由证监会、深圳市政府会同人民银行、公安部组成接管领导小组，并组成由市场专业人士为主的接管组进驻南方证券，全面负责公司经营、管理和运作。行政接管组行使公司权利，接管组组长行使公司法定代表人职权，南方证券股东大会、董事会、监事会暂停履行职责，董事、监事和高级管理人员暂停履行职务，行政接管期间南方证券继续经营业务。

在保险业方面，永安保险公司是我国保险业恢复以来首例被接管的公司。1997 年 12 月 1 日，原保险监督机构中国人民银行发布公告，鉴于永安保险公司存在严重违法违规等问题，从 1997 年 12 月 1 日至 1998 年 5 月 31 日对其实行为期半年的接管。后经监管机构决定延长三个月，1998 年 9 月 1 日，中国人民银行发布公告，宣布接管工作已经完成，接管组将一切权利移交重组后的董事会和监事会。

（三）托管

托管是指通过委托管理的方式，由其他机构代为管理问题金融机构。金融机构的托管行为既可由监管部门发起，也可由有问题保险公司的股东等相关方发起，并经监管部门批准。

美国重组信托公司（Restructuring Trust Corporation，RTC）采用标准资产管理和处置协议（SAMDA）的形式委托私营公司管理和处置其所接管的资产。目标是在尽量避免对当地房地产业造成损失及增加中低档房地产供给的条件下，以最高净现值快速地出售资产。

我国在对证券公司风险处置中常采取托管的方式，特别是当证券公司由于停业整顿、接管、关闭和撤销等原因不能维持正常的经营活动时，证券监管部门通常指定专门的机构成立托管组，行使被托管证券公司的经纪业务或全部业务的经营管理权。案例方面，有的由证券公司对问题证券公司进行托管，如太平洋证券托管云南证券、民族证券托管鞍山证券、国元证券托管天勤证券等；有的由资产管理公司对问题证券公司进行托管，如中国华融资产管理公司托管恒信证券公司、德恒证券公司，中国东方资产管理公司托管闽发证券公司，中国信达资产管理公司托管汉唐证券公司等；还有保障类基金对问题证券公司进行托管，如 2006 年初，证监会委托证券投资者保护基金有限公司托管中关村证券公司、科技证券公司。

我国保险业方面，保险保障基金公司于 2010 年托管了中华联合保险控股股份有限公司的主要股份。

（四）财务重组

财务重组是指对陷入财务危机，但仍有转机和重建价值的金融企业，根据一定程序进行重新整顿，使金融企业得以复苏和持续经营的做法。

1. 境外问题金融机构财务重组案例

2008 年 9 月 16 日，由于受到金融海啸的影响，美国国际集团（AIG）的评级被调低，引致银行纷纷向美国国际集团讨债，导致其流动资金紧张。为避免美国国际集团因资金周转问题而倒闭，美联储宣布向美国国际集团提供 850 亿美元紧急贷款。美联储的声明指紧急贷款以公司 79.9% 股份的认股权证来作交换，并有权暂停先前已发出的普通股及优先股的股息。

2008 年 4 月 23 日，德国 Duesseldorfer 银行出售给德国银行协会设立的存款担保基金。

2007 年 9 月，英国主要抵押贷款银行之一诺森罗克银行受次贷危机影响遭遇储户挤兑风潮，2008年2月被英国政府暂时收归国有。

2009年8月4日，"台湾金管会"指定安定基金担任国华人寿的接管人，并指定保发中心派员协助接管作业，共同组成接管小组，接管了国华人寿，在没有找到特定投资方的情况下，安定基金增资近60亿元新台币。

2. 境内问题金融机构财务重组案例

汇金公司和建银投资在我国证券公司重组和证券业整合过程中扮演了重要角色。汇金公司通过注资、重组等手段控股了银河证券、中金公司、申银万国、国泰君安等一线证券公司；建银投资通过建立新证券公司受让老证券公司的证券业务和相关资产的方式，参与重组了南方证券、华夏证券，通过注资控股了若干家证券公司。

保险业方面，针对新华人寿存在的内部人控制、保险业务资金被挪用等违法违规问题，我国动用保险保障基金，收购了新华人寿的部分股权，通过清收被挪用资金、改善公司治理等措施，完成了风险处置工作，将相关股份转让给了汇金公司，实现了成功退出。

二、金融机构风险处置新特点

金融机构风险处置是世界各国金融业长期面临的问题。自20世纪30年代以来，不同时期各国对金融机构的风险处置具有不同的特点，特别是每次金融危机的发生，都会出现相对集中的金融机构风险处置情况，处置方式也不断变化和创新，这一过程在美国金融风险处置措施演变过程中反映得最为明显（参见表3-1）。

表3-1　　　　　美国金融风险处置的制度措施演变过程

处置时间	处置措施	处置主体
20世纪30年代	1. 建立临时性银行对倒闭银行进行清算 2. 向倒闭银行存款人支付存款 3. 发放贷款、购买资产并提供担保，以促进银行兼并和并购	联邦存款保险公司
20世纪70年代	发放贷款或购买资产向参保问题银行提供援助	联邦存款保险公司

续表

处置时间	处置措施	处置主体
20世纪80年代	1. 宽容计划 2. 购买并承受 3. 直接存款赔付 4. 保险存款转移 5. 过渡银行和接管 6. 整体银行收购和承接交易 7. 分行分割 8. 管理层重组	联邦存款保险公司 联邦储蓄和贷款保险公司（1989年破产） 美国重组信托公司（RTC）
20世纪90年代初至国际金融危机期间	1. 坏资产集中于坏银行进行清理 2. "好银行"资本重组	双结构
2008年至今	1. 政府接管入股 2. 直接注资 3. 批准机构转型 4. 放宽私人资本重组限制 5. 公私协力剥离不良资产	联邦政府 美联储 联邦存款保险公司

　　国际金融危机爆发后，为防止一些大型金融机构风险引起系统性风险，各国纷纷动用财政力量对金融机构进行救助，在一定程度上控制了金融危机的蔓延，另一方面也因为动用"纳税人"的钱去救助金融机构而引起了较大争议。为增强金融机构的风险防控能力，美国、英国等国家出台了新的金融改革法案。

　　美国的《金融监管改革法案》主要针对的是"大而不能倒"金融机构的危机处置问题。主要内容：为防止超大型或特别复杂的金融机构（如雷曼和美国国际集团）对整个经济造成损害，建立在此类机构经营失败时安全有序的破产清算机制；同时，由大型金融机构为系统风险缴纳保费，预先成立"破产清算基金"，以避免清算过程给纳税人带来严重损失。此外，美国的《金融监管改革法案》规定监管机构可以采取"先发制人"的办法，在金融机构账面资本充足、运行良好的情况下，为防止可能的系统性风险对其强制分拆重组。

英国出台了《2009年银行法案》，建立了特别处理机制来干预和处置问题银行。在该机制中，财政部、英格兰银行和金融服务局三大机构分别承担着不同职责，共同协调采取相应措施。在这一框架中，首先由金融服务局确定是否对问题银行启动特别处理机制。作为监管部门，金融服务局通过对问题银行具体情形是否满足（以及将来能否满足）基本监管标准进行评估来确定，当然在评估中也需要听取英格兰银行和财政部的意见。一旦特别处理机制启动后，则由英格兰银行负责问题银行的整个处理程序，并协调财政部、金融服务局以及金融服务保险计划公司采取流动性支持等相应的具体措施。在处理进程中，涉及公共基金、国际债务以及国有股份等业务时，则需要财政部的批准。为了避免金融监管中的冲突，金融服务局不对机制中具体问题的处理承担责任。特别处理机制的处理操作方式有三种：（1）私人部门并购，即把问题银行的全部或部分业务转让给其他私人企业；（2）引入搭桥银行，即由英格兰银行设立一家全资拥有的公司（搭桥银行），将问题银行的全部或部分业务转让给该公司；（3）暂行性国有化，由财政部指定的公司或者全资拥有的公司来接收问题银行的业务。由于涉及公共资金，问题银行业务的具体转让由财政部决定。此外，《2009年银行法案》还建立了整套的银行破产程序，规定银行破产的基本条件有三个：已经无力或者将无力偿付债务、银行破产符合公共利益以及银行破产合乎公平原则。

日本的金融机构在此次国际金融危机中没有遭受太大损失，得益于日本政府为应对日本20世纪80年代的金融危机通过的《金融重建法》和《金融早期健全化法》。在此基础上，日本形成了处理问题金融机构的基本手段：（1）成立新银行承接破产金融机构。（2）由存款保险公司下的住专公司专户等集资筹设住专公司处理机构进行不良债权的回收。（3）业务让渡。问题金融机构业务由健康机构承受。（4）特别公共管理（暂时国有化）。依据《金融重建法》，经金融重建委员会认定为破产，且若无人承接致解散或停业，将影响整体金融稳定时，则由存款保险公司强制取得问题机构股票，进行特别公共管理，以对健全经营之客户继续融资，同时改善经营，以寻求民间金融机构接手。（5）过渡银行。对于破产金融机构，若金融重建委员会认定不宜让该破产金融机构清算，且找不到收购方，则在存保公司旗下设立子公司，作为过渡银行，继承被管理金融机构的业务，暂时延续其业务，并同时通过银行合并、营业全部让渡、股票转让、解散及其他处置方式，在 1 年内完成过渡银行任务。（6）存款保险公司可对金融机构购买不良资产或注资。

从各国出台的金融改革法案看，未来一段时期金融机构风险处置呈现几个趋势性特点：一是政府、监管部门还将在金融机构风险处置中发挥重要作用；二是通过行业力量化解金融机构风险是大势所趋，特别是保障类机构在风险处置中的作用越来越突出；三是金融机构风险处置的切入环节逐步前移，越来越注重在风险产生初期采用措施来预防和控制风险。

三、我国保险保障基金公司救助保险公司的特征与方式

（一）保险保障基金公司救助保险公司的特征

1. 维护投保人利益的特征

维护投保人利益的特征是指保险保障基金参与保险公司风险处置时，必须将维护投保人的利益作为根本出发点和最终归宿。投保人是保险资金的提供者，是整个保险业生存和发展的核心当事方，也是保险保障基金的根本源头。在风险处置中维护投保人利益，能够坚定其参与保险经营活动的信心，对维护金融稳定具有重要的意义。保险公司发生风险时，投资人和经营者一般是直接责任人，投保人则受信息不对称等条件制约，在保险公司风险面前处于相对弱势地位，需要通过保险保障基金救助来维护其权益。

2. 经济适用的特征

经济适用的特征是指保险保障基金在参与保险公司风险处置时要选择最经济的风险处置手段，以最小的投入实现预期的风险化解目标。只要有利于化解保险公司风险，保险保障基金可根据不同的情况选择使用不同的手段。如对于偿付能力尚可但流动性不足的保险公司，可采取债权式重组而不采取关闭撤销的严厉措施；对于资产、业务、企业文化、市场占有率和营销能力较好，但管理水平较差的保险公司，可采取股权重组方式化解

风险；对于公司救助投入大于破产清算成本的保险公司，原则上不对公司进行救助。

3. 适时切入的特征

适时切入的特征是指保险保障基金会选择适当的时机，介入风险处置工作。在开展保险公司风险处置工作时，保险保障基金应选择合适的时间介入，使其既不会由于过早介入而影响保险公司正常经营、市场化的重组进程或监管机关的前期风险化解工作，也不会由于介入过晚使风险扩大和救助成本大幅提高。为做到适时切入，一方面需建立风险早期预警机制，及早发现问题，序时掌握风险化解进度；另一方面需形成完善的风险处置介入流程，把握正确的切入时机。

（二）保险保障基金公司救助保险公司的方式

《保险保障基金管理办法》并未具体规定保险保障基金公司对保险公司的救助方式。《保险保障基金管理办法》第八条规定，保险保障基金公司可依法对保单持有人、保单受让公司等个人和机构提供救助或参与对保险业的风险处置工作。另外，从《保险保障基金管理办法》的立法本意看，设立保险保障基金的根本目的是保障保单持有人的合法权益，促进保险业健康发展，维护金融稳定。通过对保险公司实施救助，化解保险公司风险，一方面能够监测保险公司的风险，为可能进一步参与保险公司风险处置及实施救济做好基础工作；另一方面通过提前控制保险公司风险，降低将来保险保障基金参与风险处置的成本，也有利于从根本上保障保单持有人的权益。总体来看，保险保障基金公司救助保险公司的方式分为管理救助和财务救助两大类。

1. 管理救助

管理救助是指在尚未动用保险保障基金时，保险保障基金公司提前介入保险公司的风险处置工作，从管理上帮助控制和化解风险。在管理救助方式上，保险保障基金公司既可以参加由中国保监会组织的对保险公司的整顿、接管等工作，也可以经中国保监会批准，以受托管理有问题保险公司的方式开展风险处置工作。

2. 财务救助

财务救助是指动用保险保障基金，通过注资、收购股份、提供借款和担保等手段，帮助有问题保险公司改善财务状况，提高经营管理水平，化解风险。实施财务救助的目的，是在风险发生的过程中进行风险处置，防止保险公司走向撤销和破产清算，降低风险处置成本。财务救助的主要方式包括股权方式、债权方式和其他方式（参见图3-1）。

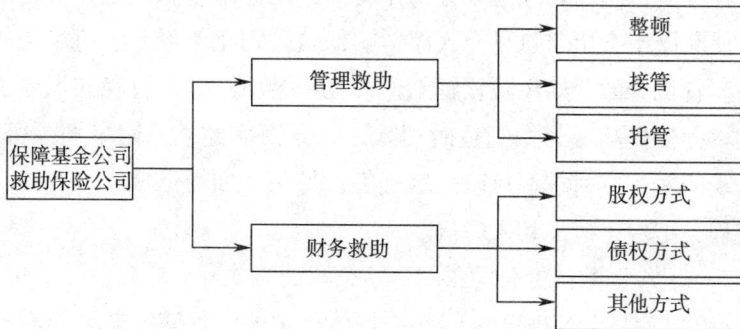

图3-1 救助保险公司的主要方式

需要说明的是，前述各种有问题保险公司救助方式之间并非相互孤立的，而是相互联系，可以相互转化的。保险保障基金公司可以在一定条件下直接采取某种救助方式，也可以根据风险处置工作需要，由一种救助方式过渡到另一种救助方式。如对保险公司采取了整顿措施，但未能化解风险，则可以转而采取接管、托管等其他救助方式开展风险处置工作；在采取股权救助方式过程中，可以综合采取先托管、再进行注资或转让股份等措施，保障风险处置工作的稳妥进行。

第二节　保险公司救助的启动

保险保障基金公司救助保险公司，带有行政性与市场性双重特性，根本目的是维护投保人利益和金融稳定，降低风险处置成本。保障基金公司救助保险公司应该有严格的实施条件和严密的启动程序。

一、保险公司救助的前提条件

保险保障基金公司救助保险公司的根本前提是保险公司存在的风险威

胁到了投保人利益，未来可能需要动用保险保障基金。结合保险保障基金的职能、保险保障基金动用情形，参考国内外动用保障类基金处置金融机构风险的经验，我们认为保险保障基金公司救助保险公司的基本前提条件有以下几个：一是救助的保险公司为保险保障基金缴纳单位。二是保险公司风险可能严重威胁到保单持有人利益。如保险公司风险致使其达到保监会分类监管的 C 类和 D 类标准等。三是保险公司风险较大，可能通过社会公众、金融市场等渠道危及社会公共利益和金融稳定。四是救助措施启动符合法定的程序要求。按照《保险保障基金管理办法》规定，保险公司风险事实需保监会经商有关部门联合认定，不但如此，保险保障基金动用方案由保监会拟定后，需商有关部门，最终报国务院批准。除符合上述基本前提条件外，实施不同救助方式的前提条件也有所不同。

（一）管理救助

1. 触发了《保险法》规定的整顿、接管等监管条件。

2. 保险公司存在的风险已经危及到偿付能力，未来可能需要动用保险保障基金实施救助。

3. 保险公司自身管理能力较弱，若不开展救助，风险有进一步扩大的可能性。

4. 监管部门已经决定介入保险公司的风险处置工作，并且同意保险保障基金公司参与相关工作。

（二）财务救助

1. 保险公司面临较为严重的财务风险，如偿付能力不足、流动性不足等。

2. 保险公司无法通过股东或者单独通过市场力量筹集资金化解财务风险。

3. 保险公司有望通过财务救助化解风险，救助方案经过充分论证，具备可行性。

4. 救助保险公司有可能降低风险处置成本，比撤销或者破产等其他处置措施更有利于保护保单持有人的利益，节约行业资源，更有利于维护社会公共利益和金融稳定。

二、保险公司救助的启动程序

根据《保险法》、《保险保障基金管理办法》等法律法规规定，保障基金公司救助保险公司之前，需要执行必要的准备和报批程序，主要包括以下内容。

（一）拟定救助方案

救助方案的主要内容包括保险公司的存在的风险、救助的必要性及可行性、主要步骤和目标、拟采取的救助措施、动用保障基金情况等。整顿、接管以及各种财务救助方案主要由中国保监会组织拟定，保险保障基金公司应参与方案的前期研究与拟定工作；托管方案主要由保险保障基金公司、有问题保险公司股东等相关方研究拟定。

（二）报批

保障基金公司对保险公司的救助，是行业性的风险处置行为。相关救助方案，必须按照有关法律法规要求，报经有关部门批准后，才能根据救助方案开展救助工作。其中，整顿和接管两种管理救助措施是中国保监会的行政监管措施，由中国保监会批准；托管一般涉及到保险公司实际控制人的变更，也需要由中国保监会批准；股权、债权以及其他方式的财务救助方案一般需要动用保险保障基金，应由中国保监会商有关部门后，报经国务院批准。

第三节　管理救助

管理救助主要通过参与整顿、接管或托管等方式，提高保险公司的经营管理水平，控制和化解保险公司风险。管理救助手段既可单独使用，在保险公司经营情况好转、风险得到化解后解除管理救助状态，同时也可作为财务救助的前期过渡措施或并行风险处置措施。

一、参与整顿

根据《保险法》第一百四十一条的规定，整顿是指保险公司未依照

《保险法》规定提取或者结转各项责任准备金、办理再保险或者严重违反《保险法》关于资金运用的规定，保险监督管理机构作出限期改正的决定后，保险公司逾期未改正的，保险监督管理机构可以决定成立选派保险专业人员和指定该保险公司有关人员组成的整顿组，对保险公司进行整顿。根据《保险法》规定，整顿是一种行政措施，但保险保障基金公司作为专门的保险业风险处置机构，应参加整顿组，在整顿中发挥保险保障基金公司的特殊作用，帮助保险公司恢复正常经营。通常而言，保险保障基金公司通过加入保险监督管理机构组织的整顿组的方式参与保险公司的整顿，而不是作为一个独立的主体对保险公司开展整顿。

（一）触发条件

根据我国《保险法》的规定，保险公司未依法提取或者结转各项责任准备金，或者未依法办理再保险，或者严重违反《保险法》关于资金运用的规定的，保险监督管理机构依法作出限期改正的决定后，保险公司逾期未改正的，国务院保险监督管理机构可以决定选派保险专业人员和指定该保险公司的有关人员组成整顿组，对公司进行整顿。

（二）主要职责

整顿组由国务院保险监督管理机构组织成立或指定有关人员组成，主要行使法律赋予的监督权。在整顿过程中，被整顿公司的负责人及有关管理人员应当在整顿组的监督下行使职权，被整顿保险公司的原有业务继续进行。但是，国务院保险监督管理机构可以责令被整顿公司停止部分原有业务、停止接受新业务，改善资金运用。需要采取整顿措施的保险公司，存在的问题较为严重，且依靠公司自身不能解决有关问题。对于此类公司，保险保障基金公司既需要重点监测风险，也要为应对将来可能出现的救助或风险处置做好准备。

（三）基本流程

一是公告。由中国保监会将整顿决定通知保险公司，并在中国保监会网站和报纸上予以公告。二是组建整顿组。由中国保监会选派相关人员组建工作组，指定负责人，整顿组成员包括中国保监会、保险行业协会、保险保障基金公司的专业人员和被整顿保险公司的有关人员。三是开展整顿。整顿组对保险公司的日常业务实施监督，保险公司股东、董事会、管理层继续运行，在整顿组的监督下行使职权，并及时向整顿组报告情况。四是结束整顿。整顿期满，整顿组向中国保监会提出报告，由中国保监会决定批准结束整顿或采取其他风险处置措施。

（四）主要工作

对保险公司进行整顿期间，保险保障基金公司作为整顿组成员，既要做好整顿组的各项工作，对公司开展现场监督，督促公司纠正错误的经营行为，还要履行保险保障基金公司的风险监测、风险处置和投保人利益保护等职能，同时开展以下相关工作：

1. 监测保险公司风险

一是监测财务风险，搜集财务信息，开展财务分析，评估公司的风险程度；二是监测精算风险，评估公司各项准备金的提取充足程度，摸清风险底数；三是监测内控风险，评估内控合规体系，诊断业务流程，摸查公司的管理和运营漏洞。根据风险监测情况，形成风险监测报告，作为保险保障基金公司处置保险公司风险的参考信息。

2. 审查主要业务

对业务进行审查主要是判定保险公司在业务经营方面是否存在重大违规操作现象。一是展业业务，掌握保险公司目前的保险种类、销售数量与销售总额。监督保险公司的保单是否符合法律规定，在整顿期间整顿组有权要求限制业务开展；对已经承保的保险金额较高的业务，不符合公司目前财务状况的，保险保障基金公司应督促公司尽快办理分保业务；对于已经管理分入的再保险合同，保险保障基金公司应分析其对保险公司日后偿付能力的影响；监督推销保单过程中是否存在欺骗、误导投保人及不正当竞争的情形。二是理赔业务，包括保险事故的评估、鉴定、理赔及保险金的给付等业务。重点检查保险公司的理赔程序；监督保险公司核定保险事故责任和给付金额的工作是否按照法定程序进行；是否存在损害保户利益的情形；必要时聘请具有独立法人资格的第三方保险公估公司协助监督。三是再保险业务审查。了解保险机构的再保险关系，督促建立有效的再保险业务程序。四是资金运用业务。主要检查资金的运用范围；资金各个投资渠道的比例是否合规；资产与负责是否匹配等。

3. 提出监管建议

根据风险监测和业务审查情况，向保险监督管理机构提出针对性的监管建议，如限制有问题保险公司业务和机构开设，责成补充资本金，促进市场重组，动用保险保障基金救助等。

4. 做好下一步风险处置准备工作

若保险公司通过整顿，难以实现化解风险的目的，保险保障基金公司应根据整顿工作中掌握的信息，及时提出风险处置方案，为进一步开展风险处置做好准备。

二、接管

根据《保险法》第一百四十五条的规定，保险公司偿付能力严重不足或违反《保险法》规定，损害社会公共利益，可能严重危及或者已经危及公司的偿付能力的，保险监督管理机构可以对其实行接管，组成接管组，行使对被接管保险公司的经营管理权。接管也是一种行政措施，对保险公司的接管可分为两种方式：一是由保监会主导成立接管小组，负责保险公司的日常经营活动。在此种方式下，保险保障基金公司应参加接管小组，介入风险处置工作。二是保监会指派特定机构作为接管人，成立接管小组，负责保险公司的经营活动。在此种方式下，保险保障基金公司应发挥专业机构的优势，争取作为接管人，或者参加其他接管机构组成的接管小组。

（一）触发条件

《保险法》第一百四十五条规定："保险公司有下列情形之一的，国务院保险监督管理机构可以对其实行接管：（一）公司的偿付能力严重不足的；（二）违反本法规定，损害社会公共利益，可能严重危及或者已经严重危及公司的偿付能力的。"由此可见，接管的条件是保险公司的偿付能力严重不足，或出现了可能危及或严重危及保险公司偿付能力的情形。

保险监管部门在《保险公司偿付能力管理办法》第五章进一步详述了偿付能力不足的问题。首先，中国保监会根据保险公司偿付能力状况将保险公司分为下列三类，实施分类监管：（1）不足类公司，指偿付能力充足率低于100%的保险公司；（2）充足Ⅰ类公司，指偿付能力充足率在100%到150%之间的保险公司；（3）充足Ⅱ类公司，指偿付能力充足率高于150%的保险公司。对于不足类公司，中国保监会会区分不同情形，采取一项或者多项监管措施，其中就包括接管。充足Ⅰ类公司和充足Ⅱ类公司存在重大偿付能力风险的，中国保监会可以要求其进行整改或者采取必要的监管措施。对于未按本规定建立和执行偿付能力管理制度的保险公司，中国保监会可以要求其进行整改，情节严重的，可以采取相应的监管措施，并依法给予行政处罚。"必要的监管措施"、"相应的监管措施"应涵盖了"接管"。

（二）主要职责

接管是一种行政性措施，接管组取代了被接管公司的法定代表人和管理层的地位，接管组负责人行使被接管保险公司法定代表人职权，被接管保险公司的股东大会、董事会、监事会以及经理、副经理停止履行职责。《保险法》等现行法律法规并未规定接管组需要履行的职责，参考《证券公司风险处置条例》，我们认为接管组应该履行的职责包括：（1）接管保险公司的财产、印章和账簿、文书等资料；（2）决定保险公司的管理事务；（3）保障保险公司某些必要业务的正常合规运行，完善内控制度；（4）清查保险公司财产，依法保全、追收资产；（5）控制保险公司风险，提出风险化解方案；（6）核查保险公司有关人员的违法行为；（7）国务院保险监督管理机构要求履行的其他职责。

（三）基本流程

一是公告。由中国保监会将接管决定通知保险公司，并在中国保监会网站和报纸上予以公告。二是组建接管组。由中国保监会组织建立接管组，指定负责人，接管组成员可以包括中国保监会、保险行业协会、保险保障基金公司的专业人员以及有关部门、专业机构的专业人员。三是行使经营管理权。保险公司的股东（大）会、董事会、监事会和总经理、副总经理停止履行职责，由接管组相应行使经营管理权，接管组负责人行使法定代表人职权。四是结束接管。接管期满，接管组向中国保监会提出报告，由中国保监会决定批准结束接管或采取其他风险处置措施。

（四）主要工作

1. 接管公告

通过媒体或保险公司各个网点进行公布，包括被接管公司名称、接管原因、接管期限、接管组的组成等。

2. 完善接管小组的管理体系与监督机制

接管小组的管理体系主要包括：一是经营管理体系，由接管小组替代公司经营层，行使对保险公司的经营管理职能；二是监督管理部门要加强对接管小组的监督管理，防止接管小组滥用权力，扩大保险公司风险。

3. 接管小组人选管理

由于接管小组需要取代保险公司的原管理层对保险公司进行治理，所以接管小组进入保险公司之前需要对接管小组人员的组成采取严格的考核方式进行遴选，使接管小组具有相应的专业技术，胜任保险公司的经营管理工作。接管小组应建立接管小组成员的选拔和考核机制，相关人员应报保监会审批同意。

4. 业务交接管理

一是做好保险公司的财产、印章和账簿、文书等资料的交接工作，按规定建立交接文件目录清单，做好交接登记工作；二是做好相关工作的交接工作，明确交接的具体工作职责，明晰交接前后的工作责任；三是做好信息数据系统的交接管理工作，控制应用系统，确保应用软件处理数据的质量和精确性，保证系统正常运行；四是做好关键交接岗位的审计工作。

5. 业务审查与加强管理

审查业务主要包括承保业务、理赔业务、再保险业务和资金运用等，根据审查中发现的问题，健全业务制度，完善业务流程，加强内部控制，改善保险公司的经营管理。接管组可以聘请精算师、会计师或评估公司等外部机构协助开展精算、会计审计、业务评估等相关工作。

接管期间，接管组可联系相关部门，限制公司原管理人员出境，以便于做好保险公司及其人员违规行为的核查。与此同时，接管组还应妥善处理与地方政府的关系，在员工安置等方面需要听取地方政府的意见，以共同维护保险市场的稳定。

三、托管

当保险公司因管理不善使公司经营出现困难时，有关方可与保险保障基金公司签订托管协议，委托保险保障基金公司对保险公司进行管理。托管方式可分为经营托管和股份托管。经营托管与接管的主要工作内容较为接近，都需要改变保险公司的经营层。不同之处在于经营托管维持了原有的公司治理体系，董事会和监事会仍然维持运作。股份托管一般是由出资者或其代表在所有权不变的条件下，以契约形式在一定时期内将企业的部分股权委托给保险保障基金公司，由保险保障基金公司暂时执行委托人的管理职能，帮助保险公司恢复正常经营，或稳定保险公司的经营形势，为后续风险处置工作做好准备。相比而言，股份托管更能从根本上理顺有问题保险公司的治理体系，实施起来更具操作性，本书重点研究股份托管的方式。

（一）触发条件

保险公司由于经营管理不善等原因使保险公司经营出现风险，且由公司股东与保险保障基金公司达成托管意见，并经保险监督管理机构批准后，保险保障基金公司可代为管理相应股份，行使对保险公司的管理权。此外，托管也可以作为有问题保险公司股份转让、并购等重组程序中的过渡管理环节，并在重组程序完成后自动终止托管关系。

（二）基本流程

一是签署股份托管协议。中国保监会批准托管事项后，保险保障基金公司与保险公司股东等相关方签署股份托管协议。二是完善公司治理机制。推荐董事、监事，召开股东大会，改组董事会和监事会。三是行使股东职能。通过股东大会，对保险公司加强经营战略、预算决算、绩效考核等工作的管理。四是结束托管。约定的托管期限到期后，向中国保监会提出报告，由中国保监会决定批准结束托管或过渡到其他风险处置措施。

（三）主要工作

保险保障基金公司受托管理保险公司的股份，一方面需要履行托管协议约定的职责，另一方面要从维护保单持有人利益和金融稳定的角度出发，控制保险公司风险。保险保障基金公司受托管理保险公司股份需要做好的工作有：

1. 签署托管协议

保险保障基金公司在专业法律机构的帮助下，拟定托管标准协议，与保险公司协商达成一致，并经保险监督管理机构批准后，保险保障基金公司才可正式开展托管工作。托管协议的主要内容应包括：一是保险保障基金公司与被托管的保险公司各自的权利与义务。保险保障基金公司的主要权利和义务是行使股东职能，对被托管保险公司进行经营管理，并在充分保护保单持有人利益的前提下，维护委托方的利益。在股份托管期间，委托方仍然拥有对相关股份的财产所有权，需要配合与支持保险保障基金公司行使股东职责，化解公司风险。二是约定托管期限。保险保障基金公司实施托管的期限可以是固定的，也可以通过设定托管生效和终止条件的方式约定托管期限。三是明确托管前后对公司的经营责任划分。四是托管费用。一般情况下，托管方应向保险保障基金公司支付托管费用，托管期间的营运费用则由被托管的保险公司承担。此外，保险保障基金公司不应承担托管期间的亏损。

2. 建立公司治理机制

受托管理股份以后，保险保障基金公司应代行股东职能，推动完善公司的治理机制：一是健全股东大会、董事会和监事会；二是完善公司章程和董事、监事会议事规则，规范"三会"运作机制；三是健全公司内控合规、风险管理、内部审计机制，提高风险防控能力；四是建立公司的发展规划、预决算管理、绩效考核机制。

3. 引进管理人才

受托管理股份以后，保险保障基金公司承担了股东职能，肩负着保险公司风险处置责任，需要向保险公司提供人才支持，提高经营的专业能力。一是依照法律和公司章程规定，向保险公司推荐董事和监事，并在保险保障基金公司内部建立完善的外派董事、监事的工作机制；二是帮助保险公司引进管理人才，做好人才的推荐工作，完善人才的选聘、考查管理机制；三是推动保险公司健全薪酬激励机制，为引进管理人才创造条件。

4. 做好沟通工作

保险保障基金公司托管保险公司股份，性质上属于风险处置工作，需要做好各方面的沟通协调工作，帮助保险公司化解风险。一是做好与保险监督管理机构的沟通工作，及时汇报风险处置工作情况，反映风险处置工作面临的困难，争取相关政策支持；二是做好与其他股东单位的沟通协调工作，争取各股东单位的支持，必要时提供资金等方面的帮助。

第四节　财务救助

财务救助主要针对存在重大财务风险的保险公司。此类保险公司一般因过度扩张、重大案件、资金运用不当等原因，引发了偿付能力不足或流动性不足等财务风险。救助此类保险公司，既需要动用保险保障基金，提供资金支持，解决或缓解保险公司的财务风险，还需要根据保险公司的风险成因，通过加强公司治理等措施，改善保险公司的经营管理，封堵风险漏洞。财务救助分为股权方式、债权方式和其他方式。

一、股权方式

股权方式是指保险保障基金公司以投资入股的方式，向保险公司注入资金，提高保险公司的偿付能力，并参与其公司治理。通过股权方式处置保险公司风险主要有两种形式：一是对于仍有一定价值的公司，通常采取由保险保障基金公司按价值购入问题股东的股权，或直接注入资金的方式；二是对于保险公司不能清偿到期债务，且资产不足以清偿全部债务或者明显缺乏清偿能力的，或者有明显丧失清偿能力可能的，可采取重整的方式，先实行缩股等措施，降低原有股东的股份，然后再由保险保障基金公司注资。

（一）触发条件

股权救助方式的主要触发条件包括：一是公司治理问题突出，对于公司内部治理机构不健全或者虽然有基本完善的内部治理结构，但是内部人控制、大股东控制等问题严重的保险公司，保险保障基金公司可以通过对其进行股权处置，改善公司治理状况，促使其化解风险；二是保险公司的偿付能力不足，需要补充资本金；三是市场化重组难度大，依靠市场力量无法实现自身股权优化，只能由保险保障基金公司通过救助式重组，帮助保险公司化解风险；四是有切实可行的重组方案，可以通过股权处置方式获得重新经营能力和偿付能力；五是有基本明确的退出路径，为公共资金保值增值提供基本保障。

（二）主要工作

方式一：购入股份或直接注资

保险保障基金公司对保险公司实施股权救助，既有风险处置工作的特征，还应遵循市场化重组的基本规则和程序。需要开展的主要工作及业务环节见图 3-2。

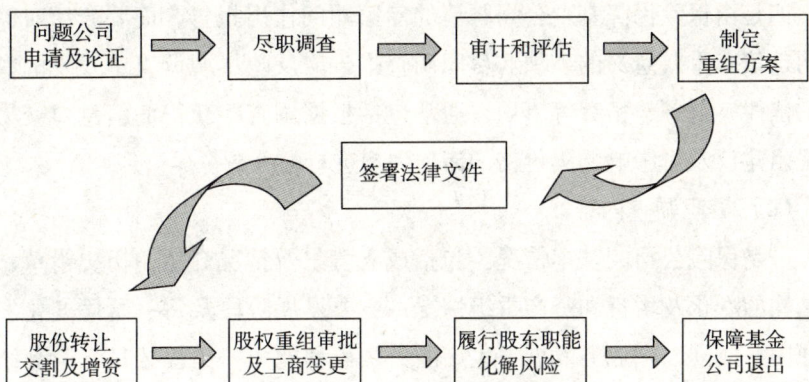

图 3-2　股权救助主要工作

1. 审核保险公司申请

保险保障基金公司计划以股权处置方式救助保险公司时，应要求保险公司向保险保障基金公司提出股权救助的书面申请，申请中应对公司股权结构、公司治理情况以及资产、债务情况进行披露，同时提出其对股权救助方式的具体方案，尤其应就现有股东和管理层对方案的意见和态度进行明确报告。这不但便于保险保障基金公司作出分析，也能防止日后股权处置产生争议。当然，本程序不是必然的前置程序，保险监管机构根据风险情形也有权直接启动股权救助工作。

2. 开展尽职调查

开展全面或专项法律、业务、财务、精算等尽职调查工作,目的是摸清保险公司的风险状况,提出风险处置决策建议。

(1) 尽职调查步骤

一是由保险保障基金公司指定一个由专家组成的尽职调查小组(通常包括律师、会计师、精算师、证券投资顾问等人员)。

二是由保险保障基金公司和其聘请的专家顾问与原股东签署保密协议。

三是保险保障基金公司在专家顾问的帮助下,准备尽职调查清单,交给原股东,由原股东指导保险公司准备有关资料,编制资料索引,建立尽职调查资料库。

四是由保险保障基金公司聘请的专家顾问作出报告,简要介绍对保险公司价值有重要意义的事项。尽职调查报告应反映尽职调查中发现的实质性的法律、财务、精算等事项,通常包括根据调查中获得的信息对交易框架提出建议及对影响购买价格的诸项因素进行的分析。

(2) 尽职调查内容

一是保险公司的基本情况。包括成立背景及情况介绍;历史沿革;股权结构的变化及增资和资产重组情况;主要发展阶段及每一阶段变化发展的原因;成立以来业务发展、生产能力、盈利能力、销售数量、产品结构的主要变化情况;对外投资情况,包括投资金额、投资比例、投资性质、投资收益等情况和被投资主要单位情况介绍;公司员工状况,包括年龄结构、受教育程度结构、岗位分布结构和技术职称分布结构;董事、监事及高级管理人员的简历;历年股利发放情况和公司现在的股利分配政策;公司实施高级管理人员和职工持股计划情况等。

二是保险公司的组织结构情况。包括建立的组织管理结构;公司章程;股东结构,主要股东情况介绍,包括背景情况、股权比例、主要业务、注册资本、资产状况、盈利状况、经营范围和法定代表人等;有问题保险公司和上述主要股东业务往来情况、资金往来情况,有无关联交易合同规范上述业务和资金往来及交易;主要股东对公司业务发展有哪些支持，包括资金、业务销售、研究开发、技术投入等；保险公司控股子公司、参股子公司的有关资料，包括名称、业务、资产状况、财务状况及收入和盈利状况、对外业务往来情况；保险公司与子公司在内控合规、风险管控、内部审计等方面如何统一进行管理等。

三是产品情况。包括目前所从事的主要业务及业务描述，各业务在整个业务收入中的重要性；主要业务的发展前景及行业背景资料；主要业务近年来增长情况，包括市场份额、定价走势，各类产品在销售收入及利润中各自的比重；产品结构情况，包括目前主要产品情况和近年来销售情况；对提升产品档次、增强产品竞争力等方面将采取哪些措施；新产品开发情况等。

四是承保、理赔和再保业务情况。承保、理赔和再保业务制度建设情况；基本业务流程及内控机制；相关业务的审批授权情况；业务系统建设情况；绩效考核政策；潜在业务风险等。

五是资金运用情况。包括资金运用业务制度建设情况；主要业务流程及内控机制；资金运用的渠道及组合管理；资金运用的审批授权情况；资金运用业务系统建设情况；流动性风险、市场风险、信用风险等资金运用风险管理情况；资金运用收益水平；潜在资金运用风险等。

六是财务与精算情况。收入、利润来源及构成；成本构成情况、管理费用构成情况；前几个年度综合成本率、综合赔付率、综合费用率、净资产收益率、偿付能力充足率、资产负债比率等财务指标；前几个年度资产负债表、利润及利润分配表；对未来主要收入和支出有重大影响的因素；公司税率及税款缴纳情况；准备金评估方法及准备金提取情况等。

七是固定资产情况。主要固定资产的构成情况，包括主要固定资产名称、原值、净值、数量、使用及折旧情况等；房屋建筑物等物业设施情况，包括建筑面积、占地面积、原值、净值、折旧情况以及取得方式；目前主要在建工程情况，包括名称、投资计划、建设周期、开工日期、竣工日期、进展情况和是否得到政府部门的许可；目前所拥有的土地的性质、面积、市场价格、取得方式和当时购买价格（租赁价格）。

3. 进行审计和评估

为准确反映目标公司的净资产和盈利状况，合理确认资产评估价格，一般应委托评估机构和审计机构对保险公司分别进行评估和审计。评估的目的主要是运用一定的评估方法确定保险公司在某一评估基准日的资产价值；审计的主要目的是按照保险保障基金公司确定的会计制度对保险公司的财务状况和经营成果进行审计，审计内容一般包括保险公司的基本情况；会计报表采用的会计政策、会计估计，若保险公司执行的会计制度与保险保障基金公司要求的会计制度不一致，应说明目标公司实际执行的会计政策、会计估计，并说明编制财务重组会计报表时是如何按确定的会计政策、会计估计进行调整的；会计报表项目注释；其他需要说明的重要事项，如或有事项、担保事项等。

4. 制定救助方案

结合尽职调查、审计和资产评估的具体内容，制定有针对性的救助方案，方案应包括财务重组计划，具体包括股权变更计划、注资规模等；财务救助的可行性分析；重组后公司治理与改善经营计划等内容。

救助方案需要履行各方审批程序：一是保险保障基金公司董事会对财务救助保险公司的批准。二是保监会根据救助方案，拟定风险处置方案和保险保障基金使用办法，商有关部门后报国务院批准。三是相关部门关于资产评估结果的核准。四是保险公司股东大会（股东会）、董事会对股权转让、增资扩股的批准。

5. 签署法律文件

以股权方式参与保险公司风险处置涉及到保险保障基金与原股东、实际控制人、保险公司等多方法律关系，所需签署的法律文件比较复杂，主要包括股权变动、组织变更、资金划拨、获益分配等。此外，从完善保险公司治理结构和内部控制制度的角度出发，保险保障基金公司还应着手对保险公司章程、股东会议事规则、董事会议事规则、监事会议事规则等组织性文件进行补充修订。

6. 完成增资或股份转让交割手续

根据已经签署生效的协议，保险保障基金公司应及时缴纳所认缴的出资，约定受让原股东股权的，还应向原股东或指定方付款。

7. 财务重组审批及工商变更登记

签署股权重组协议后，保险公司应将股权重组事项上报保监会，得到保监会批复后，向公司注册登记机关申请办理各项变更登记手续，包括保险公司股东变更登记、法定代表人变更登记及高管人员备案登记等。变更登记完成后，保险保障基金入股保险公司的全部程序即履行完毕。需要指出的是，工商变更登记只是股东变更所需履行的程序要件，是否进行变更登记并不直接影响保险保障基金公司行使股东权利。

8. 履行股东职能

保险保障基金公司履行股东职责，参与保险公司重大决策和经营管理，并监测注入保险公司资金的使用。一是为保证通过股权投资方式使保险公司化解风险，保险保障基金公司应充分履行出资人职责，参与保险公司的重大决策，监督保险公司的经营管理。二是保险保障基金以股权处置方式进入保险公司的目的是化解保险公司风险，若相关资金被违规使用，会直接影响保险保障基金的使用效率。股权重组后，保险保障基金公司需通过行使股东权利加强对资金使用的监控，特别防范通过非正常分配利润、向股东提供借款等方式使资金流出保险公司。三是虽然在一般情况下，保险保障基金注入公司后，与保险公司其他资金没有不同，但是在某些情况下，有必要在基金注资与保险公司其他资金之间建立防火墙。需要进行风险处置的保险公司，往往面临较多的债权债务纠纷。对于已取得针对保险公司的胜诉判决的债权人而言，随时有权申请人民法院对保险公司的资金和资产（包括以股权方式投入的资金）进行冻结和扣划。在这种情况下，保险保障基金公司必须将其注入资金与保险公司其他资金区分开来。

9. 通过股权转让等方式实现退出

保险保障基金公司在参与治理目标公司过程中，要注意不断接洽潜在投资者和战略投资者，在适当的时候，适时退出保险公司经营，尽可能减少基金损失，最好实现基金保值增值。如果经过保险保障基金的介入，保险公司资产质量得到改善、盈利能力获得增长，达到了风险处置目标，保险保障基金可以通过股权转让等方式适时退出。

方式二：重整注资

通过重整方式对保险公司开展救助，具有以下几个特点：一是司法保障力强，成功率高。重整程序是司法程序，法院的裁定具有强制执行力，即使重整计划最终无法获得所有各方同意，只要符合法律规定的条件，法院就可以强制裁定。二是重整谈判难度相对较低，效率高。重整计划不需要取得所有债权人和股东的同意，必要情况下，即使与现有股东无法达成协议，也可以通过法院裁定由保险保障基金公司担任股东。三是重整成本相对较低。通过重整计划，除保险债权以外的其他债权的清偿比例可以大幅降低，可以在不需要支付任何对价的前提下，无偿削减现有股东的股权。削减的股权可以缩股减资，也可转让给保险保障基金公司，在此基础上，保险保障基金公司只需要注入必要的救助资金，减少了总成本的投入。股权救助方式二的触发条件除一般股权救助方式的条件外，还有就是符合《企业破产法》规定的重整条件，即保险公司不能清偿到期债务，并且资产不足以清偿全部债务或者明显缺乏清偿能力。保险公司有明显丧失清偿能力可能的，也可以依照《企业破产法》规定进行重整。在实施方面，股权救助方式二与方式一有一定的相似之处，需要特别说明的几项工作有：

1. 公司接管

根据《企业破产法》规定，保险公司重整的管理人由法院指定。在具体施行方面，《最高人民法院关于审理企业破产案件指定管理人的规定》指出，对于经过行政处置、清算的保险公司等金融机构的破产案件，人民法院指定管理人的途径有两种：一是在金融监督管理机构推荐的已编入管理人名册的社会中介机构中指定管理人；二是根据有关规定已经成立清理组的，人民法院可以指定清理组为管理人。

符合重整条件的保险公司实际上也符合接管的条件，一旦保险监督部门计划采取重组方式二进行救助，则首先应依据法律要求撤销原保险公司的董事会和管理层对公司的控制，组建接管组，按照接管程序接管保险公司，做好经营管理工作，同时开展债权、债务清理工作。启动重整程序后，接管组同时可承担管理人职责。

保险保障基金公司具有特殊的公共性职能，为保单利益提供了担保，将来在偿付保单利益后还会拥有代位求偿权，如能作为接管人和管理人，有利于提高重整效率，促进重整程序的公正进行。

2. 申请重整

接管人和管理人可聘请专门的法律、审计、评估等专业机构，对保险公司进行尽职调查，并在此基础上提出重整计划草案，包括经营方案、债权分类、债权调整方案、债权受偿方案、重整计划的执行期限、重整计划执行的监督期限、现有股份的减资缩股计划、保险保障基金公司注资计划、有利于债务人重整的其他方案等内容。重整计划草案应提交保险保障基金公司董事会批准后，上报保险监督管理机构，由保险监督管理机构将方案上报国务院，申请动用保险保障基金实施救助。获得国务院批准后，保险监督管理机构根据《保险法》、《企业破产法》规定，向人民法院申请对该保险公司进行重整。

3. 重整方案表决及批准

保险公司重整方案表决不同于一般企业。一是保险公司债权人主要是投保人，召开由所有投保人参加的债权人会议难度较大；二是保险保障基金公司实际上已经为保单提供了担保，保单利益已在较大程度上得到了保障，保险保障基金公司应作为实际债权人参与重整。应在人民法院的主持下，召开由保险保障基金公司、相关债权人和出资人参加的债权人会议，对重整方案进行表决。表决通过重整方案后，由保险公司报请人民法院审批。人民法院经审查认为符合《企业破产法》规定的，应当自收到申请之日起三十日内裁定批准，公告重整事项。

4. 缩股减资或处置股份

保险公司根据人民法院批准的重整方案，向保险监督管理机构申请减少注册资本，或向保险保障基金公司转让有关股份，得到保监会批复后，向公司注册登记机关申请办理各项变更登记手续。

5. 保险保障基金公司注资

保险保障基金公司根据人民法院批准的重整方案，比照股权救助方式一办理注资手续。

（三）主要风险点

1. 对股权价值定价失误的风险

由于保险保障基金公司与问题保险公司及其实际控制人之间存在信息

不对称等因素，即使履行了审计、尽职调查、资产评估等业务程序，保险保障基金公司也难以全部掌握目标保险公司的所有风险，包括潜在的诉讼、担保等事项。确定保险公司股权价值时，往往因为不能将这些因素考虑在内，致使股份定价与实际价值出现偏离。为防范此类风险，一方面要严格开展审计和尽职调查工作，尽量摸清保险公司的情况；另一方面可通过在协议中约定的方式，锁定风险责任。

2. 重组不成功导致投资损失的风险

保险保障基金以股权方式参与保险公司风险处置，本质上是高风险投资。只有在重组后改善经营和实现健康发展的前提下，保险保障基金才有可能收回投资。相反，若保险公司受各种内部、外部因素的影响，重组后出现经营恶化的趋势，则保险保障基金不仅现阶段投资会受到侵蚀，未来对保险公司的风险处置成本也有可能增加。为避免风险处置成本越来越高，保险保障基金公司在参与风险处置前需对股权重组方案进行充分论证，充分评估保险公司风险化解的难度，确保在把握程度较高的前提下，实施重组方案。

3. 受让股权不完整或存在瑕疵的风险

实施股权处置方式的保险公司，往往因为管理混乱、内部人控制、债权债务关系不清等原因，导致股东股权不完整或存在瑕疵，具体表现为股权出资不到位、代持股、股权被质押或查封等。保险保障基金公司持有此类股权，不仅会影响投资权益，而且会影响重组后的公司治理效果。为此，保险保障基金公司通过股权处置方式化解保险公司风险，不仅要针对相关股权的完整性和合法性充分开展法律尽职调查，还要通过协议条款方式维护自身权益。

4. 保险公司违规使用资金的风险

保险保障基金以股权处置方式进入保险公司的目的是化解保险公司风险，若相关资金被违规使用，会直接影响保险保障基金的使用效率。股权重组后，保险保障基金公司须通过行使股东权利加强对资金使用的监控，特别防范通过非正常分配利润、向股东提供借款等方式使资金流出保险公司。

5. 投入资金被冻结、扣划的风险

需要进行风险处置的保险公司，往往面临较多的债权债务纠纷。对于已取得针对保险公司的胜诉判决的债权人而言，随时有权申请人民法院对保险公司的资金和资产（包括以股权方式投入的资金）进行冻结和扣划。保险保障基金公司以持有股权方式注入保险公司的资金，若不采取特殊措施，将会面临随时被冻结、扣划的风险。在防范措施上，可比照债权处置方式处理，在保险保障基金注资与保险公司其他资金之间建立防火墙。

6. 无法正常行使股东权利的风险

股东作为公司的出资人，其各项权利依法受到保护。但是实践中，内部人控制、一股独大等非正常现象导致股东权利无法正常行使的情况屡有发生，具体成因也不尽相同。为防止出现这种情况，保险保障基金公司应在入股前对公司治理机构的现状进行充分的调查和了解，有针对性地提出改进要求，使得保险保障基金入股后可以正常行使各项股东权利，促使公司早日摆脱困境。

7. 舆论影响

通过股权方式处置保险公司风险，也需动用保险保障基金，接受行业监督和社会监督。若股权处置方案与市场化规则差异过大，容易引起社会舆论批评，影响风险处置工作的开展。鉴于此，保险保障基金需在坚持政策性救助与市场化重组相结合的前提下，努力提高股权处置的市场化程度。

（四）争议处理

在以股权方式参与保险公司风险处置中，最有可能发生的争议表现为与原有股东之间的争议，也有可能体现为与保险公司之间的争议。与原有股东的争议有可能是基于原有股东违反了保险保障基金入股时所达成的协议，或者其所作出的关于保险公司的陈述和保证不真实或作出的承诺未被遵守。这种争议和保险公司风险处置有关联，但是如果仅停留在股东之间，一般不会直接影响到保险公司重组的进行。

二、债权方式

债权方式是指保险保障基金以提供借款、购买保险公司债券等方式帮助保险公司渡过危机。在债权处置方式下，动用保险保障基金的结果将会形成保险保障基金公司对被处置保险公司的债权性权益。该种方式并不能改善被处置公司的偿付能力，只能改善其流动性。

（一）触发条件

债权救助方式的触发条件有：一是保险公司基本经营没有其他大的问题，只是流动性不足。对于"流动性风险"的认识可以坚持采用现金流标准，如果一家保险公司无法满足正常情况下退保和保险理赔的现金要求，如果不采取进一步措施，会因此导致投保人持续性地退保，进而加剧保险公司流动性风险，那么在这种情况下就可以考虑通过债权方式对其进行风险处置；二是保险公司无力通过增资扩股、发行次级债或对外借债等方式解决资金问题，并且这种风险足以引发大规模的金融风险或影响社会稳定；三是该公司未来具有还本付息的能力，其资产质量尚好、有稳定的营销团队和客户群体、可以在短时间内经过调整恢复正常经营能力；四是保险公司要有明确的资金使用方案和使用计划，资金的用途合法合规。

（二）主要工作

1. 保险公司提出申请

保险公司须就借款提出书面申请，申请中除如实说明保险公司一般情况、财务状况、资产状况外，还须重点对保险公司所面临的主要风险和困难进行概述，尤其是对资金使用用途和使用方式，要有具体可行的管理办法。对于所述事宜的真实性和合法性，必要时可以要求律师事务所出具专项法律意见书。

2. 尽职调查

根据申请额度、用途以及保险公司的具体情况，保险保障基金公司可以组织专业机构对保险公司进行全面或专项的法律、财务尽职调查，包括：公司现有资产状况，出现流动性问题的原因，保险公司的业务情况，债权债务情况，资金运用情况，保险公司业务的市场份额，公司的可持续发展能力，公司管理层的决策和领导能力。在此基础上，拟定借款方案和相关法律文件。对于其中涉及的具体业务问题，还应组织保险专业人员进行论证。

3. 拟定援助方案

在尽职调查的基础上，保险保障基金公司组织拟定资金援助方案，对资金使用的合法性、合规性及可回收性进行论证。必要时，还可以要求保险公司以其自有资产为借款提供担保，或者要求其股东等相关方为归还借款提供担保，或是签订债转股协议，以便在保险公司出现不能还款的情况时取得相关股权。

4. 履行审批程序

一是保险保障基金公司董事会对借款的审批；二是保监会对动用保险保障基金提供借款援助的审批，批准同意后经商有关部门同意，报国务院批准；三是保险公司股东大会（股东会）、董事会对申请借款的审批；四是保险公司股东大会（股东会）、董事会对为借款提供担保的审批，或者保险公司股东为给保险公司借款提供担保而需进行的内部审批。

5. 签署法律文件，落实担保等相关措施

在履行审批手续的情况下，保险保障基金公司应与保险公司就借款事宜签署正式法律文件，如涉及对借款资金使用的监督管理和借款担保，还应积极落实相关具体事宜，如账户开立和监督管理、资产抵押、质押的登记。

6. 完成资金划付

保险保障基金公司应根据已经签署生效的正式法律文件向保险公司提供借款，可分为一次性借款或分期借款的方式或者按照约定的用途向指定方划付款项。

7. 跟踪借款使用情况

保险保障基金公司应要求保险公司随时报告借款使用情况，或者委派专人对借款使用情况进行检查监督，以确保专款专用。对于约定了明确还款方案的，还应对还款的执行情况进行跟踪。

（三）主要风险点

1. 保险公司未能提供全部信息导致的风险

尽管在对保险公司提供借款前，保险保障基金公司可以通过财务、法律方面的专业工作，对其资产负债情况进行全面的调查，但不能保证保险公司包含风险的各种信息完全被保险保障基金公司所掌握。这一信息不对称的情况从理论上来说无法根本消除，保险保障基金公司应持续关注由此引起的风险，并从多方面获取信息，避免信息的缺失和隐瞒。

2. 舆论的影响

金融机构处于风险边缘时，其客户、债权人乃至社会公众对此问题的关注程度较高，监管机关是否对其采取措施、采取什么样的措施都可能成为舆论关注的焦点问题，而出于其所处立场的不同，也会形成各种不同的期待和评价。因此，监管机关和保险保障基金应坚持以自身为主、以法律法规为准绳实施风险处置，处理好舆论对风险处置的影响。

3. 保险公司无力清偿的风险

对于需要通过保险保障基金借款方式渡过难关的保险公司而言，其事实上已经面临重大的风险，能否成功摆脱困境具有较大的不确定性。也正因为上述原因，这种保险公司很难通过银行间借款、商业借款、增发股份等正常方式获得融资。因此，保险保障基金实施债权处置方式所面临的重大风险就是保险公司使用借款后，仍然没有摆脱困境，最终导致无力清偿债务，甚至面临被撤销关闭的风险。从保险保障基金的特定性质和用途来讲，这种风险是无法彻底规避的。为防范此类风险，保险保障基金公司仍应积极采取相应措施，促进保险公司恢复正常经营，如期回收借款资金的本息。

4. 保险公司信用风险

保险公司信用风险包括违规使用借款的风险和主观违约的风险。对于管理混乱、内控失灵的保险公司而言，存在违反借款约定或相关规定使用借款的可能。比如向特定关系人清偿债务或提供资金、用于对此前违规经营形成损失的弥补等，这些会导致对保险公司全体债权人的不公平清偿，容易形成保单持有人和债权人的恐慌情绪，降低他们对保险公司摆脱困境的心理预期，加剧金融风险的形成和扩散。另外，考虑到保险保障基金的特殊性质，不能排除问题保险公司通过保险保障基金的借款渡过难关后，故意违反事先达成的还款约定，拖欠归还借款的可能。因此，保险保障基金公司一方面应高度重视保险公司对借款的使用，避免违规使用；另一方面要做好债权的维护工作，必要时通过法律手段收回借款本息。

5. 被扣划、执行的风险

面临风险的保险公司往往诉讼缠身，有效资产被债权人采取了司法强制措施，无法正常支配，甚至很多资产被多家法院重复查封、冻结。在这种情况下，如果不加选择地直接将借款资金划付到保险公司账户，可能导致债权人的集中冻结、扣划，无法实现风险处置的目的。应对这一困难最为有效的办法是申请对保险公司采取司法保护措施，但是，由于这一措施现在并未实现制度化，现阶段还停留在个案处理上[1]；此外，还可采取其他措施对借款资金进行保护。比如，将资金存放在保险保障基金公司或其他第三方账户上，在符合约定条件的情况下向特定的主体支付。

（四）争议处理

为提高资金使用效率，减少因借款产生的不必要的纠纷，保险保障基金公司可以在借款合同中尽量充分地设定有利于自身的条款，将出现争议的可能性降至最小化。

对于仍无法避免的争议，可以将争议提交人民法院诉讼或者仲裁机构仲裁。在诉讼地点的选择上，为避免地方保护，应以保险公司总部所在地或保险保障基金支付地法院为管辖法院。同时，保险保障基金公司还可以申请对保险公司财产进行保全，以保证诉讼完成后有必要的可执行财产。

在争议处理过程中，保险保障基金公司可以申请监管机关对该项争议进行调解，通过监管机关的调解工作，减少以其他方式处理争议可能造成的人力物力的浪费，提高保险保障基金的使用效率和运作效率。

三、其他方式

其他处置方式是指除股权方式和债权方式以外的财务救助方式。包括向参与问题公司风险处置的机构提供适当补贴，支持其开展不良资产收购、债务承接、员工安置等风险处置工作。这些方式有利于借助市场的力量化解问题公司的风险，但对于保障基金公司来说，这些处置方式既动用

---

① 根据证券公司综合治理的做法，对金融机构的司法保护必须经国务院批准后方可作出。

了保险保障基金，又无法形成保险保障基金公司对救助对象的债权和股权。

重组补贴在国外多被用于处理大型金融机构所面临的风险。补贴范围可以包括为同意债权剥离的债权人支付部分补偿金、为同意接受问题金融机构不良资产的机构提供部分补贴以及对因为业务和资产重组而受到影响的管理层和员工提供补偿款。这些措施对于促进问题金融机构利用自身力量完成重组具有积极作用，但对保险保障基金来说，这类资金将直接列为参与风险处置的成本，同时无法从中获得直接的收益和其他形式的权益。

资产收购通常是指向一家健全的金融机构提供资金，由其购买问题机构的资产，并承受其负债。这种做法的优点是可以使购买方的资产负债表不受到直接影响，并且节省了大量清理资产的费用和成本，同时，问题金融机构可以借此摆脱不良资产和业务的困扰，不中断地进行其本来就正常经营的那部分业务，扭转困难局面。

相比股权方式和债权方式而言，其他方式的救助性特点更为突出，应有严格的触发条件：一是保险公司无法通过管理救助和市场化重组等方式化解风险；二是有其他机构参与保险公司的风险处置工作，且该机构具有相应的风险处置能力；三是保险公司的风险包袱能够较为准确地评估，且预计投入的救助资金不高于未来消化的风险包袱；四是有切实可行的风险处置方案，救助资金能够依法合规使用。

第四章
保单救济研究

第一节　保单救济的特征与启动

一、保单救济的特征

（一）救济条件的法定化

保单救济的资金来源于保险保障基金，而根据《保险保障基金管理办法》，保险保障基金是保险公司依法缴纳形成的，在符合法定条件下用于救助保单持有人、保单受让公司或者处置保险业风险的非政府性行业风险救助基金。基金的筹集方式、性质和作用都使其具有了一定的公共利益属性，进而决定了其使用必须严格依法进行。根据《保险法》，基金的筹集、管理、使用办法由国务院制定，中国保监会作为国务院授权履行保险业监督管理行政职能的机构，可以在授权范围内制定基金的筹集、管理、使用的具体办法。因此，作为基金使用的重要用途之一，对保单实施救济也应严格遵循法定条件进行。

（二）救济程序的规范化

保单救济涉及到保单持有人的切身利益，只有依靠规范、统一的程序才能保障整个救济工作的平稳进行，所有的保单救济参与方也才能够获得公平、公正的对待。同时，由于保单救济涉及面广，没有规范程序极易使救济的工作效率受到影响，直接影响到整个保险公司的风险处置工作。

（三）救济对象的普遍化

根据《保险法》和《保险保障基金管理办法》的规定，保单救济实行普遍化原则，即无论保单持有人性质如何，只要其合法持有保单，原则上均属于救济对象。

只有同时兼具上述特征，保单救济才能在规范、有序的情况下进行。良好的保单救济机制、健全的法律制度保障是促使投保人，尤其是广大个人投保人和中小机构积极参与保险业务的重要心理保障。当投保人通过公开的法律法规和已经发生的保单救济实例，确信在保险公司出现风险时，其自身权益可以获得有效的保障时，整个保险业才会呈现出健康发展的局面。相反，如果公众对保单救济的规范、有效开展存有疑虑，势必会影响其投保信心，进而寻找可以替代的其他金融产品或保障方式。由于人寿保险具有储蓄化功能，这种影响对人寿保险的投保人尤为显著。从这个意义上说，颁布具有针对性、指引性、操作性的保单救济规章制度，将对保险市场的健康发展起到长期和深远的影响。而对上述特征的认识和理解，是完善相关法律法规，构建规范、完整的保单救济制度的基础。

二、保单救济的条件

（一）触发条件

根据《保险保障基金管理办法》的规定，保险公司被撤销或者被宣告破产，其清算财产不足以偿付保单损失或保单利益的，可动用保险保障基金按照有关规定对保单持有人或保单受让公司提供救助。这是保单救济的触发条件。

1. 保险公司被撤销的情形

根据《保险法》的规定，保险公司因违法经营被依法吊销经营保险业务许可证的，或者偿付能力低于国务院保险监督管理机构规定标准，不予撤销将严重危害保险市场秩序、损害公共利益的，由国务院保险监督管理机构予以撤销。应该说，现行法律对保险公司撤销情形的规定是明确的。

2. 保险公司被宣告破产的情形

《保险法》规定，保险公司有《中华人民共和国企业破产法》第二条规定情形（企业法人不能清偿到期债务，并且资产不足以清偿全部债务或者明显缺乏清偿能力）的，国务院保险监督管理机构可以依法向人民法院申请对该保险公司进行重整或者破产清算。而由于金融机构业务的特殊性，人民法院在实践中受理金融机构破产时持非常谨慎的态度。通常情况下，金融机构在破产清算前会在金融监管机关的主导下进行行政清理或类似工作。

（二）基本条件

1. 保单真实、合法、有效

保单属于处置日前已经生效的保单。处置日是指监管机关作出保险公司撤销、关闭等处置决定的日期，该日期对确定保险公司资产债务的基准日，对确定保险公司资产债务情况具有重要意义。这是决定对保单进行救济的基础条件。

2. 保费足额、及时缴纳

对保费缴纳情况的审查，是确定损失金额和保险利益的重要依据。

3. 保单未设置质押或其他第三方权利

保单救济工作因其救济而非赔偿的性质需及时有效完成。在保单设置质押或其他第三方权利的情况下，直接向申请人进行救济补偿有可能损害第三方权益或产生纠纷，对此，保险保障基金应采取回避的态度，避免因保单救济涉入争议。

4. 不存在与保单有关的争议

实践中，除投保人与保险人之间就理赔、保费、收益、保单效力产生的争议外，投保人与被保险人、受益人也可能会存在争议。对此，保险保障基金同样应采取回避的态度。

5. 保单持有人同意转让债权

保单持有人同意将其依据保单享有的权利转让给保险保障基金公司或其指定的第三方。保险保障基金公司对保单救济后，保单持有人必须将其依据保单享有的债权让渡给保险保障基金公司，以使保险保障基金公司取得保单持有人对保险公司的债权。

6. 不属于法规禁止救济的范围

《保险保障基金管理办法》对不属于救济范围的险种和对象作出了规定。

三、中国保监会保单救济的启动程序

《保险保障基金管理办法》规定，动用保险保障基金，由中国保监会拟定风险处置方案和基金使用办法，商有关部门后，报经国务院批准。具体包括救济方案拟定和报批两个步骤。

1. 救济方案拟定。保单救济方案应当包括保险公司撤销公告制定及发布相关事项、债权登记方案、甄别确认方案、资金划拨方案等内容。在方案拟定过程中应明确保险保障基金的地位和作用，明确保险保障基金组织专业人员，结合保险保障基金实际资产数额和结构，以及风险处置的整体进程，参与方案制定的权利。

2. 报批。救济方案草案经保监会同意后，依据《保险保障基金管理办法》，作为动用保险保障基金进行风险处置的方案的一部分。保单救济方案由保监会商有关部门，报经国务院批准。

另外，根据以往处置证券公司、信托公司的经验，对金融机构进行处置敏感度高、容易引发社会不稳定，应该采取有效措施，使这一过程尽可能缩短。这就要求保险保障基金公司、有问题保险公司、地方政府等各参与方密切合作。保监会是保单救济程序的启动者，保险保障基金公司、有问题保险公司、地方政府都是这一程序的重要参与者。

第二节　保单持有人救济流程

对保单持有人提供救济，是指在保险公司被撤销或者宣告破产时，收购保单持有人债权或补偿非人寿保险合同保单持有人直接参与保险公司清算的债权损失。

在开展保单救济工作前，首先要做好如下两项准备工作：

一是确定处置日或救济基准日。确定保险公司风险处置日或保单救济基准日，保险保障基金拟定保单救济方案，履行内部审批程序，依据获批方案进行保单救济。对于保险保障基金公司而言，这一程序涉及的主要文件为保单救济方案。

二是保险公司提供数据资料。保险公司向保险保障基金公司提供保单数据和文件资料。保险公司应出具承诺，保证其所提供的数据和文件资料的真实和完整。这一程序所涉及的主要文件为保险公司承诺函。

一、发布公告

发布公告，启动保单救济申报程序，要求保单持有人进行申报。在保监会公告对保险公司采取撤销及针对重大风险采取相应的处置措施的当日，应由行政清理组负责同时在该保险公司总部、分支机构、营业网点发布保单救济即保单持有人债权收购公告；必要时还可采取其他公告方式。公告的内容包括收购的依据、收购的范围、收购的标准以及收购的程序。

对于公告日前出险的保单，由于原保险公司未撤销，保单仍然有效，保险公司应予以赔偿，可将其计入公司负债，如保险公司不能偿付保单持有人，保险保障基金将依法进行救济。而对于公告日之后仍未到期的保单，如果在公告日之后出险，保险保障基金原则上不承担救济责任，此处可借鉴美国保险保障基金的做法。考虑到保险公司的经营十分复杂，面临的风险众多，普通保单持有人很难预料到保险公司的经营困境，为给予保单持有人一定的时间决定以哪种方式获得保障，可在公告中明确保险保障基金救济保单利益的宽限期（30 日）。在宽限期内，保单持有人可以转让保单债权，可以退保，可以在出险时获得赔偿，并且保险保障基金可以对这部分损失进行救助（对于宽限期出现的索赔案应进行专门的审查，以最大程度降低道德风险）。在公告中规定的 30 日宽限期内，如果投保人未发生保险事故，也没有提出转让保单债权或退保的请求，可视为保单持有人自动放弃获得保障的权利，保险保障基金不再承担救济义务。

这一制度设计的考虑在于：保险保障基金对保单持有人的救济，从性质上来讲是一种法定的义务，具有法定性、补偿性和有限性，不同于保险公司因保险合同而产生的保险义务，不应也不能在保险公司被撤销或被实施破产时完全代替保险公司履行对保单持有人的义务。一是所谓法定性是指这种义务来自法律的规定，而不是来自保险合同的约定，因此具体的救济范围和程度应当依据法律的明确规定；二是所谓补偿性是指保险保障基金的救济是对保单持有人损失的补偿，而不是赔偿，不可能承担保单持有人的全部损失；三是所谓有限性是指保险保障基金的救济是有一定比例限制的，各国实践均是如此；四是如果保险保障基金对保单持有人的损失不加限制地全部予以赔偿，客观上将扩大道德风险的不利影响，保单持有人会丧失审慎选择保险公司的注意义务，可能导致保险市场上劣币驱逐良币的效应。

目前的保单救助制度中还没有宽限期的规定，需要在未来的制度修改中经充分论证后增加相关条款。

二、债权登记

自保险公司被公告处置之日起，由行政清理组组织债权登记小组进行债权登记。债权登记应按个人险与团体险、保障型保单与投资型保单、出险保单与未出险保单等情况分别进行，期限为自公告之日起90日。保单持有人登记时应提供债权凭证及本人有效身份证件。

债权登记是救济工作的一个重要环节。登记小组应严格按照有关制度、获批方案和公告登记债权，对债权登记资料的真实性、一致性进行审查，进行债权申报的初步甄别确认工作，详细标记登记过程中发现的疑点问题。将经审查符合条件的申报材料送交下一步甄别确认。

债权登记小组人员组成应根据风险处置过程的具体情况决定，一般应由保险保障基金公司、清算组及专业中介机构等人员参加。

三、甄别确认

债权甄别确认由行政清理组组织的债权甄别确认小组负责。进入甄别确认阶段后，工作程序的总体安排是，首先登记工作小组初步审查已登记的债权，再由甄别确认小组对属于债权范围并参加登记的债权的真实性进行甄别审查，最终确定应予救济的债权，具体工作程序如下。

（一）成立甄别确认小组

由行政清理组组织被处置公司、保险保障基金公司、律师事务所、会计师事务所组成专门工作组，审查公司内部与债权的发生、履行、变更相关的各项资料。

（二）开展甄别工作

甄别确认小组以登记工作小组移交的债权数据库及相关材料为依据，对已登记的债权逐笔展开甄别工作。甄别确认小组成员对债权登记材料和有关证据严格核实无误后，逐一签字并交甄别确认小组负责人复核。甄别确认小组负责人复核无误的，在确认报告上签字。确认工作中发现证据不足的，应当通知有关债权登记机构进一步补充材料。

（三）未在登记期内登记的债权问题

应当公告通知登记的最后期限，如在登记的最后期限内保单持有人仍未办理登记手续的，应当告知其以债权人的身份参与破产保险公司的清算。

（四）确认债权

确认债权一般包括以下工作：

1. 对保单进行审核，对保单损失作出测算，并制作审核结论。审核结论应明确指出所申请的保单是否属于救济范围以及拟救济的保费损失额度，具体应包括保单持有人身份的审核、保单有效性的审核、保单损失的计算方式和结果。

2. 将审核结论通知申请人，甄别小组将甄别结果交登记小组，由工作小组将甄别结果书面通知保单持有人，同时告知后续事宜和异议程序。如申请人对审核结论予以认可，应按照通知要求办理保单救济款的申领和兑付手续；如其对审核结论有异议，可以要求进行复议。

甄别确认可与债权登记同步进行。甄别确认工作结束应当委托中介机构出具专项审计报告。

四、实施救济

保险保障基金公司负责根据风险处置方案、基金使用办法以及甄别确认结果实施救济。主要是由保险保障基金公司与保单持有人签订债权转让协议，向保单持有人支付救济款项。对不愿转让债权的保单持有人，应告知其参加清算。实施救济步骤主要包括如下环节。

（一）确定救济款兑付代理机构，划付收购资金

清算组确定保险公司总部或其分支机构所在地的个人债权收购款兑付代理机构。保险保障基金公司根据保单甄别确认的结果，在国务院批准的保险公司风险处置方案和使用办法的额度内，分批次直接汇划至收购款兑付代理机构指定账户，并将相关文件及需保单持有人提交的文件转交、告知兑付代理机构。

（二）发放《债权救济确认函》

清算组根据甄别确认的结果，公布债权救济通知，组织保单持有人签署《债权转让书》，向债权已被确认的保单持有人发放《债权救济确认函》，保单持有人可凭此领取救济款。对属于救济范围并经债权甄别确认小组确认但债权人不同意签署《债权转让书》的债权，组织债权人签署《债权人承诺书》。

（三）发放救济款

保单持有人携带相关文件，前往指定兑付代理机构领取救济款。兑付代理机构将兑付情况汇总归档，定期报送保险保障基金公司。

保险保障基金公司应建立健全内部管理和监控机制，按照有关规定对保险保障基金的申请、发放和使用进行监督、管理和检查，并按照规定向有关部门报告保障基金发放和使用的情况。

救济款发放后，保险保障基金公司向清算组发出书面通知，告知其已通过保单救济受让了部分保单持有人对清算组享有的权利。同时要求清算组对此作出确认，以此作为保险保障基金公司对保险公司申报债权的依据。

在非寿险保单救济中，某些保单持有人可能因为错过债权登记期，或者由于其他考虑而未能或不同意将其对保险公司的债权转让给保险保障基金公司。对于这种情况，保单持有人可以债权人身份参加保险公司清算并获得偿付。

五、应急机制

以上主要是在保险公司由于内部经营不善而可能给保单持有人利益造

成损害时的救济流程。除此之外，保险公司的经营状况也非常依赖外部环境的变化，各种突发事件可能给保险公司的经营带来不利影响，甚至危害到保单持有人的利益和保险行业的稳定。为此，保险保障基金公司应当建立应急机制。

突发事件既包括自然事件，也包括社会事件。前者包括巨灾（地震、台风、雨雪冰冻、连续高温），疾病爆发（SARS、瘟疫、各种严重威胁生命或健康的传染性疾病），人口突然大量死亡；后者包括重大事故（如坠机），大型工程事故（核电站、水利设施），食品安全，环境污染，中毒，经济危机，严重失业，罢工，恐怖袭击（如"9·11"事件），重大治安事件，社会动乱，战争等。这些事件的发生，均可能在短时间内给整个社会或一部分人群的人身或财产造成巨大损失，会给保险公司造成巨大的赔付压力，甚至会导致经营困难。这种情况下，保险公司要充分发挥社会管理功能，确保社会稳定和保单持有人的利益，但同时又要确保自身的持续经营，不至于给经营造成困难。这就要求建立保险行业应对突发事件的应急机制，保险保障基金公司应当充分发挥其行业性、专业化、市场化的作用，配合监管机构和保险公司的应急处理工作，发挥其应有的作用。

（一）向保险公司提供流动性支持

突发事件发生可能会给某些保险公司带来短期的巨大赔付压力，流动性影响到保险公司的正常经营。而在突发事件发生时，出于维护社会稳定的考虑，又必须尽快给予赔付。如果保险公司具备偿付能力，只是由于流动性不足，资产变现存在问题，可以向其提供流动性支持。此时，由保险公司提出申请，经监管机构批准，保险保障基金公司可以提供短期流动性支持，以帮助该公司渡过暂时的难关，确保保单持有人得到及时足额的赔付。现行制度对此尚无明确规定，建议在修订办法时增加相关条款。

（二）开展保单持有人救济工作

如果突发事件导致保险公司偿付能力严重不足，不宜向保险公司提供流动性支持工作，出于尽快处理突发事件的考虑，可由保险保障基金公司直接提供保单救济资金。突发事件情况下的保单救济工作与一般保单救济的相同之处：一是审批流程，都需由保监会经商有关部门后，报经国务院批准；二是保险保障基金公司的职责，保险保障基金公司负责办理登记、发放、资金划拨等具体事宜。不同之处：一是以效率优先为原则，尽量简化相关流程，加快赔付工作进展；二是借助保险公司的机构、人员，按保险公司的理赔流程和应急机制，由保险保障基金公司筹措资金，与保险公司一起，共同快速完成全额赔付工作；三是需做好相关工作的记录存档工作，救济完成后在监管机关的主导下，由专业机构参与，进行事后的监督和清理，确保不存在徇私舞弊等行为。

救济完成后，在监管机关主导下，保险保障基金公司参与到保险公司的撤销与破产清算工作中。如果可能，保险保障基金公司也可推动保险公司开展重组或重整工作。

（三）加强风险监测工作

在突发事件整个过程中，保险保障基金行业风险监测部门应充分发挥作用，关注发展蔓延态势，分析对保险公司及保险业的影响，加强对重点公司信息监测的力度。可要求涉及到的保险公司每周递交关于集团整体或子公司个体的风险情况和变化趋势，尤其注重研究这些保险公司的股票价格变化、金融资产减值计提、折旧要求、准备金变化情况、流动性、偿付能力等因素。此外，还可对相关保险公司采取其他监测和调查方法，以进一步了解突发事件对该公司业务的影响程度。这些监测成果可以为监管机关的决策提供重要参考，也可就突发事件的研究分析和判断情况与相关保险公司沟通。

（四）参与巨灾保险制度

巨灾是突发事件的重要组成部分，一旦发生，给人民群众造成的损失难以估量，更严重的是巨灾损失的补偿，往往不够充分和到位。一方面由于政府财政预算的限制，财力不足，吸收巨灾损失的能力相当有限；另一方面保险公司也无力承担巨灾赔付，很多巨灾风险也并不在商业保险承保范围内。在我国，地震、洪水和台风等自然灾害频繁发生。例如2008年汶川地震和南方雨雪冰冻灾害给国民经济和人民生活造成了巨大损失，同时也给中央和地方财政带来严重冲击。建立符合我国国情的巨灾保险制度已是刻不容缓。国际经验表明，设立巨灾保险基金是巨灾保险制度成功的关键，管理严格、运营规范的专门管理机构是巨灾保险制度有效运行的制度保证。而保险保障基金公司依据其法定职责和自身优势，天然应当成为巨灾保险基金的管理机构，其主要理由是：

一是保险保障基金公司作为行业服务机构，依法负有维护金融稳定的职责；二是保险保障基金公司一直严格开展基金收缴和资产管理工作，确保各保险公司及时足额缴纳基金，保证了基金的保值增值；三是保险保障基金公司参与了两家保险公司的风险处置工作并取得良好效果，成为保险行业风险处置的一支重要力量，得到了监管机构和行业的认可；四是保险保障基金公司的风险监测工作，具有较好的基础和一定的经验；五是保险保障基金公司成立三年以来，管理科学，运营规范，具有较高的专业化和市场化服务水平，培养出了一支素质较高、专业化、业务能力较强的队伍。国家设立巨灾保险基金并交由保险保障基金公司来管理，有利于确保巨灾保险基金的安全，有利于充分发挥巨灾保险基金的作用，确保巨灾保险制度价值得到实现。

第三节　保单受让公司救济流程

根据现行规定，寿险保单在救济对象、救济内容等方面与非寿险保单均有所不同，这就决定了其救济程序的不同。由于寿险保单的救济与寿险保险公司保单转移、资产业务转让等直接相关，寿险保单的救济在程序上可能不如非寿险保单救济一般严格，完全有可能根据保险公司风险处置措施的不同而相异，并根据所处的风险处置措施的不同阶段而作出调整。保单受让公司的救济流程具体包括机构选择、保单审核、转让谈判、实施救济四个步骤。

一、机构选择

选择保单受让公司是人寿保险合同救济的起点。

1. 保单受让公司应符合一定的条件，包括经营状况良好，其业务规模与拟受让的保单金额相匹配。保单受让意味着要承受大批量准备金不足的保单，即便加上保险保障基金提供的救济，受让公司本身仍应当承担一定的额外支付。相比拟受让的保单总额，受让公司现有的规模不能太小，否则业务量突然大幅扩张，有可能导致风险蔓延。

2. 选择保单受让公司的方式可以多样化，包括单一来源谈判、竞争性谈判、邀请招标或公开招标等，还包括监管机关的指定。保险公司，特别是大型保险公司的破产，会给金融稳定造成不利影响。所以，在信息公开前，可以采取严格保密的单一来源或竞争性谈判的方式选择保单受让公司。当然，如果事件已经公开，为确保救济工作公平合理，保险保障基金不受损失，采取邀请招标或者公开招标的方式是较好选择。台湾地区国华产险标售案，实际上就是保单转让的公开招标，其前提是国华产险的停业清理已经向社会公布。如谈判未果，或无法通过招标确定受让公司的情况下，应根据《保险保障基金管理办法》的规定，由保监会指定保单受让公司。

二、保单审核

确定保险公司被公告撤销之日为保险公司风险处置日（保单救济基准日），对被处置寿险公司在该日期前签署的保单进行审核。由于对寿险公司的保单救济不需要保单持有人申报，对保单的审核必须在保险公司的配合下进行。作为保单的受让方，保单受让公司将对这些保单承担后续的保险责任，也应对全部保单进行更为全面的审核。在保险保障基金预先介入、保单受让公司尚未确定的情况下，保单审核由清算组自行组织实施，在保单受让公司已经确定的情况下，清算组可会同保单受让公司共同组织对保单的审核工作。

三、转让谈判

保单转移涉及到被处置保险公司与保单受让公司之间的资产、业务转让等重大事项，而保险类资产和业务转让价格的确定，对保险公司清算资产数额、保险保障基金救济金额的确定有直接影响。因此，保险保障基金公司应积极参与此过程。转让谈判必须就两个关键问题达成一致：一是转让保单的范围；二是对保单受让公司的救济款金额。

（一）确定转让保单的范围

破产保险公司的保单转让给受让公司的数量和相应的准备金金额决定了需动用保险保障基金救济受让公司的金额。根据美国联邦存款保险公司和台湾安定基金救助的经验，保单转让的范围可能有以下两种情形：

1. 全部保单整体转让

这种方式有利于从整体上解决保险公司破产带来的风险，有利于给保单持有人提供统一的保障，是较为理想的操作方案，但实施起来有难度。因为整体转让是将各种不同类别、不同风险状况的保单不加区别地放在一起，受让公司面对这种情况往往十分保守，将情况考虑到最坏，把预算打足，以弥补所有的潜在损失和风险，因此必然要求保险保障基金支付巨额的救助资金，基金较难承受。中华联合风险处置的前期接洽中，就出现过这种情况。同时，整体转让要求潜在竞标人对保险公司进行广泛的尽职调查，而这样的调查也需要大量的时间和费用。

2. 部分保单转让

将受让公司愿意接受的一部分或大部分保单打包转让，排除部分无价值或亏损严重而受让公司不愿意接受的保单。

这种方式有利于快速推进保单受让工作，有利于保证保单救济工作的效率，给保单持有人提供及时的保障。但其不足是不能一次性彻底解决问题，还会留下很多的后续工作，特别是还没有转让出去的保单，最后还是要由保险保障基金来承担。台湾安定基金救助被勒令停业清理的国华产险，采取的就是这种方式。因为当时国华产险有一些质量很差的保单，所有竞标方都不愿意接受，结果只能将部分保单打包转让，其余部分慢慢消化。

此外，从维护稳定出发，在进行保单转让的同时需要考虑职工安置的问题，应鼓励受让公司选择同意接受破产保险公司的部分员工，并承诺在一定期限内不裁员，或提供其他安置方案。对同意进行职工安置的受让公司，保险保障基金应当在救助金额上给予适当的补偿。

（二）确定救济金额

救济金额是保单受让公司救济谈判的主要内容，是救济工作能否顺利完成的关键要素，也是有关部门、破产保险公司、社会舆论关注的焦点。救济款金额的确定既要确保救济工作能够完成，又要依法合规，确保保险保障基金使用的公平合理，避免道德风险，经得起社会舆论和历史的检验。金额的确定主要应考虑以下因素：

1. 以经评估的保单价值为基础

行政清理组委托专门中介机构对受让保单进行评估，具体包括保单价值及未来收益分析、转让费用等。在此基础上确定需补偿的资金数额，也即评估价格。为防止道德风险，救济款可以低于该评估价格，但不能超过。也即，保单受让公司也应承担一部分可能的亏损。

2. 充分考虑保单的隐性价值

救济金额的确定除了考虑保单价值外，还要考虑很多隐性价值。

（1）被处置保险公司的客户资源。客户资源是保险公司生存发展的重要资源，保单转让无异于使受让公司快速实现业务扩张。

（2）受让公司从受让行为中获得公司实力雄厚、积极承担社会责任等正面社会形象，对于公司的后续发展起到了品牌宣传的作用。

（3）受让公司并不独自承担受让保单带来的损失，保险保障基金公司的补偿救济按法定比例保障受让公司的风险可以控制在一个能够预期的范围之内。

3. 充分认识救济工作的补偿性

救济工作是依法动用保险保障基金对保单持有人或保单受让公司进行的法定的救济，它不是商业担保，不应承担补足全部资金缺口的义务。《保险保障基金管理办法》明确规定，确定救助金额的原则是根据保险保障基金的资金状况，保护中小保单持有人权益以维护保险市场稳定。

四、实施救济

根据上述经批准方案，行政清理组、受让公司、保险保障基金公司即可签订书面合同，约定保单转让和支付救济款事项。转让合同达成后，即开始进行保单业务交接工作，有条件的情况下还可以同时安置原公司员工。

（一）保单业务交接

破产保险公司清算组、保单受让公司联合发布公告，宣布由后者接受被处置保险公司的原有全部或部分保单，继续履行保险人职责，保单持有人应按保单受让公司的指示方式，到受让公司完成保单修改。

（二）补偿款交割

保险保障基金公司根据合同约定，向保单受让公司提供救济款，保险保障基金公司取得对被处置保险公司的债权，并参与被处置保险公司的破产清算与分配。

（三）资产移交

如果转让合同中还约定破产保险公司的部分资产也一并转让给受让公司，那么应办理资产的移交手续。

（四）人员安置

如涉及人员安置问题，受让公司同意安置职工，需与受让公司重新签订劳动合同，受让公司需保证自合同签订起一年内无法定事由不得解雇被安置职工。

转让过程中发生纠纷，可双方协商解决。协商不成，可向保监会等相关部门申请调解；调解不成可向人民法院提起诉讼。

第四节　清算与受偿工作

在保险公司被依法撤销或者依法实施破产的情况下，可能会动用保险保障基金实施救济，因此，保单救济工作与保险公司的撤销清算和破产清算密不可分。保险保障基金公司作为单一最大债权人，将会参与破产保险公司的清算，获得受偿资产，并采取合适的方式进行管理与处置。本节主要分析撤销清算、破产清算和受偿资产管理与处置三方面的工作。

一、保险公司的撤销清算

根据《保险法》第一百五十条规定，保险公司因违法经营被依法吊销经营保险业务许可证的，或者偿付能力低于国务院保险监督管理机构规定标准，不予撤销将严重危害保险市场秩序、损害公共利益的，由国务院保险监督管理机构予以撤销并公告，依法及时组织清算组进行清算。《公司法》第一百八十一条、第一百八十四条也规定了撤销清算的具体流程。参照证券公司风险处置的案例，我们认为，在保险公司被撤销后，通常应该由监管机关按照规定程序选择律师事务所、会计师事务所等专业机构成立行政清理组，对该保险公司进行行政清理。所以本节所指的撤销清算，实际上指的是保险公司被撤销后监管机关组织的行政清理。

保险公司的撤销清算程序比普通公司复杂，不仅要保全公司财产、保护债权人利益，还要保护保单持有人利益，行政清理使保险公司的清算过程得以加速，而加速的目的正是在于维持公众对于保险体系的信心，并通过行政权力的支持和协助顺利而有效地完成保单的救济工作。行政清理的清理组组成不受破产管理人规定的限制，且保监会在此过程中居于主导地位。行政清理的启动方式有两种：一种是按照《保险法》第一百五十条的规定，由监管机关直接决定；另一种是指监管机关接到保险公司或债权人破产申请，依法审查保险公司经营情况，符合条件的，撤销被申请保险公司，进入行政清理程序（这种情况下的行政清理实际上对破产清算具有一定的替代性，是证券业风险处置的做法）。行政清理的具体工作包括以下几个方面。

（一）组织清理组

按照我国金融机构分业经营、分业管理的现状，由保监会负责组织清理组。同时，保险保障基金公司依据《保险保障基金管理办法》的规定，参与保险公司的清理工作。

（二）通知和公告

为防止处置拖延，清理组应及时通知相关权利人和义务人。通知主要针对已知债权人，公告也是送达方法之一，产生相同送达后果。

撤销保险公司当日在国家、地方有影响的报纸，保监会、财政部、中国人民银行、被处置公司网站上刊登公告，公告内容包括：被处置公司名称，行政清理组组成人员情况，债权人需要登记的相关事项及期限，登记机构、地点和逾期未申报债权的法律后果。

（三）接管财产和资料

清理组对保险公司的资产进行保全和控制，接管企业的财务资料、会计账簿、印章及其他档案材料。

（四）接管日常事务

1. 受理保单解约，组织协调保险公司员工进行清理过程中的业务处理及协助处理公司资产、债权债务登记、甄别确认保单价值等工作。由于保险公司的赔付等活动是社会经济关系和人民日常生活必需的，因此，相关业务办理不能停止。

2. 尚未履行完毕的合同决定继续履行的，需履行后果可使被处置公司财产增值，或为维持被处置公司日常业务活动。

3. 制定职工安置计划。协助保险保障基金公司促进寿险保单受让公司对原保险公司人员的接收，并监督接收单位保障员工合法权益，不得歧视或随意解雇；对解除劳动关系的员工，依据劳动合同给予补偿。

（五）对外代表被处置公司行使必要民事权利

1. 诉讼或仲裁行为，如追收对外债权，决定解除合同时的争议解决，公司财产相关侵权或清算组成员执行职务时的侵害行为。

2. 其他民事行为，如代表被处置公司签订合同或处理其他事务。

（六）清理账户

清理账户，核实资产负债有关情况，编制资产负债表和财产清单。对于保险公司的所有资产需聘请中介机构进行评估确认，依法评估其财产的实际价值；财产有损失的，应当核实损失数额，并根据以上确认结果重新编制资产负债表。行政清理组清理保险公司账户的结果，应当经具有相关业务资格的会计师事务所审计，并报国务院保险监督管理机构、财政部、中国人民银行等有关部门认定。

（七）债权的申报与确认

1. 申报与登记

这里的债权申报既包括普通意义上的债权申报也包括保单持有人的债权申报。行政清理时，没有获得清偿的债权均需要申报。债权申报期限自保险公司撤销公告之日起计算，最短不得少于30日，最长不得超过90日。

对保单债权的申报，由行政清理组成立债权登记小组组织被处置公司营业机构登记。对保单债权以外的债权，由行政清理组负责登记。债权申报产生两方面法律效果：一是债权的诉讼时效因债权申报而中断；二是申报人取得参加破产程序并行使权利的资格；保单债权的申报人还将取得获得保险保障基金救济的资格。未在申报期限内申报债权的，可以在破产清算程序补充申报；保单持有人逾期未申报的，可在破产清算阶段进行债权申报，并参与破产分配。

2. 对申报债权的确认

确认工作主要是调查债权是否合法有效、具体数额、有无财产担保及是否到期或附期限条件等。调查后无异议的，可直接确认；有异议的，需经过复核程序或诉讼程序解决争议，确认债权。对有异议的债权，按照民事诉讼法中的确认之诉予以解决。

（八）实施保单救济

行政清理组根据账户清理结果及保单债权确认的情况，向保监会申请使用保险保障基金对已确认的保单债权实施救济。经保监会批准后，由保险保障基金公司将资金划付至兑付代理银行，由银行直接支付给保单持有人。

（九）配合司法机关处理违法犯罪行为

包括通过账目审计、核实资产时发现问题及时与司法机关沟通，在司法调查中配合查找证据等。但是，这部分工作与对保险公司的行政清理工作是分开的，司法机关不得干扰或阻挠正常清理工作的进行。

行政清理期限一般不超过 12 个月。满 12 个月，行政清理未完成的，国务院保险监督管理机构可以决定延长行政清理期限，但延长行政清理期限最长不得超过 12 个月。行政清理程序终结后，经监管机关同意，清理组需及时向法院申请破产清算。

二、保险公司的破产清算

保险公司有《中华人民共和国企业破产法》第二条规定情形的，经监管机关同意，保险公司或者其债权人可以依法向法院申请破产清算，监管机关也可依法向法院申请对该保险公司进行破产清算。保险公司的破产清算大致要经历如下程序。

（一）法院审查与受理

1. 指定管理人，接管债务人财产

（1）保险保障基金公司可以担任破产管理人。保险保障基金公司在高风险保险公司的接管和清算业务方面具有丰富的经验，与其他社会中介机构相比，其组织结构、专业水平、资金能力在保险公司破产案件中也是有优势的。另外，保险保障基金公司与保险监管部门的关系非常特殊，基本上可以理解为保监会对于某些事项的授权代表，由保险保障基金公司担任管理人，能够体现保监会对于保险公司破产的重视，对于增强保单持有人的信心，稳定社会秩序更为有利。但是，根据《企业破产法》规定，与本案有利害关系的，不得担任管理人。我们认为，存在债权债务关系并非是认定"与本案存在利害关系"的唯一条件，必须同时存在"可能影响其忠实履行管理人职责"。保险保障基金公司具有特殊的公共性职能，因此其担任管理人并不会影响到其忠实履行管理职责。保险保障基金公司的首要宗旨是偿付保单持有人的损失，在偿付后取得代位求偿权，从而在破产程序中成为主要甚至最大的债权人，其作为管理人成员能够提高破产清算的效率，促进破产程序的公正进行。另外，管理人中也可以包括其他政府部门和中介机构，可以有效防止影响履行管理人职责的事情发生。基于以上分析，我们认为可以对目前的《企业破产法》及司法解释做进一步的明确，赋予保险保障基金公司担任破产管理人的职权。

（2）行政清理组成员继续任职。如果在破产申请受理前，该保险公司已经成立行政清理组，那么法院可以指定行政清理组为管理人。指定行政清理组为管理人的，人民法院可以从政府有关部门、编入管理人名册的社会中介机构中指定清算组成员，人民银行及金融监督管理机构可以按照有关法律和行政法规的规定派人参加清算组。对于已经过行政清理的保险公司，也可以在金融监督管理机构推荐的已编入管理人名册的社会中介机构中指定管理人。在人民法院指定管理人之前，行政清理组仍应在法院监督、指导下，保管公司财产，继续必要工作，保证行政清理与破产清算的衔接。

（3）管理人接管破产公司。管理人接管保险公司的账册、文书、资料、印章，行使法律赋予的权利。对保险公司的财产进行保管、清算、估价、变卖、分配、决定是否履行未履行完毕的合同，交付属于他人的财产，追收在法院受理破产案件前六个月至宣告破产之日期间内非法处理的财产。

2. 通知和公告。

为防止案件拖延，法院应及时通知相关权利人和义务人。通知主要针对已知债权人，公告也是送达方法之一，产生相同送达后果。

（二）债权的申报与确认

债权申报是一项程序制度，一般应当规定：申报债权人，申报的期限、方式和内容，接受申报的机构（登记机构），申报的法律效力，申报的撤回与变更，未申报的法律后果以及无需申报的债权。未转移债权的保单持有人、保险保障基金公司此时均应当以债权人身份申报债权。行政清理时已经登记的债权包括已登记的不符合收购条件的债权，债权人可不再申报，管理人直接登记，并予以公示，债权人对此有异议的，再通过债权确认诉讼解决。在债权人会议审核债权时，对于法院确认的债权直接予以审核通过。

确认工作主要是对行政清理时债权申报的再审查。破产清算中确认债权的权力机关是人民法院。对有异议的债权，按照民事诉讼法中的确认之诉予以解决。

（三）债权人会议与债权人委员会

破产程序是在法院监督下的债权人自治程序，债权人会议是债权人行使权利的机关。债权人会议主席对召集会议、进行议事和表决、完成会议议程起着关键作用。由于债权人会议主席履行的职务属于行政性的引导和规范会议程序；且考虑到高额债权人在破产程序中的利益最为重大，对破产程序最为关注；会议主席应当具备一定组织领导能力，具有一定法律和财务知识；会议主席应当具有社会责任和公益心。因此，应当优先考虑保险保障基金公司担任债权人会议主席。

债权人委员会不是必设机关，设立理由主要有：债权人人数庞大、债权种类众多；债权人对破产程序态度消极冷漠；债权人会议形式工作不便。对于保险公司破产案件，由于一般保险保障基金公司债权独大，小额债权人可能基于对糟糕清算后果的预期，不愿参加债权人会议，从而影响大额债权人利益，大额债权人可通过债权人委员会监督破产程序，甚至通过债权人会议决议的方式授权债权人委员会代行一部分债权人会议的权利。

需注意，债权人委员会只能提出咨询意见，不能代替债权人会议行使决定权，除非特别授权。特别授权应报人民法院审查批准。且工作中，不能妨碍债权人会议或者债权人继续参与破产程序、行使权利。

（四）破产宣告

管理人及时向法院报告相关情况，由人民法院审查后尽快作出宣告破产的裁定。破产宣告裁定一经作出立即生效，不得上诉。债务人受破产宣告后，称为破产人，所有债权人均可参加破产程序行使请求权，破产人财产为破产财产，由管理人变价后分配给债权人。

（五）破产财产的变价和分配

保险保障基金公司作为最大债权人，在变价分配过程中可起到主导作用。可以参与债权人会议讨论，表决破产财产变价方案，并对通过何种方式出售破产财产具有重要决策权。

变价。破产财产的变价一般采用拍卖方式。拍卖是保证公开、透明、实现财产价值的最佳选择。但有些资产不宜拍卖，如有限责任公司的股权，公司其他股东享有优先购买权，主张购买的，不可拍卖。对于流拍的资产也需寻求其他解决途径。《企业破产法》规定：变价出售破产财产应当通过拍卖进行，但是，债权人会议另有决议的除外。

分配顺序。（1）破产费用和共益债务优先，破产费用和共益债务由债务人财产随时清偿。债务人财产不足以清偿所有破产费用和共益债务的，先行清偿破产费用。（2）所欠职工工资和医疗、伤残补助、抚恤费用，所欠应当划入职工个人账户的基本养老保险、基本医疗保险费用，以及法律、行政法规规定应当支付给职工的补偿金。（3）赔偿或给付保险金或保险保障基金公司救济款。在保险保障基金公司已经代位支付保单救济款的情况下，应当在该顺位赔偿保险保障基金公司已经支付的费用。（4）保险公司欠缴的其他社会保险费用和所欠税款。（5）普通破产债权。

（六）终结破产程序

管理人在最后分配完结后，应当及时提请人民法院裁定终结破产程序。裁定终结的，法院予以公告。管理人自破产程序终结之日起十日内，持人民法院终结破产程序的裁定，向破产人的原登记机关办理注销登记，注销其经营保险业务许可证。管理人于办理注销登记完毕的次日终止执行职务。但是，存在诉讼或者仲裁未决情况的除外。

三、保单救济与清算工作的衔接

1. 行政清理组负责保单债权申报工作，并及时向保险公司分支机构所在地的保单甄别确认小组及有关单位和部门移交债权登记资料。

2. 进入甄别确认阶段后，首先登记工作小组初步审查已登记的债权，再由甄别确认小组对属于债权范围并参加登记的债权的真实性进行甄别审查，最终确定应予救济的债权。甄别确认工作中发现证据不足的，甄别确认小组通知债权登记机构进一步补充材料。甄别确认小组分批次将甄别确认结果发给保监会、破产保险公司清算组和保险保障基金公司。

3. 清算组根据甄别确认结果向保监会提交使用保险保障基金申请。保监会在经国务院批准的风险处置方案和使用办法的额度内，批准保险保障基金的使用金额。

保险保障基金公司收到保监会的批文后，负责办理资金发放、划拨等具体事宜。主要是由保险保障基金公司与保单持有人签订债权转让协议，向保单持有人支付救济款项。对不愿转让债权的保单持有人，应告知其参加清算。

4. 非人寿保单救济款发放后，保险保障基金公司向清算组发出书面通知，告知其已通过保单救济受让了部分保单持有人对清算组享有的权利。同时要求清算组对此作出确认，以此作为保险保障基金公司对保险公司申报债权的依据。

人寿保单救济中，保险保障基金公司接收清算组对被处置保险公司调查、评估数据材料，估算保险保障基金的使用额度和频度，参与确定符合受让条件的保险公司名单、拟定转让方案及谈判计划。保单转让合同签订完毕，保险保障基金公司向受让公司支付补偿款，以此取得对被处置公司债权。

保险保障基金公司通过对保单持有人或保单受让公司的救济取得对被处置公司债权，成为被处置公司债权人，参与清算。

5. 保险保障基金公司监督行政清理组、破产管理人在清算过程中的行为。由于保险保障基金公司在实施保单救济后持有大量被处置公司债权，且此债权具有公益性，因此应加大保险保障基金公司对于行政清理工作的监督能力。赋予其在清算组不当处置保险公司资产时，请求人民法院撤销处置行为的权利。

保险保障基金公司在破产清算程序中可能出任债权人会议主席、债权人委员会成员，可以通过债权人会议或债权人委员会核查债权、监督债务人财产的管理和处分、监督破产财产分配等促进保单救济债权的实现。

6. 行政清理组定期将基金的到位和使用情况报告保监会、财政部、中国人民银行等有关部门。将处理保险公司资产及将其资产用于清偿清理费用等事项，通知保险保障基金公司具体事项及数额。保险保障基金公司提出异议的，及时协商处理。

四、受偿资产的管理与处置

本节提及的受偿资产是指保险保障基金公司向保单持有人或者向保单受让公司提供救济后，依法从保险公司清算财产中获得的货币资产、实物资产、股权资产、债权资产和其他权益资产等。

《企业破产法》规定破产财产的分配应当以货币分配方式进行。但是，债权人会议另有决议的除外。没有对破产分配资产的性质或类别作出限制性规定。根据破产法理论，只要代表多数债权的普通债权人同意，债务人既可以以货币方式进行分配，也可以以实物、无形资产、有价证券、土地使用权甚至对他人享有的债权进行分配，这种做法属于通常概念上的"以物抵债"。

随着监管机关对保险公司资金运用渠道的放宽,保险公司的资产构成将会更加复杂,有价证券、不动产、股权的比重将会显著增加。而对于资产构成复杂、债务金额巨大的保险公司而言,如果完全采用资产变现、现金分配的方式进行债权分配,则意味着需要经历冗长的资产清收程序。在此过程中,必须付出大量的人力、物力和财力,这本身就是对债权人利益的伤害。而对于上市公司股票、房产等由市场直接影响变现价格的资产,变现时机的选择也是难点。从这个意义上讲,根据债务人具体特点,以实物、现金相混合的方式进行债权分配更加符合保险保障基金公司的根本利益。

在对受偿资产的管理与处置中必须看到其保护保单债权人利益和维护金融业稳定的政策性功能,在决定基金规模和资产配置时要充分考虑这一因素。

（一）受偿资产的管理

保险保障基金公司完成保单救济之后,依法取得对保险公司债权,向破产管理人申报债权。保险保障基金公司可委托专业机构进行受偿资产的确认。

保险保障基金公司受偿资产管理,应当符合法律规定,遵循妥善保管、及时处置的原则,最大限度保全资产价值、减少损失。

1. 明确分工

基金公司办公室负责受偿资产的日常管理,主要包括受偿资产接收、受偿资产保管和维护,以及受偿资产重要档案保管等。风险管理部负责公司受偿资产处置管理工作,主要包括受偿资产的评估定价,受偿资产处置方案的制定、申报和实施等。财务会计部负责公司受偿资产相关财务处理工作,主要包括受偿资产财务核算、处置费用审核和资金清算等。合规风险管理小组负责公司受偿资产管理业务的监督检查工作。

2. 规范管理

保险保障基金公司办公室根据破产清算组出具的债权分配书办理受偿资产的接收手续。

接收受偿资产前，办公室应对相关资产的状态、保管情况、有无权属争议等进行调查，风险管理部予以积极协助。具体情况在行政清理阶段应当已经有明确资料目录，保险保障基金公司在参与行政清理的过程中即应起到积极参与调查的作用，并可申请取得相关文件资料。

对权属有争议的，应当提请人民法院裁定或履行相关手续后接收。

保险保障基金公司对受偿资产应当实际管理和控制，及时办理过户手续，保障资产的安全、完整、有效。由办公室建立受偿资产登记制度，对受偿资产的接收、保管、移交、处置等有关情况进行登记。

办公室定期或不定期地对受偿资产进行检查和维护，及时掌握受偿资产实务形态及价值形态的变化情况，及时发现影响受偿资产价值的风险隐患并采取有针对性的防范和补救措施。

3. 档案管理

保险保障基金公司按照国家档案管理的有关规定，建立健全受偿资产档案管理，确保接收、保管、处置过程和结果有关资料完整、真实。风险管理部应于受偿资产处置工作结束后，对有关资料、文档进行整理，建立完整项目档案，并将重要原始凭证移交办公室存档。

4. 会计处理

受偿资产按公允价值作为受偿资产入账价值。为取得受偿资产支付的受偿资产欠缴的税费、垫付的诉讼费用和取得受偿资产支付的相关税费计入待结算救助金。受偿资产保管过程中发生的费用、未处置前取得的租金等收入以及处置过程中发生的费用，应当依据国家有关政策和财务会计制度的规定，进行会计处理，计入待结算救助金。

5. 权利救济

保险保障基金公司取得受偿债权后，对其他债权人申报的债权有异议的，依法向人民法院提起确认债权的诉讼。对保险公司、行政清理组、破产管理人非法处置保险公司资产的行为，保险保障基金公司可以依法请求人民法院予以撤销。

6. 报告义务

受偿资产的管理及处置情况需及时向中国保监会、财政部、中国人民银行等有关部门报送。

（二）受偿资产的处置

受偿资产处置是指保险保障基金公司对受偿资产进行处置方式选择、资产评估、处置方案制定、方案审核和执行处置等行为，使受偿资产向现金类资产转化的过程。保险保障基金公司在处置受偿资产时面临两方面要求：一方面希望从受偿资产中取得最大的收益，以使保险保障基金的损失最小化；另一方面也要考虑持有受偿资产的成本及管理大量、多种形式资产的困难性。

1. 基本规范

受偿资产处置应当遵循公开、公平、公正和竞争、择优的原则，按照市场化方式进行处理。应当有利于受偿资产保值增值，不得无故拒绝任何潜在的意向性买受人。

公司根据资产实际、成本效益和风险控制要求，可以通过拍卖、招标、协议转让、市场销售等方式对受偿资产进行单笔处置或打包处置，可以自行处置或者委托专业机构处置。

公司建立受偿资产处置和审批分离制度，明确职责，强化受偿资产处置内部监督。

2. 处置程序

（1）前期调查。受偿资产处置前，风险管理部应进行必要的调查分析，作为对后续资产处置方式选择、定价和方案制作等的必要支持。

（2）评估定价。风险管理部根据国家政策、法律法规、依照公正合理和成本效益原则确定具体评估方式。

对需评估的拟处置资产，原则上应该先由专业评估机构评估，参照评估价值依法合理确定资产价格。对不具备评估条件的受偿资产，应明确其他替代方法。

（3）制定处置方案。风险管理部根据前期调查和评估定价情况，制定受偿资产处置方案。

（4）方案审查。投资风控小组应对处置方案进行全面、独立的审查，如实记录资产处置审查情况和审查过程中的各种意见并署名，出具审查结论。

（5）审批。风险管理部将处置方案和投资风控小组出具的审查结论会签财务会计部后，提交总裁办公会议审批。

（6）实施。风险管理部对已批准的处置项目，应严格按照审批方案实施，如需变动，应重新上报审批并取得同意。处置结束后制作处置报告，并及时向中国保监会、财政部、中国人民银行等有关部门报送。

3. 具体的分类处置

《保险保障基金管理办法》规定保险保障基金的资金运用限于银行存款、买卖政府债券、中央银行票据、中央企业债券、中央级金融机构发行的金融债券，以及国务院批准的其他资金运用形式。因此，现阶段保险保障基金被法律允许的存在形式也就限于上述几种，但由于保险公司破产财产存在形式的复杂性，保险保障基金公司接收的受偿资产的存在形式可能不仅于此。

对于受偿的现金，应当纳入保险保障基金；而受偿的非现金资产（以下简称受偿资产），则应当按照市场化原则予以处理。

（1）租赁与增加投资。如仅考虑受偿资产处置回报率，保险保障基金公司对不宜处置或暂时难以处置的其他资产，可以采取租赁等方式经营。为提升受偿资产回收价值，经保险保障基金公司董事会批准后，可以适当增加投资。但是，目前没有法律明确支持保险保障基金公司作出类似行为，因此，未来需在完善法律制度时增加相关内容。

（2）有价证券。保险保障基金公司受偿有价证券类资产，除政府债券、中央银行票据、中央企业债券、中央级金融机构发行的金融债券无需处置外，其他形式只能阶段性持有。如接收有价证券后不考虑市场行情而匆忙转让，可能带来损失，不利于保险保障基金的保值增值。因此应当给保险保障基金公司留有一定的时间，允许选择恰当的时机出售。

（3）不动产处置。受偿不动产不满足保险保障基金对资产流动性的要求，因此也不可长期持有。基金公司可通过两种途径处置不动产：一是委托房地产销售机构代理销售，代理机构应该能够胜任市场调研、产品定位、销售代理等一系列工作。经纪人须将任何报价反馈保险保障基金公司会计人员处，由保险保障基金公司决定是否接受报价，拒绝或接收均应明确相关责任人。二是通过拍卖处置不动产。拍卖方式可能最大限度地降低财产持有成本和营销成本。保险保障基金公司须事先设定拍卖程序，保证拍卖遵守有关法律、行政法规，遵循公开、公平、公正、诚实信用的原则。且设定拍卖底价不得以低于市场价格（即评估价格）的70%。

4. 会计处理

受偿资产处置损益为实际取得的处置收入与受偿资产净值（账面余额扣除减值准备）和变现税费的差额，计入待结算救助金。公司财务会计部应检查当年受偿资产，对预计可收回金额低于其账面价值的，应当计提减值准备，计入待结算救助金。如已计提减值准备的受偿资产价值得以恢复，应在已计提减值准备的范围内转回。受偿资产处置时，应将已计提的受偿资产减值准备一并结转。

5. 责任追究

在保险保障基金对受偿资产接收、管理、处置过程中，有关机构和人员有违法违规、贪污渎职行为的，应当视情节轻重依法给予行政处罚、行政处分；涉嫌犯罪的，依法移送司法机关，追究刑事责任。

第五节　保单救济中的各方责任

一、保单救济中的主要参与方

1. 保险保障基金公司

保险保障基金公司作为保单救济的实施主体，依据保监会的决定和意见，负责保单救济的组织、实施工作，在整个保单救济中应发挥主导作用。

2. 保单持有人

根据《保险保障基金管理办法》，保单持有人是被救济对象，具体包括投保人、被保险人和受益人。由于投保人、被保险人和受益人有可能分属不同的主体，在这种情况下，究竟以谁作为保单救济的申请人是实践中必须要解决的问题。

保险合同的关系人因财产保险和人身保险合同而不同。财产保险合同的关系人指被保险人。被保险人可以是投保人，也可以是第三人。人身保险合同关系人中有被保险人和受益人。被保险人同样可以是投保人也可以是第三人，当保险合同中的被保险人是第三人时，保险合同是标准的为第三人利益而订立的合同，因此可以说，受益人是人身保险合同中的特有概念。

为避免投保人、被保险人和受益人对保单救济存在不同意见并因此产生争议，进而影响保单救济工作的进行，可以确定投保人为保单救济的主要申请人，投保人因故无法申请的，可以由其他保险合同当事人代为提出申请。但应要求其提交其他的保险合同当事人同意其作为申请人申请保单救济，并领取相关款项的书面文件。这一文件实际上可以理解为不同保险合同当事人对申请人申请保单救济的授权和认可，可以从根本上避免因不同保险合同当事人的存在而可能产生的争议和因此导致的纠纷。对于保险合同对投保人退保有专门规定的，可以按照该规定作为确定申请保单救济的依据，而不必要求必须取得所有保险合同当事人对保单救济的一致同意。

根据《保险保障基金管理办法》，保险保障基金根据保单持有人机构或个人的性质不同，对其救济的比例也有所不同。这一规定的初衷在于，相比机构保单持有人，个人客户的风险识别能力和风险承受能力更为薄弱，为此，有必要给予个人保单持有人更高比例的救济。

这一制度提出的具体问题是，如何确定"机构"与"个人"的分界。一般意义上，将依据《公司登记管理条例》登记设立的公司和依据《企业登记管理条例》（包括国有企业、个人独资企业、外资企业、合伙企业、股份合作制企业等）登记设立的各类企业确定为"机构"在法律和实践上都应不会存在争议。但是，对一些特殊主体，对其性质的确定应该在统一认识的基础上，由相关管理办法直接作出规定，以减少在救济实施过程中在此问题上的不确定性，进而提高保单救济效率。

对于各类社团组织如各级工会、职工互助会、基金会、学会等性质的认定，无论其是否依据相关规定办理了法人登记，均应被认定为机构。如果这些组织根据各项法律法规办理了法人登记程序，具有了法人主体资格，其性质确定为机构固然不存在争议。但是实践中也存在大量未进行登记的社团组织，这些组织也可能会以自己的名义投保或成为其他保险合同当事人。对此类组织，国家一直以来持否定态度，要求依据《社会团体登记管理条例》和《国务院办公厅转发民政部关于清理整顿社会团体意见的通知》等规定，对未进行登记的社团组织进行查处，对于违法存在的社团按照个人认定，使其获得比依法设立的社团更高比例的救济，是有失公平的做法。

此外，还应注意以资金来源作为对保单持有人定性的标准。对于个人出资购买保险，但以机构名义持有的保单，以及机构出资购买保险，但以个人名义持有保单，都可以认定为机构保单。

3. 被处置保险公司

被处置保险公司是保单的保险人，应对保单救济给予全面的协助。这些协助工作主要包括：向保险保障基金公司提供保单及身份证、营业执照、保险费缴付凭证等，以便保险保障基金公司根据这些材料对是否属于救济范围以及救济金额作出认定。此外，对于分支机构众多的保险公司，由于其客户范围广泛，保险保障基金公司必须借助被处置保险公司的分支机构开展各地的保单救济申报、审核和兑付工作。在保险保障基金作出同意提供救济决定的同时，从法律上讲，保单持有人对保险公司的债权向保险保障基金公司作出了转让。而根据《合同法》的规定，债权的转移应以通知债务人为条件，保险公司因此还应对收到的债权转让通知作出确认。

4. 被处置保险公司的重组方

对于被撤销或宣告破产的保险公司而言，除非可能进入破产重整程序，在其他情形下应不存在"重组方"。在破产重整阶段，重组方应提出保险公司重整方案，包括恢复经营的方案，以及对保险公司债务进行清偿的方案等。重整方案获得保险公司债权人会议批准或人民法院裁定通过后，即对包括保险保障基金公司的债权人具有约束力。保险保障基金因其特殊性质，可以在第一时间与重组方就重组过程中保险保障基金因保单救济而形成的债权如何处理进行协商，重组方为实现其重组保险公司的目标，也可能会提出对保险保障基金债权优先清偿或进行类似安排。因此，应尽早与潜在的重组方进行沟通，探讨重组方案中涉及保单救济的相关问题的解决。

5. 监管机关及其派出机构

严格地说，监管机关不属于真正意义上的保单救济参与方。但是，在动用保险保障基金对保单救济前，应取得其批准。同时，监管机关何时作出撤销或同意保险公司破产的决定，也与保单救济工作密切相关。我们理解，为减少保险公司撤销而可能产生的风险，监管机关应该是在保单救济行为已经获得原则批准、保单救济方案已经制定完成且经过论证，具有切实可行性的情况下，再作出撤销决定，以使其所产生的震荡控制在最小范围内。

此外，在实践中，保险保障基金公司还可能就救济方案中的若干具体问题，比如合格保单的标准、机构与个人的认定、具体的救济流程等事宜，向监管机关作出请示，在得到监管机关的认可后再予实施。

中国保监会的派出机关受其委托行使部分监管权，其对保险公司分支机构所在地的保单救济工作进行监督和指导，同时，也会对涉及地方政府、人民法院的有关问题给予协调。

6. 地方政府

地方政府在保单救济过程中，对维护社会稳定负有直接责任。因此，保险保障基金公司应主动与地方政府就相关问题做好沟通工作，请地方政府共同制定有效的维护社会稳定方案。必要时，还应请地方政府参与保单救济的组织、宣传工作。

7. 中介机构

由于保单救济工作内容十分庞杂，保单利益计算及救济标的认定等问题都涉及到专业的审计及法律问题。可以委托具有相关资质和能力的会计师事务所负责具体的审计工作，要求其对拟救济的保单是否已经足额缴纳保费以及救济金额作出认定和测算。同时委托律师事务所对保单持有人的真实性、保单的合法性和有效性进行审查，并出具专门的法律意见。

中介机构参与保单救济，一方面可以缓解保险保障基金公司的工作压力，另一方面可以保障各项工作的规范运作。规模较大、有行业声誉的中介机构，具有一定的公信力，其作出的审核认定结论更容易被保单持有人接受。

中介机构参与保单救济，会按照行业标准收取相关服务费用。这些费用应该由保险保障基金公司承担。并且，除非征得保险公司其他债权人同意，保险保障基金公司不能将中介费用作为债权向保险公司申报。

二、保单救济中主要参与方的责任

1. 保险保障基金公司的责任

保险保障基金公司所应承担的筹集、管理和使用保险保障基金的责任已经立法予以明确。但是，保险保障基金公司在保单救济中的责任值得探讨。保单救济的相对方，即保单持有人和受让保单公司，是否可以对保险保障基金公司所作出的不予救济、不予足额救济、有条件救济、部分救济等决定提出异议？这种异议是否是依据民事权利所产生的？相对方是否可以据此向保险保障基金公司提起诉讼？保险保障基金公司在诉讼中可能承担什么样的责任？

保险保障基金的性质，是保险从业机构缴纳的专门用于保单救济和保险公司救济的行业性自助基金，本质上属于一种公共资源。而作为这一基金的管理者和使用者，保险保障基金公司本身是依据《公司法》成立的国有独资公司，其民事主体的性质十分明确。保单持有人作为民事主体，与作为另外一个民事主体的保险保障基金公司，就公共资源使用和分配产生的争议是具有民事法律关系特征的法律关系。但是，保险保障基金公司在何时对保单救济、对符合什么条件的保单进行救济、救济的幅度等问题上，并不是作为独立民事主体享有自主决定权的。有些事项属于法律法规有明文规定的，保险保障基金公司仅负责具体执行；有些事项是保险保障基金公司根据监管机关的决定或授权执行，可以说，保险保障基金公司部分行使了公权力。

同时，不能因为上述特征的存在，相对方即无法对保险保障基金关于保单救济提出异议，这将导致相对方无法通过一定的救济手段主张其他机构或个人已经获得的权利，这显然不符合建立保险保障基金制度的本意。

为此，应该赋予相对方对保险保障基金关于保单救济决定提出异议的权利和机会，而最终的救济手段，就是向人民法院提起诉讼。根据行政诉讼的理论和法律规定，相对方对行政机关的具体行政行为不服的，可以申请复议，对复议仍不服的，可以向人民法院提起行政诉讼。保险保障基金公司不属于行政机关，其关于救济的决定也不属于具体的行政行为，因此，此类诉讼显然不属于行政诉讼，而应属于民事诉讼。

将相对方与保险保障基金公司之间的诉讼性质界定为民事诉讼，决定了相对方不得就监管机关行使行政权力作出的行政行为向保险保障基金公司提出异议，比如何时决定实施保单救济、风险处置方案的制定和实施、保单救济的具体标准。从制度设计上看，只要保单持有人持有的保单是真实、合法、有效的，保险保障基金公司都应该给予救济。因此，这种诉讼应更多地围绕上述问题展开，诉讼的争议焦点不应该是是否应该救济，而是争议保单是否真实、合法、有效。相对方的诉讼请求，也应相应地确定为"请求确认保单真实、合法、有效"。一旦人民法院生效判决认定，支持保单持有人的主张，保险保障基金公司即应该给予救济，而不论此前其自行作出的结论如何。

在有关救济的民事诉讼中，对于保单持有人提出的因救济不及时给其造成损失的主张，人民法院不应给予支持。理由是，保险保障基金公司作为公共资源的管理者，有义务本着谨慎、负责的态度对保险保障基金的使用进行严格审核，也有权利对存在问题的救济申请作出不予救济的决定。其本身在此过程中并没有获利的意愿和行为，不应对严格审核的后果承担超出保单救济之外的责任。

2. 被处置保险公司的责任

被处置保险公司负有妥善保管保险合同、客户资料和财务凭证的义务，在保单救济过程中，这种义务具体体现为根据保险保障基金公司的要求提供上述资料，并对其中涉及的具体业务情况作出陈述和说明，以协助保险保障基金公司完成保单救济。如果因为被处置保险公司对资料保管不善，导致保单持有人保单救济申请无法进行审核，那么由此给保单持有人造成的损失应由保险公司承担。

对于可能出现的保单持有人就保单救济向保险保障基金公司提起的诉讼，被处置保险公司应作为第三人参与诉讼，以便人民法院在审理过程中查明相关事实。

3. 保单持有人的责任

保单持有人的责任主要体现为，其应该保证为申请保单救济而提交的材料、文件和所陈述的事实都是真实的、完整的，否则，应对此向保险保障基金承担赔偿责任。如果保单持有人以获得救济为目的，提供虚假文件或捏造、隐瞒事实，情节严重的，还有可能被追究刑事责任。

4. 保单救济过程中其他参与方的责任

（1）债权登记小组的责任

各债权登记小组应严格按照有关规定登记债权，对债权登记资料的真实性、一致性进行审查，严把登记关。债权登记小组在向甄别确认小组报送债权登记材料时，应对登记过程中发现的疑点问题详细说明，并积极配合甄别确认工作。

债权登记小组应统一印制有关公告、资料交接单、债权收购确认函、收购债权转让书、债权人承诺书等文件。在登记、甄别确认和收购过程中，应严格办理交接手续，填制资料交接单。

（2）甄别确认小组成员的责任

甄别确认小组成员对债权登记材料和有关证据严格核实无误后，逐一签字并交甄别确认小组负责人复核。甄别确认小组负责人复核无误的，应在确认报告上签字。确认工作中发现证据不足的，应当通知债权登记组进一步补充材料。

（3）其他有关人员的责任

债权救济中，凡采取隐瞒事实、弄虚作假等手段骗取救济款的，依法追究其责任。

第六节　保单救济过程中的几个重要问题

一、保单救济的标准

救助问题公司的保单救济标准是保单救济实务的重点和难点，我国现行的《保险保障基金管理办法》对保单救济标准作出了规定，但是相比各国的相关规定，仍有较大不同。本节拟从保单救济标准的重要意义出发，通过分析我国的标准与其他国家（地区）的不同，初步得出进一步完善我国保单救济标准的思路。

（一）研究保单救济标准的必要性

1. 理论必要性

保单救济是保险保障基金作为"保险业最后一道防线"的职能所在，也是维护保单持有人利益、抑制保险市场脆弱性、体现金融制度公平正义性和政府担保职能的作用点，科学设计保单救济制度非常必要。而保障基金的救济标准是保险保障基金制度设计的核心内容，也是保险保障基金制度设计能否发挥作用的根本要素。所谓保障基金的救济标准，是指在发生应当救济的事故时，保障基金进行保单救济的范围、救济的比例和金额限制的具体规定。之所以要研究保单救济标准，至少有以下三点考虑：

（1）全额救济并非保险保障基金制度的必然要求

对保单持有人的损失给予全额救济不是保险保障基金的根本制度价值所在，也不符合各国保险保障基金实践经验。

研究保单救济标准的逻辑起点是：对所有保单的损失不能不加任何区别地全部承担。所以，才需要具体研究，对什么样的保单持有人，什么样的保单给予救济或不救济，以及救济的比例和具体金额。保险保障基金制度的根本价值是，在保险公司不能提供及时、明确、合理的补偿时，维护保单持有人，特别是中小保单持有人的利益，维护金融稳定。其着眼点不是为保险公司兜底，不是全部承担保单责任。

如果没有保险保障基金制度，或类似的救济担保，在保险公司偿付不能时，保单持有人的利益将面临重大损害：一是等待赔偿时间漫长，利益迟迟无法实现。如果没有保险保障基金，那么保单持有人只能通过保险公司的破产清算程序获得补偿，那将是十分漫长的过程，保单持有人可能需要数年时间才能通过破产清算程序获得赔偿。二是赔偿严重缩水。虽然保单债权的受偿顺位优先，但保单持有人能够获得的赔偿金额根本上取决于可供分配予债权人的资产金额，由于保险公司已经资不抵债，实际上很难获得足够补偿。加之有破产费用发生，保单持有人能获得的金额更少。

在保险保障基金进行保单救济时，可以在保险公司被撤销或进行破产清算前，先向保单持有人提供救济，这就免除了漫长的等待过程，提前实现了保单持有人的利益，有助于迅速消除恐慌心理，维护金融业稳定。在此基础上，保障基金制度再应考虑，在合理的情况下，尽量给予充分的补偿。但是不应当给予足额的补偿，因为这又涉及到另外一个问题，即道德风险的问题。

（2）降低道德风险要求审慎设计保单救济标准

道德风险是保障基金重要的负面影响和潜在问题，如果处理不好，将扭曲该制度的价值。保障基金的设立，可能会鼓励部分消费者及保险公司去冒更大的风险。特别是如果保障基金对所有保单全额担保，一些消费者在选择保单时可能便会忽视了保险公司的财务状况及商誉。若一家财务状况或商誉较弱的保险公司丧失偿付能力，其保单持有人将会由保障基金作出赔偿。赔偿的成本便会由实力较强及运营较好的保险公司承担，并最终转嫁到其保单持有人身上。这对实力较强及运营较好的保险公司未必公平，而且可能会对整个保险业有不良影响。

为了鼓励消费者小心选择他们的保险公司（即降低道德风险），及为了减少保障基金计划的成本，保障基金的救济标准，不应当对保单持有人作出全额的赔偿，应尽量保证的是提供给保单持有人一个合理水平的保障。

（3）应给予弱势群体倾斜的保护

中小保单持有人相比大型商业机构是弱势群体，应当给予倾斜的保护，其理由在于：

中小保单持有人购买保单更注重保障性，而大型商业机构购买保单是一项投资决定，追求商业利益。对关系民生保障的保单给予充分保障，是维护金融稳定、促进保险业健康发展的必要要求，应当是保障基金的首要任务；而市场上的机构在追求商业利益的同时，也应当承担不利的经营结果，其中就包括所投保的保险公司经营失败的情形。

大型机构的风险承担能力较强，较审慎的客户及其保险公司不应为他人的错误决定而负责；中小保单持有人由于能力所限，可能无法识别判断。这也要求保障基金对中小保单持有人给予更多的保障，以维护保险市场的实质公平正义，维护金融稳定。

所以，在设计保单救济标准时，应当考虑倾斜保护弱势群体的利益，对于强势群体的利益，即便给予保护，在金额数量上，也不宜超过平均水平过多。

2. 现实必要性

（1）现行制度规定

我国现行《保险保障基金管理办法》对保单救济标准的规定主要体现在第十九条、第二十一条和第二十二条：

财产险保单持有人救济标准：①保单持有人的损失在人民币5万元以内的部分，保险保障基金予以全额救助。②保单持有人为个人的，对其损失超过人民币5万元的部分，保险保障基金的救助金额为超过部分金额的90%；保单持有人为机构的，对其损失超过人民币5万元的部分，保险保障基金的救助金额为超过部分金额的80%。

人寿保险合同保单受让公司救济标准：①保单持有人为个人的，救助金额以转让后保单利益不超过转让前保单利益的90%为限；②保单持有人为机构的，救助金额以转让后保单利益不超过转让前保单利益的80%为限。

（2）分析评价

具体而言，《保险保障基金管理办法》规定的保险保障基金的救济具有以下特点：一是采用比例赔偿方式，没有设定自负额和赔偿限额，过高的保障程度弱化了保单持有人对保险公司的风险选择以及保险监管者的监管力度。二是仅仅区分财产险和人身险两个大类，没有细分不同险种的不同救济比例，线条相对较粗，不够科学，而不同类别保单性质、价值大不相同，应当提供的救济标准也应有所区别。三是根据现行规定，我国保险行业面临着保障基金规模与行业风险不匹配的状况，我国保险业仍处于发展之中，如果一开始就试图建立一个财力雄厚、能够对保单持有人提供充分保障的基金，会加重保险公司及投保人（通过转嫁）的负担，阻碍保险市场的发展。

因此，现阶段保险保障基金应尽快完善救济标准，不但能为保单持有人提供合理保障，而且最大程度上维护保险市场稳定。

（二）各国保单救济标准及其共性分析

大部分司法管辖区都设有保险保障基金对人寿保单持有人作出赔偿，保险保障基金都设有上限，只是不同情况有不同限制。世界各地类似赔偿计划虽然设置和运作各有不同，但也具备一些共性：都是保护保单持有人利益，维护金融市场稳定；在人寿及非人寿保险业各自运作的附属计划中，引用不同的征费率及赔偿限额；基金一般采取多层次保障，对强制险保单持有人进行全额补偿，对其他险种保单进行比利补偿或限额补偿，对再保险、海上保险、信用保险等专业类保险产品不予补偿；一般只对个人及小型机构进行补偿，特定保单持有人（例如在大多数情况下是大型商业机构）不予补偿。

从覆盖类型上看，强制险基本在保障范围内，且在运用保险保障基金进行补偿时，强制保险一般可以得到足额补偿，因为强制保险一般保障的是投保人最基本的需求。大多专业类的保险产品则不在保障计划范围内，如财务担保、抵押担保等一些为投资风险提供保障的保险、海上保险、信用保险、产权保险、保释金保证等。这是因为其投保人多为具有一定保险专业知识的企业客户。经营此类产品的保险公司如果出现经营困难，也不会对社会主体利益造成过多的危害。

从保障范围看，国外保险保障基金实施保单救济的主要经验有：一是保障的险种范围，如区分强制险与非强制险进行不同比例的赔付；二是保障的保单持有人的范围，包括区分机构保单持有人与个人保单持有人、外国保单持有人与本国（州）保单持有人等；三是保障的额度，一般包括保障的上限和比例。救济范围的确定要在公众的承受能力与防范道德风险、培养市场约束力之间进行平衡。

如美国的保险保障基金对保障范围规定大致如下：在保障范围上，并不是所有的人身和健康险都得到保障。直接个人人身险、直接团体人身险和个人年金合同可以得到保障。大部分州对于未予以保障的健康计划（Non‐indemnity Health Plans），比如健康维护组织计划（HMOs）不提供保障。对于由保单持有者承担的投资收益中超过利率调整条款规定的部分也不提供保障。未分配的年金合同（Unallocated Annuity Contracts）也只是在某些州才提供保障，而且保障额度也不高：不管该合同受益的雇员有多少，只提供500万美元上限的保护；一般来讲，财产保险保障基金所不予保障的险种有：财务担保、抵押担保等一些为投资风险提供保障的保险，海上保险，信用保险，产权保险，保释金保证等。

从补偿限制看，大多数保险保障基金都对保单持有人的补偿限额做了规定。此举旨在通过不足额的赔偿，将损失在所有保单持有人中间分摊，从而达到降低保单持有人道德风险的目的。但在实际操作中，各国在限制方法的选择上存在一定差异。对补偿设限的方法总体上可分为两类，即限额支付和比例支付。一般采用限额支付的，其设限的对象是每个保单持有人，而不是单张保单。这就要求将保单持有人持有的全部保险合同加总，得出其所能获得的最高补偿金额。采用比例支付的保险保障基金，则是对全体保单持有人可获得的补偿打上一个折扣。或者是两种方法同时使用，即在按比例补偿的同时也规定最高支付限额。此外，对于非寿险合同的未到期保费，有些国家不予退还，而有些国家则按一定比例给予退还。

无论采取何种形式的补偿限制，其最终目的都在于降低保单持有人的道德风险，只是侧重有所不同。限额支付主要是针对大型企业希望在安全网中获利的行为。一般个人保单持有者的保险金额都在设定的最高限额以内，因此基金完全可以有效地保护这部分人的利益。采用这种方法通常还会对处理破产清算案件的成本设限，以减轻会员公司的财务压力。比例支付所针对的是全体的保单持有人，即个人和小企业也需分担选择保险公司不当的后果。通过打折的做法，可以让全体消费者、保险公司和监管机构意识到风险，从而强化市场的有序性（参见表4-1、表4-2）。

表4-1　　　　　　各地区保险保障基金赔偿上限——人寿保单

英国	首2000英镑（港币2.6万元）为100%，其后为90%
新加坡	90%
曼恩岛	90%
日本	90%
韩国	最高为5000万韩元（港币32.5万元）
法国	每人7万~9万欧元（港币82.7万元）
加拿大	身故利益：20万加元（港币110万元） 现金价值及累积价值：6万加元（港币34.2万元） 健康护理费用：6万加元（港币34.2万元） 每月收入：2000加元（港币1.1万元）
美国（纽约州）	个人人寿保单：50万美元（港币390万元） 团体年金保单及雇员福利计划下的资助协议：100万美元（港币780万元）
美国（加利福尼亚州）	(1)不可超出下列最低者： ①合约责任的80%； ②身故利益：25万美元（港币200万元）③现金价值或年金利益：10万美元（港币78万元） 单一性命的合计限额：25万美元（港币200万元） (2)健康护理利益：20万美元（港币160万元） 多张保单的合计限额：500万美元（港币3900万元）
美国（特拉华州）	身故及残障利益：30万美元（港币230万元） 现金价值或年金利益：10万美元（港币78万元） 单一性命的合计限额：30万美元（港币230万元） 基本住院、医疗及手术计划：50万美元（港币390万元） 政府退休计划：10万美元（港币78万元） 非团体保单持有人（不论个人、商行或公司）：100万美元（港币780万元） 未分配年金合约：100万美元（港币780万元）

续表

美国（康涅狄格州）	身故利益：30 万美元（港币 230 万元） 现金价值或年金利益：10 万美元（港币 78 万元） 健康保险：50 万美元（港币 390 万元） 单一性命的合计限额：50 万美元（港币 390 万元） 政府退休计划：10 万美元（港币 78 万元） 多张保单的合计限额：500 万美元（港币 3900 万元） 未分配年金合约：500 万美元（港币 3900 万元）
美国（宾夕法尼亚州）	身故利益：30 万美元（港币 230 万元） 现金价值：10 万美元（港币 78 万元） 年金利益：30 万美元（港币 230 万元） 健康保险：10 万美元（港币 78 万元） 单一性命的合计限额：30 万美元（港币 230 万元） 政府退休计划：30 万美元（港币 230 万元） 公司退休计划：500 万美元（港币 3900 万元） 未分配年金合约：500 万美元（港币 3900 万元）

表 4 – 2　　各地区保险保障基金的赔偿上限——非人寿保单

英国	首 2000 英镑（港币 2.6 万元）为 100%，其后为 90%
日本	以下特定类别的赔偿限额为 90%： ①自愿性车辆保险 ②个人、小型企业及有分割业权的若干大厦的火险 ③个人意外保险 ④医疗费用保险 ⑤护理费用保险
澳大利亚： HIH 赔偿计划	以下赔偿额为 100%： ①薪金持续及残障保险 ②个人受伤 ③完全丧失主要居所 ④非牟利机构 以下赔偿额为 90%： ①若家庭应课税收入少于 77234 澳元（每名额外小孩可获增加 3139 澳元） ②若家庭应课税收入多于 77234 澳元（每名额外小孩可获增加 3139 澳元），而索偿高于家庭应课税收入的 10% ③不足 50 名员工的小型企业

爱尔兰	65%，最高为 65 万爱尔兰镑或 82.533 欧元（港币 760 万元）
加拿大	25 万加元（港币 140 万元）
韩国	最高为 5000 万韩元（港币 32.5 万元）
美国（纽约州）	每一索偿计，为 100 万美元（港币 780 万元） 在纽约州以外发生的意外，每一保单的赔偿上限是 500 万美元（港币 3900 万元）
美国（加利福尼亚州）	50 万美元（港币 390 万元），免赔额为 100 万美元（港币 780 万元）
美国（特拉华州）	30 万美元（港币 230 万元）
美国（康涅狄格州）	30 万美元（港币 230 万元），免赔额为 100 万美元（港币 780 万元）
美国（宾夕法尼亚州）	30 万美元（港币 230 万元）

资料来源：2003 年香港罗兵咸永道会计师事务所供香港特区政府使用的顾问协议。

在表 4－1 和表 4－2 中，港币金额是根据 2005 年 5 月 31 日的汇率计算。金额一般以四舍五入方式换算为最接近的港币 1000 元（如金额少于港币 100 万元）或港币 10 万元（如金额多于港币 100 万元）。

另外，对于人寿保单，美国（纽约州）不保障变额寿险和变额年金中由被保险人承担风险的部分和由被保险人自己导致的风险；被保险人不是美国公民或永久居住者；不是以美元交纳保险费的保险契约；年金保险的保证利率明显超出一般利率水平，则保障上限为合理利率下的保险给付；对既是被保险人，又是保险公司股东并拥有 20% 股权，在保险公司偿付能力不足并可能破产倒闭前 90 天之内投保或续保的，不予补偿或救助。关于最大限额：多张保单，累积最多救助和补偿为 50 万美元。

美国保险监督官协会：保障金额规定：人寿保险 30 万美元，现金价值给付上限：10 万美元；健康保险 10 万美元；年金保险 10 万美元。各州可自行调整。保障范围：设两个账户，即寿险和年金账户、健康保险账户。但以下除外：保险公司没有承保的风险和由被保险人自己导致的风险；保单的预定利率在承担给付义务时，超过以下利率值（即此保单 4 年平均预定利率超过同期穆迪债券评级之平均收益率减 2% 的值，或此保单的预定利率超过最近穆迪债券收益率减 3% 的值）；保单的分红部分；未被正式核保通过的保险合同等。

中国台湾：身故、残废、期满、重大疾病：按每一保险人/每一保险事故/每一被保险人：请求金额的90%，最高限300万元新台币。年金（含寿险生存给付部分）：按每一被保险人，请求金额90%，最高每年20万元新台币；医疗给付：每一被保险人，每一保险事故，每年最高30万元新台币；解约金给付：按每一被保险人，请求金额20%，最高100万元新台币；未满期保险费：每一被保险人，请求金额40%；红利给付：每一被保险人，请求金额90%，最高10万元新台币。

保障性强的险种，垫付比例高；投资性强的险种，垫付比例相对较低。同时，各险种均设定了最高额限制，保障性强的险种最高额也较高，投资性强的险种最高额较低。

对非人寿保单，日本规定：强制机动车责任保险、住所地震风险的保险合同100%保障。不保障海洋货物保险、内陆运输保险、航空保险、工伤补偿责任保险、一般责任险、动产综合保险、机器及安装保险、承包人风险保险等。

美国纽约州：劳工保险无论损失大小，全额保障。其他：每人每次100万美元，或每张保单50万美元的上限。保障范围包括汽车意外险、火灾保险、水灾保险、盗窃险、玻璃保险、财产损失保险、保证保险、劳工保险、责任保险、未到期责任保费的返还等。

美国保险监督官协会：劳工保险全额保障；其他险别各州自行确定，一般在10万~50万美元。分设三个账户：劳工保险账户、汽车保险账户、其他保险账户，将相同性质业务归类，易于管理、专款专用。保障范围除人寿、年金、健康、抵押保证、财务保证、投资风险保障、海上保险核保有关关联关系人的保险不保障。

中国台湾：强制汽车责任保险、住宅地震保险依规定；其他按保险契约得请求之保险赔款或保险给付90%，并以300万元新台币为限。同一人同一保险公司有数个请求权，300万元新台币为限。责任保险依"保险法"第九十四条第二项直接向保险人请求给付赔偿之第三人应与被保险人合并计算限额。依保险契约请求退还保险费，请求金额40%。救助区别情况：强制险保障全额且无最高限；其他保障90%同时最高限300万元新台币。

同时，为防止挤兑，对于退还保费的请求只给予少部分救助，也是以法律手段降低保单持有人的退保动力。

在澳大利亚，很多非人寿保单持有人在 2001 年因为 HIH 无力偿债而遭受重大的经济损失。由于这些保单持有人不被现有的赔偿计划涵盖，澳大利亚政府因而成立特别基金以支付赔偿金予 HIH 的一些属家庭和小型企业的保单持有人。

（三）完善我国保单救济标准的思路

1. 增加公益险种和弱势群体保障

各国对法定险种、公益险种都给予了充分保障。例如，英国对于强制保险 100% 支付，其他保险在 2000 英镑内 100% 支付，超过部分按 90% 支付。日本对于强制机动车责任保险（CALI）、住所地震风险的保险合同都给予 100% 支付，而其他险种最高不到 90%。美国对于劳动工伤保险，也给予 100% 的额度保障。

我国《保险保障基金管理办法》以个人与机构的区分、损失额度标准的不同，体现了对个人的侧重保障。该办法规定对非寿险保单，保单持有人的损失在 5 万元以内的部分予以全额保障；超过 5 万元的部分，保单持有人为个人的，保障金额为超过部分金额的 90%，保单持有人为机构的，保障金额为超过部分金额的 80%。寿险公司被撤销或被宣告破产，其持有的人寿保险合同应依法转让给另一家寿险公司。保险保障基金向人寿保单的受让公司提供的保障金额，如果保单持有人为个人，以转让后其保单利益不超过转让前保单利益的 90% 为限；如果保单持有人为机构，以转让后其保单利益不超过转让前保单利益的 80% 为限。该办法还规定，向保单受让公司提供救助的，救助金额应以保护中小保单持有人权益以维护保险市场稳定，并根据保险保障基金资金状况为原则确定。体现了我国法律对个人保单持有人的保护。但是，目前的救济金额和比例也存在不少问题：一是缺乏细致的按照险种进行分类救济的方法。二是缺乏在保险公司突发危机时，为了维持处置秩序，监管机构采取紧急措施通过救助金额规定等限制保单退保的权利。

2. 控制优势地位保单持有人保障比例

国外为控制救助比例，体现救济原则，对部分保单进行了救济限制。

主要方法有：

（1）保单耗尽原则

如果被保险人持有多张不同保险公司的保单，这些保单对同一事件负有赔偿责任，如果要想申请保险保障基金的赔偿，必须首先将其他保险公司的保单申请赔偿之后，才能获得保险保障基金的赔偿。实际赔偿的金额将是实际损失额减去从其他保单所获得的赔偿。

（2）高净值条款

如果保单持有人的净资产超过一定数目，保障基金将不予赔偿。这样的政策与大众的利益具有一致性，不仅可以为保障基金节省相当大的费用，而且可以把资金分配给更多经济状况较差的保单持有人。其实，几乎所有的高净值被保险人都是大型工商企业，它们有实力管理自身的风险，对保险公司的财务实力有一定的了解。即使真正发生了风险事件，它们也有足够的能力去处理，从而将风险损失降到最小。

3. 抑制道德风险

美国各州规定对保单持有人的补偿不能超过原保单保障的额度。为了增强投保人选择安全性强、信誉好的保险公司，促进良性竞争，减少其对保证基金的依赖性，大多数基金都规定了少量的自负额，一般为100美元，让保险客户分担部分费用。另外，各州还对人寿、健康、年金保险和人寿保险退保的现金价值规定了最高偿付额。此外，对于未到期保费的赔偿，有些州也规定了免赔额和索赔的上限。为了尽可能避免被保险人的道德风险，日本保障基金也对补偿的范围和比例做了限制。与美国的保障基金根据险种的不同在补偿的额度上予以限制的做法不同，日本的保障基金在补偿的比例上予以扣减。其中无偿付能力的寿险公司的全部保单可以得到保单价值的90%作为补偿。

根据我国保险的实际，在保单救济中，难免会发生一些骗保骗赔的情况。如何有效控制保单救济中的道德风险和违法犯罪情况，是值得研究的重要问题。

从以上的分析中可以得出我国在完善保单救济方面应主要从三个方面入手：一是在我国目前保单救济标准基础之上区分不同险种，分别规定保障额度，强制险进行全额的救济，非强制险种则规定不同的救济比例，对于投资型险种，应该降低救济标准。通过保单救济标准的科学划分，实现对保单持有人最大程度的保障。二是在保单救济中对保单实施比例补偿的同时规定限额补偿，分险种设定自负额度和赔偿限额。在处理退保问题上，我们可以借鉴台湾安定基金的做法，当保险监督部门或保障基金公司在对保险公司进行风险处置时，为了防止大量退保现象出现，维护保险市场秩序，实施按比例退保的规定。以上皆是为了控制道德风险。三是控制优势保单持有人的保障程度，保单救济是为了使保单持有人获得最大程度的补偿，但不能从中获得额外收益。在处理保单持有人拥有多张保单时可借鉴其他国家（地区）的做法，实施保单耗尽原则。针对保单持有人高净值额，规定高净值条款，从而使其他持有人获得相应保障。上述三种思路的实现都需要保险监管部门和保障基金公司通过颁布相应的法规和办法来实施。

二、保单救济过程中的主要风险和争议处理

保单救济涉及到保单持有人众多，被救济保险公司存续时间长，保单量大，因此保单救济中的主要风险存在于债权的登记和保单的甄别确认方面。主要表现在以下几个方面：一是被救济保险公司客户资料保存不全，使债权核对确认工作无法进行；二是因被救济保险公司的业务人员违规违法而产生的假保单或私自收取保费的保单，给救济工作带来的风险；三是被救济保险公司故意制造虚假客户资料，给救济工作带来的风险；四是被救济保险公司与保单持有人串通，给救济工作带来的风险；五是保单持有人故意制造虚假保单，给救济工作带来的风险。

面对如上风险，一方面要求债权登记组和甄别确认组发挥各自的作用，在登记和审查时提高警惕，确保信息的准确性和真实性；另一方面，为了防止被救济保险公司客户资料不全和提供虚假信息，保险保障基金有必要对保单持有人的基本信息准确掌握，因此可以建立保单信息登记查询平台，促进保单信息的准确登记。

保单持有人对甄别确认结果有争议的，可向人民法院提起诉讼。其诉

讼应以保险人（被处置保险公司）为被告。一旦人民法院作出判决，认定其保单合法有效，保险保障基金公司应予以救济。由于保单救济涉及到千家万户，人数众多，直接关系到社会稳定，因此建议基金公司应与最高人民法院协调，对受理该类案件的范围和种类作出规定，如对确认保单的合法性可提起诉讼，而对救济的比例不能提起诉讼。这样就既让保单持有人有法律救济的途径，又不会严重影响保险保障基金公司保单救济工作的效率。如保单持有人选择不接受救济，则可以作为债权人直接参加破产清算。

三、保单持有人不转让债权、参加破产清算补偿不足后的处理

保单持有人不转让债权，参加破产清算的，就其获得的补偿不足的部分，应按照债权收购的标准补足。对此，《保险保障基金管理办法》第十九条已有明确规定。保单持有人不转让债权，其与被处置保险公司之间的保险合同没有终止，被处置保险公司仍然应当承担保险合同规定的义务。这种情况下的补偿分三种情况：一是如清算过程保单到期又没有出险，则保险保障基金就不需对其补偿；二是在清算过程中出险，则保险保障基金需对其损失进行理赔；三是清算结束，保单还没有到期，则保险保障基金需对未到期部分进行补偿；四是清算过程出险，清算完又没到期，则保险保障基金既要对其损失理赔，又要对未到期部分进行补偿。

四、保险保障基金再融资与实施救济的先后顺序

保险保障基金资金来源的局限性决定了保险保障基金公司在对风险保险公司进行救济时将会面临资金短缺的可能，保险保障基金的再融资在一定条件下是维护保险市场稳定的客观需要。除向中央银行申请再贷款或申请财政拨款外，保险保障基金公司还可考虑在取得国务院同意的情况下，通过发行金融债券或公司债券的方式筹集救济资金。

在救济资金不足以实施全面救济的情况下，保险保障基金公司有可能

不得不对救济的顺序作出选择。按照"高风险公司优先、个人保单持有人优先"的原则实行有顺序和有差别的救济是较为现实和合理的选择，但这一顺序和差别应维持在市场可以充分接受或容忍的限度内，否则将有可能造成市场进一步的恐慌。

第五章
政 策 建 议

第一节　制度与相关法规

一、尽快出台《保险公司风险处置管理办法》

我国现行有关保险公司风险处置的法律法规主要是《保险法》和《保险保障基金管理办法》。其中《保险法》主要规定了整顿、接管、撤销、重整和破产清算等行政和司法处置方式，《保险保障基金管理办法》规定保险保障基金公司从事的业务包括对保单持有人、保单受让公司等个人和机构提供救助或者参与对保险业的风险处置工作，并且在中国保监会经商有关部门认定保险公司存在重大风险、可能严重危及社会公共利益和金融稳定的情况，动用保障基金开展风险处置。现行法律法规没有对保险公司风险处置作出具体规定，风险处置工作在实施中缺乏法律依据。建议在进一步修订完善《保险保障基金管理办法》的同时，尽快配合出台《保险公司风险处置管理办法》，对于风险处置的触发条件、组织管理、基本程序、主要工作等内容进行相应规范，为最终颁布《保险保障基金管理条例》奠定基础。

二、最终颁布《保险保障基金管理条例》

我国现行保险保障基金管理制度主要是《保险保障基金管理办法》，该办法由保监会、财政部和人民银行三部委联合印发，属于部门规章。根据《保险法》规定，保险保障基金筹集、管理和使用的具体办法，由国务院制定。为适应《保险法》的基本要求，建议在对《保险保障基金管理办法》进行修订完善，并配合出台《保险公司风险处置管理办法》的基础上，以国务院立法的形式，起草颁布《保险保障基金管理条例》。

第二节　筹资方式与处置方式

一、完善保险保障基金的筹资方式

《保险保障基金管理办法》规定的基金资金主要来源有：保险公司依法缴纳、破产程序的受偿收入、捐赠、投资收益等。基金缴纳采取事前筹资和平均费率的模式，并按照资产规模的一定比例设定缴纳上限。《保险保障基金管理办法》还对紧急融资渠道进行了相应规定，即保监会商有关部门制定融资方案并报国务院批准。基金的这种筹资及融资方式存在诸多需要改进之处：

一是研究并尝试风险费率制。以保费规模为基础比例费率缴纳基金的结果是规模大、信誉好、资产实力雄厚、抗风险能力强的保险公司"贴补"那些规模小、信誉低、抗风险能力差的中小保险公司。我们建议，在技术成熟的条件下，应按保险公司的风险大小征收保险保障基金，让高风险的保险公司承担更高的费用，以降低道德风险的发生。

二是关于紧急融资方案。由保监会商有关部门制定有违关于基金公司的法定职权的规定，不利于方案的商业最优性、审慎性，也不符合国际习惯做法。建议由保险保障基金公司制定紧急融资方案，报保监会和国务院批准。

二、综合运用多种风险处置方式

（一）明确保障基金公司对保险业风险的处置方式

保险保障基金公司处置保险业风险分为两大类：一是保险公司救助，包括整顿、接管、托管等管理救助和股权方式、债权方式等财务救助；二是保单救济，包括救济保单持有人和救济保单受让公司。

（二）有效参与监管部门组织的保险业风险行政处置工作

保险监督管理机构对保险公司实施整顿、接管等行政处置措施时，若有必要，应吸纳保险保障基金公司作为整顿组、接管组成员。保障基金公司应认真参与整顿、接管等监管部门组织的风险行政处置工作，提前介入保险公司的风险管理，积极控制风险，摸清风险底数，提出建议，做好后续风险处置准备。

（三）科学运用管理和资金支持等手段，化解保险公司风险

保障基金公司可在充分开展调查的基础上，本着投保人利益优先、金融稳定优先、处置成本最小化等原则，针对保险公司的主要风险成因，科学选择风险处置方式。对于因管理水平较差、经营模式粗放等问题引起的风险，主要提供管理支持，改善经营管理水平，处置和化解风险；对于因内部人控制、公司治理缺位等问题引起的风险，主要通过股份托管、股份转让等方式，完善公司治理结构，健全"三会一层"治理体系，逐步化解风险；对于因盲目扩张、超负荷经营、偿付能力不足等问题引起的风险，主要通过控制业务规模、增加注资等方式，改善偿付能力，控制和化解风险；对于突发性流动性不足等问题引起的风险，通过提供借款、担保融资等方式，化解有关风险。

（四）健全保险公司的重整机制，提高保障基金的使用效率

保险公司重整工作与一般企业重整不同。一是债权人主要是投保人，人数众多，债权金额分散，组织债权登记和由所有债权人参加的债权人会议难度较大；二是保险保障基金基本上为所有保单利益提供了担保，即使没有收购保险公司的保单，实际上也是保险公司的最大债权人；三是符合重整条件的保险公司，实际上已经触发了接管条件，保险监督管理机构有条件提前派驻接管组，其职能也涵盖了管理人的职能；四是需要重整的保险公司，其股权的价值往往已经受到较大损失，且相比于保单持有人利益而言，股东权益应首先削减。建议进一步完善保险公司重整机制，一是建议由保障基金公司代表保单持有人参加债权人会议，提高保险公司重整的效率及可行性；二是建议保险监督管理机构可以向人民法院推荐负责保险

公司风险处置的整顿组、接管组等组织作为重整管理人；三是建议明确重整计划草案应包括对原有股权的处理，减掉的原股东股权可以转让于保障基金公司或其他注资方。

（五）完善保单救济流程

在保单救济中，按照公平和效率统筹的理论和理念，制定相关流程、细节，有利于市场主体明确预期，减少风险传染的可能性，推进救济有效开展，维护保单持有人利益。

在保单持有人救济工作中：在宣布撤销或申请破产清算阶段，明确发布公告的主要内容和效力，在公告中明确保险保障基金救济保单利益的宽限期；规定债权登记基本制度，包括组织机构和登记流程；规定甄别确认的基本规则，包括组织机构，甄别确认流程及通知公告；规定支付救济款的基本安排。

在保单受让公司救济工作中：明确规定选择受让公司的方式和条件要求；制定审核保单的工作流程和具体制度；对转让谈判最终达成的救济（保单转让）合同的主要内容作出原则性规定；规定实施救济的基本安排。

为应对突发事件给保险公司的经营造成不利影响，危害到保单持有人的利益和保险行业的稳定，保险保障基金公司应建立应急机制：允许保险保障基金公司向保险公司提供流动性支持，或者以紧急程序开展保单持有人救济工作，同时加强风险监测工作，并参与建立巨灾保险制度。

（六）完善清算与受偿工作流程

在行政清理中，明确行政清理组的组成，以及行政清理的主要工作；在破产清算中，明确保险保障基金公司可以被指定为破产管理人，明确保险保障基金因保单救济而对保险公司形成的债权应与保单债权位于同一受偿顺位，优先受偿。在受偿资产管理中，制定管理受偿资产的相关管理制度，明确受偿资产管理的分工和具体规范，规定受偿资产处置程序，对于受偿的有价证券、动产、不动产等非货币财产，分门别类地制定处置原则。

第三节　救济范围、标准及参与度

一、改进保单救济范围和标准

（一）优化救济范围

一是增加公益险种和弱势群体保障，真正体现保障基金"保单持有人最后保护网"功能，起到弱势群体规避风险作用。二是控制优势地位保单持有人保障比例，减少保障基金负担。三是通过优化救济范围抑制道德风险，提高保单持有人监督、选择保险公司的积极性，也提高保险公司积极改善经营避免破产的积极性。

（二）改进救济标准

一是采用自负额、限额与比例相结合的方式，根据保单持有人承担风险的意愿，分险种设定自负额和赔偿限额。二是区分不同险种和《保险法》颁布前后分别规定保障额度：对强制性险种进行比非强制险种更高比例的补偿；投资型产品，自负额应该最高，赔偿比例最低；长期险赔偿比例应该高于短期险；三是保监会应当有权决定调整救济限额或比例范围，以维护保险保障基金的存续和发展，防止救济比例过高给保险保障基金带来的沉重负担。

二、增强保险保障基金公司在风险处置中的参与度

根据《保险保障基金管理办法》，保险业风险处置方案和保险保障基金具体使用办法由中国保监会拟定，商有关部门后，报经国务院批准；保险保障基金公司按照国务院批复意见，负责办理登记、发放、资金划拨等具体事宜。在此规则下，保险保障基金公司更多的是作为"付款箱"，负责事后"买单"，容易引发道德风险。以美国为代表的一些国家的风险处置实践也证明，由保险监管机构选择接管人与清算人、保险保障基金只作为付款箱对保单持有人进行补偿的方式，容易导致比较严重的代理问题，降低保险公司的资产清收率，进而给保险保障基金带来较高的风险处置

成本。

因此，有必要采取更有效的措施，增强保险保障基金公司在风险处置事前、事中和事后各个环节的参与程度。

（一）赋予保险保障基金公司更多的监测信息获取权利

《保险保障基金管理办法》规定，保监会向保险保障基金公司提供保险公司财务、业务等经营管理信息；对于保监会认定存在风险隐患的保险公司，向保险保障基金公司提供该保险公司财务、业务等专项数据和资料。目前需进一步落实上述内容；在此基础上，建议授予保险保障基金公司更多一些的获取与保险公司风险状况相关信息的权利。

（二）完善保险保障基金公司的前期介入机制

保险保障基金公司的前期介入，是指在尚未确定是否需要动用基金处置保险公司风险时，由保险保障基金公司先期介入到保险监管机构开展的风险处置中，一方面监测保险公司的风险，为监管部门提供建议，并为可能参与的保险公司风险处置及实施救济做好前期基础工作；另一方面通过提前控制保险公司风险，降低将来保险保障基金参与风险处置的成本。结合中国现行的保险法、行政法规定，保险保障基金公司的前期介入可以通过以下三种方式进行：以行政授权的方式介入、以保险保障基金公司委派的方式介入、以保险公司聘请的方式介入。无论采取何种方式，保险保障基金公司均应协助监管机构确定问题保险公司的风险来源和风险规模，拟定成本最低的风险处置方案，并以此作为参与风险处置的核心目标。

（三）明确"事后退出"机制中的主动权

《保险保障基金管理办法》及其他相关法律法规均未规定保险保障基金公司在事后如何处置其在风险处置过程中依法取得的保险公司股权或债权。依据先进国家和地区的有关经验，建议在确立"事后退出"机制所含的各具体操作方案的同时，在其中明确赋予保险保障基金公司更直接的自主选择权，这能充分发挥保险保障基金公司在各风险处置过程中积累的信息、经验和人才优势，使程序更高效和实效化。

第四节 保险保障平台

保单信息收集、整理、分析和甄别确认是保险业风险处置的一项基础性工作，从处置方案的拟定、处置成本的评估到保单持有人或保单受让公司的救济，都需要以真实、准确保单信息为基础开展相关工作。目前，保障基金公司自身不直接掌握保险公司和保单持有人信息，而保险监管信息系统也面临数据真实性问题的困扰，尚未得到很好的解决；并且与证券业、银行业不同，保险行业的保单信息保存于各家保险公司，没有一个独立的机构进行确认和备份，这都会给风险处置工作带来较大的困难。因此，有必要研究建立保险保障平台，对保单信息进行事前登记和备份。一是可准确评估保单救济成本，提高保险公司风险处置的科学性；二是实现保单信息的直接获取，可为风险监测和保单救济提供信息支持；三是有利于提高保单甄别的效率。此外，保险保障平台作为行业保单信息的第三方管理平台，具有较强的权威性和独立性，可在打击"三假"、维护消费者利益、防范行业风险等方面发挥积极作用。

保险保障平台建设是一项系统工程和创新工程，需要深入行业内部，涉及广大保单持有人，具有较大的艰巨性和复杂性，不可能一蹴而就，需要在认真研究、统筹规划的基础上，选好试点，稳步推进。可从有问题保险公司先行试点，由其向保险保障平台进行保单信息登记，再逐步向全行业扩展。主要考虑：一是有问题保险公司属于经保险监管部门认定风险等级较高的公司，存在偿付能力不足问题，或是在公司治理、资金运用、市场行为等其他方面存在较大风险，随时可能需要保障基金公司对其进行风险处置或救助。此类公司先行加入保险保障平台，由保障基金公司对其保单信息进行监督和控制，符合国内外金融业风险处置一般经验和规律，依据较为充分。二是保险公司风险一旦爆发，公司很可能陷入非常态经营状况，甚至危及保单信息数据的真实性和完整性。若没有事前登记和备份，成千上万的保单仅由保障基金公司手工、逐单进行甄别确认，将严重影响救济工作的质量和效率。

　　此外，考虑到保险保障平台拥有的信息资源和保障功能的特殊性，可以研究开发更多的公共服务功能，使保险保障平台在维护保单持有人利益、促进行业科学发展等方面发挥积极作用。做好此项工作的主要建议：一是修订《保险保障基金管理办法》时，应为保险保障平台预留一定政策空间，如要求被分类监管列入 C、D 类的保险公司应当向保障基金公司登记或备份有关保单信息。二是深入开展保险保障平台建设课题研究，一方面将前期研究成果理论化和系统化，另一方面继续深入研究平台建设突破口，确定最优的建设模式，并从结构体系等方面提出平台建设的技术方案。三是保险监管部门应从政策制定、宏观布局、监督管理等方面，加强对保障平台建设的指导和支持。

第六章
保险业风险处置中涉及的其他问题

第一节　保险公司风险处置主体与
股东会的关系问题

依据我国《保险法》规定，参照证券公司风险处置的经验，保险公司风险处置过程中的处置主体主要是行政接管组、行政清算组，取代公司的经营管理层行使管理职能。此种法律地位对于确保保险公司风险处置的顺利进行是非常重要的，但同时需要注意处理好与公司股东会的关系问题。

根据《公司法》的规定，股东是公司法律关系中的重要主体，股东会是公司的重要权力机构。我们认为，在公司被依法注销之前，股东和股东会的公司法地位都是不容否认的，但是，股东的相关权利可能会因公司出现特殊的情形而被限制或削弱。以证券公司风险处置为例，国务院 2008 年颁布的《证券公司风险处置条例》（以下简称《条例》）对证券公司风险处置过程中的股东权利限制问题做了明确规定：首先，在托管阶段，托管组"行使被托管证券公司的证券经纪等涉及客户的业务的经营管理权"（《条例》第九条）。其次，在接管阶段，接管组"行使被接管证券公司的经营管理权，接管组负责人行使被接管证券公司法定代表人职权，被接管证券公司的股东会或者股东大会、董事会、监事会以及经理、副经理停止履行职责"（《条例》第十一条）。最后，在行政清理阶段，"行政清理组负责人行使被撤销证券公司法定代表人职权"；"被撤销证券公司的股东会或者股东大会、董事会、监事会以及经理、副经理停止履行职责。行政清理期间，被撤销证券公司的股东不得自行组织清算，不得参与行政清理工作"（《条例》第二十二条、第二十三条）。由此可见，证券公司风险处置不同阶段的处置措施对股东和股东会的权利职责限制程度各不相同，但股东的知情权、财产权和救济权等基本权利在任何情况下都不得被剥夺。

在证券公司风险处置过程中，发生过类似的案件，某证券公司被撤销，进入行政清理，之后宣布破产。在此过程中，其股东认为，行政清理组在接管期间未经股东会同意，甚至在未通告股东的情况下，擅自改选了董事会；之后在证券类资产处置过程中存在违法和损害股东、债权人利益的行为，意欲起诉该行政清理组。本案组织公司法、破产法专家论证。①专家们得出的结论如下：

1. 某股东在证券公司被托管和宣布破产期间，其在公司法上的股东地位不会消灭，尤其是股东的知情权、资产收益权、权益救济等权利不应受到限制。

2. 在托管阶段，托管组仅能"行使被托管证券公司的证券经纪等涉及客户的业务的经营管理权"，并不能取代股东会的职权和地位，地方政府也不能在托管期间剥夺股东的权利。据当事人提供的材料，托管期间，在地方政府有关部门的干预下，在证券公司的主要股东不知情、未参与的情况下曾经改选了一届董事会，这是违背《公司法》规定的行为。即使在托管期间，董事的更换仍应当由股东会来决定。

3. 无论是托管组、接管组还是行政清理组及其工作人员，其行使的职权既有行政管理的属性，又具有民事法律行为的性质。从民事法律行为角度讲，托管人取代了公司董事会、经理等高管人员的地位，获得一定范围内的经营管理权利，应当遵循《民法》、《公司法》、《证券法》的相关规定，在风险处置过程中，对股东勤勉尽责，忠实履行职责，并负有相应义务与责任。

---

① 笔者本人参与了本次案件论证会，但鉴于此案尚未正式进入诉讼程序，且未经当事人同意，不便明言具体的主体名称。但专家论证会及其意见的真实性毋庸置疑。而在这之前，汉唐证券第一大股东状告作为清理组的信达资产管理公司，要求讨回知情权；闽发证券、中关村证券公司的风险处置过程中，也都遭遇过类似的诉讼。

4. 某公司作为证券公司股东，有权向中国证监会投诉。《证券公司风险处置条例》第五十七条第二款明确规定："被处置证券公司的股东以及债权人有证据证明托管组、接管组、行政清理组以及其工作人员未依法履行职责的，可以向国务院证券监督管理机构投诉。经调查核实，由国务院证券监督管理机构责令托管组、接管组、行政清理组以及其工作人员改正或者对其予以更换。"

5. 某公司作为证券公司股东，有权发起股东代表诉讼。我国《公司法》第一百五十二条创设了股东代表诉讼制度，允许符合条件的股东对董事、高管人员以及其他人（该条第三款规定）损害公司利益的行为起诉。而风险处置过程中，托管组、接管组、行政清理组以及其工作人员接管了公司，实际取代公司经营管理层行使着公司的经营管理权，属于事实上的公司管理层，也属于损害公司利益的相关人员，某公司作为主要股东，有权对其损害公司利益的行为提起股东代表诉讼。

6. 依据《企业破产法》第二条、第七十条第二款的规定，某公司作为主要股东，有权依法在证券公司被宣告破产之前向人民法院申请重整。本案申请重整的困难在于证券公司的证券业务许可证已经被中国证监会取消，公司被责令关闭，在这一状况改变之前，重整申请难以被人民法院受理。

上述案例虽然发生在证券公司风险处置领域，但对保险公司风险处置具有极为重要的参考意义。监管部门、保险保障基金公司在参与风险处置时，既要赋予接管组、清算组较大职权，同时还要保证这些处置主体能够依法合理从事处置行为。

第二节　被处置保险公司的司法保护问题

目前，与被处置保险公司的司法保护问题相关的法律，主要是最高人民法院的"三中止"通知和新《破产法》第一百三十四条的规定。

一、"三中止"规定出台的背景

所谓"三中止"，是指经国务院批准，由最高人民法院发布通知，在一定期限内，对已进入风险处置阶段的金融机构为被告的民事案件尚未受理的暂缓受理，已经受理的中止审理，对以进入风险处置阶段的金融机构为被执行人的案件中止执行。

"三中止"的出台适应了我国目前处置金融机构风险的需要。第一，金融机构是准公共企业，密切关系国民经济和人民生活。金融机构的经营依赖于公众信任，个别金融机构的经营风险具有传导和扩散效应，易引发局部或系统性的金融风险危机。第二，金融机构的安全与否直接关系到社会稳定，金融机构面对大量公众债权人，尤其是个人债权，如果处理不好，易发生群体事端，造成社会动荡，需要有个缓冲期慎重处理；第三，目前出现的金融机构风险主要是由虚假报表，故意隐瞒违法、违规事实等造成的，往往难以及时发现，金融机构风险往往具有突发性特征。监管部门发现并采取初步处置措施后，需要有一段时间查明金融机构的基本情况，确定风险处置方案。在此期间，针对该金融机构的诉讼和执行如果继续进行，可能使其后期处置计划难以实施。

目前许多国家对金融机构的破产都有特别立法规定，主要是通过存款保险、投资者保护机制等制度实现对客户权益的保护，避免社会震荡。目前，我国对金融机构破产的实施办法在短时间内还不能出台，在客户权益得到一定弥补和转移之前，人民法院难以受理对金融机构的破产申请，如果在此期间不给予特殊的司法保护，法院继续对单个案件判决与执行，可能使上述目的无法实现，也不利于破产清算程序的公正进行。因此，对进入风险处置程序的金融机构采取"三中止"的司法保护政策是在相关立法难以及时出台的情况下，人民法院为配合国家整顿金融秩序、保障金融安全、维护社会稳定的重要措施。实践证明，这一措施在金融风险处置工作中，发挥了积极作用。

二、《企业破产法》的有关规定

新《企业破产法》对"三中止"的做法予以了肯定，其第一百三十四条规定："商业银行、证券公司、保险公司等金融机构有本法第二条规定情形的，国务院金融监督管理机构可以向人民法院提出对该金融机构进行重整或者破产清算的申请。国务院金融监督管理机构依法对出现重大经营风险的金融机构采取接管、托管等措施的，可以向人民法院申请中止以该金融机构为被告或者被执行人的民事诉讼程序或者执行程序。"

"三中止"在《企业破产法》中完成了它的法律化，弥补了司法解释效力不足的问题，将其适用范围扩展到所有的执行程序，但对金融企业财产采取的其他行政保全措施和刑事扣留措施如何协调解决未作具体规定。另外，该条虽规定了可以提出"三中止"的申请，但对由谁提出申请、申请审批期限、对不予批准异议的提出等具体实施问题，还有待进一步通过司法解释予以明确。

三、"三中止"的效力和适用范围

最高人民法院强调，"三中止"措施只能适用于进入风险处置程序的金融机构及其分支机构，不能扩大到其他实业企业或金融机构参股的实业企业即其关联企业。如果"三中止"措施被滥用，违反市场主体平等的原则，也会导致司法权威的丧失。

但如对关联企业全都不采取相应措施，又可能造成金融企业资产的流失。因此，应清晰界定应当承担受处置金融企业责任的关联企业，对于有明确证据是受处置企业设立的用于转移资产、逃避债务的"壳公司"、"子公司"，可以采取"三中止"或其他司法措施。

另外，对于被处置金融机构为协助执行人的案件，也应该中止执行。这是因为在被执行人是被处置金融机构的客户时，其债权是根据收购意见的收购受偿还是参与破产受偿，需要经过行政处置程序的甄别和破产程序的权利申报最终确定。如果要求金融机构仍要协助执行，则"三中止"措施就不能实现其配合风险处置的目的。

四、实施"三中止"面临的问题

在我国的执法体制中，可能对金融机构资产采取强制措施的机关很多，以证券公司处置为例，海关、税务、工商和公安等部门均有权采取强制措施，特别是公安机关可以将证券公司的账簿等文件和资产作为证据或赃款赃物进行扣留。虽然最高人民法院下发了"三中止"通知，但是由于其不是这些具有强制执法权者的上级机关，"三中止"的通知有时在地方保护主义和部门利益面前难以发挥作用。

为解决这些问题，首先应在法院内部建立起有效的协调机制，发生抵制"三中止"现象，可报上级法院协调解决。其次对于其他机关的强制措施，应当及时与当地政府沟通协调，由地方政府出面与采取强制措施的机关进行协商，促使其对最高人民法院的"三中止"政策予以配合。

第三节　保险公司行政清算程序与破产程序的衔接

一、保险公司行政清算向破产程序过渡必须满足特定的条件

破产作为保险公司退出市场的一种方式，其本质与其他企业的破产相同，但普通的破产程序难以解决保险公司的特殊事项，如基于保单持有人保护方面的安排和基于保险公司风险突发性特点的安排等。这些事项需要在行政处置阶段妥善处理，否则将不利于保险公司破产案件的审理，使破产程序难以发挥其快速退市、公平清偿债权人的优势。因此，行政清算向破产程序过渡需要一定的条件。根据司法机关的审判经验，现阶段保险公司破产案件受理的特殊条件包括以下几个。

（一）须经国家保险监管机构的批准

保险公司作为保险市场的重要主体，国家对其实施较严格的行政监管。保险公司的市场准入和市场退出是行政监管的重要内容，保险公司申请破产的行政审批是人民法院受理保险公司破产申请的必经法定程序。

（二）寿险保单转移完毕

根据《保险法》、《保险保障基金管理办法》的规定，经营有人寿保险业务的保险公司被依法撤销或者依法实施破产的，其持有的人寿保险合同，必须依法转让给其他经营有人寿保险业务的保险公司；不能同其他保险公司达成转让协议的，由中国保监会指定经营有人寿保险业务的保险公

司接收。

（三）保险保障基金受让保单持有人债权程序完毕

根据《保险保障基金管理办法》的规定，保险公司被依法撤销或者依法实施破产的，在撤销决定作出后或者在破产申请依法向人民法院提出前，保单持有人可以与保险保障基金公司签订债权转让协议，保险保障基金公司以保险保障基金向其支付救助款，并获得保单持有人对保险公司的债权。

（四）职工已经安置或有切实可行的职工安置方案

保险公司的职工安置问题如果处理不好，有可能成为不稳定的因素。员工接收单位应当充分尊重所接收职工的合法权益，不得歧视或随意解雇；对解除劳动关系的职工，应当依法或依据劳动合同给予补偿。

（五）在风险处置期间没有不当处置资产的情况

在进入行政清算程序后，法院提供"三中止"的司法保护，清算组负有保全保险公司资产的职责。如果在此期间对个别债权人进行清偿或有其他不当处置资产的情况，必然会损害其他债权人的利益，与破产程序要求对全体债权人公平受偿的原则相悖。如果在破产申请审查阶段发现这一问题，原行政清算人应当尽快纠正不当行为；如果破产申请已经受理，且不当处置行为无法撤销或回转，则可由管理人行使撤销权解决，作出违法行为的相关组织要承担相应的民事赔偿责任。

（六）公安机关专案组收缴的资产、账簿要移交

打击刑事犯罪是贯穿于整个保险公司风险处置过程中的重要任务，而进入处置程序的开始阶段是发现犯罪线索、控制犯罪嫌疑人的最有利时机。通过账目审计、核实资产及时发现犯罪线索并移送侦查机关立案侦查，可以有效地制止、震慑犯罪行为。通过追缴赃款、赃物，可以最大限度地保全保险公司资产，有利于实现债权人利益的最大化。而掌握债务人的账簿、控制债务人的资产，是管理人进行破产清算、财产分配的必要条件。在向人民法院提出破产申请时，公安机关收缴的资产、账簿必须掌握在行政清算组手中，以便随时向管理人移交。

（七）地方政府要有维护社会稳定的方案

地方人民政府一方面要配合清算组做好债权登记工作；另一方面要制

定风险处置预案，保持社会稳定。人民法院审理保险公司破产案件是金融风险处置的最后环节，在破产程序中确保社会稳定不出问题，是地方政府的重要职责，所以地方政府要有维护社会稳定的方案。

（八）报经最高人民法院批准

地方各级人民法院在决定受理保险公司破产申请前，需逐级上报最高人民法院批准。这是当前金融机构破产法律规范尚不健全，人民法院审理金融机构破产案件还处在探索、积累经验时期的阶段性要求。

二、行政清算组和破产管理人的关系

行政清算程序是保险公司破产清算程序的前置程序，在行政清算程序中已进行的清算工作是破产清算的基础，它们之间的密切联系和相互衔接不容忽视。

（一）成员继续任职

在行政清算程序中，监管部门通常从保险保障基金公司、律师事务所、会计师事务所中指定清算组成员，这实际是借鉴破产法上管理人制度的一些做法。行政清算组和管理人在人员组成上可能存在联系。根据《最高人民法院关于审理企业破产案件指定管理人的规定》，破产申请受理前根据有关规定已经成立行政清算组，法院可以指定行政清算组为管理人。指定行政清算组为管理人的，人民法院可以从政府有关部门、编入管理人名册的社会中介机构中指定清算组成员，人民银行及金融监督管理机构可以按照有关法律和行政法规的规定派人参加清算组。对于已经过行政清算的保险公司，也可以在金融监督管理机构推荐的已编入管理人名册的社会中介机构中指定管理人。据此，在保险公司进入破产程序时，对于符合管理人条件的行政清算组，人民法院可优先考虑指定其为管理人，以避免因另行指定管理人带来的重复劳动，同时因行政清算组熟悉企业情况，可以更好地推进保险公司的破产程序。

在人民法院指定管理人之前，行政清算组仍应负起责任，在人民法院的监督、指导下，保管好企业的财产，为全体债权人的利益进行必要的经营活动，保证行政处置与破产程序的顺利衔接。

（二）资料移交

在行政清算组因存在利害关系冲突等不宜担任管理人的情况下，人民法院需另行指定管理人，过去由于没有行政清算组向管理人移交管理事务如资料移交等的具体规定，因此在实践中出现许多问题。如对会计资料的移交，有的作为行政清算组成员的会计师事务所只提交会计报告，而不提供审计底稿等其他会计基础资料，由此造成在破产程序中认定原有会计报告能否继续使用的困难。由于重新审计不仅会造成重复劳动，而且因寿险业务已经转让，受让方可能不予配合而难以进行。因此在行政清算阶段，应当按照《企业破产法》的规定程序进行各项工作，使公司进入破产清算后可以直接使用审计报告。此外，在转让寿险业务时，应规定受让人须配合后续调查。

人民法院另行指定管理人后，行政清算组所掌握的相关资料应及时移交。对于许多资料在破产程序中原则上可以直接采用，除非当事人提出异议或有关机构主动纠正。因此，在行政清算阶段，应加强对清算机构工作程序的规范及监督，确保所获资料的真实性、合法性，维护风险保险公司股东及债权人的合法权益。保监会是行政清算工作的监督机关，应积极履行其职责并保障股东及债权人申诉途径的畅通。行政清算工作结束后，清算组应将有关清算过程文件、审计报告、律师确权文件等相关文件（包括电子文档和书面文档）报保监会备案。在行政清算阶段向破产程序过渡过程中，资料移交时出现异议的，由保监会负责协助管理人复查。

（三）保险公司破产财产的有关问题

破产清算程序的目的是对债务人财产的公平分配，而债务人财产的回收和保值对此至关重要。在处置保险公司期间，行政清算组对保险公司的资产应当采取适当的措施保全，尤其是要认真清收债权、资产。有关组织和人员须以保险公司债权人利益最大化为出发点，通过诉讼、强制执行等手段尽可能实现保险公司的债权。

行政清算程序中的行为是否损害了债权人的利益，将在破产程序中受到债权人会议的审查，如果因相关组织工作失误损害了债权人利益，应承担相应的民事责任。因此，在行政清算程序中，对资产的变现应当慎重。

对于价值易减损资产的应急变现，应进行评估，采取公开、公正、公平的竞价方式进行，力争实现资产价值最大化。在破产程序中，人民法院对于有关组织在行政清算程序中依照法律和其他相关规定对保险公司财产的处理结果，一般应予以认可，对于有证据表明损害债权人利益的资产处理行为，应依据《企业破产法》规定宣布无效或根据管理人、保险保障基金公司的申请予以撤销，追回财产。

三、保险公司债权人的债权申报衔接问题

在风险处置过程中，如果处置主体控制了保险公司的经营管理，发现保险公司有破产原因，则监管机构可以向人民法院申请重整或者破产清算，从而启动破产程序。在二者的程序衔接中，如果不需要动用保险保障基金，则无须进行行政清算；如果需要动用保险保障基金，则应当进行行政清算，由保监会制定风险处置方案和保险保障基金使用办法，并报国务院批准后实施。在后一种情形下，以整顿组、接管组为基础成立风险处置工作组能够提高风险处置的效率，有利于工作的衔接。

《保险法》明确规定，在保险公司被宣告破产时，可以动用保险保障基金向投保人、被保险人或者受益人提供救济。根据《保险保障基金管理办法》第二十四条的规定，在破产申请依法向人民法院提出前，保单持有人可以与保险保障基金公司签订债权转让协议，保险保障基金公司以保险保障基金向其支付救助款，并获得保单持有人对保险公司的债权。由此可见，在风险处置的行政清算过程中，重要工作之一是对保单持有人的债权进行收购。此外，根据《保险法》第九十二条的规定，经营有人寿保险的保险公司在被宣告破产的，其人寿保险合同及责任准备金，必须转让给其他经营有人寿保险业务的保险公司。在此种情形下，依据《保险法》第一百条第二款第二项的规定，也可以动用保险保障基金向依法接受其人寿保险合同的保险公司提供救济。这项工作一般也在行政清算程序中完成。

在上述行政清算程序向司法破产程序过渡中，会产生债权申报上的程序衔接问题。在行政清算程序中，行政清算组应当公告并组织债权人申报债权。已登记债权经甄别确认符合保险保障基金使用规定的，行政清算组

应当及时按照国家有关规定予以救济；经甄别确认不符合规定的，行政清算组应当告知申报的债权人。从程序上看，行政清算组登记申报的债权并予以救济以及向依法接受其人寿保险合同的保险公司提供救济的行为是一种具有准行政性质的行为，而管理人组织申报债权和登记债权的行为是司法程序中的行为，其性质存在较大差异。但是，由于保险公司破产一般涉及到大量的个人客户，对其债权大多应当通过保险保障基金进行救济，因此为了避免大量的重复工作，对于上述甄别收购的债权和行政清算时已登记的不符合收购条件的债权，管理人应当直接予以登记，并予以公示，债权人对此有异议的，再通过债权确认诉讼解决。在债权人会议审核债权时，对于法院确认的债权直接予以审核通过。

四、保险保障基金公司代位债权的争议解决问题

根据《保险法》第九十二条的规定，在保险公司被撤销清算时，可以动用保险保障基金向投保人、被保险人或者受益人提供救济，向依法接受其人寿保险合同的保险公司提供救济。此时需要在清算组主导的清算程序中完成动用保险保障基金的报批程序。清算程序转入司法破产程序后，若其他债权人对于保险保障基金公司收购的债权数额存在疑问，根据《企业破产法》第五十八条的规定，可以向受理破产申请的人民法院提起诉讼，但是由于已经动用保险保障基金进行了救济，其债权确认、甄别工作以及救济已经经过了行政报批程序，法院对于此项债权争议能否适用第五十八条的规定进行司法确认尚不明确。如果法院拒绝对原始债权进行司法审理而直接维护保险保障基金公司的代位债权人的利益，则其他债权人的救济渠道就变得非常狭窄，在第一次债权人会议上拒绝通过债权审核决议是其无奈的选择。依据《企业破产法》第六十一条的规定，债权审核的决议，由出席会议的有表决权的债权人过半数通过，并且其所代表的债权额占无财产担保债权总额的二分之一。由于保险保障基金公司在收购债权后一般都会成为保险公司最大的债权人，而其他债权人虽然单个债权额不大但是人数众多，如果其他债权人和保险保障基金公司存在较大分歧而不能解决时，可能导致债权人会议陷入僵局，不能对债权审核作出决议。无论是

《企业破产法》还是《保险法》对此均没有提出解决的渠道，因此在有关金融机构破产实施办法中应当对此作出制度安排。

对此，有两种解决方法：一是在保险保障基金公司取得代位债权时，应当予以公示，在公示期内应当给其他债权人提供质疑的机会，并有权要求保险监管机构回应其质疑；二是在债权人会议审核债权时发生争议而陷入僵局时，可以进行第二次表决，如果经债权人会议第二次表决仍未通过的，由人民法院裁定。

第四节　受偿资产管理和处分

受偿资产主要是指保险保障基金参与保险公司风险处置过程中，以其对被处置保险公司实施保单救济或提供借款、担保而形成的债权在参与保险公司债权分配后获得的资产。

根据《保险保障基金管理办法》等规定，保单救济的前提是被处置保险公司被撤销或宣告破产，因此可以说，保险保障基金因保单救济形成的债权应通过保险公司破产清算获得受偿[①]。

《企业破产法》没有对破产分配资产的性质或类别作出限制性规定。根据破产法理论，只要代表多数债权的普通债权人同意，债务人既可以以货币方式进行分配，也可以以实物、无形资产、有价证券、土地使用权甚至对他人享有的债权进行分配，这种做法属于通常概念上的"以物抵债"[②]。

随着监管机关对保险公司资金运用渠道的放宽，保险公司的资产构成将会更加复杂，有价证券、不动产、股权的比重将会显著增加。而对于资

---

① 从理论上讲，被处置保险公司在被撤销后仍具有在破产过程中进行和解或重整的可能。但无论采取何种程序，破产保险公司都应该对已有债务作出全面清理。

② 按照财政部《银行抵债资产管理办法》（财金〔2005〕53号），"以物抵债"是指债权到期，但债务人无法用货币资金偿还债务，或债权虽未到期，但债务人已出现严重经营问题或其他足以严重影响债务人按时足额用货币资金偿还债务，或当债务人完全丧失清偿能力时，担保人也无力以货币资金代为偿还债务，经银行与债务人、担保人或第三人协商同意，或经人民法院、仲裁机构依法裁决，债务人、担保人或第三人以实物资产或财产权利作价抵偿银行债权的行为。

产构成复杂、债务金额巨大的被处置保险公司而言，如果完全采用资产变现、现金分配的方式进行债权分配，则意味着债务人需要经历冗长的资产清收程序，在此过程中，必须付出大量的人力、物力和财力，这本身就是对债权人利益的伤害。而对于上市公司股票、房产等由市场直接影响变现价格的资产，变现时机的选择也是难点。这从这个意义上讲，根据债务人具体特点，以实物、现金相混合的方式进行债权分配更加符合保险保障基金公司的根本利益。

为了应对这种情况，保险保障基金公司可以考虑设立专门的受偿资产管理部门，类似于商业银行的资产保全部门，专门负责抵债资产的管理和处分。随着保险保障基金公司参与保险公司风险处置的深入，受偿资产的数额越来越大，而其中实物资产的类型、分布也会出现较大的差异。为此，可以考虑设立保险保障基金资产管理公司，一方面负责处置保险保障基金参与保险公司破产清算而获得的抵债资产，另一方面也可以专业化参与其他保险公司不良资产的市场化处置，为保险保障基金的制度完善和市场化运作提供有益的补充。

第五节　参与上市保险公司风险处置应特别注意考虑的问题

尽管我国还没有需要风险处置的上市保险公司，但上市保险公司的风险处置是保险市场中不可能避免的问题，特别是美国国际集团（AIG）在金融危机中出现的严重问题，更应引起我们对保险保障基金参与上市保险公司的风险处置问题的关注。对上市保险公司的救助不但涉及到千万保单持有人的利益，还会涉及到众多投资者的利益，因此在保险保障基金参与上市保险公司的风险处置相对于参与一般保险公司风险处置应特别考虑以下问题。

一、上市公司的程序问题

对上市的保险公司的风险处置，要特别考虑其上市公司的特性，由于上市公司是公众公司，《公司法》和其他法律法规对其重组、对外担保、借款等都有严格的规定，对董事会、股东会召开的程序有严格的规定，而且对重大事项必须公告，上市公司的公众公司的特性，会对保险保障基金的风险处置增加困难。在风险处置需要保密阶段，上市公司必须公开召开董事会，使处置方案不得不提前公开，而且还有处置方案不被股东会和董事会通过的风险，例如在债权处置方式实施前，上市公司必须召开董事会，处置方案因此被公开，这就增加了借款被其他债权人划扣的风险。在股权式处置时，股权处置方案有可能不被股东会通过，使股权式处置不能实施。因此，保险保障基金在参与上市保险公司风险处置时，应重点考虑的是由上市公司的有关程序对风险处置的影响，设计适合上市保险公司的处置方案，避免上市公司公开性对风险处置的不利影响。

二、保险公司股东与保单持有人的矛盾问题

上市公司是公众公司，股东人数众多，而且在没有停牌时，股东处于变化中。保险公司的保单持有人也同样是千千万万。在风险处置和报保救济过程中，股东的利益和保单持有人的利益一般是相互矛盾的。上市公司的股东不像非上市公司股东一样人数少，易于处理。并且由于风险处置的目的是保护投保人的利益，处置方很少考虑股东的利益。但上市公司的股东的利益是需要特别考虑的问题，特别是在股权式处置方式中，在收购股权时，应特别慎重，如果处理不好股东与保单持有人的关系，不但有可能使风险处置无法顺利进行，而且会引起股民不满情绪，出现新的不稳定因素，因此，保险保障基金在参与风险处置时，应充分考虑保险公司股东与保单持有人的矛盾问题，制定既能保护保单持有人的利益，又能使上市公司股东接受的方案。

三、保监会和证监会两个监管机构的协调问题

上市的保险公司既是上市公司，也是保险公司。因此，上市的保险公司既要受到证监会的监管又要受到保监会的监管。对上市保险公司进行风险处置时，常常需要两个监管部门的审批。例如吊销保险公司的经营许可

证，需要保监会决定，上市公司退市和停牌需要证监会决定，风险处置方案本不需要证监会审批，但由于是上市公司，特别是涉及到股权变动时，一定要证监会的审批。因此，建议在制定风险处置方案时，一定要先与证监会沟通，协调好两个监管部门的关系，使保险保障基金参与风险处置顺利进行。

第六节　外资保险公司风险处置的特殊性研究

根据《中华人民共和国外资保险公司管理条例》的规定，外资保险公司是指依照中华人民共和国有关法律、行政法规的规定，经批准在中国境内设立和营业的下列保险公司：（一）外国保险公司同中国的公司、企业在中国境内合资经营的保险公司（简称"合资保险公司"）；（二）外国保险公司在中国境内投资经营的外资保险公司（简称"独资保险公司"）；（三）外国保险公司在中国境内的分公司（简称"外国保险公司分公司"）。

根据我国加入世界贸易组织时作出的有关承诺及现行法律法规的规定，对外资保险机构采取与内资保险机构一视同仁的监管方式，外资保险机构的风险处置与内资保险公司并无本质区别。但是，考虑到跨国金融机构的特征，我们重点分析三个方面的问题：一是外资保险公司境外母公司出现风险时对境内的外资保险公司的影响；二是保险保障基金如何参与跨国保险公司风险处置的问题；三是跨国保险公司破产时的相关法律问题。

一、外资保险公司风险的特殊性

外资保险公司风险的特殊性与其母公司密切相关。母公司被所在国金融机关当局接管、托管的情况下，其存续状态从法律上说并未发生变化，只是实际经营权在监管当局的干预下作出了阶段性的让渡。在这种情况下，母公司的托管方、接管方可能会对外资保险公司作出一些调整。但是，这些调整必须以不违反中国法律和监管规定、不损害合资公司及其国内客户的利益为前提。

相比之下，母公司被撤销、宣告破产对作为子公司的外资保险公司的影响要大得多。这些影响可能体现为：外资保险公司母公司的破产并不会导致境内子公司破产的必然结果。母公司进入破产程序后，由于其对外资保险公司的出资体现为投资性权益，母公司的清算人（管理人）或债权人都无权直接处置外资保险公司的资产和业务，因此可以说，母公司的破产在短期内应该不会造成外资保险公司管理经营的重大变化。

根据破产法的基本原理，母公司破产可能对外资公司产生的影响包括以下三个方面：

1. 破产法庭对外资保险公司的接管和接收

为了保全被投资公司的资产和业务，法庭或其指定的管理人可以通过变更原管理层的方式对外资保险公司进行接管和接收。由于我国目前对外资投资保险公司的持股比例上限控制在50%以内，母公司完全控制外资保险公司存在很大的难度，但不能排除个别外资保险公司的中方股东将股权权利以某种形式交由外方行使，事实上使得某些外资保险公司存在为外方控制的可能。在这种情况下，监管机关需要利用现行法律法规所赋予的权利，通过对外资保险公司高管人员变更的监管，防止外资保险公司实际控制权的非正常转移。

2. 母公司对外资保险公司投资权益的转让

作为一项财产性权益，母公司对外资保险公司投资形成的股权属于母公司破产财产的范围之内。如其进行清算，该股权也可能随其他资产一同通过转让等方式获得处置。在这种情况下，外资保险公司的股东将发生变化，我国监管机关可以通过对股东变更的监管，对受让股东的资质进行更为实质的审查，重点审查其是否具有长期在中国从事保险业务的能力和意愿，成为股东后是否会损害外资保险公司的利益。同时，监管机关还应要求，外资保险公司外方股东变更的过程中，各方必须妥善处理原有业务，做好各项衔接工作，避免因股东或实际控制人的变更对外资保险公司在中国开展的业务和客户造成不利影响。

3. 外资保险公司被宣告合并破产

根据一些国家破产法律的规定和实践，在满足一定条件的情况下，可以将破产企业对外投资的关联公司合并到破产程序中一并破产。合并破产的核心条件是，被合并破产的子公司与作为破产人的母公司之间在公司人格上发生了混同，具体体现在管理、业务、资产等方面难以区分。依据我国目前对外资金融机构监管的标准和实践来看，出现上述人格混同的可能性非常小。外资保险公司必须具有独立的资产，其业务开展也必须符合中国的监管要求。加之我国对资本项下外汇管理的严格控制，外资保险公司和其母公司发生大规模资产和业务混同不具备基本条件。但是，仍然不能排除个别外资机构或其母公司违规经营，客观上引起了境外法院对其独立性的质疑，进而从保护本国债权人利益最大化的角度出发，要求将外资保险公司纳入到母公司的破产程序中合并处理。这显然不利于我国对外资保险公司风险的控制，影响了中国法院对中国法人破产案件的管辖权，在某种程度上也损害了国家司法主权。

二、保险保障基金与外资保险公司的风险处置

（一）完善跨国保险公司的保险保障基金制度

根据我国《保险保障基金管理办法》第二条的规定，我国的保险保障基金制度适用于保险监督管理机构批准设立，并在境内依法登记注册的中资保险公司、中外合资保险公司、外资独资保险公司和外国保险公司分公司。在实践中，我们需要注意外资保险公司尤其是跨国保险公司如何使用保险保障基金相关法律规定的问题。特别是跨境的保单救助问题、因跨国保单救助带来的税收问题以及不同国家机构的监管协调问题都可能会在今后的救助工作中遇到。

（二）协助保监会强化风险时期外资保险公司的监管

美国金融危机导致美国保险巨头 AIG 出现巨额财务危机之后，中国保监会随即紧急展开全行业"地毯式"摸底，包括摸清保险公司境外投资的情况并及时采取措施减少损失，摸清中外合资公司的外方股东在金融危机中受到影响的情况，评估可能对其产生的影响等。据了解，保监会已经采取了下列有效措施，积极应对国际金融危机对我国保险业的影响：（1）成立保监会国际金融市场信息跟踪研究小组，全程跟踪研究国际金融市场和

相关国家金融政策的最新动态，及时分析对我国保险业的影响，加强和改进风险应对预案，维护保险业健康稳定安全运行。（2）启动应急工作机制，对外国保险机构在华子公司的资金跨境流动情况加强监测，切实防范风险跨境传递。（3）高度重视和重点警惕由于保险消费者信心不足和销售误导可能引发的非正常退保风险。（4）高度重视和重点警惕保险资金运用不当可能带来的风险。认真做好风险排查工作，完善投资风险分析、识别、预警和控制机制。完善规章制度，规范投资行为，确保风险管理覆盖所有部门和岗位，贯穿于所有业务过程。保监会政策研究室原主任周道许表示，从目前情况看，保险业基本保持了健康稳定运行，但风险防范工作丝毫不能放松。保险业应对国内外形势变化的影响，最首要、最现实的问题是退保风险。保监会专门成立了防范退保风险工作小组，建立了重点公司、重点区域、重点险种退保情况的日报制度和月度分析制度。同时，保监会还要求各公司加强现金流监测和进行压力测试，按照测试结果提取足额现金准备，保持充足现金流以应对可能发生的退保风险。鉴于一些退保现象产生的根本原因在于相关公司的经营理念、业务发展战略等存在偏差，保监会决定加快推进分类监管制度建设。完成对各公司的内控管理和风险状况的综合评分，确定各公司风险等级。风险等级不同的公司，在市场准入、产品审批、资金运用等方面将享受差别监管政策，此举旨在"扶优限劣"，提高监管效率，最终保护好公众的利益。①

（三）重视跨国保险公司集团破产的立法

受国际金融危机的冲击，不少跨国公司面临整个集团陷入破产的状态。在这种情况下是否可以突破传统企业法律人格独立制度，对跨国公司集团破产作出特别规定成为亟待解决的重要问题。然而，无论联合国的跨界破产示范法还是欧盟有关破产方面的条例都没有对此给予回应。

当前跨国破产立法还有一个薄弱环节是金融机构的跨国破产。由于各国金融监管体制存在很大差异，一国对金融机构采取的清算程序或重整措施要获得其他国家的承认与协助面临更多阻力。因此，联合国的跨界破产

---

① 参见《我国金融体系如何抵御金融危机》，http：//www.caijing.com.cn/2008 - 11 - 12/110027997.html。

示范法把银行等金融机构是否排除于适用范围之外的决定权交给采纳国自主决定。就目前来看，除了欧盟内部形成母国监管制度外，其他国家之间就金融机构破产中监管机构的协调与合作很少作出规定。但从长远来看，以公平、礼让为原则，在全球范围内建立金融机构监管的统一标准，促进各国监管机构在金融机构破产中的协调与合作，对预防与有效处理金融机构破产，维护金融机构体系的稳定是非常必要的，这也是跨国破产法需要进一步探索的空间。

三、外资保险公司破产时的特殊问题

（一）我国对外资保险公司破产的管辖权

根据《外资保险公司管理条例》的规定，外资保险公司是指依照中华人民共和国有关法律、行政法规的规定，经批准在中国境内设立和营业的保险公司，其性质属于中国法人。而根据《企业破产法》，破产案件由债务人住所地人民法院管辖。

对于"住所地"的理解，《最高人民法院关于适用〈民事诉讼法〉若干问题的意见》中规定，法人的住所地是法人的主要营业地或者主要办事机构所在地。由此可见，我国对外资保险公司破产享有排他的管辖权。从破产法的立法本意上讲，破产程序的最主要目的在于公平清理债权债务。外资保险公司，其业务均在我国开展，相应地，主要资产、债务也位于我国境内。由我国法院受理其破产案件，可以保证最大限度地维护破产程序的公正和效率。我国对外资保险公司破产的管辖权还涉及到这种管辖权是否可以延伸到外资保险公司在境外的资产和权益的问题。这种资产既包括外资保险公司存放在境外的存款、有价证券，还可能包括其在境外购置的不动产，也包括其因各种原因对境外机构或个人享有的股权或债权。这涉及到我国破产程序的域外效力问题。

我国《企业破产法》对这一问题采取了比较开放的态度，规定依据我国破产法开始的破产程序，对债务人在中国领域外的财产发生效力。但在主权林立的国际社会，这一规定能否实现存在着极大的不确定性，必须取得财产所在国法院的认可和支持方有可能实现，而这又与我国与主要国家之间的司法协助关系的建立密不可分，实施中面临的问题较为复杂。

作为监管机关，为了避免外资保险公司破产后损害境内债权人的利益，必须从源头上对外资保险公司的境外资产和业务加强管理和控制，杜绝出现外资保险公司向境外转移利益。

（二）外资保险机构破产时如何公平对待境内外债权人

金融机构破产时，如何处理境内债权人与境外债权人的关系，是一个在实践中饱受争议的问题。早期，我国在关闭海南发展银行、中国新兴技术创业投资公司等几个案件中，曾公告明确"优先偿还居民储蓄存款和境外债务，其余清算组另行公告"。但是，在处理广东国投破产案件时产生了很大争议。外国债权人代表坚持认为，对于经过国家外汇管理局登记，中国省级地方政府或财政部门担保的债权应当优先受偿。我国最终在处理这一问题上采取了一视同仁的做法，境外债权和境内债权同等对待，不存在境外债权优先受偿的问题。①

对于外国债权人的待遇问题，我国《企业破产法》仍然没有明确规定。但根据我国法律的一般原则，我国实行的是国民待遇原则和对等原则，主张对于国内外债权人的公平对待。实践中，做到境内外债权人平等受偿的基础性工作之一就是做好境外债权申报的审核。参照我国涉外民事诉讼的有关规定，境外债权人参与破产债权申报与境内债权人相比，在程序上必须履行一系列公证、认证的程序。如果境外债权人申报所依据的是中国法院作出的判决、裁定，管理人可直接依据生效法律文件作出认定。如果其申报所依据的是外国法院作出的判决，还需要依据我国法律的规定，申请人民法院对其判决和裁定进行承认。对于尚未进行诉讼的债权申报，如果依照中国法律，管理人可以自行或者聘请律师对其进行审核；但如果外国债权人坚持依据外国法律确认债权，管理人还应参照我国法院审理涉外民事案件中查明外国法律的实践做法，对外国法律进行查明，并在此基础上对债权作出审核认定。如果申请人对审核结论予以认可，则可以依据审核结论参与债权分配；否则，管理人还应告知申请人向破产受理法

---

① 徐孟洲、徐阳光：《论金融机构破产之理念更新与制度设计》，载《首都师范大学学报》，2006（1）。

院提起诉讼，根据诉讼结果确定其债权人资格和份额。

由于外国债权人的申报、审核程序具有特殊性，为避免因此影响整个外资保险公司破产程序的进行，可以采取为其预留或提存部分债权分配份额的变通方式。

（三）如何适时冻结外资保险公司在中国境内的破产财产

在 2008 年 11 月于上海召开的中国法学会经济法学研究会年会上，著名破产法学专家王欣新教授特别指出：现在涉及金融机构破产，各大银行、银监会、保监会都在考察外国欠我们多少钱。实践中问题不是这么简单。这种跨国机构破产，不能仅仅看欠我们多少钱，还要看在中国有多少财产。比如雷曼公司破产时，其在香港的相关机构马上受到限制，而境内却没有采取相应措施。这些都说明，在经济全球化对全球市场经济产生影响时，宏观调控不仅是一种行政手段，而且必须首先从立法完善的角度加快解决问题。[1]

王教授所提到的"雷曼公司破产时其香港的财产遭查封"，具体情况是指：雷曼公司宣布破产后，香港证监会于 2008 年 9 月 16 日以"保存有关公司及客户的资产，并保障该批客户及广大投资者的利益"为由，对雷曼兄弟在香港营运的四家子公司美国雷曼兄弟亚洲投资有限公司（Lehman Brothers Asia Limited，以下简称"雷曼亚洲投资"）、美国雷曼兄弟证券亚洲有限公司（Lehman Brothers Securities Asia Limited，以下简称"雷曼证券亚洲"）、美国雷曼兄弟期货亚洲有限公司（Lehman Brothers Futures Asia Limited，以下简称"雷曼期货亚洲"）及美国雷曼兄弟资产管理亚洲有限公司（Lehman Brothers Asset Management Limited，以下简称"雷曼资产管理亚洲"）发出限制通知。根据香港《证券及期货条例》第 204 条及第 205 条，这四家公司所受到的限制也各不相同。其中，雷曼亚洲投资被明令禁止"处理客户及公司的资产"。而雷曼证券亚洲则被容许在客户支付现金后，就过去两天的未平仓交易向客户交付证券。雷曼期货亚洲被容许"联络客户，以便在今天内为客户未平仓合约进行有秩序的平仓"。受影响最

---

[1]　资料来源：www. cel. cn，中国经济法网。

少的要数雷曼资产管理亚洲，但尽管该公司被容许继续正常业务活动，也必须加上"不得将公司款项转出公司"的前提。该限制令表示："证监会将会密切监察最新情况，并在有需要时更改上述各份限制通知的条款。"①

这一现实案例告诉我们，在保险公司的破产过程中，必须特别关注外资保险公司的破产问题。保监会以及保险保障基金公司有义务为维护市场稳定和保障保单持有人的利益，在必要的时候申请冻结跨国保险公司在中国境内的资产。当然，这需要相关法律的支持。

---

① 参见《雷曼 4 家子公司香港遭封 134 只窝轮停止交易》，载《21 世纪经济报道》，2008 – 09 – 17。

第二编

建立健全保险市场退出机制

——完善保险保障基金管理运行机制

第七章
我国保险公司市场退出基本法律框架

　　随着我国保险业的快速发展，我国保险市场主体数量激增，竞争程度日益加剧，导致保险公司经营风险不断加大；同时，由于保险公司的业务越来越多地卷入到种类繁多和复杂的金融衍生产品中，金融危机的威胁仍然时隐时现，我国保险公司等金融机构的风险也随之日益增大。保险公司作为一国金融体系的重要组成部分，与一般企业有较大区别，其风险能否得到化解对宏观经济和金融的影响程度也更大。

　　我国关于保险公司风险化解和市场退出的现行法律法规较少，且适用性、可操作性较差，缺乏关于保险公司风险化解及市场退出的专门性、系统性的法律规范。相关制度的缺失使得保险公司风险化解和市场退出实践较为混乱，且成本巨大，效率低下。由于缺乏操作保险公司破产的具体制度，保险公司风险化解目前主要以行政性的整顿、接管、撤销等方式进行，而很少涉及破产。一方面，这些行政处置模式，主要是以中央银行巨额资金支持为后盾，在一定历史时期内有效地解决了问题保险公司的运营风险和破产危机，使我国金融市场从诸多困境中解脱出来，保持了良好的发展势头。但从另一方面来看，这种处置模式存在两个重大缺陷：一是将保险公司经营不善的风险和损失在社会层面分摊，不太合理；二是在客观上使保险公司的经营获得国家财政的隐性担保，易导致保险公司忽视风险管理或倾向从事高风险的业务，给金融市场和经济发展带来不利影响。

　　相关立法的缺位，造成实践中保险公司、保监会和保险保障基金公司无所适从，使保险公司风险难以得到及时、有效化解，对于确实无救助希望的保险公司而言，也难以确保保单持有人的利益得到依法保护。因此，如何控制和化解保险公司风险，规范保险公司市场退出行为，保护保单持有人的合法权益和社会公共利益，保障保险业健康发展，是一个亟待系统研究和深入探讨的课题。本章将对我国保险公司市场退出现有立法规定进行介绍，分析目前立法中存在的问题，并提出相应建议。

第一节　我国保险公司市场退出制度概述

对保险公司市场退出制度的理解，目前学界和实务界均没有明确定论。笔者认为不能狭隘地认为保险公司市场退出制度仅指保险公司主体的消亡，其应当是指保险公司在出现风险后如何化解风险的一系列制度措施的总称。相比国外完备的保险公司市场退出法律制度，目前我国并没有针对保险公司市场退出的专门立法，相关规定主要散见于各个法律法规和部门规章之中。法律法规主要有《公司法》、《企业破产法》、《保险法》、《金融机构撤销条例》等。《企业破产法》首次将金融机构的破产纳入调整范围，这意味着银行、保险、证券等金融机构如果因为经营不善而达到破产界限，将会被迫退出市场。新修订的《保险法》则着力与位于同等效力位阶的《企业破产法》有关规定相衔接，保持整个法律体系的协调一致性。此外，关于保险公司的市场退出制度，还有《保险公司偿付能力管理规定》、《保险保障基金管理办法》、《保险资产管理公司管理暂行规定》等部门规章。这些法律法规的出台，说明我国保险公司的风险化解和市场退出在一定程度上是有法可依的。下面，笔者将对这些法律法规和部门规章关于保险公司市场退出方面的主要规定进行系统介绍。

一、《企业破产法》为保险公司破产清算、重整提供了基本法律框架

《企业破产法》是我国企业破产的主要法律依据，规定了破产清算、重整、和解三种制度。但是，保险公司等金融机构的市场退出除了要满足《企业破产法》的一般规定外，还具有其特殊性。《企业破产法》涉及保险公司市场退出的规定主要有以下几个方面。

（一）保险公司市场退出受《企业破产法》规制

《企业破产法》第二条规定："企业法人不能清偿到期债务，并且资产不足以清偿全部债务或者明显缺乏清偿能力的，依照本法规定清理债务。企业法人有前款规定情形，或者有明显丧失清偿能力可能的，可以依照本法规定进行重整。"从上述规定可以看出，《企业破产法》的适用范围为包括保险公司等金融机构在内的所有的企业法人。

保险公司等金融机构是依法设立的企业法人，其经营的业务有其特殊性，它们的债务关系通常比一般的公司企业要复杂和广泛，一旦破产给社会带来的震荡也比一般企业更大。金融机构破产与一般企业破产相比，有其特殊性。《企业破产法》第一百三十四条明确了保险公司等金融机构破产的有关问题。该条第一款规定："商业银行、证券公司、保险公司等金融机构有本法第二条规定情形的，国务院金融监督管理机构可以向人民法院提出对该金融机构进行重整或者破产清算的申请。国务院金融监督管理机构依法对出现重大经营风险的金融机构采取接管、托管等措施的，可以向人民法院申请中止以该金融机构为被告或者被执行人的民事诉讼程序或者执行程序。"

一般企业破产只能由债务人或者债权人提出破产申请，而《企业破产法》准许金融机构的监管部门也可以直接提出破产清算和重整申请。这是因为随着经济多元化发展，金融机构的股东成分复杂，在金融机构出现重大经营风险或者破产原因时，股东会议往往难以召开，不能形成是否向人民法院提出破产申请的决议，债权人为获得个别清偿往往也不愿提出破产申请，导致无法启动破产程序。而对有风险的金融机构采取处置措施，是监管机构的职责，在该金融机构或者其债权人都不主动提出或者无法及时提出破产申请的情况下，为了避免风险进一步扩大，由金融监管机构向法院提出破产申请是必要的。因此，参考国外的立法，授予相关监管机构以重整或破产申请的权利有利于金融风险的化解和破产程序的启动。

金融机构破产涉及的债权人众多，债权债务关系复杂，关系金融安全和社会稳定，需要慎重处理。在实践中，对出现重大经营风险的金融机构，通常是先由金融监管机构依照有关金融法律的规定实施接管、托管等措施。为了避免金融监管机构接管、托管过程中出现资金被扣划、资产被拍卖等不利于金融机构化解风险的行为，切实保全金融机构的资产安全，保障债权人的合法权益，立法规定金融监管机构可以向人民法院申请中止以该金融机构为被告或者被执行人的民事诉讼程序或者执行程序。

（二）《企业破产法》授权国务院针对保险公司等金融机构破产制定实施办法

《企业破产法》是立法层级较高的法律，规定比较笼统、原则，并不能解决各类企业在破产中遇到的特殊问题，考虑到保险公司等金融机构比较复杂，《企业破产法》第一百三十四条规定："金融机构实施破产的，国务院可以依据本法和其他有关法律的规定制定实施办法。"《企业破产法》授权国务院针对保险公司等金融机构破产制定实施办法，但是，制定实施办法必须依据《企业破产法》的基本原则和制度框架。

（三）破产清算是保险公司最主要的市场退出方式

破产清算和重整制度是《企业破产法》中的两个核心制度。《企业破产法》第八章和第十章分别对重整和清算做了较为详细的规定。

1. 破产清算是最典型的市场退出方式

破产清算制度，即对债务人宣告破产、清算还债的法律制度。破产清算以消灭企业法律人格为最终目标，破产清算程序终结后，企业不复存在。破产清算是在危机金融机构严重资不抵债，无法清偿到期债务，而且无可挽救的情况下，采取的一种果断的和最后的解决方式。破产清算的优点在于：让低效率的金融机构退出市场，有利于优化金融资源的配置；损失由股东、投资者加以分摊，有利于加强风险意识和市场纪律；有利于减少道德风险。

当然，保险公司不同于一般的经济组织，保险公司是经营风险的特殊金融企业，为社会大众提供的是各种安全保障，保险公司的破产关系到社会生产秩序的稳定和广大被保险人生活的安定，无论对于个人、组织或社会均将造成重大影响。这正是保险公司破产特殊性之所在。保险公司破产会造成投保人和被保险人的恐慌，可能会产生传染效应。某家保险公司破产对于社会公众关系甚大，对于其他保险公司同样也是如此，因为它们将会承受那些由社会公众对保险行业健康状况的任何怀疑所引发的冲击。如同银行业一样，保险业也存在着明显的信息不对称。投保人、被保险人等通常难以准确地掌握保险公司的经营状况和偿付能力状况等。因此，一家保险公司的破产往往会使公众对保险业萌生经营风险增加的预期，甚至导致保险业失去公共信心进而爆发"退保潮"。保险作为一种有利于经济发展和社会稳定的制度安排，已经渗透到社会生活的众多领域。因此保险公司破产影响范围和领域相当广泛，并且往往波及其他行业，产生严重的连锁效应。

因此，针对保险公司破产清算，必须建立一套完善的法律体系，既符合《企业破产法》的基本原理和制度框架，又要充分体现保险公司的特殊性，使其具有可操作性。

2. 破产清算的适用条件

《企业破产法》第二条规定："企业法人不能清偿到期债务，并且资产不足以清偿全部债务或者明显缺乏清偿能力的，依照本法规定清理债务。"《最高人民法院关于适用＜中华人民共和国企业破产法＞若干问题的规定（一）》（以下简称《若干规定（一）》）对破产原因进行了更为明确具体的界定。《若干规定（一）》第一条规定："债务人不能清偿到期债务并且具有下列情形之一的，人民法院应当认定其具备破产原因：（一）资产不足以清偿全部债务；（二）明显缺乏清偿能力。相关当事人以对债务人的债务负有连带责任的人未丧失清偿能力为由，主张债务人不具备破产原因的，人民法院应不予支持。"

破产清算的适用条件包括两种情况：

（1）企业法人不能清偿到期债务，并且资产不足以清偿全部债务。这里所讲的"企业法人不能清偿到期债务"，是指企业法人债务的清偿期限已经届至，债权人要求清偿，但作为债务人的企业法人无力清偿。《若干规定（一）》第二条："下列情形同时存在的，人民法院应当认定债务人不能清偿到期债务：（一）债权债务关系依法成立；（二）债务履行期限已经届满；（三）债务人未完全清偿债务。""资产不足以清偿全部债务"，是指企业法人的资产总和小于其债务总和，即资不抵债，一般要根据企业的资产负债表等证据材料确定。《若干规定（一）》第三条规定："债务人的资产负债表，或者审计报告、资产评估报告等显示其全部资产不足以偿付全部负债的，人民法院应当认定债务人资产不足以清偿全部债务，但有相反证据足以证明债务人资产能够偿付全部负债的除外。"

（2）企业法人不能清偿到期债务，并且明显缺乏清偿能力。企业法人的债务清偿能力是由其财产、信用、产品市场前景等因素综合构成的。只有在用尽所有手段仍不能清偿债务时，才真正构成清偿能力的缺乏。企业在经营过程中，由于各种原因，有时会发生短期的资金周转困难，这种暂时的财务困难会随着企业的正常运营而逐渐化解。因此，如果只是暂时的、短期的不能清偿某些到期债务而不宜宣告破产的，还需要看是否缺乏清偿能力。《若干规定（一）》第四条对"明显缺乏清偿能力"进行了界定："债务人账面资产虽大于负债，但存在下列情形之一的，人民法院应当认定其明显缺乏清偿能力：（一）因资金严重不足或者财产不能变现等原因，无法清偿债务；（二）法定代表人下落不明且无其他人员负责管理财产，无法清偿债务；（三）经人民法院强制执行，无法清偿债务；（四）长期亏损且经营扭亏困难，无法清偿债务；（五）导致债务人丧失清偿能力的其他情形。"

（四）重整制度为保险公司化解风险提供了一种司法救治方式

重整制度是 2007 年 6 月 1 日起施行的《企业破产法》引入的一种新的破产制度。重整是指经利害关系人申请，对可能或已经具备破产条件但又有希望挽救的债务人，通过各方利害关系人的协商，并借助法律强制性地调整他们的利益，对债务人进行生产经营上的整顿和债权债务关系上的清理，以使其摆脱困境、恢复生机的法律制度。

1. 重整是挽救企业的有效方式

重整制度是一种积极的拯救制度，以"促进债务人复兴"为目标，坚持"维护社会利益"的价值取向，更新了破产法的观念和结构，与破产清算、和解一起构成现代破产制度的三大基石。重整制度在兼顾债权人利益的同时，更注重对债务人企业的挽救和复苏，以避免因对债务人实施破产清算而导致大量职工失业和社会财富的损失。

相比较而言，破产清算程序所解决的是让一个企业怎样体面地死亡，实现的是对债权的按比例偿还，无论破产债权实现程度如何，债权人都无法实现全部债权。而公司重整制度，则是对尚有挽救机会的企业进行积极的挽救，以提升企业偿付能力，在通常情况下，它是比破产清算更为优越的制度安排。对于这样一个相对全新的制度，它的预期性、商业性、操作性、技术性和法律平衡性都要求极高，社会经济效益更佳。

法院裁定公司进入重整程序后，公司仍然可以继续营业，针对公司财产的保全措施应当解除，民事诉讼和执行程序应当中止，公司的财产得以最大化地保全，而所有债权都停止计息，比重整前节省了大额的财务费用。法院指定的管理人接管公司，履行管理职责，对债权和资产进行全面清理，与债权人、股东、职工、重组方等各利害关系人进行协商，制定以挽救公司为目标又兼顾平衡各方利益的重整计划。如果重整计划得到债权人会议表决通过或者法院批准，并顺利执行完毕，则重整成功；如果重整计划未能获得表决通过，也未获得法院批准，或者未能执行完毕，则重整失败，法院宣告公司破产清算。

重整制度正逐渐被人们所熟知和运用。据统计，截至2012年4月，我国进入重整程序的上市公司有35家，非上市公司有160多家。绝大部分重整案例都获得成功，公司通过重整摆脱了困境，保护了债权人、股东的合法权益。根据《企业破产法》、《保险法》等法律规定，保险公司也可以采用重整化解风险。在提出破产申请后，陷入困境的保险公司依然有可能通过有效的重整避免破产。

2. 重整的适用条件

重整原因并不以债务人已具有不能清偿到期债务的事实为必要，只要证明债务人财务发生困难有不能清偿到期债务的可能即可申请重整，这正是重整制度作为一项破产预防制度的重要体现，只有宽松的重整原因才能达到及时预防的效果，这已成为各国立法的共识。《企业破产法》对重整程序的启动条件规定得更为宽松，除破产清算程序的适用条件外，具备"有明显丧失清偿能力可能的"情形也可以向法院申请重整。但究竟如何认定重整的特殊原因即"有不能清偿到期债务可能性的"情形，《若干规定（一）》未予以明确。启动重整程序的宽松条件使挽救企业的时机大大提前，体现了重整程序的设立宗旨。

当然，并不是所有处于困境的公司都能够重整，大多数国家把具有"再建希望和重整价值"作为提出重整的前提条件，即决定适用重整制度时要考虑债务人的情况，应当具备重整能力。虽然我国《企业破产法》未明确规定具有重整能力是受理重整申请的一个必要条件，但是，实践中，法院一般都要求提供重整可行性报告，说明公司是否具备重整希望和重整价值。如果公司不具有重整能力，根本没有成功的希望，进行重整只能是浪费资源。所谓"再建希望"，即指被申请公司若通过重整程序，维持经营，获得经济收益以偿还债务和摆脱困境，最终恢复其原有的经济活力的可能性。"重整价值"要从重整的社会价值和经济价值两个方面来衡量。被申请重整的公司必须有重要的社会价值及公益价值，其生存与否，对于整个社会具有十分重要的影响。判断公司重整是否具有经济价值是从经济角度测算的，看其营运价值是否高于清算价值，只有经权衡其营运价值高于清算价值，才确实有重整的经济价值。如果是具有某些社会价值却缺乏甚至丧失发展可能的经济实体进入重整程序，即使一时能够存续维持经营，但因其存续而需要的费用由社会来承担，大大超过其存续所带来的好处，这就会助长经营者和职工的安逸思想，加大重整制度的非效率性，实际上增加了整个社会的成本，同时降低整个经济社会的效率，也是不可取的。

对于保险公司而言，是否选择重整程序化解风险，要根据公司的具体情况进行综合判断。如果保险公司只是因为市场环境变化导致投资出现问题，现金流断裂，自身业务运转良好，有稳定的客户资源和庞大的分支机构，则可以考虑运用重整程序保全资产，消减债务，采取有效的重整措施渡过难关。

3. 通过重整程序化解风险的优势

相比行政手段和市场手段，通过重整程序化解保险公司风险具有哪些方面的优势呢？这里是指与化解风险的其他方式的对比，而不是与破产清算、撤销清算等市场退出方式的对比。

（1）重整司法保障力强、成功率高

重整程序是司法程序，法院的裁定具有强制执行力。重整计划对所有利益相关方（包括保险公司、债权人、股东、收购方）均有法律效力，即使重整计划最终无法获得所有各方同意，只要符合法律规定的条件，法院就可以强制裁定。

（2）重整谈判难度低、效率高

根据《企业破产法》规定，重整计划分组表决。每一组的同意重整计划的债权人人数过半数，代表的债权额是该组债权总额的三分之二以上，就意味着该组表决通过了重整计划。对于股东而言，没有人数的限制，只要求表决权份额占参加股东会的表决权份额的三分之二就可以。所以，重整计划不需要取得所有债权人、股东的同意，与债权人、股东的谈判难度较小。由于法律有规定，重整计划可以无偿剥夺股东的全部或者部分股份，出于公共利益的维护和金融市场的稳定，在必要的情况下，即使与现有股东无法达成协议，也可以通过法院裁定由保险保障基金公司或者其他经保监会认可的保险公司担任股东。通过市场方式来处理，与股东谈判可能会面临很大的谈判压力，而要与债权人谈判减免债务基本是不现实的。

（3）重整能克服行政手段和市场手段无法解决的问题

重整程序中担保物权的行使受到限制，而重组协议的效力不及担保物，因此无法对抗担保债权，只要债权人想要行使担保物权就能获得优先受偿的法律效力。重整程序较其他程序具有优先性，重整程序不仅优于保全措施和民事执行程序，而且还优于有关债务人的民事诉讼和仲裁程序。故当重整程序一旦开始，不仅保全措施解除，民事执行程序中止，而且还未审结的民事诉讼和仲裁程序也应当中止。相反，行政手段和市场手段则而无法实现阻止其他法律程序的效果。

（4）重整成本相对较低

通过重整计划，除保险债权以外的其他债权的清偿比例可以大幅降低，甚至是接近于破产清算的清偿比例，比通过市场或者行政手段而言，减少了一部分成本。另外，对于债权的清偿期限也可以予以延长，甚至分几年期偿还，缓解现金流压力。重整计划可以无偿剥夺现有股东的股权，不需要支付任何对价，保险保障基金公司或者保险公司要承接股权只需要支付必要的用于清偿债权的救助资金，减少了总成本的投入。对于保险保障基金公司而言，在保险公司无法支付保单利益时，其本身就负有补偿损失的义务，所以，重整与市场方式相比，支出成本较低。

二、《保险法》建立了多层次的保险公司市场退出机制

《保险法》是目前我国对保险公司市场退出制度规定比较全面的一部法律，也是现阶段保险公司市场退出实践操作中主要参照的规范性法律文件。该法涉及保险公司市场退出的规定主要包括行政性质的整顿、接管和撤销，以及司法性质的破产清算和重整。

（一）对多种行政措施进行了较为具体的规定

由于保险公司的运营风险处于保险监督机构的系统性监控之下，往往在其破产前，比如保险公司发生偿付能力严重不足的或者保险公司违反保险法律法规，损害社会公共利益，可能严重危及或者已经严重危及公司的偿付能力的情形，保险监督机构就会提前介入，采取相应措施进行风险干预。行政方式主要包括整顿、接管、撤销。

1. 整顿

《保险法》第一百四十条至第一百四十四条对整顿进行了规定。其主要是指保险公司违反《保险法》第一百四十条关于提取、结转责任准备金的规定；或者未按照规定办理再保险；或者严重违反资金运用的规定，并逾期未改时，由保险监督管理机关对其采取的一种强制的行政纠错手段。

（1）整顿的目的

整顿的目的是保险监督管理机关帮助被整顿公司纠正违法行为，消除可能危害公司赔付能力和损害被保险人利益的隐患，恢复保险公司正常的经营，避免保险企业的违法经营而引起保险市场出现混乱，维持保险市场的正常秩序。

（2）整顿的适用条件

保险公司未依照《保险法》规定提取或者结转各项责任准备金，或者未依照《保险法》规定办理再保险，或者严重违反《保险法》关于资金运

用的规定的，由保险监督管理机构责令限期改正，并可以责令调整负责人及有关管理人员。保险监督管理机构依照《保险法》第一百四十条的规定作出限期改正的决定后，保险公司逾期未改正的，国务院保险监督管理机构可以决定选派保险专业人员和指定该保险公司的有关人员组成整顿组，对公司进行整顿。整顿决定应当载明被整顿公司的名称、整顿理由、整顿组成员和整顿期限，并予以公告。

（3）整顿组的设立和职权

根据规定，国务院保险监督管理机构可以决定选派保险专业人员和指定该保险公司的有关人员组成整顿组，对公司进行整顿。整顿组有权监督被整顿保险公司的日常业务。被整顿公司的负责人及有关管理人员应当在整顿组的监督下行使职权。

从上述规定可以看出，整顿组的组成人员是监管部门选派的保险专业人员和指定的该保险公司的有关人员，并不是监管部门的人员。而且，整顿组并不能直接干预保险公司的日常业务，只是监督，因此，行政干预色彩较轻。

（4）整顿对业务经营的影响

在整顿过程中，被整顿保险公司的原有业务继续进行。但是，如果整顿组发现某些业务风险较大，或者出现违规操作，则会向监管部门汇报。国务院保险监督管理机构可以责令被整顿公司停止部分原有业务、停止接受新业务，调整资金运用。

（5）整顿结束的两种情况

保险公司经过整顿可能出现两种情况：一是被整顿保险公司经整顿已纠正其违反《保险法》规定的行为，恢复正常经营状况的，由整顿组提出报告，经国务院保险监督管理机构批准，结束整顿，并由国务院保险监督管理机构予以公告。二是被整顿、被接管的保险公司不能清偿到期债务，并且资产不足以清偿全部债务或者明显缺乏清偿能力的，或者有明显丧失清偿能力可能的，国务院保险监督管理机构可以依法向人民法院申请对该保险公司进行重整或者破产清算。

2. 接管

接管是一种特殊的法律措施，是指有权机关依照法律规定，当保险公司出现偿付能力严重不足或者违反《保险法》规定，损害社会公共利益，可能严重危及或者已经严重危及公司的偿付能力的，由国务院保险监督管理机构强行介入公司并全面行使经营管理职权，采取一系列整顿和救助措施，防止公司资产质量和业务经营进一步恶化的制度。其旨在保护相关主体的合法权益，恢复金融机构的经营能力及信用秩序，是一项预防性拯救行为。《保险法》第一百四十五条至第一百四十八条对保险公司的接管进行了专门规定。

（1）接管的目的

国务院保险监督管理机构对保险公司实行接管的目的，是要通过接管组全面掌握和支配保险公司的财产和经营事务，并采取必要措施，以恢复该保险公司的正常经营和偿付能力，最终实现对投保人、被保险人利益的保护，维护社会公众利益及保险业经营秩序。国务院保险监督管理机构可以不经过整顿阶段而直接决定接管保险公司。

（2）接管的条件

保险公司有下列情形之一的，国务院保险监督管理机构可以对其实行接管：①偿付能力严重不足的；②违反《保险法》规定，损害社会公共利益，可能严重危及或者已经严重危及公司的偿付能力的。可见，接管的对象主要针对的偿付能力出现问题的公司。

（3）接管组的组成及职权

根据《保险法》规定，接管组的组成和接管的实施办法由国务院保险监督管理机构决定，并予以公告。对于接管组的组成原则和职权，保监会还未有正式文件予以公布，应该会在《保险公司风险处置管理办法》中有所涉及。笔者认为，保险公司的接管与证券公司的接管应该较为类似，这里先对证券公司的接管规定进行介绍。《证券公司风险处置条例》第十一条规定："国务院证券监督管理机构决定对证券公司进行接管的，应当按照规定程序组织专业人员成立接管组。接管组自接管之日起履行下列职责：（一）接管证券公司的财产、印章和账簿、文书等资料；（二）决定证券公司的管理事务；（三）保障证券公司证券经纪业务正常合规运行，完善内控制度；（四）清查证券公司财产，依法保全、追收资产；（五）控制证券公司风险，提出风险化解方案；（六）核查证券公司有关人员的违法行为；（七）国务院证券监督管理机构要求履行的其他职责。"

（4）接管期间的法律效力

接管期限届满，国务院保险监督管理机构可以决定延长接管期限，但接管期限最长不得超过二年。

根据《保险法》规定，被接管的保险公司的债权债务关系不因接管而变化。保险公司在整顿、接管、撤销清算期间，或者出现重大风险时，国务院保险监督管理机构可以对该公司直接负责的董事、监事、高级管理人员和其他直接责任人员采取以下措施：（一）通知出境管理机关依法阻止其出境；（二）申请司法机关禁止其转移、转让或者以其他方式处分财产，或者在财产上设定其他权利。

参照《证券公司风险处置条例》规定，接管组行使被接管公司的经营管理权，接管组负责人行使被接管公司法定代表人职权，被接管公司的股东会或者股东大会、董事会、监事会以及经理、副经理停止履行职责。在接管期间，除特定情形外，不得对被处置公司债务进行个别清偿。特定情形包括：（一）因请求对方当事人履行双方均未履行完毕的合同所产生的债务；（二）为维持业务正常进行而应当支付的职工劳动报酬和社会保险费用等正常支出；（三）因履行职责所产生的其他费用。

（5）接管终止

接管期限届满，被接管的保险公司已恢复正常经营能力的，由国务院保险监督管理机构决定终止接管，并予以公告。如果被接管的保险公司在规定期限内仍达不到正常经营条件，但能够清偿到期债务的，保监会应依法撤销其业务许可。如果被接管的保险公司有《中华人民共和国企业破产法》第二条规定情形的，国务院保险监督管理机构可以依法向人民法院申请对该保险公司进行重整或者破产清算。

3. 撤销

保险公司的撤销，是指保险公司因违法经营被依法吊销经营保险业务许可证的，或者偿付能力低于国务院保险监督管理机构规定标准，不予撤销将严重危害保险市场秩序、损害公共利益的，由国务院保险监督管理机构予以撤销的行为。撤销是市场退出的一种方式，法人主体将被消灭。撤销陷入危机的保险公司，其优点是有助于锁定损失，防止危机的扩散，从而维护金融的稳定。但撤销是行政程序，具有临时性的特点，而其最终的出路则要依清算的情况而定，也有可能进入司法破产程序。《保险法》第一百五十条对保险公司的撤销进行了专门规定。

（1）撤销的适用情形

《保险法》第一百五十条规定："保险公司因违法经营被依法吊销经营保险业务许可证的，或者偿付能力低于国务院保险监督管理机构规定标准，不予撤销将严重危害保险市场秩序、损害公共利益的，由国务院保险监督管理机构予以撤销并公告，依法及时组织清算组进行清算。"

具体地说，保险公司的撤销分两种情况：第一种是保险公司违反法律、行政法规，包括违反《保险法》、其他有关法律以及行政法规的规定被吊销经营保险业务许可证的。例如，依照《保险法》的规定，保险公司超出保险监督管理机构核定的业务范围从事保险业务，或者不按规定提存保证金或者违反规定动用保证金，或者不按规定提取或结转责任准备金或提取未决赔款准备金，或者不按规定提取保险保障基金、公积金，或者不按规定办理再保险分出业务，或者违反规定运用保险公司资金，情节严重的，由保险监督管理机构吊销其经营保险业务许可证。吊销经营保险业务许可证，是指保险监督管理机构对于违法经营保险业务情节严重的保险公司，依法取消其经营保险业务资格的一种行政处罚。保险监督管理机构吊销经营保险业务许可证的，应当依法撤销保险公司。第二种则是保险公司的偿付能力低于国务院保险监督管理机构规定标准，不予撤销将严重危害保险市场秩序、损害公共利益。根据国务院保险监督管理机构的有关规定，保险公司应当具有与其风险和业务规模相适应的资本，确保偿付能力充足率符合规定。保险公司偿付能力低于规定的标准，不予撤销将严重危害保险市场秩序、损害公共利益时，国务院保险监督管理机构应当撤销该公司。

（2）撤销后进入清算程序

《公司法》直接将行政强制解散规定为公司解散的第四种原因，并列举了三种情形：依法被吊销营业执照、责令关闭或者被撤销，清算主体也与其他原因解散时的清算主体相统一，而不再规定为有关主管机关。这样比较符合国际上各国公司法关于公司解散的普遍安排。《保险法》规定，保险公司被撤销后，"依法及时组织清算组进行清算"。这里的"清算"是不是指《公司法》上的清算呢？清算组的组成和职责是否适用《公司法》的规定？《保险法》对此问题未予明确。

从证券公司风险处置的实践来看，证券公司被撤销后，证券公司的清算不同于《公司法》上的清算。清算组不是由股东组织成立，而是由证券监督管理机构选择有关专业机构组织成立，实质上是行政清算。《证券公司风险处置条例》第二十一条规定："国务院证券监督管理机构撤销证券公司，应当做出撤销决定，并按照规定程序选择律师事务所、会计师事务所等专业机构成立行政清理组，对该证券公司进行行政清理。"第二十三条规定："被撤销证券公司的股东会或者股东大会、董事会、监事会以及经理、副经理停止履行职责。行政清理期间，被撤销证券公司的股东不得自行组织清算，不得参与行政清理工作。"另外，行政清理组的职权、债权申报期限等都与《公司法》的规定不一致。

保险公司被撤销后是按照《公司法》规定进行清算，还是按照单独的行政清算程序，可能会在《保险公司风险处置管理办法》中加以明确。当然，如果清算组发现保险公司资不抵债，具备破产条件，则将转入破产清算程序。

（二）对破产清算和重整两种司法方式进行了原则性规定

在我国《保险法》中也有保险公司破产清算和重整的原则性规定。对比《保险法》与《企业破产法》的规定，有以下两点值得关注。

1. 保险公司破产清算和重整需要国务院保险监督管理机构同意

《保险法》第九十条规定："保险公司有《中华人民共和国企业破产法》第二条规定情形的，经国务院保险监督管理机构同意，保险公司或者其债权人可以依法向人民法院申请重整、和解或者破产清算；国务院保险监督管理机构也可以依法向人民法院申请对该保险公司进行重整或者破产清算。"第一百四十九条规定："被整顿、被接管的保险公司有《中华人民共和国企业破产法》第二条规定情形的，国务院保险监督管理机构可以依法向人民法院申请对该保险公司进行重整或者破产清算。"

上述规定非常明确，保险公司不论是破产清算，还是重整，不仅要满足《企业破产法》规定的适用条件，而且要经国务院保险监督管理机构同意。这是因为保险公司不同于一般的企业法人，保险公司的业务属于金融业务，对于国民经济和被保险人、受益人利益有重大影响，保险公司的破产应当更加慎重。因此，《保险法》对保险公司或者债权人申请破产规定了前置程序，未经国务院保险监督管理机构同意，保险公司不得进入破产程序。

2. 明确了保险金请求权在破产程序中的清偿顺序

《保险法》第九十一条对保险公司破产清偿顺序进行了界定。在破产财产确定后，应优先支付破产费用和共益债务。破产财产优先支付破产费用和共益债务后，尚有剩余的，应按照以下顺位清偿：第一顺位请求权为保险公司所欠职工工资和医疗、伤残补助、抚恤费用，所欠应当划入职工个人账户的基本养老保险、基本医疗保险费用，以及法律、行政法规规定应当支付给职工的补偿金；第二顺位请求权为被保险人或受益人对保险公司享有的赔偿或者给付保险金请求权；第三顺位为保险公司欠缴的除第一顺位规定以外的社会保险费用和所欠税款；第四顺位为对保险公司享有的一般债权。如果破产财产不足以清偿同一顺位的保险公司债务的，则按照比例分配。

由上述规定可知，保险公司破产程序中各类债权的清偿顺序具有一定的特殊性：保险金的清偿顺位要优于强制性社会保险费用、税款及普通债权。

（三）对保险公司解散清算的规定

《保险法》第八十九条规定："保险公司因分立、合并需要解散，或者股东会、股东大会决议解散，或者公司章程规定的解散事由出现，经国务院保险监督管理机构批准后解散。经营有人寿保险业务的保险公司，除因分立、合并或者被依法撤销外，不得解散。保险公司解散，应当依法成立清算组进行清算。"可见，保险公司不能自行解散，也需要经国务院保险监督管理机构批准。经营人寿保险业务的保险公司的解散有更为严格的要求。

此外第一百五十条也规定："保险公司因违法经营被依法吊销经营保险业务许可证的，或者偿付能力低于国务院保险监督管理机构规定标准，不予撤销将严重危害保险市场秩序、损害公共利益的，由国务院保险监督管理机构予以撤销并公告，依法及时组织清算组进行清算。"

三、《公司法》明确了公司解散清算及解散清算与破产清算的衔接制度

《保险法》第九十四条规定："保险公司，除本法另有规定外，适用《中华人民共和国公司法》的规定。"该条强调了《公司法》在保险公司退出制度方面的兜底作用，《保险法》是对经营保险业务的公司作出专门规定的特别法，按照特别法优于基本法的法理原则，在保险公司的设立、内部组织机构、变更、解散和清算等涉及公司组织的规范方面，《保险法》中作了与《公司法》不同的规定的，优先适用《保险法》的规定。除此以外，应当按照《公司法》的规定执行。

《公司法》对公司的解散和清算进行了原则性规定，保险公司也适用相关规定。《公司法》第一百八十一条规定了公司解散的五种情形，公司解散后需要在规定的时间内成立清算组进行清算。第一百八十八条规定了公司解散清算与破产清算的衔接：清算组在清理公司财产、编制资产负债表和财产清单后，发现公司财产不足清偿债务的，应当依法向人民法院申请宣告破产。公司经人民法院裁定宣告破产后，清算组应当将清算事务移交给人民法院。

由于本课题主要研究保险公司市场退出过程中如何完善保险保障基金管理运行机制，而公司在未出现资不抵债情况下的正常的解散清算一般不会涉及保险保障基金的使用和救助问题，因此，对于解散清算制度的介绍及相关立法规定的分析不作为本课题的重点。

四、《保险保障基金管理办法》关于保险公司市场退出的规定

目前，规定保险市场退出具体工作规范的部门规章主要是《保险保障基金管理办法》（以下简称《办法》）。现行《办法》是 2008 年 9 月 11 日由中国保监会、财政部和中国人民银行共同公布的。《办法》共七章三十五条，包括总则、保险保障基金公司、保险保障基金的筹集、保险保障基金的使用、管理和监督、法律责任等部分内容。经认真梳理，其中涉及到市场退出的具体规定内容包括以下几个方面。

（一）保险保障基金制度的宗旨和保险保障基金的性质与使用原则

1. 保险保障基金制度的宗旨

保障保单持有人合法权益，促进保险业健康发展，维护金融稳定。

2. 保险保障基金的性质

《办法》所称保险保障基金，是指按照《中华人民共和国保险法》和本办法规定缴纳形成，在本办法第十六条规定的情形下，用于救助保单持有人、保单受让公司或者处置保险业风险的非政府性行业风险救助基金。

3. 保险保障基金的使用原则

保险保障基金以保障保单持有人利益、维护保险业稳健经营为使用原则，依法集中管理，统筹使用。

（二）保险保障基金在市场退出中的地位和作用

1. 《办法》明确规定了保障基金公司在市场退出中的业务范围：对保单持有人、保单受让公司等个人和机构提供救助或者参与对保险业的风险处置工作；在保险公司被依法撤销或者依法实施破产等情形下，参与保险公司的清算工作；管理和处分受偿资产。

2. 保障基金公司的融资机制。为依法救助保单持有人和保单受让公司、处置保险业风险，经中国保监会商有关部门制定融资方案并报国务院批准后，保险保障基金公司可以多种形式融资。

（三）动用保险保障基金的条件

有下列情形之一的，可以动用保险保障基金：一是保险公司被依法撤

销或者依法实施破产，其清算财产不足以偿付保单利益的；二是中国保监会经商有关部门认定，保险公司存在重大风险，可能严重危及社会公共利益和金融稳定的。

（四）动用保险保障基金的程序

1. 启动程序

动用保险保障基金，由中国保监会拟定风险处置方案和使用办法，商有关部门后，报经国务院批准。

保险保障基金公司按照风险处置方案和使用办法的规定，负责办理登记、发放、资金划拨等具体事宜。

2. 实施程序

（1）产险保单由保险保障基金直接提供救助。保险公司被依法撤销或者依法实施破产，其清算财产不足以偿付保单利益的，保险保障基金按照《办法》确定的规则对非人寿保险合同的保单持有人提供救助。

（2）寿险保单转让。经营有人寿保险业务的保险公司被依法撤销或者依法实施破产的，其持有的人寿保险合同，必须依法转让给其他经营有人寿保险业务的保险公司；不能同其他保险公司达成转让协议的，由中国保监会指定经营有人寿保险业务的保险公司接收。被依法撤销或者依法实施破产的保险公司的清算资产不足以偿付人寿保险合同保单利益的，保险保障基金可以按照《办法》确定的规则向保单受让公司提供救助。

（3）保障基金公司收购保单持有人债权。保险公司被依法撤销或者依法实施破产的，在撤销决定作出后或者在破产申请依法向人民法院提出前，保单持有人可以与保险保障基金公司签订债权转让协议，保险保障基金公司以保险保障基金向其支付救助款，并获得保单持有人对保险公司的债权。

（五）保险保障基金的救助范围和标准以及调整机制

1. 救助范围

下列业务不属于保险保障基金的救助范围，不缴纳保险保障基金：
（1）保险公司承保的境外直接保险业务；（2）保险公司的再保险分入业务；（3）由国务院确定的国家财政承担最终风险的政策性保险业务；

（4）保险公司从事的企业年金受托人、账户管理人等企业年金管理业务；

（5）中国保监会会同有关部门认定的其他不属于保险保障基金救助范围的业务。

保险公司被依法撤销或者依法实施破产，其董事、高级管理人员或者股东因违反法律、行政法规或者国家有关规定，对公司被依法撤销或者依法实施破产负有直接责任的，对该董事、高级管理人员在该保险公司持有的保单利益、该股东在该保险公司持有的财产损失保险的保单利益，保险保障基金不予救助。

2. 救助标准

（1）保险保障基金对非人寿保险合同的保单持有人提供救助的规则：①保单持有人的损失在人民币 5 万元以内的部分，保险保障基金予以全额救助；②保单持有人为个人的，对其损失超过人民币 5 万元的部分，保险保障基金的救助金额为超过部分金额的 90%；保单持有人为机构的，对其损失超过人民币 5 万元的部分，保险保障基金的救助金额为超过部分金额的 80%。保单持有人的损失，是指保单持有人的保单利益与其从清算财产中获得的清偿金额之间的差额。

（2）保险保障基金对人寿保险合同的保单受让公司提供救助的规则：①保单持有人为个人的，救助金额以转让后保单利益不超过转让前保单利益的 90% 为限；②保单持有人为机构的，救助金额以转让后保单利益不超过转让前保单利益的 80% 为限。保险保障基金向保单受让公司提供救助的，救助金额应以保护中小保单持有人权益以维护保险市场稳定，并根据保险保障基金资金状况为原则确定。

（3）救助金额和比例的调整机制

《办法》第二十二条规定：为保障保单持有人的合法权益，根据社会经济发展的实际情况，经国务院批准，中国保监会可会同有关部门适时调整保险保障基金的救助金额和比例。

五、其他关于保险公司市场退出的规定

保险公司市场退出制度还体现在其他相关的规章中。例如《保险公司

管理规定》对保险公司的解散清算和破产清算有相应的规定。《保险公司管理规定》第二十九条规定：保险公司依法解散的，应当成立清算组，清算工作由中国保监会监督指导。保险公司依法被撤销的，由中国保监会及时组织股东、有关部门以及相关专业人员成立清算组。第三十四条规定：保险公司有《中华人民共和国企业破产法》第二条规定情形的，依法申请重整、和解或者破产清算。

第二节　我国现行保险公司市场退出制度存在的问题

随着我国保险业的快速发展，我国保险市场主体数量不断增加，竞争程度日益加剧，引发保险公司破产的风险在加大。同时由于保险公司的业务越来越多地卷入到种类繁多和复杂的金融衍生产品中，世界性的金融危机愈演愈烈，我国保险公司的风险日益增大并且难以估量。应对保险公司市场退出问题已刻不容缓，这需要我们认真审视现有的市场退出制度是否完善，是否能够满足保险公司市场退出实践的需要。通过与国外相关制度进行对比，并结合我国保险公司市场退出实践中需要解决的难题，我国现有的保险公司风险化解和市场退出的相关制度主要存在以下几个方面的不足。

一、立法缺乏系统性与可操作性

（一）立法过于分散，存在很多立法空白，缺乏系统性

从上文可知，目前规范我国保险公司风险处置和市场退出行为的立法规定散见于《企业破产法》、《保险法》、《公司法》、《金融机构撤销条例》、《保险保障基金管理办法》、《保险公司偿付能力管理规定》、《保险公司管理规定》等法律法规和部门规章中。在相关的法律法规和部门规章中，有的仅有几个条款，而仅有的几个条款在不同立法中又难以衔接，无法形成系统的制度。由于缺乏专门性、系统性的规定，保险公司面临风险时难以厘清处理思路，延误挽救时机，导致风险逐渐扩大。

相比较，国外相关立法规定较为系统。在美国，保险公司破产案不受《美国破产法》管辖。破产的国内保险人受其住所所在州的保险破产规定的管辖。为了便于各州保险公司破产案的统一，美国保险监督官协会公布了《保险人重整与清算示范法》，美国统一州法委员会公布了《统一保险人清算法》。《保险人重整与清算示范法》规定了处理财务不良保险人的若干不同方法：停业、监督、重整和清算。这几种行动都在保险监督官的监督下进行。

早在 1975 年，英国就颁布了《保单持有人保障法》，旨在加强对被保险人利益的保护。英国政府先是在 1997 年设立了金融服务局（FSA）作为英国金融投资服务行业中唯一的监督管理机构，随后在 2000 年又颁布了《金融服务与市场法》（FSMA）。这两项举措从监管的角度来讲，将整个金融服务业进行整合，由唯一的机构，在一套立法的框架内，对金融市场进行统一监管。新制度的改革对金融机构的破产处理制度和投保人权益保障制度也产生了深远的影响。就保险业而言，为保障投保人权益，2001 年 12 月开始施行金融服务补偿制度（FSCS）。《金融服务与市场法》中关于破产管理制度的大部分规定都是基于《1986 年破产法》（*Insolvency Act* 1986）的框架。在英国，重整程序有自愿安排、管理命令及财产管理三种类型；而清算程序则有特别清算和普通清算两种类型。这些不同的破产程序在FSMA 中均有明文规定。

在日本，1996 年新《保险业法》赋予保险监管机构处理有问题的保险公司以及制定保险市场的退出标准和退出要件、规定保险市场退出操作程序的权力。为满足经营失败的保险公司的重组程序，《金融机构公司重组特别法》于 2000 年 6 月 30 日被修订为适用于保险公司。同时，《破产法》也做了某些修订，使其更容易适用于保险公司的破产程序。

在加拿大，有专门的《保险公司法》管辖在联邦政府注册的公司以及在加拿大从事业务的外国公司。各省都有一部保险法，用以调整按各自规定成立的公司以及消费者相关问题。调整破产问题的主要成文法是《破产与资不抵债法》、《公司债权人和解法》和《关闭与重组法》。前两者都特别将保险公司排除在其适用范围之外，《关闭与重组法》第 6 条规定其适用于在加拿大从事业务的保险公司，而不论该公司在哪里注册。事实上，多数在加拿大的破产金融机构只能按照《关闭与重组法》进行清算。在破产发生时，有两个行业资助的非营利组织负责应对投保人的请求。这两个组织分别是加拿大人寿与健康保险补偿协会（CompCorp）和财产与伤亡保险补偿协会（PACICC）。一个保险人必须是上述相关协会的成员才可以获得保险许可。

在澳大利亚，从事人寿保险以外的保险业务的公司由联邦议会制定的《1973年保险法》管辖。人寿保险业务由联邦立法中的另一个法规管辖，即《1995年人寿保险法》。除有一条规定由澳大利亚证券与投资委员会（ASIC）执行外，《1973年保险法》由澳大利亚审慎监管局（APRA）执行。《1973年保险法》第4编规定了对即将或可能变得资不抵债的保险公司的监督制度。另外，澳大利亚公司的成立、经营和解散由《公司法》管辖。《公司法》承认了五种主要的当地破产管理方式：破产事务官、自愿管理、公司和解契据、安排计划和清算。

（二）相关规定过于原则化，缺乏可操作性

目前相关规定太过原则、抽象，欠缺相应的实施细则，并未根据保险公司的特殊性作出具有针对性和可操作性的约束，在真正用于处理保险公司风险时可能难以发挥实际作用，会影响监管目标的有效实现。

例如，《企业破产法》、《保险法》中都提到了保险公司破产清算、重整，但是，《企业破产法》是适用所有企业法人的法律，缺乏专门针对保险公司破产的具体规定，而《保险法》更是没有涉及到保险公司破产的具体程序。保险公司启动破产清算、重整是否要有前置程序？申请人需要具备什么条件？在破产程序中保监会处于什么法律地位，可以行使哪些权利？保险保障基金如何参与破产程序，是否可以担任管理人？保险合同不同于一般合同，财产保险合同与人寿保险合同都需要如何处理？保单持有人的利益应如何保障？如何划分破产财产与寿险和年金保险机构的独立账户的资产范围？诸如此类的一系列具体问题都没有相应的具有可操作性的规定，难以指导和推动保险公司破产实践。

二、现行破产法律未充分考虑到保险公司破产的特殊性

（一）缺少保险公司破产专门法规

《企业破产法》不是专门针对保险公司制定的，因此，难以解决保险公司破产的特殊问题；而《保险法》是对保险涉及的各个方面进行系统规定，不可能占有特别大的篇幅来专门规定保险公司破产的具体制度。因此，针对保险公司的破产实践，应尽快制定专门规范保险公司破产的相关法律法规。

在美国，自 20 世纪 80 年代初期以来，相继发生了 600 多件保险公司破产案，导致超过 100 亿美元的保障基金的支付。与涉及本国大部分其他商业实体的破产案不同，这些保险公司破产案不受《美国破产法》管辖。《美国破产法》明确规定国内保险公司不得依据联邦破产法律免责。在美国，破产的国内保险人将受其住所所在州的保险破产规定的管辖。保险公司联邦级监管的缺失受到越来越多的批评，部分是由于担心各州在对破产保险公司的管理方面存在不统一。无论如何，保险公司破产案目前基本上仍为州法所管辖。

一方面各州关于保险公司破产的法律在若干重要方面存在差异，同时，多数州通过了下列两个保险破产示范法之一的某种体制：美国保险监督官协会公布的《保险人重整与清算示范法》（以下简称《示范法》）或美国统一州法委员会公布的《统一保险人清算法》（以下简称《统一法》）。在许多情况下，各州同时采纳两个法案的规定，尤其是《统一法》关于当破产涉及两个以上的州时各州之相互协调的规定，以及《示范法》关于综合监管计划方面的规定。由于各州采纳了该等示范法的变体，各州可能会有不同的案例法。因此，在分析关于破产保险公司的任何问题时，对具体的州法进行审视是非常重要的。《示范法》并不仅仅规定了保险人破产问题，而且规定了处理财务不良保险人的若干不同方法：停业、监督、重整和清算。

为执行欧盟《保险业重整和清算指令》，2004 年 1 月英国颁布了《2004 年保险人（重整和清算）规则》以废除并替代了原先的保险人重整

和清算规则。同年 3 月，英国对《2004 年保险人（重整和清算）规则》作出了修改。

（二）现行破产标准未考虑到保险公司的特殊性

《保险法》第九十条规定："保险公司有《中华人民共和国企业破产法》第二条规定情形的，经国务院保险监督管理机构同意，保险公司或者其债权人可以依法向人民法院申请重整、和解或者破产清算；国务院保险监督管理机构也可以依法向人民法院申请对该保险公司进行重整或者破产清算。"该条仅规定保险公司有《企业破产法》规定的情形时可以申请破产，但并没有明确保险公司破产的具体标准。

1. 《企业破产法》规定的破产标准是否完全适用于保险公司

保险公司破产标准的界定，除了考虑它作为企业法人的一般性之外，还应充分考虑保险行业的特殊性。《企业破产法》规定的两个破产标准为流动性标准和资产负债标准，这两个标准在适用于保险公司时都有缺陷，具体表现在：按照流动性标准，在我国当保险公司遇到流动性风险尤其是流动性不足的时候，根据《保险保障基金管理办法》规定可以动用保障基金来解决，即保险保障基金为保险公司的流动性不足提供了保障；若用资产负债标准就更不能揭示保险公司的危机性了，因为保险公司经营的最显著特征就在于负债经营，负债大于资产可以描述保险公司经营状况但不能说明该保险公司存在或潜在的危机。保险业整体上就是运用社会公共资金，负债大于资产。可见，现行破产法对保险公司破产标准的规定是没有实质意义的，既不能对破产的保险公司起到一个预警的作用，也无法让决策机构对破产的保险公司作出适时的判断，其结果不是失去对破产保险公司的保护，就是导致保险公司对破产保护权利的滥用。《企业破产法》将"不能清偿到期债务，并且资产不足以清偿全部债务"与"明显缺乏清偿能力"规定为破产条件。对于重整程序而言，"具有明显缺乏清偿能力可能的"是特殊的重整条件，较之破产清算更为宽泛。这些条件能够完全适用于保险公司吗？

2. 偿付能力严重不足能否作为保险公司破产的标准之一

《企业破产法》第一百三十四条规定国务院金融监督管理机构有权提

请对金融机构进行重整或清算。在监管机构行使该权力之前，有权在监管权限范围之内对"危机金融机构"作出一定处理，对金融机构进行必要的整顿和破产预防，并由监管机构评估这些措施的效果，裁量是否提请法院启动破产程序。有观点认为，这样在实质上构成了金融机构破产在实践当中的第三个标准——监管破产标准。监管标准即当金融机构监管者认为金融机构达不到监管要求，财务状况不再"安全和稳健"，监管者就可据此判定金融机构丧失清偿能力。

对于保险公司来说，其经营过程中面临着很多风险，而所有的内外部一系列风险最终会表现为偿付能力风险。保险业作为金融业的一个分支，偿付能力风险属于金融风险的范畴，强调的是一种负面风险，是对保险公司动态偿付能力所处状态的一种衡量。保险公司的偿付能力，是指保险公司偿付到期债务和未来责任的能力，即保险公司对所承担的保险责任依法履行赔偿或给付时的经济补偿能力。

保险公司的偿付能力与一般企业相比有其自身的特殊性，偿付能力是保险公司赖以生存并维持其经营连续性的重要条件，是维护被保险人利益的重要手段，也是保险监管的核心内容。保险公司只有在正常和非正常年景下对所承担的保险责任有足够的依法赔偿或给付能力，才能保证保险公司良好的财务稳定性和较高的置信度，从而有利于提高其自身的竞争力，促进保险公司的发展。具体地，对于保险公司来说，最大的风险莫过于缺乏偿付能力。偿付能力风险是保险企业信誉风险、投资风险、利差风险、财务风险以及其他风险的集合，是保险企业经营风险的负面表现。

根据《保险公司偿付能力管理规定》第二条规定，"保险公司偿付能力是指保险公司偿还债务的能力。"第三条规定："保险公司应当具有与其风险和业务规模相适应的资本，确保偿付能力充足率不低于100%。偿付能力充足率即资本充足率，是指保险公司的实际资本与最低资本的比率。"保险公司在法律意义上的偿付能力不足是保险公司的认可资产与负债的差额低于法律规定的最低偿付能力额度，并不一定达到《企业破产法》规定的破产条件，而是保险监管部门采取相应整改措施的依据。2002年3月24日，中国保监会颁布了《保险公司偿付能力额度及监管指标管理规定》，对偿付能力充足率小于30%的公司，保监会可根据《保险法》的规定对保险公司进行接管；对偿付能力充足率小于100%的保险公司，保监会可将其列为重点监管对象，根据各公司的特殊情况，采取必要的监管措施，促使公司提高偿付能力。

"偿付能力严重不足"能否作为保险公司破产的一个特殊标准呢？有观点认为，偿付能力不是清偿能力，不能简单地将其理解为公司当前的经营情况和财务状况，更不代表保险公司已经达到了资不抵债或者明显缺乏清偿能力。偿付能力及监管指标旨在对可能出现偿付危机的保险公司作出预警，而非促使其破产。

对于这一问题，美国有相应的规定。根据《美国破产法》，一般企业的破产标准是流动性标准或资产负债标准，一旦出现破产触发事件，债权人就有权申请企业破产，进行清算。但是，由于保险业行业性质特殊，债务杠杆率高而受到额外的金融监管，其破产处理被明确排除在《美国破产法》之外。因此，美国保险公司破产除了受各州《保险法》规制外，还要符合保险监管部门提出的监管性标准，比如说最小资本充足标准。一般来说，美国保险公司破产的监管性标准要比流动性标准更为严格。

具体地说，各州保险法规定保险公司的法定最低资本要求和盈余标准，通过这些资本充足性要求使保险公司达到最低偿付能力。但20世纪80年代末、90年代初的一系列保险公司破产案，对这种固定最低资本要求和盈余标准提出了质疑：未考虑保险公司的承保和投资风险、对许多保险公司而言标准太低、未能预测出经营失败的保险公司。为此，NAIC于1994年又建立了财产与责任风险基础资本要求（Risk – Based Capital, RBC），根据公司规模和风险状况来评估资本和盈余的充足性。比如，RBC计算公式包括资产风险、信用风险、承保风险、关系企业和资产负债表风险四类。根据RBC比率，一共有四个层次的监管行动：风险资本比率＜200%时，为公司行动层次（Company Action Level）：保险公司必须向保险监督官提交对财务状况解释的报告，并提出解决方案；风险资本比率＜150%时，为监管行动层次（Regulatory Action Level）：监督机构可以进行审查，分析其营业情况，提出矫正措施；风险资本比率＜100%时，为授权控制层次（Authorized Control Level）：保险监督官有合法理由对公司进行整顿或清算；风险资本比率＜70％时，为强制控制层次（Mandatory Control Level）：保险监督官必须采取强制行动进行接管。

（三）保险公司破产管理人的选任有待进一步明确

1. 金融机构的破产管理人有一定特殊性

对金融机构破产管理人的选任，各国一般有两种做法：一种是由法院依法成立清算组，作为破产管理人，这种做法与一般企业破产无异；另一种是不经法院，由监管当局直接任命和组成破产管理人。美国、加拿大、法国、荷兰等国采用这种做法。在采用这种做法的国家，考虑到金融机构破产的特殊性，往往设立或委托金融机构专门管理金融破产事务，由金融监管当局自身或专门的金融机构组成清算组直接负责破产清算，以提高破产处置的效率。

根据《企业破产法》规定，破产管理人由法院指定。《最高人民法院关于审理企业破产案件指定管理人的规定》第二十二条的规定："对于经过行政处置、清算的商业银行、证券公司、保险公司等金融机构的破产案件，人民法院指定管理人的途径有两种：一是人民法院可以在金融监督管理机构推荐的已编入管理人名册的律师事务所、会计师事务所、破产清算事务所等社会中介机构中指定管理人；二是破产申请受理前，根据有关规定已经成立清理组的，人民法院可以指定清理组为管理人。"由此可以看出，虽然保险公司是金融机构，有一定的特殊性，但是破产毕竟是司法程序，还是由法院指定管理人。

2. 保监会推荐管理人应符合怎样的要求

保监会可以向法院推荐管理人，由其指定成立的清理组可以直接被指定为管理人。保监会推荐的单位或者个人应当属于已编入管理人名册的律师事务所、会计师事务所、破产清算事务所等社会中介机构。保险公司的破产涉及利益主体多，社会影响大，很容易传染其他金融机构和公司，甚至危及国家的整个金融系统。保险公司的破产难度大，专业性很强，临时性的清算组织和一般的破产管理人通常难以胜任。因此，保监会推荐的管理人应当是社会中介机构中的精英团队，应具有金融机构风险处置的丰富经验，掌握保险、破产、管理等多方面的知识。保监会可以拟定一个符合资格的管理人名册，培养专门的管理人队伍，使保险公司破产管理朝专业化方向发展。

3. 保险保障基金公司能否担任管理人没有相关规定

（1）保险保障基金公司担任管理人具有合理性

保险保障基金公司在高风险保险公司的接管和清算业务方面具有丰富的经验，与其他社会中介机构相比，其组织结构、专业水平、资金能力在保险公司破产案件中也是有优势的。所以，保险保障基金公司担任管理人对保险公司的破产工作能起到积极作用。另外，保险保障基金公司与保险监管部门的关系非常特殊，基本上可以理解为保监会对于某些事项的授权代表，由保险保障基金公司担任管理人，能够体现保监会对于保险公司破产或者重整的重视，对于增强保单持有人的信心、稳定社会秩序更为有利。

在实行存款保险制度的国家，金融破产管理机构通常是存款保险机构。这是因为存款保险机构为金融机构的中小债权人提供了保险，一旦金融机构被公布破产，这些机构首先就要向这些被保险债权人支付保险金，然后它们也取得了这些债权的代位求偿权，从而成为破产金融机构最大的利益相关者。如美国《联邦存款保险法》赋予了联邦存款保险公司（FDIC）在清算中具有相当大的自主权，可以完全不受法院的干预。

（2）担任管理人的法律障碍需立法解决

根据《企业破产法》和《最高人民法院关于审理企业破产案件指定管理人的规定》，保险保障基金公司被指定为破产管理人可能存在两个方面的法律障碍，这些法律障碍有些是在现行立法下难以解决的，有些则因立法不够具体，需要进一步的司法解释或者保险破产立法予以明确。

①保险保障基金公司难以以社会中介机构身份成为管理人

保监会推荐的人选必须是已编入管理人名册的社会中介机构，由于保险保障基金公司不属于社会中介机构，因此不能被编入管理人名册，所以难以通过这种途经成为管理人。

②保险保障基金公司能否以清理组成员身份成为管理人规定不明

保险保障基金公司能否以清理组成员身份成为管理人主要取决于其是否有资格担任破产前的接管组、清算组等组织机构的成员。《保险法》等未对保监会指定成立的相应组织机构的成员进行限制，因此，不排除保监会可以直接指定保险保障基金公司担任这些组织机构的成员。那么，其就可以清理组或者清算组成员身份成为管理人。

但是，根据《企业破产法》规定，与本案存在利害关系的不能担任管理人。根据《最高人民法院关于审理企业破产案件指定管理人的规定》第二十三条第一款第一项规定，社会中介机构、清理组成员与债务人、债权人有未了结的债权债务关系，可能影响其忠实履行管理人职责的，人民法院可以认定为《企业破产法》第二十四条第三款第三项规定的利害关系。保险保障基金公司可能因为向保单持有人赔付而成为债权人参加破产程序，从而与债务人存在未了结的债权债务关系，因此作为债权人而与破产案件存在利害关系。这是否意味着保险保障基金公司绝对不能担任管理人？

笔者认为，存在债权债务关系并非是认定"与本案存在利害关系"的唯一条件，必须同时存在"可能影响其忠实履行管理人职责"。保险保障基金公司虽然"与债务人有未了结的债权债务关系"，但"可能影响其忠实履行管理人职责"的因素在现有制度下能够得到有效控制，所以可以担任管理人。保险保障基金公司具有特殊的公共性职能，因此其担任管理人并不会影响到其忠实履行管理职责。保险保障基金公司是负责基金的筹集、管理和使用的国有独资公司，其首要宗旨是偿付保单持有人的损失，在偿付之后取得代位求偿权，从而在破产程序中成为主要甚至最大的债权人，其作为管理人成员能够提高破产清算程序的效率，促进破产程序的公正进行，同时其应当依法执行职务，向人民法院报告工作，并接受债权人会议和债权人委员会的监督，因此其从事不公正的行为会得到及时纠正。另外，清理组包括其他政府部门和中介机构，保险保障基金公司很难作出影响其忠实履行管理人职责的事情。

从《企业破产法》和《最高人民法院关于审理企业破产案件指定管理人的规定》来看，并非完全排除了保险保障基金公司被指定为管理人的可能，这一问题尚需要在将来有关破产法的司法解释或者保险公司破产的法律和行政法规中进一步明确。

（四）缺乏处理破产中保险合同的制度规范

在保险公司破产中，首先是要保护保单持有人的利益，而这与保险合同的处置直接相关。对此，《企业破产法》、《保险法》都缺乏具体的规定。

1. 管理人是否有权依据《企业破产法》解除保险合同

（1）一般破产程序中管理人可以选择解除或者继续履行未履行完毕的合同

根据《企业破产法》第十八条规定，管理人对破产申请受理前成立而破产申请受理后双方均未履行完毕的合同有权决定解除或者继续履行。解除合同与继续履行合同产生不同的法律后果。管理人决定解除相关合同的，构成合同违约，该合同的相对方可以就债务人拖欠债权、违约金及相应的损害赔偿请求向管理人申报债权，作为普通债权受偿。如果管理人决定继续履行合同，没有违约的情况下，可以正常履行，按照合同约定支付价款或承担其他权利义务；如果已经违约，要维持合作关系，必须满足合同相对方的违约补救要求，已经拖欠的费用将转为破产期间的共益债务予以全额清偿，合同相对方对于破产前及破产期间的债权都享有优先权。

由于解除合同与继续履行的后果不同，管理人的选择一般都比较慎重，是否继续履行合同要以最有利于债务人财产利益为原则，以帮助公司摆脱那些对公司财产构成沉重负担的合同，而继续履行那些对扩大公司财产有利的合同。

（2）管理人是否可以选择解除保险合同

保险合同的解除权（法定和约定的）在保险合同当事人之间如何合理配置？对此，我国《保险法》第十五条明文规定："除本法另有规定或者保险合同另有约定外，保险合同成立后，投保人可以解除合同，保险人不得解除合同。"可见，《保险法》对解除权在当事人之间的分配准则是：投保人以解除合同（退保）为"原则"，以不得解除合同为"例外"，享有随时解除合同的权利和自由；而保险人则相反，以不得解除为"原则"，可以解除为"例外"，解除权的行使必须以法律规定为限。《保险法》之所以对保险合同的解除权在当事人之间的分配采取向"投保人倾斜"的立法原则，是为保护在保险交易中处于弱者地位的投保人。

保险人解除保险合同的法定条件通常为对方当事人主观上有过错，客观上实施了损害保险人合法权益的行为，在这种情形下保险人才有权行使合同解除权。

保险人破产能否作为解除保险合同的理由呢？对于这一问题，现行法律没有明确规定。有一个情况比较类似，即合同里明确约定破产为终止合同的事由时，管理人是否能够要求对方继续履行？联合国国际贸易法委员会在《破产法立法指南》中指出："重整程序中有必要对合同法的原则进行干预，推翻终止条款，这种干预可能对程序的成功非常重要。但是，干预必须适度，需要明确干预的程序及干预触及的合同范围，还需要权衡其他一些利益，以确保在一般公共政策目标、破产目标和商业关系具有可预测性之间保持适当平衡，平衡可能产生的任何负面影响。"我国破产立法是否鼓励对合同原则的干预，是否认为管理人对于任何合同（包括保险合同）都可以选择解除，需要立法进一步明确。

2. 保单持有人解除合同应如何应对

保险合同解除的效力有一定的特殊性。保险合同成立后，保险人进行全额赔付前，投保人可以随时解除保险合同，且在这一合同存续期内，接受给付的一方通常为保险人。若根据合同解除具有溯及力的观点，保险人无疑须将已受领的投保人的保险费予以返还。然而，保险合同为射幸合同，或称机会性合同，它不同于双方报偿等价的交换合同。就保险合同而言，投保人支付保险费所获得的并非一定是保险人的等价偿还，投保人通过签订保险合同并依法交纳保险费，所获得的是保险保障的机会。保险合同的射幸性表明，投保人解除保险合同可发生在保险合同存续的任何阶段，若不加区别地要求保险人将已收取的保险费全部返还给投保人，则明显损害了保险人的合法权益。因为尽管在保险合同解除前，保险人表面上可能对投保人（被保险人）没有任何的给付，但是实际上自保险责任开始之日起，保险人就已承担了保险保障的责任，承担了投保人通过支付保险费而转嫁的保险标的的风险，保险人应当根据已承担的风险取得相应的利益。

正是基于这种实际公平的考虑，并为加强保险合同的严肃性，防止投保人任意行使合同解除权，对于投保人提出解除保险合同时，保险人如何返还其保险费作了具体规定。（财产保险的）保险责任开始前，投保人要求解除合同的，应当向保险人支付手续费，保险人应当退还保险费。保险责任开始后，投保人要求解除合同的，保险人可以收取自保险责任开始之日起至合同解除之日止期间的保险费，剩余部分退还投保人。

保单持有人面临的主要风险就是保险公司破产时因资金不足无法获得足额的退保。如果资金不足退还未到期保费，保单持有人应该如何救济？是寻找保险保障基金还是向管理人申报债权？有待于立法进一步明确实际操作流程。

3. 人寿保险合同的转让需明确操作流程和对保单受让公司的救济措施

根据《保险法》规定，人寿保险合同必须转让给其他经营有人寿保险业务的保险公司，不能达成转让协议的，由保监会指定公司接受转让。受让人寿保险合同的公司就是保单受让公司。《保险保障基金管理办法》规定保险保障基金可以向保单受让公司提供救助："（一）保单持有人为个人的，救助金额以转让后保单利益不超过转让前保单利益的90%为限；（二）保单持有人为机构的，救助金额以转让后保单利益不超过转让前保单利益的80%为限。保险保障基金依照前款规定向保单受让公司提供救助的，救助金额应以保护中小保单持有人权益以维护保险市场稳定，并根据保险保障基金资金状况为原则确定。"

上述规定较为笼统，保监会如何从多个保险公司中选出合适的保单受让公司，有哪些标准？保单受让公司需要受让哪些保单，需要对保单进行怎样的审核程序？破产保险公司与保单受让公司之间的转让谈判程序是否有时间限制？保单受让公司如何从保险保障基金获得救济？等等，这些问题都需要明确具体的操作流程。

4. 再保险合同如何处理尚待明确

保险人将其承担的保险业务，以分保形式部分转移给其他保险人的，为再保险。进入破产程序的保险公司可能既是再保险分出人，又是再保险接受人。再保险合同是补偿性合同，即对于原保险合同标的发生保险事故所产生的损失，先由再保险分出人全额进行赔偿或给付，再将应由再保险接受人承担的部分摊回，由再保险接受人向再保险分出人进行补偿。再保险合同独立于原保险合同，这主要体现在再保险合同与原保险合同在法律上没有任何承继关系。《保险法》第二十九条规定："再保险接受人不得向原保险的投保人要求支付保险费。原保险的被保险人或者受益人不得向再保险接受人提出赔偿或者给付保险金的请求。再保险分出人不得以再保险接受人未履行再保险责任为由，拒绝履行或者迟延履行其原保险责任。"

（1）破产的保险公司作为再保险分出人的再保险合同

再保险分出人是根据再保险合同，有义务向再保险接受人支付一定保费，同时有权利就其由原保险合同所引起的赔付成本及其他相关费用从再保险接受人获得补偿的保险人。在保险公司破产的情况下，再保险合同继续履行对其有利，可以要求再保险接受人分摊补偿。如果再保险合同的原保险合同被保单持有人解除，会有什么影响呢？《企业会计准则第26号——再保险合同（2006）》（财会〔2006〕3号）第十条规定："再保险分出人应当在原保险合同提前解除的当期，按照相关再保险合同的约定，计算确定分出保费、摊回分保费用的调整金额，计入当期损益；同时，转销相关应收分保准备金余额。"

（2）破产的保险公司作为再保险接受人的再保险合同

再保险接受人是根据再保险合同，有权利向再保险分出人收取一定保费，同时有义务对再保险分出人由原保险合同所引起的赔付成本及其他相关费用进行补偿的保险人。如果破产的保险公司是再保险接受人，继续履行合同需承担再保险责任，而解除合同则按照约定退还保费。哪一方对再保险合同有解除权，什么情况下可以解除，还有待进一步研究明确。

（五）保险公司破产财产界定中的特殊问题有待立法明确

1. 自由资金和客户资金的划分

在保险公司破产的情况下，必须确定破产财产的范围，只有破产财产才能用于清偿债权人。而保险公司的资金权属划分有特殊性。

《保险资金运用管理暂行办法》第十七条规定："投资连结保险产品和

非寿险非预定收益投资型保险产品的资金运用，应当在资产隔离、资产配置、投资管理、人员配备、投资交易和风险控制等环节，独立于其他保险产品资金，具体办法由中国保监会制定。"中国保监会《关于加强财产保险公司投资型保险业务管理的通知》规定："投资型保险产品应实行单独建账、单独核算管理，不同投资型保险产品的账户设置、账簿记录等应相互独立。对每个非预定型产品，财产保险公司应为其建立单独的资金账户，委托资产管理公司进行资产管理，并为每个投保人或被保险人建立单独的个人账户。"从上述规定来看，在资金管理方面，保险公司不得将投资型保险产品的资金和公司其他资金混同运用，不同投资型保险产品的资金也不得混同运用。对于非预定收益型保险产品的要求更加严格，每个投保人或者被保险人有单独的个人账户。投资型保险产品的资金应是属于客户自己的资金，不应划入保险公司的破产财产范围。这应当予以明确。

台湾将保险分为传统型保险和投资性保险。对于消费者投保的传统型保险，保险公司宣告破产后，受益人可根据"保险法"第一百二十三条第一项规定，以保单价值准备金及订约当时的保险费率比例计算出债权金额，向保险公司求偿，确保自己的权益。而对于消费者投保的投资型保险，根据"保险法"第一百四十六条第五项规定，保险公司经营投资型保险需专设账簿，且根据"投资型保险商品管理规则"第三条规定，专设账簿需与该公司的一般账户分开单独管理；专设账簿产生的收益或损失，均由要保人（付保费者）直接承担，保险公司不负担风险。因此，消费者投保的投资型保险，不会被保险公司倒闭所拖累，也不存在向被宣告破产的保险公司要求清偿债务的情况。

2. 投资型保险产品的客户能否行使取回权

根据《企业破产法》规定，对于不属于债务人所有的财产，权利人有权行使取回权。对于投资型保险产品的资金，客户是否可以行使取回权？

投资型保险产品的资金类似于证券公司委托理财账户内的资产。从证券公司风险处置的实践来看，证券公司从事委托理财的账户，如该等账户以客户名义开立，则账户内资产应属于客户资产，不属于破产财产。如该等账户内的资产被挪用，并与证券公司的其他资产发生混同，则该等资产已经与证券公司资产混同的资产属于破产财产，同时委托资产金额与委托理财账户内资产余额的差额部分构成委托理财客户对证券公司的一般债权。如委托资金存放于证券公司账户、证券公司关联方账户或其他证券公司实际控制的账户，则证券公司与客户之间实际上成立融资关系。根据"货币占有与所有权一致"的原则，客户委托资金存放于证券公司指定账户后，委托资金的所有权便属于证券公司，因此，在证券公司破产后，该等账户内的资产属于证券公司的破产财产，同时形成委托理财客户对证券公司的一般债权。证券公司还存在第三方监管委托理财，证券公司或其关联公司为受托人，与客户或共同与第三方金融机构签署委托理财合同，客户在第三方金融机构开立证券和资金账户，并由第三方金融机构行使监管权的情况下，该被监管的委托理财账户内的资产属于客户的资产，不属于证券公司的破产财产。

对于保险公司的投资型保险产品账户内的资金在破产情况下究竟应该如何处理，是否要区分不同的类型采取不同原则，则有待于进一步研究。

3. 保险公司提取的专项资金在破产程序中如何处理

《保险法》第四章"保险经营规则"第九十七条至第一百条集中规定了保险公司在业务经营中必须提取的各类专项资金，主要包括资本保证金、保险责任准备金、公积金和保险保障基金四种。除公积金外，其他三种资金是保险公司的特有资金。公司正常经营情况下，这些资金按照相应的规则运转，需要注意的是，如果保险公司被依法撤销或宣告破产时，这些专项资金应该如何分配？是定向分配还是将所有资金汇总按照清偿比例进行分配？

（1）资本保证金

《保险法》第九十七条规定："保险公司应当按照其注册资本总额的百分之二十提取保证金，存入国务院保险监督管理机构指定的银行，除公司清算时用于清偿债务外，不得动用。"因此，资本保证金平时不能用，专项用于清算时清偿债务。由于未作特殊限度，资本保证金没有特定的清偿对象。

（2）保险责任准备金

《保险法》第九十八条规定："保险公司应当根据保障被保险人利益、

保证偿付能力的原则，提取各项责任准备金。保险公司提取和结转责任准备金的具体办法，由国务院保险监督管理机构制定。"保险责任准备金与保单持有人利益之间的关联是更加显而易见的。因为保险公司被依法撤销或者宣告破产时，保险责任准备金的充盈状态往往决定着保单持有人能否直接从保险公司破产财产中获得充分的清偿。在公司清算时，责任准备金是否具有独立性，是用于特定清偿还是与公司其他资金一起混同用于所有债权人按顺序清偿？从前文讨论的合同转让的规定和实际操作来看，如果合同转让则相应的准备金应当一同转让，这说明准备金具有相对的特定性。保险责任准备金在会计细目中可分为未到期责任准备金、未决赔款准备金等，那么，保险公司清算时此项资金是否以具体类别确定发放对象？如果分类发放之后有结余是否优先清偿此项目内债务，还是与公司其他资金一起按照《企业破产法》规定的清偿顺序进行清偿？一旦真正付诸实践，这类操作性问题还有很多很多。对于这些问题，《保险法》作了"留白"处理，有待实务界和理论界继续探索，寻求可行的解决方案。

（3）保险保障基金

《保险保障基金管理办法》第十五条规定："保险公司应当及时、足额将保险保障基金缴纳到保险保障基金公司的专门账户……保险保障基金公司应当对每一保险公司缴纳的保险保障基金及其变动情况进行单独核算。保险公司的保险保障基金余额，是指该公司累计缴纳的保险保障基金金额加上分摊的投资收益，扣除各项分摊的费用支出和使用额以后的金额。"第二十三条规定："保险公司被依法撤销或者依法实施破产，保险保障基金对保单持有人或者保单受让公司予以救助的，按照下列顺序从保险保障基金中扣减：（一）被依法撤销或者依法实施破产的保险公司保险保障基金余额；（二）其他保险公司保险保障基金余额。其他保险公司保险保障基金余额的扣减金额，按照各保险公司上一年度市场份额计算。"

从上述规定得知，保险公司缴纳的保险保障基金在保险保障基金公司有专门账户。如果保险公司被撤销或者破产，清算财产不足以偿付保单利益的，则本公司缴纳的保险保障基金第一顺位用于救助保单持有人利益，可能会全部用完；如果不够，则要动用其他保险公司的保险保障基金。从这个角度理解，保险公司缴纳的保险保障基金不属于公司清算财产的范围。

（六）保险保障基金公司受让债权参与破产的操作规则

正常的程序是，保单持有人直接参加破产程序，等到财产分配方案确定清偿比例后获得清偿，根据损失再向保险保障基金公司申报救助款。但是，由于破产程序时间较长，保单持有人一般不愿意参加；而如果大量保单持有人参加破产程序，也会加大破产成本，影响效率，所以，保单持有人可与保险保障基金公司签订债权转让协议，先获得救助款，由保险保障基金公司作为债权人参加破产程序。

1. 债权转让时间是否应限定为破产申请前

《保险保障基金管理办法》第二十四条规定："保险公司被依法撤销或者依法实施破产的，在撤销决定作出后或者在破产申请依法向人民法院提出前，保单持有人可以与保险保障基金公司签订债权转让协议，保险保障基金公司以保险保障基金向其支付救助款，并获得保单持有人对保险公司的债权。"

对于上述规定，似乎是债权转让协议必须签订在"撤销决定作出后或者在破产申请依法向人民法院提出前"，是否有这个必要？如果是保监会、债权人或者债务人直接申请破产或者重整，之前未采取行政处置措施，保单持有人怎么会知道保险公司要破产？这样规定是否意味着，保监会在批准保险公司破产申请之前，就应当对外公告破产公司即将破产，召集保单持有人签订债权转让协议，或者说明在破产申请之前，必须采取行政措施？笔者认为，在破产程序进行中应该也可以允许保单持有人进行债权转让，如果不允许，则意味着保单持有人必须自己参加破产程序。

2. 转让的债权金额如何确定

保单持有人向保险保障基金公司转让债权，应当是将自己的所有保单利益全部转让，也就是说保单持有人可以申报的债权额都由保险保障基金公司享有。根据保险标的不同，保险合同可以分为财产保险合同和人身保险合同。

一般情况下，就财产保险合同而言，保险公司向保单持有人支付保险赔偿金，必须是发生了合同约定的保险事故。但是保险事故是否发生，是不确定的，所以财产保险合同的保单持有人是否能够享有债权也处于不确定状态，其取决于保险合同所约定的特定事实是否发生。因此，这一类保单持有人所享有的债权可称为或然债权，也可以大致认为是附条件的债权，在保险事故尚未发生时是一种期待权。《企业破产法》第四十七条规定附条件债权可以申报，因此，以上几类保险合同，保险保障基金公司在签订了债权转让协议后，可以作为债权人申报债权。

而对于一些特殊的财产保险合同，如家庭财产两全保险合同，带有一定的储蓄性质，保险期满时被保险人可领回原来所交的全部保险储金。这类保险合同就可以简单地以保单持有人在签订保险合同时所交的保险储金作为计算其所享有的债权的依据。又如人寿保险合同中的终身死亡保险合同，被保险人不论何时死亡，保险人均有给付保险金的义务，也就是说这类保险合同必然会有保险事故发生。生死两全保险合同则规定保险期间被保险人死亡或保险期限届满被保险人仍然生存为保险事故发生，保险人都要给付保险金。由于被保险人的生存和死亡都使保险事故发生，以上这些保险合同的保单持有人享有的债权具有必然性，保险保障基金公司在签订债权转让协议后，也可以申报债权。

无论保险的种类如何，保险保障基金公司都可以申报债权，一个关键的问题是如何对原债权金额进行价值估算，确定申报债权的金额。对于传统型保险，可以以保单价值准备金及订约当时的保险费率比例计算债权金额，保险保障基金公司可以以此金额为依据来申报债权。

3. 保险保障基金公司先行支付救助款的额度

按照《保险保障基金管理办法》规定，签订债权转让协议后，保险保障基金公司以保险保障基金向保单持有人支付救助款，但是，并没有规定支付救助款的额度如何确定。债权转让的是全部保单利益，保险保障基金公司应该将全部保单利益都支付给保单持有人吗？根据规定，保险保障基金只能救助清算财产不足以偿付保单利益的损失部分的一定比例，超过5万元的90%或者80%，这说明，保单持有人在保险公司破产的情况下，只要清算财产不足偿付保单利益，就应该要承担一定的损失，如果保险保障基金先行支付的救助款是全额，则显然与这一规定相违背。

所以，保险保障基金支付的救助款应该要有一定的限额，究竟是以保单利益为基数确定标准，还是选择其他依据，支付比例如何确定等，都有待于进一步研究。笔者建议，针对保险保障基金的债权收购行为应当制定具体的可操作的规章制度，以便满足实践需要。

4. 受偿差额的返还问题

由于破产前就支付救助款，无法精确预估出清偿金额，所以，保险保障基金公司参与破产程序获得的清偿金额可能与支付给保单持有人的金额不符，为了保障保单持有人的利益，《保险保障基金管理办法》第二十四条第二款规定："清算结束后，保险保障基金获得的清偿金额多于支付的救助款的，保险保障基金应当将差额部分返还给保单持有人。"

（七）保险债权的清偿顺序需要进行更加清晰的界定

债权清偿顺序是保险公司破产中的重要问题之一。就保险公司破产而言，大多数国家和地区都规定了特殊的清偿顺序。

1. 赔偿或者给付保险金属于第二优先清偿顺序

我国《保险法》第九十一条规定："破产财产在优先清偿破产费用和共益债务后，按照下列顺序清偿：（一）所欠职工工资和医疗、伤残补助、抚恤费用，所欠应当划入职工个人账户的基本养老保险、基本医疗保险费用，以及法律、行政法规规定应当支付给职工的补偿金；（二）赔偿或者给付保险金；（三）保险公司欠缴的除第（一）项规定以外的社会保险费用和所欠税款；（四）普通破产债权。破产财产不足以清偿同一顺序的清偿要求的，按照比例分配。破产保险公司的董事、监事和高级管理人员的工资，按照该公司职工的平均工资计算。"与《企业破产法》第一百一十三条关于债权清偿顺序的规定对比，《保险法》将"赔偿或者给付保险金"作为一种新的优先债权，在社保费用和税款前优先清偿，这是对保单持有人利益的一种特殊保护。

2. 保险金优先清偿是否适用于再保险合同

在适用范围上，"赔偿或者给付保险金"的文意并未区分原保险和再保险，似乎应当解释为原保险和再保险的保险金请求权均得以优先受偿。

笔者认为，再保险属于保险的一种类型，然而再保险分出人明显不同于一般的投保人。分出人享有更为平等的交易地位，其往往可以与分入人协商确定再保险合同的内容，并且有能力对分入人的状况进行复杂的财务分析。如果分出人选择存在偿付能力缺陷的分入人，则应当承担由此可能产生的损失。因此，本文认为应当限制《保险法》第九十一条规定的保险金优先受偿的适用范围，将再保险合同排除在外。

3. 其他保险债权的清偿顺序需要进一步明确

"赔偿或者给付保险金"，不足以完全涵盖保单持有人及其他利害关系人基于保险合同所享有的利益，该事项涉及到立法理念和立法技术两方面的问题。就立法理念而言，法律应向民众施以平等保护，法律关系相同，则权利义务相同。从保险法的立法宗旨来说，处于保险合同法律关系中的当事人，其权利应获得同等保护，因此保险合同项下的权利均应享有同等优先受偿权，这种权利不仅包括保险金请求权，还包括保险费返还请求权、保单现金价值返还请求权等。

而在立法技术层面，诸如"赔偿或者给付保险金"这样的表述显然并不足以覆盖上述各项请求权。这类立法语言有债务和债权两种表述方式可以选择，国际保险监管文件大多采用"保险债务"的提法。如英国《2004年保险人（重整与清算）规则》第1条规定，保险债务是指根据保险合同，英国保险人对保单持有人或任何有直接请求权的第三人所承担的或将要承担的债务，还包括返还任何与保险合同（不论该保险合同是否已经成立）有关的已付保险费的债务。再如欧盟《保险业重整和清算指令》第2条将保险债务定义为"保险合同或者欧盟79/267/EEC指令第1（2）条和第1（3）条规定的交易所产生的，保险人对被保险人、保单持有人、受益人或任何享有直接请求权的受害人所负的债务，包括保险人在债务的某些条件尚未确定时为上述主体预留资金的债务"。由于保险合同或交易没有成立或撤销而产生的保险人返还保险费的债务也被视为保险债务。美国保险监督官协会制定的《保险人重整与清算示范法》第47条规定的保险人清算规则将保险合同项下的所有债务均列于第三顺位。

在保险人破产清算中最为重要的是保护被保险人、保单持有人、受益人以及对保险人享有直接请求权的第三人。保险金请求权、保险费返还请求权、保单现金价值返还请求权等均属于保险债权，对保险公司的其他破产债权而言具有相同的特殊性。为了全面地保护上述主体的合法利益，我国应当借鉴其他国家的上述立法，在《保险法》第九十一条增设保险费返还请求权和保单现金价值返还请求权的优先受偿。

4. 保险保障基金申报债权的清偿顺序需立法明确

在破产申请前，如果保险保障基金公司与保单持有人签署了债权转让协议，则保险保障基金公司作为债权人向管理人申报债权，其债权是否享有优先权？从债权转让的性质来看，债权的性质不因转让而发生改变，保单持有人的债权已经通过法律规定获得了优先受偿权，则作为受让方的保险保障基金公司也应该获得优先受偿权。但是，有观点认为，"基金组织由于向保单持有人提供了保障，所以在整个清算过程中有代位求偿权，与其他不受保障的债权人处于同一个清偿次序。"保险保障基金申报的债权究竟是否享有优先受偿权，也需要立法予以明确。

（八）保监会和保险保障基金公司在破产中的角色定位不明确

保险公司破产制度是复杂的系统工程，涉及各方参与人的私权利益和公共利益，参与主体的多元化是一大特点。破产程序最基本的参与主体包括保险公司、债权人、股东、可能存在的救助公司。而从整个破产程序的广泛参与人来说，一般还包括管理人、法院、政府，对于保险公司破产而言，保监会、保险保障基金公司也是重要的参与主体。各方参与人在破产程序中扮演着不同角色，发挥着各自不同的作用。在现有立法中，保监会和保险保障基金公司在保险公司破产程序中究竟扮演怎样的角色并没有明确规定。

1. 保监会

根据《企业破产法》和《保险法》规定，监管机构享有直接申请保险公司重整或者破产清算的权利。保险公司或者其债权人申请重整或者破产清算，必须经保监会同意。然而，现有法律法规并未明确保险公司的破产或者重整是否需要设置行政前置程序，是否需要保监会先实施接管、整顿、行政清理等程序才能申请破产？如果保险公司破产清算，保单受让公司的资质是否应由保监会认可？如果保险公司进行重整，为挽救保险公司或者保单持有人利益而制定的救助方案、重组方案或者重整计划是否都需要得到保监会的认可？法院在宣告保险公司破产清算、裁定批准重整计划之前是否应先得到保监会的书面同意意见？这些问题都需要相关规定予以明确。

2. 保险保障基金公司

对于保险保障基金公司在破产程序中的地位和作用，现有立法也未明确。结合《企业破产法》及《保险保障基金管理办法》的规定，保险保障基金公司可以考虑以下角色。

（1）以债权人身份参与破产程序

保险保障基金公司受让保单持有人的债权后作为债权人参与破产程序，行使法律赋予的债权人的所有权利。保险保障基金公司拥有的债权额一般都非常巨大，作为第一大债权人，保险保障基金公司的表决权对债权人会议各项决议能否通过，破产程序能否顺利进行都至关重要，因此法院很有可能指定保险保障基金公司为债权人会议主席。从维护自身及全体债权人权益的角度出发，保险保障基金公司也可以争取成为债权人会议主席，在破产程序中发挥更大的作用。

（2）可否作为保单持有人的代理人身份参与破产程序

日本的金融机构破产重整法——《更生特例法》规定，法院在进行破产程序通知时，不是对存款人或投保人一一通知，而是对存款保险机构或投保人保护机构提出概括的通知，这就极大地减轻了司法的负担。这一规定，就认定了金融危机处置机构为司法程序上的代理人，而且其代理人地位不是通过当事人委托而获得的，而是由法律直接规定的。

中国的保险保障基金公司作为一个金融危机处置机构，同样可以借鉴日本的做法。保险保障基金公司在没有同相关的保单持有人签订债权转让协议而参与到保险公司的破产程序时，可以以保单持有人的法定代理人的身份参与到破产程序中。这样做的合理性在于：首先，将保险保障基金公司认定为代理人更符合其与保单持有人之间关系的性质。保险保障基金公司与保单持有人作为独立的主体，原本理应由后者参与的法律关系先由前者代替参与，但行为的结果仍然归属于后者，这完全符合对代理的一般描述，适用代理制度来保护和规制最为合适。其次，由法律直接赋予保险保障基金公司代理人的地位，便于其权利行使和义务承担，有利于保护保单持有人的利益。同时，保险保障基金公司作为代理人主要承担义务，而保单持有人则主要享受利益和行使权利。这种权利和义务的不均衡分配使得保单持有人可以更容易地获得利益，而代理人的代理义务来源于法律规定，也使代理人能够很好地承担这些义务。

当然，目前我国的法律可能还只允许保险保障基金公司以委托代理人的身份出现。比如保险保障基金公司可以以委托代理人的身份参加债权人会议。由于保险保障基金的官方性质所带来的公信力以及其在危机处置问题上的专业性，很多债权人都乐于将参加债权人会议的事务委托给保险保障基金公司。经过债权人委托后，保险保障基金公司就在债权人会议中享有同债权人一样的表决权。

我们需要特别注意的是，一个保险公司破产，往往会涉及庞大的保单持有人的利益，其数量之大，我们现在还无法估量。如果要这些保单持有人都一一申报债权，或一一与保险保障基金公司签订委托代理合同，往往会给司法带来很大的负担，会增加许多不必要的成本。因此，保险保障基金公司成为保单持有人的法定代理人，参与到保险公司的破产程序中，有其非常重要的理论和实践意义。

（3）能否担任管理人需立法明确

如前文所述，只要保监会推荐保险保障基金公司担任清算组成员，就可以被法院指定为管理人成员。保险保障基金公司在高风险保险公司的接管和清算业务方面具有丰富的经验，与其他社会中介机构相比，其组织结构、专业水平、资金能力在保险公司破产案件中也是有优势的，由其担任管理人能对保险公司的破产工作发挥积极作用。虽然《企业破产法》和《最高人民法院关于审理企业破产案件指定管理人的规定》并未完全排除保险保障基金公司被指定为管理人的可能，但是毕竟存在一些争议，还需要立法予以明确。

（4）必要时作为救助方

在保险公司破产或者重整程序中一般都需要有一个救助公司，在破产清算情况下，救助公司可以承接全部或者部分需要继续履行的合同，或者收购保险公司的资产。在破产重整情况下，救助公司则可以收购保险公司的股权获得控制权，提供一定的资金支持。救助公司除了需要具备一定资质，还要愿意参与救助活动，所以，选择一家合适的救助公司需要一定的时间。有些时候没有保险公司主动愿意，需要保监会指定。在没有选定合适的救助公司之前，保监会可能会指定保险保障基金公司作为救助公司，实施救助方案或者重整计划。

为了使保险合同顺利转移，确保破产保险公司被救助公司所接受，保险保障基金公司需向救助公司提供资金支持。在重整计划中，保险保障基金公司可以作为资金的提供方，向保险公司融资，如果在重整计划中包括保险保障基金公司的贷款内容，那么保险保障基金公司必然享有监督重整计划执行的职能，确保保险保障基金使用的合规范性和合目的性，同时防止保险公司道德风险问题的发生。

三、保险保障基金制度存在缺陷

一个完善的市场退出机制，除了要有法律规定的规范的退出标准、程序、方式之外，还应有科学的保险保障基金制度做后盾。《保险保障基金管理办法》（以下简称《办法》）在原则性规定、保障基金公司的基本地位和作用、动用保险保障基金的条件、市场退出的实施程序、救助的范围和标准上，都有了一些基本的规定，但其中还存在一些规定模糊、空白及将来实践中易引发争议之处。

（一）使用原则不够清晰

明确保险保障基金的使用原则，对于使用保险保障基金的实际工作，包括各项制度流程的构建，具有重要指导作用，包括如何协调行政力量与市场化力量的关系，如何在处理风险与成本最小化之间做好协调。

目前《办法》第五条也规定了"使用原则"，但从内容来看，该条规定的使用原则，前半部分"保障保单持有人利益、维护保险业稳健经营"，其内涵与《办法》规定的基金的宗旨基本雷同，并无更多内涵；后半部分规定的"依法集中管理，统筹使用"，实际上规定的是保险保障基金的管理规则，而非原则。

（二）使用条件有待完善

《办法》第十六条第（二）项将"中国保监会经商有关部门认定，保险公司存在重大风险，可能严重危及社会公共利益和金融稳定的"这一情形作为动用保险保障基金的条件之一。"重大风险"、"社会公共利益"和"金融稳定"这些概念没有一个定性定量的标准，也没有客观评判的标准，这会导致在决定是否动用基金时，没有可以依据的具体标准，无法排除误判形势、误用保险保障基金的情形发生，不利于保险保障基金的安全和使用公平。

（三）救助程序比较笼统

目前《办法》对动用保险保障基金的启动程序和实施程序都有了原则性的规定。但是在实施程序的各个具体环节上，包括公告的发布、接管保险公司的程序、对保单持有人或保单受让公司进行救助的程序、对保险公司进行清算的程序、受偿资产的管理与处分，尚缺乏具体的操作性规定。

（四）救助标准不够具体

《办法》对使用保险保障基金对保单持有人或保单受让公司进行救助的范围和比例进行了规定，但从我国保险业发展的实际来看，由于保险保障基金目前有限的规模，以及保障类制度固有的道德风险，有必要对救助标准进一步完善：一是在目前既有比例的基础上进一步细化完善；二是对予以救助的保单范围进行重新界定，三是对于救助对象的规定有必要做进一步限定。

（五）法律责任亟待完善

《办法》规定了责任，不过，这是保障基金公司工作人员在工作中的责任。依照我们的理解，在使用保险保障基金的过程中，还需要明确保险公司股东、董事、监事、高级管理人员以及违法骗取、冒领保险保障基金的保单持有人的法律责任。

（六）技术性规定需进一步明确界定

1. "保单持有人"的定义

《办法》第三条对"保单持有人"的定义，从法律上理解似乎存在着歧义与争议：《保险法》中没有"保单持有人"的概念；从文义上理解，"保单持有人"即 policyholder，并不包含被保险人，此似不符合《办法》立法的本意；目前市场上有保单质押等业务活动，质押权人也可能是保单持有人，而《办法》中"保单持有人"的定义并不包括质押权人；将来还可能出现保单贴现等业务，保单贴现人也可能会是保单持有人。因此，建议对"保单持有人"进行更名，应取一个更加贴切的名称，比如保单权利人等，并论证其严谨性与科学性；或者重新对"保单持有人"这一概念进行定义，使之更加准确严谨。

2."保单持有人的损失"的界定

《办法》第十九条规定"保险保障基金对非人寿保险合同的保单持有人的损失提供救助"、"保单持有人的损失，是指保单持有人的保单利益与其从清算财产中获得的清偿金额之间的差额"。建议进一步明确保单持有人的保单利益包括哪些内容，以免在认定损失金额时采用不同的标准，对整个保险保障基金的公平使用造成风险。

3. 保险保障基金的使用顺序

《办法》第二十三条规定"其他保险公司保险保障基金余额的扣减金额，按照各保险公司上一年度市场份额计算"。使用上一年度数据可能并不能合理反映各保险公司的市场地位及应承担的责任，是否能考虑使用最近三年的平均数据。此外，市场份额的概念没有一个定性定量的标准（如规模保费、标准保费、保费收入等），建议予以明确。

第三节　我国保险公司市场退出制度的完善

鉴于保险公司长期负债性和社会性的特点，完善现有保险公司市场退出制度对于规范保险市场秩序、确保其持续健康发展至关重要。构建完整的保险公司市场退出制度框架应当考虑以下几个方面：首先是有《金融机构市场退出（破产）法》或《金融机构市场退出（破产）条例》对保险公司市场退去行为作出基本约束；其次是修订《保险保障基金管理办法》，使其上升为国务院条例，提升保障基金公司在保险公司市场退出中的法律地位。最后，制定《保险公司风险处置管理办法》、《保险保障基金救济工作手册》等规范性文件具体指导保险公司风险处置及救济工作。此外，还应制定相关操作性文件，从而更好地发挥保障基金公司在参与保险公司风险处置和市场退出中的作用。

本节将针对第二节揭示的现有保险公司市场退出制度存在的主要问题，提出初步的完善建议。

一、建立系统、完善的保险公司风险化解和市场退出机制

保险公司的风险若不能及时化解可能对整个金融体系产生极大的负面影响，因此，我国金融市场亟需建立规范有序的保险公司风险化解和市场退出机制，尤其是保险公司破产制度，通过科学合理的制度设计使保险公司经营不善导致的风险和损失在相关市场主体之间合理分摊，这既是维护金融稳健运行，保障金融有序竞争的需要，也是提高金融市场资源配置效率，增强风险意识，维护市场纪律的需要。

（一）建立市场风险预警系统

从我国金融市场退出实践来看，目前我国主要采取风险救助机制，而事前的风险预警机制建设还比较薄弱。一般来说，当金融机构出现支付危机时，其问题实际上远比支付危机严重得多。另一方面，保险监管之所以需要建立预警系统，是因为保险公司与一般企业不同，即使经营失败影响了偿付能力，也还能通过低费率和高佣金继续筹措新的现金流，将问题暂时掩盖，但实际会加剧保险准备金的缺口，偿付能力进一步恶化，产生破坏力更强、代价更大的后果。因此，必须建立风险预警系统，及早发现和解决问题。

（二）将分散规定统一纳入《保险公司风险处置管理办法》，明确保险公司风险化解及市场退出的整体机制

目前保险公司风险化解和市场退出相关立法规定过于分散，相关法律法规和部门规章中有的仅有几个条款，而仅有的几个条款在不同立法中又难以衔接，无法形成系统的制度，应当尽快将相关规定在同一立法中集中体现，形成统一应对机制，指导保险公司风险处置实践。保监会目前正在

制定《保险公司风险处置管理办法》，涉及保险公司风险处置的各种方式，如整顿、接管、破产清算、重整，不同的措施适用于哪些情形，采取不同措施对于保险公司不同的法律效力等。当保险公司出现较大的经营风险时，监管部门要进行整顿、接管，如果接管以后公司恢复正常，可以结束接管。如果接管以后发现无法化解风险，偿还能力严重不足，如果不予撤销将严重损坏公众利益的，应当予以撤销；如果符合法律规定的破产标准，就应当施行破产。《保险公司风险处置管理办法》是关于保险公司风险处置的较为系统的法律依据，对于实践有重要的指导意义，应该尽快出台。

（三）修改配套法律法规，填补空白，细化规则，增强可操作性

除了要制定专门的《保险公司风险处置管理办法》，还需要对配套的现有法律法规和部门规章中涉及到的相关规定予以修改完善，做到立法之间相互衔接。目前立法较为简单，还有很多问题未涉及到，需要尽快研究，填补立法空白。针对目前规定太过原则、抽象的问题，需结合保险公司的特殊性，加快研究制定具有针对性和可操作性的实施细则。

二、制定操作性强的保险公司破产法律法规

（一）保险公司破产的特殊性需要制定专门立法

保险公司是金融机构的一种，与其他一般商业企业相比，既有相似之处，也有不同特征。因此，保险公司的破产有其特殊性，并不能直接适用《企业破产法》的规定。正如破产法立法机关所言，"商业银行、保险公司等金融机构确实存在特殊性。例如，这类机构的资产分为自有资产与客户财产两部分，需要对其破产时的客户财产保护作出专门规定；同时，这类机构的破产涉及人数众多，关系到社会稳定，启动破产程序须经监管部门批准。此外，在管理人、债权人会议等具体程序上还需作一些其他特别规定。"为了解决商业银行、保险公司等金融机构破产的现实需要，并维护法律的协调统一，《企业破产法》第一百三十四条规定："金融机构实施破产的，国务院可以依据本法和其他有关法律的规定制定实施办法。"这说明，立法机关已经注意到保险公司破产的特殊性，《企业破产法》的规定

难以满足保险公司破产实践的需要，必须要制定专门立法。

1. 统一纳入《金融机构破产条例》还是单独立法

根据《企业破产法》规定，商业银行、证券公司、保险公司等金融机构，实施破产的，国务院可以依据本法和其他有关法律的规定制定实施办法。

有些学者据此理解为金融机构破产应制定统一的《金融机构破产条例》。笔者认为，这会产生一系列问题。首先，所有金融机构的监管部门，如人民银行、银监会、证监会、保监会等都应参加破产条例的起草，如何协调各监管部门之间的立法权是一个现实问题。另外，金融机构的特殊性不仅体现在与外部其他企业的区别上，还反映在银行、保险、证券、信托、投资基金、期货公司等金融领域内不同行业的金融机构彼此之间的差异上，这也是金融破产立法需要仔细考察的问题。统一的《金融机构破产条例》如何协调各种金融机构破产程序的特殊问题呢？比如，破产原因同是"资不抵债"或"支付不能"，商业银行、证券公司、保险公司在业务操作上肯定具有不同的认定标准，是否要进行分别解释？国际上，欧盟致力于统一各成员国金融破产制度的目标，其过程中就因为考虑到不同金融行业的差异性，采取了先经过对金融业分门别类进行单项立法（如《保险公司重组与清算指令》的出台），最终再走向统一的《信用机构重组与清算指令》的做法。

笔者认为，如果要制定《金融机构破产条例》，也应是规定所有金融机构破产的共性问题，各金融机构破产的特性应在金融机构法规中加以规定。在《金融机构破产条例》制定的同时，也要修改和完善各金融机构法规，使其相互配套。

破产程序是一个复杂的系统工程，原则性规定无法满足实践需要，考虑到保险公司破产的特殊性，制定单独的保险公司破产条例应当是更加适宜的。国外的金融破产法律制度都具有针对保险业分别立法的特征。

2. 法律层级的确定

立法体例的选择涉及到立法的位阶和效力问题。在国外，金融破产立法的法律层次较高。一般都是以法的形式加以规范，较少出现行政规章、条例、办法等较低层次的法律形态。依据《企业破产法》的授权规则，金融机构破产制度是以国务院制定的行政法规（即实施办法）的形式出台；这应当是一种过渡阶段的做法，最终的目标应当是制定专门的《金融机构破产法》。因为国外的经验告诉我们，立法位阶过低，在涉及跨境金融机构破产以及破产的域外效力问题等方面都会存在法律障碍。另外，如果立法层级过低，在法律适用中会产生争议，应当遵循特别法优于普通法的原则。针对保险公司的特殊性建立的仅适用于保险公司破产的特别法律制度，其与《企业破产法》是特别法与一般法的关系。具体而言，对同一个问题如果二者规定不一致，优先适用保险公司破产的特别法律制度，当特别制度没有规定或规定不明确时，适用《企业破产法》。

3. 单独立法与现有法律法规的衔接

保险公司破产专门办法必须结合《企业破产法》以及《保险法》等相关法律规范制定，绝非因为《企业破产法》的授权条款就可以撇开统一的《企业破产法》，甚至不顾现行金融立法单独行事。必须意识到，保险公司破产专门立法第一要义是将现有关于破产的规定尤其是关于保险公司破产的规定予以细化，增强法律规范的可操作性；而同样重要的第二要义则包括专门立法必须注意与现有法律规定之间的衔接与有机结合问题，避免发生立法规则的冲突，防止因此减损保险公司破产法律的尊严，降低保险公司破产制度价值功能的有效发挥。

（二）明确行政措施与破产清算、重整的程序衔接问题

当保险公司面临重大风险时，监管机构首先可能会采取接管、整顿等行政救助措施，组织重组。从效果上看，监管机构实施的接管、整顿等行为对于促成企业康复、摆脱经营危机效果较为明显，监管机构有更多权力和资源来实施救助行为，如促成与其他机构合并、要求其他机构托管等。保险公司破产清算、重整是司法程序，由法院主导，但是，也离不开监管机构的支持。保险机构进行重整，通常需要借助于大量资金的投入和金融工具的使用，而法院往往缺少设立过渡机构、资金救助、寻找购买方等重组手段。即使是破产清算，保单受让公司的选择和保单受让公司的救助也需要监管机构的支持。一般来讲，民众对保险公司直接进入破产程序可能

会有一定的抵触情绪，容易出现挤兑现象，造成市场恐慌。因此，经过必要的行政前置程序或者行政支持与司法程序配合对于保险公司破产程序顺利推进并最终成功有重要的意义，立法需要对行政措施与破产的程序衔接问题予以明确。

关于行政措施和破产的程序衔接问题，立法可以作不同规定：一种是设置行政前置程序，将监管机构的行政救助行为明确规定为申请破产的前置程序，只有经过了监管机构的"救助"行为才能申请破产。二是设置成平行程序。由监管机构在保险公司破产程序中发挥重要作用，一方面提供必要的支持，另一方面也增强民众对保险公司破产的信心，降低恐慌感。特别在重整程序中，监管机构促成危机保险公司与其他机构合并、要求其他机构托管或者收购等，或者要求保险保障基金公司提供必要的资金救助等，使重整程序真正发挥价值。

（三）针对保险公司破产实践将会遇到的问题制定制度规范

本章第二节对于保险公司破产实践中将要面临的多个主要问题已经进行了较为具体的介绍，而现有立法难以满足实践需要。这就要求尽快对相关问题进行深入、细致的分析，研究每一个问题的解决办法，制定相应的具有可操作性的制度规范，使保险公司破产有法可依。

三、完善保险保障基金制度

现有的保险保障基金制度虽有了一些基本的规定，对于保单持有人利益的保护具有重要意义，但其在保险保障基金的缴纳方法、基金管理和运作的模式以及保障基金的保障功能等方面仍存在诸多不足。另外，该办法也未对保险保障基金公司在保险公司风险处置和破产程序中的法律地位进行界定，未规定其参与破产救助的具体方式、基本程序和清偿顺序等实质法律问题，根本无法应对真正的风险处置实践需要，因此，保险保障基金制度亟待进一步完善。

对比证券公司风险处置，证券投资者保护基金先后出台了多项规定，如《证券投资者保护基金管理办法》、《证券投资者保护基金申请使用暂行办法（试行）》、《证券公司缴纳证券投资者保护基金实施办法（试行）》、

《个人债权及客户证券交易结算资金专项审计管理办法（试行）》、《中国证券投资者保护基金有限责任公司受偿债权管理办法（试行)》、《个人债权及客户证券交易结算资金收购意见》、《个人债权及客户证券交易结算资金收购实施办法》、《关于证券公司个人债权及客户证券交易结算资金收购有关问题的通知》等。这些政策法规对于证券投资者保护基金公司的地位、基金的管理和使用，特别是在证券公司风险处置和破产程序中，如何收购个人债权及客户证券交易结算资金进行了非常具体的规定，指导了数十家证券公司的风险处置实践，发挥了重要的积极作用。

我们建议，借鉴其他国家（地区）先进保险保障基金制度的经验，进一步修改完善我国的保险保障基金制度，制定具有实践指导意义的相关细则，包括接管保险公司的流程、保单持有人救济流程、保单受让公司救济流程、保险保障基金参与保险公司破产的实施细则等规范性法律文件。

第八章
我国保险保障基金管理运行实践

第一节　公司化专业化的管理运作

保险保障机构的组织形式不仅关系到其治理结构，而且影响到其职能与授权。与组织形式相对应的具体问题是保险保障机构采取什么样的运作模式，即治理结构问题。不同的运作模式将涉及保险保障机构的人力资源、内部组织构架、规章制度等具体内容。

保险保障基金于2008年实施了公司化改制，由国务院出资成立中国保险保障基金有限责任公司（以下简称保险保障基金公司）。2008年9月，中国保监会、财政部、中国人民银行共同制定颁布新的《保险保障基金管理办法》，依据《保险保障基金管理办法》第六条、第十二条和第十八条的规定，保险保障基金公司是国有独资的有限责任公司，其解散需经国务院批准，保险保障基金公司依法负责保险保障基金的筹集、管理和使用，财产保险保障基金和人身保险保障基金分账管理、分别使用。保险保障基金公司的董事成员共9名，分别来自保监会、财政部、中国人民银行、税务总局、国务院法制办以及三家保险公司。保险保障基金公司成立后，保险保障基金理事会自行终止。2009年修订的《保险法》明确了保险保障基金筹集、管理和使用的基本原则。保险保障基金由保险公司缴纳形成，按照集中管理、统筹使用的原则，在保险公司被撤销或者被宣告破产时，用于向投保人、被保险人、受益人或者寿险合同受让公司等提供救济。

从公司的股权结构和董事会成员可以看出，虽然保险保障基金公司采取了公司化治理结构，但其行政色彩较为明显。这一点亦体现在其与政府部门的关系上。《保险保障基金管理办法》第十一条、第十七条和第二十六条规定了保险保障基金公司与保监会的关系，即中国保监会依法对保险保障基金公司的业务和保险保障基金的筹集、管理、运作进行监管。由保监会向保险保障基金公司提供数据、资料，基金公司没有直接获得其分析保险公司风险隐患所需的各项数据和资料的权利。财政部负责保险保障基金公司的国有资产管理和财务监督，审批公司预算、决算方案。保险保障基金公司需将业绩考评结果定期报送中国保监会、财政部等有关部门。

一、保险保障基金公司制运作以来基本情况

经过 5 年的发展进步，截至 2012 年末，保险保障基金累计余额为403.59 亿元，较 2008 年增长 16.79%。其中，财产险基金余额 237.71 亿元，占 58.9%，人身险基金余额 165.88 亿元，占 41.1%。

保险保障基金公司成立后，不断完善公司架构，目前已形成以董事会为中心的公司治理结构。公司第一届董事会九位董事分别来自中国保监会、财政部、中国人民银行、国家税务总局、国务院法制办公室、中国人民保险股份有限公司、中国人寿保险股份有限公司、中国平安（集团）有限责任公司。公司董事会依据《公司章程》和《董事会议事规则》行使职权，对公司重大事项进行决策。董事会主要承担以下职责：

（1）审议决定公司的基本管理制度；

（2）审议决定公司内部管理机构的设置；

（3）审议决定公司年度工作计划；

（4）任免公司高级管理人员；

（5）对基金的筹集、管理、运作等重大决策作出决定；

（6）审议决定公司薪酬制度；

（7）审议决定公司年度财务预算、决算方案；

（8）审议决定公司章程修改方案；

（9）向国家有关部门报告工作；

（10）决定公司运营管理的其他事项。

公司管理层负责日常经营管理。目前公司内部机构设置为办公室、财务会计部、资产管理部、风险管理部、风险监测部共五个部门。为了保障公司投资等重大决策的专业性和科学性，审慎控制风险，公司建立了风险评估会和投资评估会机制。

办公室负责公司的办公文秘、人力资源、行政管理、对外协调、后勤服务等事务并兼任董事会秘书处的工作；财务会计部负责保障基金的收缴、保障基金的财务和投资核算、公司预算、决算及其他行政财务管理事务；资产管理部负责保障基金投资日常运作和管理，包括委托专业投资机构管理运用基金、委托托管机构托管基金；风险管理部参与对保险公司的风险处置工作，对保单持有人和保单受让公司进行救济，负责公司业务相关的法律事务等；风险监测部负责保障基金公司对保险业风险研究、监测、评估和预警，为风险处置和基金筹集管理提供决策参考依据和建议，对保险公司进行内部评级并负责风险监测信息平台建设和管理等。

为保障公司重大事项特别是重大投资事项决策的专业性、科学性、独立性，在前期以"投资风控小组"的形式开展了近两年实践的基础上，2011 年公司建立了风险评估会和投资评估会机制。投资评估会是保险保障基金资产和公司自有资金管理的投资评估机构，根据专业研判，对公司投资业务重大事项的必要性、可行性、收益性和审慎性进行评估，出具投资评估意见和建议，为总裁办公会提供决策服务。风险评估会是公司重大业务事项的风险评估机构，从专业技术层面对提请评估事项的合法性、合规性、风险性进行独立评估，出具书面风险评估意见，为总裁办公会决策服务。"两估会"坚持"专业、独立、审慎"的原则，集合多方面专业人员，以个人身份发表意见，对重大事项出具评估意见，供总裁办公会决策参考。

此外，公司还成立了跨部门的专项工作小组，如物资采购小组、存款小组、谈判小组等。各工作小组群策群力，既保障了相关工作的公开透明，又进一步增强了决策的有效性。

同时，保险保障基金公司注重自身基础建设，自成立以来不断加强制度建设、风险管理和人员队伍建设。目前，公司已制定包括内部管理类、人事薪酬类、财务管理类、资产管理类、风险管理类和风险监测类六个方面共41项制度，规范了基金筹集、资产管理、公司运转等方面50多项业务流程，做到风险控制体系覆盖各类业务和各个环节，确保依法合规，风险可控。

二、专业化的管理运作模式

保险保障基金公司在中国保监会及有关部委的正确指导下，开拓进取，扎实工作，各项工作取得了较好的成绩。基金收缴服务进一步加强；基金资产配置完成战略建仓，开辟委托资产管理新渠道；风险处置工作稳步推进，认真履行股东职责，妥善化解行业风险；风险监测质量不断提高，初步形成有特色的风险监测报告模式，逐步完善风险监测信息管理系统；公司自身管理水平不断提高，制度更加健全规范。

保险保障基金公司积极迎接市场化挑战，努力进取，扎实工作，从基金的筹集、管理、使用到行业风险的监测、化解都形成了专业化的运转机制。

在基金筹集方面，保险保障基金公司不断加强筹集管理，探索完善基金筹集模式，着力提高基金收缴服务质量，真实反映基金筹集管理情况并积极探索基金筹集管理模式。

在基金管理方面，保障基金公司本着"安全至上、稳健增值"的投资原则，抓住市场机遇，积极做好资产配置的战略建仓工作；同时加强投研能力和投资风险防范能力建设，充分借鉴市场，根据保障基金资产管理的自身特点，委托专业的资产管理机构管理和运作保障基金部分资产，建立了多组合管理的委托投资"赛马机制"，在确保资产安全的前提下，取得较好的资产管理成效。

截至2012年12月31日，保险保障基金资产管理规模共计3737843.21万元，其中，银行存款2745638.07万元，占73.5%；债券投资352350.14万元，占9.4%；买入返售债券39855.00万元，占1.1%。2012年保险保障基金共实现投资收益 153531.02 万元。实现了保障基金的保值增值。

自 2011 年 6 月保监会批准保障基金公司开展委托资产管理业务以来，公司在完善运作机制、健全管理制度、加强风险管控方面，主要做了以下方面的工作：

（1）建立委托资产管理"赛马机制"，实现了委托资产管理的"三方制衡"。一是选聘了投资管理人，提高了竞争性。首批选聘了 1 家托管人和 5 家投资管理人，积累了一定的管理经验后，又主动增聘了 2 家投资管理人，完善了赛马递补机制，充实了投资管理队伍，进一步增强了组合赛马的竞争性。二是实施委托资产组合的盯盘管理，分析和掌握组合的投资动态，研究各投资管理人投资特点，及时发现和处理投资运作中存在的问题，推动了委托资产的稳健运作。三是加强委托资产组合运作的窗口指导，做好投资指引和投资政策的解释工作，及时解决组合运作中的遇到的问题和困难，定期或不定期与投资管理人沟通探讨投资思路，提高了委托资产的投资管理水平。四是建立了委托资产管理业务的沟通报告机制，编制委托资产管理周报和月报，及时向保监会及相关管理部门报告委托资产管理运作情况及主要工作进展，主动接受监督检查。

（2）建立了投研一体化的投资机制，增强了决策的科学性和专业性。一是保险保障基金公司不断加强专业投研能力建设，选聘了专业的投资顾问机构，建立了基本面、政策面和资金面相结合的债券市场分析模型，提高了经济形势和债券市场的分析和研判能力。二是建立了投资策略沟通机制，通过与各家投资管理人、投资顾问及市场主流机构进行沟通座谈，深入研究分析宏观经济、货币政策、债市走势和投资策略，为组合资产配置提供决策支持。三是借鉴市场机构投研经验，建立了每日晨会制度，加强了市场的动态研究，准备金率、存款利率发生变化后及时开展专题分析，提出资产优化配置建议。在委托资产管理实践中，保险保障基金公司注重发挥投研对实际投资的支持作用，逐渐形成了投研一体化的研究机制，为较好地把握委托资产管理业务时机奠定了基础。

（3）着力于风险管理和控制，确保委托资产的安全。一是加大了重点风险的防范工作。保险保障基金公司密切关注市场发生的信用风险事件，对符合投资范围且已经发行债券的 65 家央企和 22 家央企控股子公司等发债主体的信用风险情况进行内部评估，并依据评估结果进行信用风险管控。二是通过建立组合久期、VaR 值和回购杠杆等动态监测机制，有效防范了市场风险，同时对委托资产组合的投资操作进行逐笔分析，跟踪交易及清算情况，切实防范了操作风险。三是设计了委托投资风险监督指标体系。通过建立"红、黄、绿"监督预警机制，对委托资产风险进行了全过程、全覆盖的主动监督管理。从委托资产的实际运作情况看，上述风险管控机制行之有效，较好地保障了委托资产的安全。

（4）加强制度建设，保障委托资产的规范运作。一是制定了委托资产管理业务实施细则，针对部门分工、组合管理、资产配置、投资指引等工作流程进行梳理规范，明确各项工作职责分工，设计了实务操作流程图。二是制定了委托资产会计核算办法和委托资产估值办法，规范了委托资产的核算估值管理，同时制定了委托资产资金调拨办法，进一步规范委托资产移交、追加、提取和费用支付等资金划转操作流程，为委托资产的安全调拨提供了制度保障。三是制定了委托资产管理绩效考核办法，明确了对投资管理人的绩效考核原则和评分方法，从组合投资和组合管理等方面引导督促投资管理人在防范风险的前提下提高组合管理水平和管理收益。通过在实践中不断磨合与修订，保险保障基金委托资产管理相关内部制度体系已经逐步趋于完善，为委托资产的安全稳健运行和规范运作提供了有效保障。

在基金使用方面，保险保障基金公司在有关部门的统一领导下，认真参与风险处置工作。2007 年保险保障基金使用 279002.22 万元，收购新华人寿保险公司 38.815% 的股权。2009 年，上述股权已全部转让给中央汇金投资有限责任公司，收到股权转让款 405800.00 万元，全额计入人身保险保障基金专户。经批准，公司于 2011 年底受让中华联合保险控股股份有限公司（以下简称中华联合）57.4288% 的股份，成为控股股东，并于 2012 年向中华联合注资 60 亿元，用以化解中华联合偿付能力风险。

第二节　参与行业风险处置的实践

一、参与新华人寿风险处置实践

（一）背景情况

1. 新华人寿风险的形成

新华人寿保险股份有限公司（以下简称新华人寿）于 1996 年经中国人民银行批准成立，是国内成立较早的股份制保险公司，是《保险法》颁布后成立的第一批全国性专业寿险公司，成立时的注册资本为 5 亿元，15 家发起人中有 7 家持股比例达到 10%，并列第一大股东，东方集团、宝钢集团均名列其中。

2000 年是新华人寿的转折点，公司成功引入了苏黎世保险公司、国际金融公司、日本明治生命保险公司、荷兰金融发展公司 4 家外资股东，外资股份达 24.9%，注册资本增至 12 亿元。

时任新华人寿董事长的关国亮利用职权，反复腾挪新华人寿的资金，突破监管当局对保险资金的运营范围，通过个人亲友成立的公司投资诸多房地产项目（包括新华保险大厦、华平国际大厦、西贸中心、北京宫四个长安街沿线项目等），使得私产和公产之间形成金额巨大、走向混乱的债权债务关系。这使得新华人寿年报表盈利，但巨大的账外资产权益不清。

到了 2004 年，寿险市场出现萎缩，新华人寿经营状况遭受严峻考验，引起广泛关注；继而传出新华人寿 6 亿元理财资金受困南方证券，新华人寿业绩面临"掺水"的质疑；2004 年 8 月 26 日在银川召开的"全国寿险公司偿付能力监管研讨会"之后传出，保监会已对偿付能力不足的 3 家寿险公司下发了监管意见书并提出警告，其中之一就是新华人寿。

2006 年 7 月，会计师事务所未能出具 2005 年报的审计意见，新华人寿资金运用违规情况浮出水面。2006 年 9 月，保监会启动了对新华人寿资金运用问题的调查。据普华永道审计结果，关国亮掌控新华人寿期间，从新华人寿流出的资金累计达 130 亿元之巨，截至保监会调查时，尚有 29 亿元未归还。

2. 前期风险处置措施

保监会于 2006 年 6 月向新华人寿下发《监管函》，明确指出："在你公司偿付能力额度达到我会规定之前，不得向股东分红，不得增设包括营销服务部在内的分支机构。"

2006 年 9 月 23 日，根据新华人寿部分股东就关国亮违规投资向国务院的举报，中国保监会开始对新华人寿进行"例行调查"。中国保监会的调查初步发现，关国亮历年擅用新华人寿资金累计约 130 亿元，届时尚有 29 亿元未还。资金或被拆借给形形色色的利益伙伴入股及控制新华人寿，或用于大规模违规投资或拆借。保监会需要确保新华人寿被挪用的巨额资金安全返还。

2006 年 10 月 8 日，保监会宣布暂停关国亮履行董事长职责，工作移交给总裁孙兵，关国亮的权力事实上被终止。2006 年 12 月 27 日，保监会宣布，关国亮违规运用保险资金投资房地产等领域，因此"责令新华人寿调整关国亮的董事长等职务"。至此，正式免除关国亮董事长职务。

保监会的调查启动之后，新华人寿三项最大的隐性投资被陆续追回，分别是位于北京永安里长安街南侧的高 21 层的新华保险大厦、位于长安街沿线万寿路地铁站北角的西贸中心大厦，以及位于长安街上北京饭店的二期扩建工程——"北京宫"。

（二）保险保障基金参与风险处置的过程

1. 严控风险，维护新华人寿稳定发展

保障基金自参与新华人寿风险处置工作以来，所面临的第一个挑战就是如何履行股东职责，加强新华人寿风险管控，所做的主要工作：一是参与经营管理的重大决策。保障基金持股一年多，共参加了十七次新华人寿股东大会和股东工作会议，就新华人寿日常经营管理中的重大问题，认真进行研究，主动与其他股东沟通，并就相关重要问题及时向保监会请示汇报。在尊重多数股东意见的基础上，认真审议了数十项重要议题，及时对新华人寿的重大经营问题作出决策，保障了新华人寿日常经营的正常进行。二是推动了审计报告的出具。针对新华人寿未能出具审计报告的情况，保障基金把推进审计报告的出具作为一项重点工作来抓，主动与新华人寿主要股东、管理层及审计机构共同协商，采取有效措施，如发布债权登记公告等，逐一解决影响审计报告出具的诸多障碍。多次协助审计机构向保监会反映影响审计报告出具的主要事项，经各方面共同努力，审计机构最终出具了新华人寿 2006—2008 年度审计报告，结束了新华人寿三年未能出具审计报告的非正常状态，同时为新华资产评估工作的顺利开展打下了基础。三是加大资产保全和债权清收工作力度。由于历史遗留问题，新华人寿的资产保全和债权清收工作任务艰巨。保障基金一方面督促新华人寿管理层加强资产保全工作的力度，积极推动和参与各项协调工作；另一方面与其他股东一起支持并推进新华人寿聘请专业机构、成立追债小组进行债权清收工作。截至股权转让前，清收工作已取得阶段性成果。四是加强内部风险控制。针对新华人寿董事会不健全可能产生的风险，保障基金与其他主要股东成立了股东工作小组，及时联系和沟通，在重大资本性支出、高管薪酬等方面加强管控。

通过以上工作，有效维护了新华人寿的稳定，促进了业务发展，提升了公司价值，为股权转让工作打下了良好基础。新华人寿 2008 年保费收入 557 亿元，净利润 18 亿元，分别同比增长 73% 和 557%。2009 年继续保持良好发展势头，截至 2009 年 10 月，新华人寿实现总保费规模 552 亿元，同比增长 13%，远高于行业平均 5.7% 的增速。

2. 顾全大局，稳妥推进股权转让工作

2009 年 2 月底，国务院批复关于新华人寿股权转让事宜的请示后，保障基金立即全面启动新华人寿股权转让工作，按照依法合规、有利于金融稳定的原则，有计划、有步骤地推进新华人寿股权转让工作。一是选聘财务和法律顾问，制定股权转让方案。股权转让工作启动后，保险保障基金公司立即聘请了专业的财务顾问和法律顾问，充分发挥中介机构的专业优势，协助制定了详细的转让工作方案和计划，在得到新华人寿股权处置工作小组同意后，报董事会批准实施，保证了整个转让工作依法合规有序地开展。二是选聘资产评估机构，开展资产评估工作。3 月 21 日，保险保障基金公司采取邀标方式启动选聘资产评估机构工作，3 月 31 日与汇金公司共同确定了北京天健兴业资产评估公司为该项目资产评估机构。资产评估机构于 4 月 1 日至 5 月 8 日完成了现场工作，并形成了初步的评估结果。经多方协商和多次论证，资产评估机构于 2009 年 6 月 19 日出具了资产评估报告提交财政部审核。三是开展谈判工作，签署转让协议。在进行资产评估工作的同时，保险保障基金公司就股权转让事宜与汇金公司进行多次协商并开展谈判工作。在保险保障基金公司董事会批准后，于 11 月 18 日与汇金公司签署了《转让协议》。

3. 多方磋商，合理确定交易价格

股权转让价格是交易双方谈判的主要内容，是交易能否达成的关键要素，也是有关部门、新华人寿股东、社会舆论关注的焦点。价格的确定主要考虑了以下因素：一是交易对象汇金公司是由新华人寿全体股东共同选定并经国务院批准的唯一交易对象，交易方式为协议转让，无法进行竞价性谈判。二是要以评估结果为基础。按金融企业国有资产监管的相关规定，转让价格应以经财政部核准的资产评估报告为基础。根据与汇金公司谈判结果，汇金公司愿意按照评估报告出具的专项咨询结果进行交易，并表示是底线价格。三是维护金融稳定的需要。本次股权转让是新华人寿风险处置工作的延续，价格的确定需考虑风险处置工作的顺利完成，以及有利于金融稳定和有利于新华人寿的长远发展的需要。

基于以上因素，根据资产评估结果和财政部的核准意见，以及保监会有关新华人寿风险处置的精神，为促成股权转让工作顺利完成，最终确定了各方均能接受的转让价格。

4. 依法合规，严格履行内外部程序

保险保障基金公司在实际工作中严格履行了所需的全部内外部审批程序，确保股权转让工作依法合规。一是召开公司两次董事会，履行公司内部审批程序。分别在 2009 年 3 月 20 日和 11 月 16 日召开董事会，先后审议批准了股权转让事项与《转让协议》、《授权委托书》。二是股权转让事项报保监会审批，履行风险处置决策程序。保监会召开了新华人寿股权处置小组工作会议和主席办公会，对资产评估和转让协议相关情况进行审议，同意保险保障基金公司股权转让事项。三是资产评估报告报财政部核准，履行资产评估核准程序。财政部于 2009 年 8 月 13 日、9 月 27 日召开两次专家评审会，对资产评估报告进行评审，资产评估报告经进一步修改后通过专家评审，并于 10 月 28 日获得财政部核准。四是履行新华人寿股东大会审议程序和行政审批手续。经保险保障基金公司提议，新华人寿于 11 月 19 日召开 2009 年度第七次临时股东大会，审议通过股权转让事项。新华人寿在股东大会通过股权转让事项后，即向保监会提出了股权转让的审批申请。11 月 30 日保监会批复了股权转让事项。五是履行转让协议和办理工商变更手续。12 月 14 日，保险保障基金公司收到汇金公司支付的全部转让价款 40.58 亿元，转让协议履行完毕。新华人寿于 12 月 15 日向工商部门提出变更登记申请，股权转让工作全部完成。

5. 加强沟通，正面引导媒体舆论

在转让工作过程中，保险保障基金公司持续保持与监管部门、汇金公司的沟通和协调，提高工作效率。同时由于新华人寿风险处置工作社会关注度高，保险保障基金公司高度重视新闻宣传工作，正面引导社会舆论。一是加强与监管部门的沟通。建立向保监会汇报的制度，定期通过工作简报向保监会汇报工作进度，对于股权转让和新华人寿运营中的重大问题，进行专项请示汇报。二是加强与财政部的沟通。在资产评估前征询有关评估报批程序和意见，资产评估报告核准阶段与财政部多次沟通解释，增进评估机构、财政部、评审专家之间的沟通，促成资产评估报告通过核准。同时就整个转让事项向财政部多次汇报与请示。三是加强与汇金公司的沟通协调。与汇金公司建立定期磋商机制，互相通报工作进展，先后对资产评估、尽职调查、协议谈判和新闻宣传等问题进行深入研究和磋商，促使双方达成一致意见。四是加强舆情监测，正面引导新闻媒体。设置专人专岗动态监测新闻媒体动向，在保监会有关部门的统一安排下，提前准备季度新闻发布会及转让工作相关新闻宣传口径，并适时进行新闻发布。截至目前，媒体舆论以如实叙述、正面报道为主，各种报道虽然观点不同，但均未质疑股权转让工作本身的依法合规，没有发现对转让工作造成重大不利影响的舆论。

（三）案例评析

对新华人寿的风险处置案例是中国保监会动用保险保障基金进行风险

处置的第一个案例。新华人寿发生问题的根源除了股东素质、制度缺陷、独立董事不独立等因素之外，核心问题便是治理结构的问题，个人的权力过于集中，掩盖了内部控制、违规投资和偿付能力不足等一系列问题。在新华人寿违规运用资金事件的调查和后续处理中，保险保障基金通过受让股权的方式接管了问题股东的股权，解决了关国亮去职后的"潜在势力"问题。这种股权重组方式在我国《保险法》中没有明确的规定，但在保险公司的风险处置过程中，可以借鉴证券公司风险处置的经验为之。股权重组在化解危机的同时，有利于保险市场资源的整合。因此，在保险公司采取此种方式能够化解危机的情况下，应当避免采用撤销清算以及破产清算等处置措施。但是，这种方式也存在一定弊端，这主要是因为，为了维护金融稳定而采取行政主导下的重组而非市场重组方式，在一定程度上降低了重组的协同效应，同时又不如重整司法强制力强、效率高。而且在某种意义上，对于保险保障基金而言这是一种"股权投资"，作为监管部门，保监会应该把这部分股权及时转让出去。只有在监管部门妥善解决关国亮挪用资金违规投资的问题，并适当调整公司的权力制衡机制后，新华人寿才能走得更远。

一年来的工作实践表明，通过保险保障基金参与风险处置工作的方式是防范化解行业风险的重要手段，方向是正确的，也是成功的。但这项工作在保险业乃至金融业仍处于尝试阶段，还需要继续探索和总结经验。

二、参与中华联合风险处置实践

（一）背景情况

1. 中华联合风险的形成

中华联合保险公司①是国内大型保险公司之一，主要经营财产保险业务。中华联合的前身，是1986年财政部和农业部共同拨款3000万元成立的"新疆生产建设兵团农牧业生产保险公司"。2000年更名为"新疆兵团财产保险公司"，经营区域扩大到新疆全区。公司于2002年更名为"中华

---

① 本文将中华联合保险控股股份有限公司及其控股的中华联合财产保险股份有限公司合称为中华联合保险公司，也简称为中华联合。

联合财产保险公司",资本金增至 2 亿元,经营区域扩展到全国。2006 年公司进行股份制改造,分设为中华联合保险控股股份有限公司及其控股的中华联合财产保险股份有限公司,注册资本各为 15 亿元。截至 2008 年底中华联合在全国 23 个省(自治区、直辖市)设有分支机构 2000 多个,员工约 3 万人。

中华联合的风险逐步形成过程与其业务规模极速扩张密不可分。这种扩张始于 2002 年,其原保费收入随着机构的迅速铺设而大幅增长,然而其高速扩张也付出了高成本的代价。其综合费用率始终高于 30%,业务的赔付成本急剧升高,2006 年起公司综合成本率持续高于 100% 的盈亏平衡点。中华联合大规模风险暴露始于 2007 年。2007 会计年度公司的综合赔付率达到 108.4%,综合成本率达到 143.5%,形成了 91 亿元的年度巨额亏损,偿付能力缺口 113.9 亿元,净资产迅速恶化为 − 89.8 亿元。2008 年和 2009 年,公司的综合成本率依然高于 100%,年度亏损依次为 24.6 亿元和 9.3 亿元。2009 年偿付能力缺口高达 159.1 亿元,偿付能力充足率为 − 443.1%。

2. 前期风险处置措施

监管机关一直高度重视中华联合的风险隐患。2005 年公司风险初步显现后,监管机关相继采取了停止批设分支机构、责令增加资本金、限制部分机构业务范围及高管人员薪酬等多项监管措施,督促公司改善经营管理,防范有关风险。

在监管机关的督促和要求下,2007 年中华联合的增资扩股工作启动,多家外资机构参与竞标。多轮谈判后,因公司亏损巨大且控股权问题无法解决,外方投资者决定终止合作,引进外资工作陷入困境。

2008 年,经监管机关协调,增资扩股谈判重新启动,但随着国际金融危机的爆发和蔓延,外资提出了更为苛刻的条件。2009 年初,寻求外资重组的工作被迫搁置。

此后,监管机关协调多家中资机构,研究市场化重组中华联合的可能性,但拟重组相关方都未能达成一致意见。通过市场化方式处置中华联合风险的种种尝试遗憾搁浅。

鉴于中华联合亏损严重，重组尚需时间，为维护稳定、防范风险，2009 年 3 月，保监会与新疆生产建设兵团联合成立了"加强内控工作组"进驻公司总部和重点分支机构；同时中华联合股东大会免去孙月生董事长兼总经理的职务。在工作组和全公司的共同努力下，通过加强内控管理等综合措施，较快遏制了中华联合亏损不断增加的局面，经营呈现好转态势。

（二）保障基金参与风险处置的过程

1. 确定注资重组方案

保险保障基金公司经过与兵团国资委等各主要方面进行多次沟通协商，形成了注资重组中华联合的方案，方案由保监会商有关部门后，上报国务院并获批准。

方案坚持维护稳定的方针，在稳妥处理员工持股和原股东承担一定责任的前提下，由保险保障基金公司对中华联合分阶段实施重组。主要内容：一是由保险保障基金公司托管中华联合主要股权，取得公司管理权，全面加强公司管控，控制风险隐患。二是动用保障基金不超过 65.31 亿元注资重组中华联合，在"维护稳定、坚持自愿"原则下，以不高于每股 1 元的价格收购中华联合员工股（收购总金额不超过 5.31 亿元）。一方面保险保障基金公司通过无偿受让、置换、收购员工股等方式进行股权重组；另一方面根据偿付能力需要，逐步向中华联合注入保险保障基金不超过 60 亿元，充实资本金。三是完善中华联合公司治理，规范公司治理架构，用两到三年时间改善经营管理，提高公司价值，适时启动市场化重组。在中华联合实现有效化解历史包袱、健康运行的目标后，保险保障基金择机退出。四是在重组过程中，依法追究原管理层责任。

2. 托管主要股份

作为保险保障基金注资重组中华联合的前期重要步骤之一，由保险保障基金公司对中华联合的主要股份实施托管，有其必要性。一是中华联合偿付能力严重不足，保单最终偿付责任已经实质上转嫁到保险保障基金；二是通过托管股份先行进入主要股东角色，有利于及时规范建立公司治理结构，协助新的董事会和经营管理层，深入开展整治止损、加快提高业务质量和管理水平的工作；三是对中华联合实行托管，符合法律法规要求，国内外金融业风险处置中也有很多先例，各方也均表示愿意支持保险保障基金公司尽快进入。

2010 年 4 月，保险保障基金公司经董事会和监管机关批准与兵团国资委签署股份托管协议，托管了中华联合主要股份，开始履行股东职责。保险保障基金公司积极与中华联合各股东沟通协商，制定了董事会换届改选方案，为中华联合召开股东大会和建立新一届董事会做好了准备。

3. 加强公司治理，改善经营管理

2010 年 8 月，在保险保障基金公司推动下，中华联合股东大会召开，选择一批熟悉保险经营、专业能力较强的人员担任董事，组成了新一届董事会；新董事会选举了董事长，聘任了总经理，设立了董事会提名薪酬委员会和审计委员会，健全了董事会运作机制。从 2010 年 8 月到 2011 年 6 月底，中华控股共召开 4 次股东大会，5 次董事会会议，4 次审计委员会会议，2 次提名薪酬委员会会议，中华产险共召开了 6 次董事会会议。这些会议对中华联合公司章程进行了修订，批准了股东大会、董事会议事规则，决定公司总部迁到北京，审议决定了高管人员选聘、年度预决算、经营计划等公司几十项经营管理重大事项。同时，作为托管股东，保险保障基金公司也加强了对中华联合有关经营方针和发展战略的管理，与公司经营层保持充分沟通。

4. 股权重组过程

2011 年 7 月底，保险保障基金公司与兵团国资委方面举行会谈，双方就中华联合重组协议达成一致，并完成草签。8 月份，各方就中华控股股份转让协议和中华产险股份转让协议达成一致意见。保险保障基金公司董事会审议通过了《关于实施注资重组中华联合方案的议案》。9 月份，保险保障基金公司与中华联合股东正式签署了中华联合重组协议及相关股份转让协议。根据协议约定，保险保障基金公司将无偿受让中华控股861432603 股股份，占比为 57.4%。同月，中华联合召开股东大会，审议通过了股份转让的议案。

同年，行政审批和工商变更登记程序全部完成，保险保障基金公司正式成为中华联合的控股股东，为后续注资和风险化解工作奠定了坚实的基础。

5. 员工股处理和责任追究

关于处理员工股问题，保险保障基金公司遵循国务院批复的"维护稳定、坚持自愿"的原则，遵守国家法律法规及有关部门颁布的规章制度和规范性文件，有序推进相关工作。

对于中华联合前些年经营形成的巨额亏损，原管理层难辞其咎，应当依法追究责任，各方将协调一致，坚持依法合规，有步骤地推进这方面工作。应由中华联合董事会聘请专门的外部审计机构，对中高层管理人员进行责任审计，对经审计认定造成公司重大风险和资产损失的责任人员，将给予相应处分或处罚。

6. 注资和引进战略投资者

2012 年 1 月 31 日，保险保障基金公司与中华联合正式签署增资协议，注入 60 亿元保障基金，改善中华联合偿付能力。至 3 月底，行政审批和工商变更登记程序已全部完成，保险保障基金公司持有中华联合 68.61 亿股股份，占比为 91.5%；中华控股持有中华产险 68.75 亿股股份，占比为 91.7%。

为了彻底改善中华联合偿付能力，保险保障基金公司正在加快引进战略投资者。保险保障基金公司与东方资产管理公司沟通，推动增资扩股事宜；同时根据形势变化，提出发行定向次级可转债的过渡性融资方案，尽快解决偿付能力问题。各方已就融资额度、转股条件及价格、下一步公司治理结构等重点问题取得共识。2012 年 7 月 27 日，保险保障基金公司与中国东方资产管理公司及中华联合举行三方会谈，草签了融资协议等一系列法律文件，战略引资工作取得阶段性成果。

（三）案例评析

1. 管控先行，换人比换血重要

一是尊重实践，及时作出抉择。2009 年初的局面，一方面是各种通过市场化方式注资重组中华联合的尝试均告搁浅，另一方面是中华联合还在发生经营亏损，平均每天接近一千万元。对此，在风险处置上作出重要决策，对中华联合实施管控先行，尽快控制亏损，稳定局面，同时明确由保险保障基金进行注资重组就显得尤为关键了。二是保障基金针对风险产生的主要原因，果断介入中华联合内控管理，更换主要负责人。中华联合的问题主要是经营管理不善，关键在管理层，要尽快遏制经营亏损不断增加的局面，必须有得力的管控负责人和团队，这比加强供血即注入资金更为迫切和重要，也符合金融机构危机处置的通常做法。三是保障基金通过股权受托管理方式，抓紧重建公司治理结构。中华联合新一届董事会成立，选举聘任了新一任董事长和总经理，新一任经营班子到位，这为中华联合的整治止损和下一步注资重组创造了有利的条件。

2. 根据实际情况，制定重组方案

重组方案并非一蹴而就，而是根据中华联合的实际情况提出并不断充实、调整、完善的。特别是在原有股东权益的安排、注资规模以及员工股的处理这些重要问题上，方案经过反复研究协商，使得其作出的安排成为整个方案得到认可的重要支撑。一是削减原股东权益的安排。对濒临破产的金融机构进行重组，通常做法是将原股东权益归零或大幅削减。但由于中华联合总部地处新疆，主要股东是兵团下属各师团单位，对股权重组需要从维护政治稳定和社会稳定的高度统筹考虑，既要遵循市场规则，又要体现风险处置的政策性。在主要股东坚持要保全货币出资所形成股份的情况下，保险保障基金公司提出了置换方案，即在无偿转让 5.01 亿股股份的前提下，将兵团下属单位以货币出资形成的股份的一半置换为中华产险同等数量的股份。这样，通过无偿受让及置换，兵团下属单位对控股公司和产险公司的权益分别下降了 72% 和 46%，相当于打了 2.8 折和 5.4 折，达到了缩减权益的效果。二是科学计算注资规模及其用途。经过专业机构测算，在中华联合整治止损期间，要维持经营稳定和保单持有人利益，防止可能发生的业务大幅萎缩、集中大面积退保等极端情况，需要 45 亿～60亿元的配套资金安排，加上 5.31 亿元的收购员工股资金，阶段性注资规模约 50 亿～65 亿元。到 2010 年，中华联合当年实现利润 8.7 亿元，增量业务止损初步实现，2011 年上半年经营形势进一步好转。中华联合整治止损的速度大大提高，流动性压力有所降低，但相对于历史包袱而言，保持 60

亿元注资规模仍然是必要的。在此情况下 60 亿元注资的主要目的就从改善流动性转为了充实资本金，补足偿付能力。三是妥善处理员工股。基于中华联合的亏损现实，为维护中华联合稳定，考虑中华联合员工利益，参考国内同类重组解决员工股问题的先例，重组方案以"维护稳定、坚持自愿"为前提，按照面值收购员工股。在中华联合经营连年亏损、严重资不抵债的情形下，这一安排是对员工利益的维护。

3. 充分运用市场手段，发挥行业风险处置平台作用

中华联合注资重组工作具有政府性、行业性救助和专业化、市场化重组双重特征，程序复杂、涉及的利益主体较多，既需要依据法律规定和监管要求、通过行政手段推进，也需要按市场规则办事，充分利用市场化手段和资源。如何协调两者的关系是一个不小的难题。保险保障基金公司作为行业风险处置平台，凭借法律赋予的独立主体地位，充分运用各种市场化手段，推动了注资重组工作的顺利实施。一是以市场平等主体的身份，与中华联合的主要股东磋商注资重组主要安排，解决了股权重组等关键问题，为注资重组方案的确定铺平了道路。二是通过托管股份这一较为市场化的方式，先行进入中华联合，重建公司治理结构，加强管控，避免了行政接管可能带来的不利影响，在公司前景未明的过渡时期，给广大员工和投保人吃了一颗定心丸。三是聘请市场认可程度高、经验丰富的法律顾问和财务顾问参与注资重组工作，在重组方案制定与实施的整个过程中提供专业服务，确保风险处置工作的专业化水准。

4. 维护稳定，平衡各方利益

在对中华联合进行风险处置的过程中，保险保障基金公司积极与各方沟通，充分考虑和平衡协调各方利益，努力减少和避免因重组引起不利于社会稳定的情况尤其是群体性事件的可能。在有关工作实践中认真把握了以下要点：一是维护中华联合的经营正常开展，维护中华联合数百万保单持有人的保单利益不受损害。二是维护广大员工的合法权益，稳妥对待员工持股问题。三是考虑到中华联合严重资不抵债的现实，根据风险处置基本原则，对中华联合原有股东权益采取了切实可行的安排。四是严格遵守各项法律法规，认真履行法定程序，积极向监管机关汇报请示，确保注资

重组工作依法合规开展。

从新华人寿和中华联合的风险处置案例中，我们可以发现：无论是新华人寿的风险处置案例，还是中华联合的风险处置案例，其处理过程都非常复杂。保险保障基金公司所能发挥的作用，绝不仅仅是一个钱袋子、一个出纳的角色。在行政和市场的两端中，必须有一个中间主体提供过渡的空间，解决风险处置主体的身份问题，协调沟通各方，提供资金，充分利用市场手段处理问题。

具体而言，在新华人寿的案例中，保险保障基金公司的成立，解决了股东主体缺位的问题。在中华联合案例中，保险保障基金公司先是通过签署托管协议成为托管股东，召集股东大会，改选董事会，聘任了新一届经营班子；然后实际注资，部分解决偿付能力不足问题，在公司治理过程中发挥重要作用；同时推动中华联合引进战略投资者的工作。

总的来看，保障基金公司可以发挥作用的方面大致有以下三点：一是为风险处置工作提供了一个独立主体身份，分担了监管的负担，成为风险处置法律程序中的必要一环。二是提供资金保障。不断增长的保险保障基金的规模，是我国推进保险市场退出机制建设的一个重要物质基础。行业基金一定程度的积累，是新华人寿和中华联合处置工作顺利稳妥解决的一个重要前提。三是市场化的操作。保险保障基金公司有高素质专业化的人员队伍，也可以作为独立机构聘请专业的第三方中介服务机构，包括律师事务所、会计师事务所、资产评估机构等，并在风险处置方案制定与实施的过程中充分参考和借鉴市场惯例，确保了风险处置工作的效率和结果的公平。

因此，可以说，加强保险保障基金公司的建设，不断充实保险保障基金公司的人员队伍和提高专业能力，以市场化的方式管理运作保险保障基金公司，是推进我国保险市场退出机制建设的题中应有之义。

第三节　保险保障基金管理运行实践中的问题

四年来，保险保障基金公司这个以保险保障基金的筹集、管理和使用为基本职责的国有独资公司的成立，为保险保障基金事业的发展开创了新的局面。在基金筹集上，进一步规范管理；在资产管理上，参考市场惯例，进一步加强专业化建设，并且取得了较好的投资收益，行业内公共基金规模进一步得以积累；更为重要的是，在中华联合及新华人寿的风险处置上，保险保障基金发挥了其制度设计时维护金融稳定的职责，运用行业的力量解决个别保险公司的危机，没有使用中央银行的再贷款。可以说，保险保障基金公司四年来的实践，为我国保险市场退出机制的建设，打下了坚实的基础。

但是，四年来的实践过程中，由于各方面的限制，保险保障基金的实践也遇到了一些瓶颈和障碍：保险保障基金公司与监管机关的关系协调，市场退出具体工作与国家法律法规的依据，风险处置工作中市场力量的参与方式与程度，在这些方面或多或少存在着一些关系尚未理顺，有些方面还需要加以完善，一些遗留问题尚待解决，这都成为保障基金事业进一步发展的障碍，也不利于我国保险公司市场退出机制的建设。

一、公司定位不清

保险保障基金公司的成立，始于新华人寿的风险处置工作。在新华人寿违规挪用资金案件的查处工作中，使用保险保障基金收购相关违规股东所持股权，并由具有独立法人资格的保险保障基金公司作为股东，为妥善处置新华人寿风险提供了一个好的机制，这也为后来的实践所证明。但当时关于保险保障基金公司的定位、职能、体制机制，并没有总体的规划和长远的设计。现在看来确实是存在包括但不限于"职能及定位不清"、"体制不顺"等一些问题。

目前，保险保障基金公司发展的目标定位模糊。"非营利企业"的定位，困扰着公司的管理和发展，实际运行中既不像企业，也不像事业单位。

这导致：一方面，无法建立有效的激励约束机制，影响了公司的管理活力，更不利于发挥市场化、专业化的优势；另一方面，由于管理体制不完善，干部的晋升、培训及公司的国际交流存在脱节现象。员工队伍归属感不强，且经营绩效与员工的薪酬不挂钩，难以有效调动工作积极性，难以吸引和留住人才。这种状况增加了公司的管理难度，制约了公司的进一步发展。管理的体制机制亟待进一步理顺。公司章程中"非营利企业"的定位与基金保值增值的要求不衔接，缺乏像社保基金那样的激励机制。出资者代表将"非营利"视同"无利润"，没有激励奖惩，影响了公司的活力和发展。对于"非营利"，我们的理解是，财政部作为股东，不以分红为目的，但"非营利"不等于"不营利"，公司如果不能参照市场通用规则建立激励约束机制，就不能选好用好和留住人才，难以发挥市场化、专业化优势，履行好职责就会缺乏有效条件。

对于"非营利性企业"，可以理解为：财政部作为股东，不以分红为目的，但公司要建立现代企业制度，按照市场通用规则建立激励约束机制，选好人，用好人，留住人，共同创造良好的业绩，履行好法律赋予的职责和使命。

二、体制机制不顺

《保险保障基金管理办法》第六条规定："设立国有独资的中国保险保障基金公司，依法负责保险保障基金的筹集、管理和使用。"这一条基本明确了保险保障基金公司国有独资公司的地位。依据这一规定，经国务院批准，保险保障基金公司领取了企业法人营业执照，以独立的法人主体资格开始运营。

保险保障基金公司是保监会唯一的下属企业，其性质是监管职能的延伸，内部管理机制应该是紧密衔接的，但许多方面存在脱节现象。体制机制不顺，管理制度运行中存在一些不协调、不衔接、不完备之处。

在实践中，保险保障基金公司作为新生事物，由于相关机制不完善，公司运行出现一些较为明显的问题。最突出的一点，表现在其独立主体地位较为薄弱，保险保障基金公司作为国有企业应该享有的各项权利受到一些限制与束缚，如预算、人员编制、对外交流、基金筹集、投资管理、风险处置等。四年来的实践，保险保障基金公司在运行中，更多地表现为监管机关的一个组成部门。保险保障基金公司并不具有监管权，其直接立意也不是增强监管力量。之所以将它设成一个公司，而不是在监管机关组织架构体系内增设一个部门，就是因为必须要有一个介于监管与市场之间的主体来负责实施保险公司市场退出及相关的风险处置工作。这在新华人寿、中华联合风险处置的过程中已经得到了充分的体现——监管机关的主要职责是监管，对于保险公司微观层面的股东、股权、高管人员、经营战略、业务活动等问题，主要从合法、合规性上进行审批和监管，而保险保障基金公司则可以利用自己的独立主体地位，充分发挥自己的专业能力，在风险处置及市场退出的过程中，从以上各方面发挥积极主动的促进作用。所以，在这样一个公司成立后，还按照一个部门的方式去管理它，就丧失了它作为独立机构应有的效率，其立意将大打折扣。

这个问题的核心是如何在坚持监管机关统一领导的前提下，充分发挥保险保障基金公司的主观能动性。笔者认为，解决该问题的思路是：区别宏观与微观。宏观是根本决策，微观是具体实施。对于涉及到保险保障基金或保险保障基金公司的重大决策或重大事项，应当报监管机关审批，但是涉及到基金筹集、资产管理和风险处置的具体实施环节，以及公司正常运营应有的权利，应当保证和尊重保险保障基金公司独立的市场主体地位。

三、制度依据不足

《保险法》第一百条规定，保险保障基金的筹集、管理和使用的具体办法，由国务院制定。但具体规定一直没有出台。《保险保障基金管理办法》2008年9月11日正式公布，《保险法》2009年2月28日修订公布，但是公布在后、位阶更高的《保险法》却没有确认《保险保障基金管理办法》中的核心内容，也没有对"保险保障基金公司"作出规定。

目前，保险保障基金的使用，更多地是以行政的力量来推动，法治基础较为薄弱，规范性不强。行政有其效率性，但规范性不足。在没有制度依据的情况下，较难于作出决策。基金的使用，是救助保单持有人还是按损失最小化原则提前介入保险公司风险处置，通俗地讲是用于买棺材还是买药，行业内一直有不同看法，关键在于一直没有明确风险处置中基金使用的基本原则。在中华联合的风险处置工作中，究竟是采取破产清算的方式，还是采取注资重组的方式，在方案获批之前，是存在一定争议的。由于没有明确的法律依据，因此也给监管决策带来了很大难度。再者，风险处置工作的法律规定还不够完备，保险保障基金公司提前介入危重风险公司的制度依据还不充分，比如保险保障基金公司注资成为中华联合的股东后，有怎样的权利义务，缺乏制度上的明确规定；此外，保单救济缺乏实施细则和操作流程。

现行政策法规中一些规定限制了保险保障基金公司的职能发挥和功能拓展。借鉴国内外金融保障机构相关做法，公司要从简单的付款箱转变为保险宏观审慎监管工具箱中一种重要工具，某些方面需要与时俱进，研究制定合理有效的新法规、新制度。一是基金收缴尚未实现风险差别费率，不符合公平负担的原则。同时，寿险基金费率相对较低，导致产险、寿险基金结构越来越不合理。二是保障基金投资范围仅限于部分固定收益类工具，渠道狭窄，难以适应不同经济形势下保值增值的要求。三是风险监测业务的信息总量不足，监测手段过于单一，不能满足风险预警和风险处置工作的要求。

四、市场化程度薄弱

（一）保险保障基金进一步扩大积累的步伐受限

基金的管理运作，在确保安全性、流动性的前提下，要不要实行市场化运作，目标定位模糊，目前限制过多，不利于基金的保值增值和减轻保险公司负担。

不断增长的保险保障基金的规模，是我国推进保险市场退出机制建设的一个重要物质基础。着眼未来，有必要进一步夯实保险保障基金的机制和资金实力，在既有筹集制度和缴纳比例不变的情况下，有必要放开投资渠道，扩大投资比例，不断扩大基金规模，做到手中有粮，心中不慌。出现问题时，才能化危机于无形，以行业的力量解决行业问题。一个反面的教训是，2009 年初制定中华联合风险处置方案时，中华联合偿付能力缺口高达 131 亿元，而当时产险保险保障基金的规模仅有 85 亿元（2008 年度汇算清缴后），无法全部覆盖，这给当时的风险处置工作带来了极大的压力。从正面来看，近四年来的实践表明，保险保障基金的资产管理收益率有保证，可以作为行业的一个公共基金池，保险保障基金公司不以盈利为目的，运作规范，监管严格，风控到位，值得信赖。目前在投资渠道和比例上，政策对保险保障基金的限制，无论是相比保险资金，还是相比同类的全国社保基金，都要严格得多。笔者认为，有必要考虑进一步放宽。

（二）保险保障基金公司在风险处置中的权利有待明确

从国际同类风险处置机构的职权来看，对于介入处理的公司，保险保障基金公司应有实际的管控权力，包括高管人员选聘，董事会、公司治理、真正的决策权限。一般在这种情况下，保险保障基金公司或者是接管人，或者在注资后成为大股东，进行实际管控也符合公司法的规定。

在新华人寿的风险处置实践中，保险保障基金公司实际上并没有介入到经营管理决策中，当然这也是因为新华人寿极其复杂的背景情况。在中华联合的处置中，保险保障基金公司的参与更进了一步，保险保障基金公司作为大股东，推动重选了董事会，但更多的是在履行程序上的职责。在重大事项的决策，在高管层的推荐与提名，在党组织关系管理上，并没有发挥实际的影响，没有实际的话语权。当然，这个原因是复杂的，一是因为保险保障基金公司是新兴机构，各方接受要有一个过程。二是管理层与股东之间博弈，股东由于没有参与公司具体的经营管理，往往处于被动地位。保险保障基金公司作为阶段性持股的股东，其地位更为尴尬。三是因为中国保险行业的职业经理人阶层的孕育、发展尚处于初期阶段，难以找到合适的人选，这也是一个客观障碍。

虽然有种种现实障碍，但在制度完善的过程中，还是应当明确保险保障基金公司在参与市场退出过程中的具体权利，特别是在股东大会、董事会、监事会等公司治理层面，这个方面可以参考国内汇金公司派出董事制度的成功经验。

（三）保险保障基金公司的人才管理模式有必要进一步完善

推进市场退出机制建设，必须要培养一支能够胜任这项工作的优秀队伍。保险保障基金公司作为企业法人，而不是机关法人，也不是事业单位法人，应当按照市场化的模式来招募和管理人才。保险保障基金公司的工作人员不是公务员，只有按照市场化的人力资源管理和薪酬绩效政策去对待，才能充分发挥公司制运作的优势。如果按照行政管理的方式应对，很难建立一支高素质、具有创新能力与进取精神的人才队伍，而如果没有高素质的人才队伍，很难完成好复杂困难、障碍重重的金融业危机处置任务；当危机来临，保险保障基金公司将无法承担它应当承担的职责。从实践来看，由于编制、保险预算等诸多限制，保险保障基金公司在人才队伍建设上还存在着诸多障碍与问题。

（四）保险保障基金的紧急融资机制有待明确

紧急融资是基金筹集的重要来源之一，《保险保障基金管理办法》第十条规定："为依法救助保单持有人和保单受让公司、处置保险业风险的需要，经中国保监会商有关部门制定融资方案并报国务院批准后，保险保障基金公司可以多种形式融资。"尽管这一规定为保险保障基金的融资提供了法律依据，但融资的目的、条件、渠道、部门等都不够明确，保险保障基金与这些资金的关系也没有明确，而这是保险保障制度建设、防范道德风险及化解保险行业保障风险的重要内容。另外，由于没有明确和突出上述融资规定是在基金耗尽时存在的紧急融资渠道，所以中央银行作为最后贷款人以及政府是否有意愿向基金提供紧急财力支持变得极为关键。紧急融资制度的不明确、不清晰，制约了我国保险保障基金制度的进一步完善，可能导致部门之间在融资过程中协调沟通的时间过长，甚至会错失风险处置的机会，加大风险处置和救助成本，最终很可能产生更大的风险。因此，亟需对保障基金的紧急融资制度进行深入研究，做好必要的显性化安排。

综上所述，由于保险保障基金公司与监管机关的关系没有理顺、保险保障基金制度的法治化基础薄弱、保障基金公司运营管理的市场化程度不高等原因，保险保障基金公司未能做实，保险保障基金机制未能充分发挥效用。在市场退出机制的完善过程中，着眼于保险保障基金的角度，必须解决好这些问题。

第九章
保险保障基金管理运行
有关问题比较研究

第一节 保险保障基金制度比较分析

一、各国（地区）保险保障基金制度基本内容

（一）美国保险保障基金制度

1. 美国保险保障基金制度立法情况

美国将保险保障基金称为 "Insurance Guaranty Fund"。1969 年 12 月，美国保险监督官协会（NAIC）公布了《财产和意外险保险保障基金事后筹集协会示范法》（*Model Property and Casualty Post-Assessment Guaranty Association Act*），一年后又颁布了《人身和健康险保障基金协会示范法》（*Model Life and Health Guaranty Association Act*）。在联邦制度下，美国的保险监管权主要掌握在各州，而 NAIC 则是由各州首席保险监督官组成的团体，该组织对促进美国保险业的监管发挥了重要作用，但它并不是法定的监管机构，也没有行政立法权。所以，NAIC 制定的这两部示范法，并不具备法律效力。但是，由于 NAIC 的巨大影响力，各州在此后迅速通过了本州的保险保障基金法律，建立了该州的人寿和健康保险保障协会与财产和意外保险保障协会，所有在该州获得营业执照的人寿和健康保险公司与财产和意外保险公司分别是这两个协会的会员。到 1981 年，基本的保险保

障基金系统形成，对于维护美国保险行业的稳定发挥了重要作用。[1] 1992年颁布的《联邦偿付能力保障法》要求设立联邦保险偿付能力委员会，建立联邦范围内的保险公司清偿与保障制度。保险保障基金由各州为维护保单持有人的利益而进行管理。每个基金负责对本州范围内的保单持有人提供救助。基金的资金来源于各州内的保险公司，所有保险公司都必须加入保险保障基金协会。每个公司承担的份额以它的市场份额为准。如果一个保险公司破产而州保险保障基金没有足够的资金，尚存的保险公司应上缴基金，补足差额。

美国的保险保障基金制度有四个主要特征：一是以州为单位建立，并设立全国性的统一协调机构；二是财险和寿险保险保障基金分别设立；三是在基金收缴上采取事后征收的方式；四是在救助范围和限额上都有一定限制。

2. 美国保险保障基金法律制度的具体内容

（1）管理机构

美国的保险保障基金组织形式受其监管体制的影响，也是以州为单位运作。每个州都分别设立了寿险和财险保障基金账户，并交由人寿和健康保险保障协会与财产和意外保险保障协会分别管理。管理协会属于非营利性民间机构，受州保险监管机构监督。协会成员从会员保险公司选举产生，主要负责评估需征收保障资金的总量。在各州取得经营许可执照的公司依法强制成为该州保险保障协会的会员，履行向基金账户缴费的义务。即如果一家保险公司在某一州注册，并取得了 10 个州的经营执照，则其自动成为 10 个州保险保障协会的会员。两个基金账户彼此独立，不相互资助。各州又将基金账户按险种区分出多个二级子账户，旨在将征收的资金，专项用于对应的保险产品市场保障上，反映了基金征收与使用的公平性。同时，美国的财产和意外险保险保障基金委员会及人身和健康险保险保障基金委员会也是分别设立的。但是，许多保险公司可能同时在多个州有营业，如果这其中有保险公司发生危机需要动用保险保障基金，那么必

---

[1] 杨哲：《保险保障制度研究》，西南财经大学 2001 年硕士论文，42 页。

须所有涉及到的州的保险保障基金统一行动，制定方案，进行救助，这个过程中协调成本非常巨大。为解决这个问题，美国又分别成立了两个由各州保险保障基金协会组成的全国性组织：国家保险保障基金协会（NCIGF）和国家人寿与健康保险保障协会组织（NOLHGA），这两个组织在保险公司破产清算和寻找保单承接人的跨州协调工作中发挥了很大作用。

在各州保险保障基金的内部管理上，每一个基金都设立了一个独立的法人实体来管理基金，这个机构或者是协会形式（如佛罗里达人身和健康险保险保障基金协会，Florida Life and Health Insurance Guaranty Association）①，或者是公司形式（如纽约州寿险公司保障基金公司，The Life Insurance Company Guaranty Corporation of New York）②。不论是协会还是公司，都设立了一个董事会或理事会负责对基金的运营管理，董事会或者理事会聘请的董事、理事一般都是由来自行业的专家，大多都有丰富的行业经验。

纽约州保险保障基金的管理。纽约州成立了人寿保险保障公司（该公司为非营利法人机构），并由 NAIC 和参加的会员公司选举 5～13 人组成董事会进行管理，董事需要经 NAIC 任命，董事实行任期制，保险监督官担任董事会主席，但无投票权。公司的职责为：对破产人寿保险公司的债务进行处置；为被保险人提供救助；为保险监督官协会提供破产公司处置建议并协助做好相关工作，在监管部门的授权下，与破产的清算人、重整人或监管人签订有关协议，履行相关职责（提建议和做好准备）；征收保险保障基金，对不缴纳的公司予以处罚，既可以暂停或撤销其营业执照，也可以按未缴纳部分的 5% 进行罚款，但最低不得低于 100 美元；必要时进行对外融资，即在基金不足以处置破产公司债务时，可对外借款；了解保

---

① 见《佛罗里达州人身和健康险保险保障基金协会法》（*Florida Life and Health Insurance Guaranty Association Act*），http：//www. flsenate. gov/Statutes/index. cfm? App ＿ mode ＝ Display ＿ Statute&URL ＝ Ch0631/part03. htm&StatuteYear ＝ 2004&Title ＝ % 2D% 3E2004% 2D% 3EChapter% 20631% 2D% 3EPart% 20Ⅲ。

② 见《纽约州寿险公司保障基金公司法》（*The Life Insurance Company Guaranty Corporation of New York Act*），http：//www. nylifega. org/。

险公司有关财务和偿付能力信息。

纽约州还成立了财产保险保障公司，该公司由 NAIC 管理，具体包括对保险保障基金的征收；受保险监督官授权，对破产倒闭保险公司债务提供保障及参与倒闭公司的重组等工作；负责保险保障基金的投资管理等。

NAIC 示范法中保险保障基金的管理。人寿保险保障基金的参与成员设立非营利性的法人组织负责基金的日常管理，具体包括：负责基金的征收和管理；负责对破产公司被保险人利益的给付，以及参与对财务和偿付能力有问题的公司的援助、重整、转让和清算等，若基金不足，可对外借款。

同样，NAIC 示范法建议，应成立一非营利的法人组织对财产保险保障基金进行管理，管理层由会员保险公司选举 5~9 人组成，并经监管部门批准任命。该法人组织的工作职责主要包括：负责征收保险保障基金；参与破产保险公司的债务清偿、重组等；在监管部门授权下，对会员保险公司的财务和偿付能力状况等进行监督，并提出有关建议；负责对基金的投资管理，并向保险监管部门提交保险保障基金每年的财务报告。

（2）融资方式

美国保险保障基金的筹集方式采取的是事后筹集，只有纽约州例外。[①]即在只有当保险公司发生破产，保单持有人需要救助时，才由州保险保障基金协会按直接净保费收入的比重对在本州开展同类业务的保险公司征收基金，每年征收的比例一般不能超过直接净保费收入的2%或1%，如果需支出的救助金额超过了征收限额，保险保障基金协会可以暂时用借款的方式补充基金，并在后续年度内继续向保险公司征收基金以偿还借款。各州法律允许保险公司用于缴纳保障基金的费用抵减其在各州开展业务所应缴纳的保费税，并且在计算所得税时将这笔费用足额列支。一般各州规定公司缴纳的征收金可以足额分5年抵减保费税；即从缴费当年或下一年开始，分5年每年抵消20%。事后筹集在减轻保险公司负担、减小基金组织运行成本上有积极作用，但是也存在相应问题。

---

① 周智海：《美国保险保证基金体系简介》，载《保险研究》，2002（5），63页。

事后筹集的保险保障基金，与一般意义上理解的基金概念不同。任何一种基金，不论是证券投资基金还是社会保障基金，在基金的账户上都有或多或少的资金。但是，在美国制度下的保险保障基金，在危机发生前基金的账户是空的。美国的保障基金并非真正意义上的基金形式，因为它没有自有储备金，只有发生破产时才可向保险公司征收，因此保障基金的运作是建立在事后估计的基础之上的。[①] 实际上这不是一种现实的基金，而仅仅是一种概念上的基金，或者说更类似于一种款项筹集机制或一种汇款机制。

这样一种融资方式，虽然使得美国的保险保障基金对于偶发的小型保险公司的经营失败可以从容应对，但是当系统性风险发生时，几个主要的保险公司同时出现危机，基金就很难做什么了。这已为美国发生的金融危机所证实。为救助 AIG，美国政府已经分次向 AIG 注入 1730 亿美元，如果不是美国政府施以援助之手，AIG 早已破产。

面对 AIG 的情况，其客户很担心 AIG 是否有足够的现金来进行保单的赔付。理论上来说，保单持有人似不必过于担心。因为如果 AIG 破产，各州的保险保障基金协会至少在一定限度内对保单提供保证。但实际上在救助 AIG 的过程中，我们并没有看到美国各州的保险保障基金的身影，保险保障基金经常被宣传的那种在保险公司濒临破产时保护保单持有人利益的安全网的功能并未发挥。

在保险保障基金本身是空账户的情况下，如果保险保障基金要救助AIG，必须向尚存的保险公司征收巨额的保险保障基金，在各家保险公司的经营都遇到困难的金融危机背景下，这无异于雪上加霜，多米诺骨牌效应难以避免：为救助 AIG 的保单持有人而向其他保险公司征收基金将导致其他保险公司的现金流紧张，面临倒闭风险；AIG 之后，可能出现第二家倒闭的公司；为了救第二家，又要向其他保险公司征收，第三家也可能会出现，然后是第四家，第五家……事后筹集的融资方式，在系统性危机发

---

① 滕帆：《美国保障基金体系及其对中国的借鉴作用》，载《现代财经》，2004 (2)，19 页。

生时将加剧保险行业的危机。① 这就是美国保险保障基金事后征集制的最大弊端。这种弊端在经济正常运行时期，偶有保险公司倒闭时被隐藏得很好，一旦发生系统性风险，就暴露无遗。所以，从未雨绸缪的角度出发，为应对系统性风险，确有必要建立事前征缴的制度。

（3）参与救助的方式

当保险公司的财务状况出现危机，总部所在州的州保险监督官宣布该公司丧失偿付能力，州保证协会就对该保险公司在本州的保单持有者承担法定的保障责任（为了维护保单持有人利益，保证协会动用保险保障基金而采取的救助措施，即下文提到的保险保障基金提供救助之措施）。不论该保险公司的总部是不是在这个州，只要获得了该州的营业执照即可。若丧失偿付能力的保险公司未获得在该州的营业执照，则应当由该保险公司总部所在州的保证协会为保单持有人提供保障。根据 NOLHGA 网站的介绍，在保险公司有破产之虞，人身和健康险保险保障基金协会与保险监督官、破产管理人一起决定公司是可以经过重整后恢复正常经营还是进入清算并将保单转让给其他经营良好的保险公司。一旦决定进行清算，协会将按照州法律规定的赔偿限额对保单持有人进行救助。②

美国纽约州人寿和健康保险保障基金设立的目的是当保险公司可能经营受挫发生偿付能力不足或者失去偿付能力，导致无法继续履行合同义务时，在限额内，对保单持有人、被保险人、保单受益人等提供保障。保险监督官协会的保险保障基金制度设立的目的是保障破产公司被保险人利益不受损失。因保险公司偿付能力不足，导致其无力履行保险责任时，纽约州财产和意外保险保障基金则为保险公司无力支付的全部或部分保单索赔提供保障。根据纽约州寿险保障公司法规定，在保险公司经营困难或破产时，如果寿险保障公司不采取法定的救助措施，则州保险监督官有权并有义务要求寿险保障公司采取相应的法定救助措施。此时，寿险保障公司应

---

① Rolfe Winkler, *Insurance " Guarantee Funds,"Another Mirage*?, http：//marketpipeline.blogspot. com/2009/03/insurance – guarantee – funds – another. html.

② See *What Happens When an Insurance Company Fails*? http：//www. nolhga. com/policyholderinfo/main. cfm/location/insolvencyprocess.

当实施救助并向监督官提出建议，再根据州保险监督官的要求，采取前述法定救助措施。会员保险公司有权请求州保险监督官要求寿险保障公司采取救助措施，同时，寿险保障公司采取任何救助措施或州保险监督官发布任何命令，均应经有管辖权的法院进行司法审查。

保证协会可以参与保险公司接管、重整和破产清算，为保单持有人提供救助。除破产法院另有指示外，接管官应自接到接管程序之日起 5 日内，通过第一类信件或电子通讯方式告知在拖欠诉讼中有义务的本州或其他保证协会。同时，保险公司由接管过渡到重整或清算程序，或重整过渡到清算阶段，接管官或重整官，或其授权代表应与可能的责任保证协会或其授权代表磋商，以确定该保证协会受损或保险公司受益程度，并向其提供适当信息，以便其评估并履行法定责任。在保险公司重整阶段，重整计划可以包括与州保证协会合作以管理与索赔有关的诉讼。重整终止后，重整官或其授权代表应与可能因清算而承担责任的保证协会、全国保证协会合作，共同筹备向清算程序过渡。

从处置方式上讲，各州的寿险保障基金立法并未对处置危机保险公司的方式作出限制性规定，一般以保单转移为主，但不排斥其他方案。[①] 如纽约州的立法就规定，如果某一本地的保险公司经营不善或者破产，保险保障金公司在监管机关的同意下，应当：

①担保、承担受保障的保单，或者办理分保；或者采取措施使之得到担保、承担或者被分保；或者根据监管者的安排办理保单转移；

②保障经营困难或破产的保险公司履行保单义务；

③为履行上述义务而提供资金、质押担保、票据、担保或者采取其他可能合适的措施。

对于在一州范围之内处置有困难的，还可以通过 NOLHGA 在全国范围内寻找潜在的承接人。

对财产和意外险合同的救助，与对寿险合同的救助不同。基于非寿险合同的短期性，财产和意外险合同在保险公司破产时一般不是被转移到其

---

① 杨哲：《保险保障制度研究》，西南财经大学 2001 年硕士论文，44 页。

他保险公司，而是由保险保障基金立即对其清算前收到的未决赔案以及发出清算公告后30天内收到的索赔请求受理并予以赔付。对此后发生的索赔请求则不予受理。这一运作方式的唯一例外，是对于员工伤残赔偿险，对于该险种的赔付要一直延续到合同期满日。[①]

（4）救助范围及限额

纽约州保险保障基金的保障范围。各州的人寿与健康保险保障基金所保障的保单类型主要包括直接的非团体寿险、健康险、年金及这些保单的附属合同等。纽约州的人寿与健康保险保障基金所保障的保单类型主要包括寿险合同、健康险合同、年金保险合同及这些保单的附属合同。但保险保障基金对以下情形不予补偿和救助：变额寿险和变额年金由被保险人承担风险的部分；由被保险人自己导致的风险；被保险人不是美国公民或不是永久居住者；不是以美元交纳保险费的保险契约；对既是被保险人，又是保险公司股东并拥有20%股权，在保险公司偿付能力不足并可能破产倒闭90日之投保或续保的。同时，无论每一个被保险人在破产倒闭公司有几个保险合同，累计可获得的救助和补偿不超过50万美元。

财产保险保障基金的保障范围则包括汽车意外险、火灾保险、水灾保险、盗窃险、玻璃保险、财产损失险、保证保险、劳工保险责任保险、未到期责任保费的返还等。同样，纽约州财产保险保障基金对保障的最高限额做了限制，即每人每次最多只能提供保险保障金额为100万美元，或每张保单最多提供保障金额为50万美元，但劳工保险除外（即劳工保险提供全额保障）。

NAIC示范法中保险保障基金的保障范围。对于寿险及健康险而言，NAIC示范法中保险保障基金提供保障的保单类型为人寿保险、健康保险和年金保险，但以下除外：保险公司没有承保的风险和被保险人造成的风险损失；保单的预定利率在承担给付义务时，超过法定利率值；保单的分红部分；未被正式核保通过的保险合同等。同时，对此类保险的最高保障限额，NAIC示范法建议：人寿身故给付每人为30万美元，而现金价值给

---

① 何佳：《我国保险市场退出制度研究》，南开大学2008年硕士论文，56页。

付上限为 10 万美元；健康保险和年金每人各给付 10 万美元；但各州可根据其情况自行调解。

NAIC 示范法规定财产保险保障基金分设三个账户，即劳工保险账户、汽车保险账户和其他保险账户。除了以下险种类别，即人寿保险、年金、健康保险、抵押保证保险、财务保证保险、投资风险保障保险、海上保险和有关联关系人的保险等不在保障范围之内外，其他险种都属于财产保险保障基金保障的范畴。同时，除劳工保险全额保障外，其他险种视各州情况自行确定，一般在 10 万美元到 50 万美元之间。

（二）英国 **FSCS** 制度

1. 制度立法情况

对于英国保险公司破产和保险保障制度来说，其遵循的基本原则，并不是对保险公司进行救助，而是降低因为保险公司破产对投保人造成的损失并且保护他们的权益，这种精神在新制度改革的过程中也得到了很好的延续和发扬。英国现行的投资者保护计划也称为金融服务补偿计划（the Financial Services Compensation Scheme，FSCS），是由英国金融服务局（FSA）于 2001 年根据《2000 年金融市场和服务法案》（FSMA2000）建立的，统一负责对存款人、投资者、保单持有人等的补偿工作。该服务计划最早可以追溯到投资和存款保护制度、投保人保障制度。英国的投资和存款保护制度是根据 1979 年银行法建立的存款保护计划。英国现行的存款保险计划是由英国金融机构监管机构——英国金融服务局于 2001 年根据《2000 年金融市场和服务法案》建立的金融服务补偿计划（FSCS）中的一个子计划。英国金融服务局将原有的存款保护计划与 1986 年建筑协会法建立的建筑业协会投资者保护计划（IPS）、1986 年金融服务法建立的投资者补偿计划（ICS）、1975 年投保者保护法建立的投保者保护计划（PPS）以及友好协会保护计划等补偿计划加以合并，形成由英国金融服务局统一管理的金融服务补偿计划（FSCS）。

2. 制度具体情况

（1）管理机构

金融服务补偿计划有限公司（Financial Services Compensation Scheme

Limited，FSCSL）负责实施该计划。公司是独立的法人机构，属于商业公司，受英国金融服务局的监督，负责英国金融服务局委任的存款、保险和投资赔付。根据法律规定，任何英国金融服务局会员在注册接受监管时，都将自动成为投资者保护计划的成员。FSCS 由英国金融服务局指定理事组成理事会进行管理，但要保证 FSCS 运作的独立性。FSCS 包括存款补偿、保险补偿、投资业务补偿、抵押业务补偿、非寿险中介补偿 5 个子计划。金融机构根据其业务经营许可，必须参加各子计划（若一个机构具有多种经营许可，则需要参加多个子计划）。

（2）融资方式

每家金融机构成员均须向 FSCS 缴纳三种资金：初期资金、继增资金和特别出资。FSCS 的资金属于事后征收，其资金由金融机构交纳，FSA 规定 FSCS 对每家保险机构收取的费用不得超过其净保费的 0.8%。在金融机构经法院裁定进入临时清算、特别行政管理、进入破产清算或 FSA 认定该机构已无力偿付其到期债务时，可以启动补偿程序。按规定 FSCS 的存款存入英格兰银行，由其进行必要的债券项目投资，以扩大保险准备金的规模。FSCS 的各子计划单独核算，如果在一年中收取的款项多于补偿支出，结余资金可以滚动使用，也可以退还给金融机构；如果资金不足以支付补偿款，各个子计划之间可以互相调剂资金，但资金的调出方要收取利息，由资金调入方的会员机构在下一年支付。如果 FSA 认为在任一财政年度的赔偿总额有超支的可能性，经英国财政部批准同意，FSA 可以向受监管的金融机构征收临时资金以应对该年度的支付义务。为了及时融通资金，FSCS 还可以经 FSA 的安排从英格兰银行贷款，贷款总额目前规定不可以超过 1.25 亿英镑。

（3）参与救助的方式

FSCS 制度的救助方式主要表现为补偿。对于消费者而言，其提供了一个有效、公平、简单和迅速回应的补偿机制，在金融机构丧失清偿能力时适当而兼具成本效益地提供补偿并进行给付；对于金融机构而言，该制度提供了补偿服务，并帮助公司在财务困难时能够及时获得复原的可能。

（4）救助范围及限额

当某一个投资者保护计划成员出现问题面临倒闭时，FSCS 将对其存款人或投资人的损失进行优先赔偿，保障相关权益人不因公司倒闭而产生损失。FSCS 的补偿对象主要是个人及小型企业，大型商业企业一般被排除在外。2005 年 1 月 14 日后，保险经纪业务也被纳入到 FSCS 体系中，如果客户在购买非寿险产品时被误导或被欺诈而蒙受损失，也可申请 FSCS 补偿。一般而言，凡是不属于下列情况的任何个人（包括自然人和法人）的在英国的存款、投资、保险都是补偿计划的保护对象：公司（小公司和个体贸易公司除外）；国外公司；集合投资计划，以及任何该计划的受托人和执行者；养老金和退休金，以及任何该基金的受托人（不包括小额的自我管理的基金的受托人，以及小公司或小合伙企业的雇主的职业基金计划的受托人）；跨国机构、政府部门和中央管理当局；省级、地区、地方和市级政府；违约方的董事或经理（但不包括以下情况：违约方是共同协会，但不是大共同协会；为违约方工作的董事或经理没有收到工资和其他公司待遇）；上述人员的亲属；与违约方同属一个集团的机构；持有违约方或与违约方同属一个集团的机构的 5% 的股份的人；违约方或与违约方同属一个集团的机构的审计人员；金融服务补偿计划有限公司认为是造成违约方违约或对此负有责任的人；大型公司；大型合伙企业和大的共同协会；涉嫌从事洗钱犯罪活动的人。

作为一个合格的金融服务的存款人或投资者或投保人，要就其金融消费获得金融服务补偿计划有限公司的赔偿需要具备以下几个条件：该存款人或投资者或投保人必须是一个合格的索偿者；且该存款人或投资者的存款或投资等服务是受保护的；且索偿对象是金融服务补偿计划的成员；且该金融服务补偿计划成员必须是处于违约状态。金融服务补偿计划有限公司并无金融检查权及相关防范金融机构倒闭及早干预机制，没有金融监管功能和权力，是事后被动收拾残局和承担金融机构倒闭的最后风险承受者。

在补偿标准上，当一个 FSCS 的成员出现问题面临倒闭时，对存款人或投资人或投保人的赔偿是按比例计算的，倒闭银行的合格存款人只能得到其存款余额固定比例的赔偿，同时对最高赔偿金额作出了限定。金融服务补偿计划有限公司对最大补偿限额有如下规定：

存款：31700 英镑/人，首次存款 2000 英镑的 100% 和其后 33000 英镑的 90%〔北岩银行（Northern Rock Bank，又称诺森罗克银行）的存款受到无上限的保护，对其他金融存款账户仅对其首次 35000 英镑提供保护〕。

指定投资业务：48000 英镑/人，首次投资 30000 英镑的 100% 和其后投资 20000 英镑的 90%。

抵押咨询和安排：48000 英镑/人（自 2004 年 10 月 31 日之后进行的业务），首次保费 30000 英镑的 100% 与其后保费 20000 英镑的 90%。

长期保险（如养老金和人寿保险）：无限制，首次保费 2000 英镑的 100%，与其后剩余追索权的 90%。

普通保险：无限制，强制性保险求偿权的 100%；非强制性保险（如家庭保险和普通保险）：首次保费 2000 英镑的 100%，与其后剩余追索权的 90%。此外，FSCS 对海事险、航空险、交通险及再保险的保单持有人不予补偿。

普通保险咨询与安排：无限制（限于 2005 年 1 月 14 日之后进行的业务），首次保费 2000 英镑的 100%，与其后剩余追索权的 90%；强制性保险受全额保护。

（三）日本投保人保护制度

1. 制度立法情况

1995 年随着保险业自由化趋势增强，日本政府在《保险业法》修正时，增订了第 10 章，设立保户保障基金，以加强对保户的保障。该基金随 1996 年 4 月 1 日新修订的《保险业法》实施而开始运作，这是日本第一次出现此类机制。当时该基金对于日本国内保险公司的加入并非采取强制方式，同时在愿意承接破产公司的保单的救援公司未出现前，基金无法动用，相关的法规也不完整。1997 年 4 月，日本爆发了保险公司倒闭的危机，当时政府依《保险业法》的规定进行业务与财务接管，并在没有保险公司出面承接旧有保单的状况下，成立一新的保险公司承接其契约。经历此事件后，日本政府于 1998 年 1 月 30 日提出支付保证制度的方案，并由大藏省（相当于财政部）发布保障保户特别措施之命令，决定由同年 12 月开始，产寿险业分别成立保户保障机构（保险契约者保护机构），强制日本境内所有保险公司加入，以代替原有的保户保障基金。

所谓支付保证制度，是以新创设的保户保障机构来承接被宣告失去清偿能力的保险公司的旧有保单，由保险业就所筹集的资金来填补失去清偿能力保险公司对保险大众可能造成的损失。

2. 制度具体内容

（1）管理机构

日本分别设立了寿险和财产险两个投保人保护机构。日本《保险业法》明确机构为法人，应受内阁总理大臣及财务大臣之监督。并可从第265条关于机构管理的相关规定内容得知，机构设有理事长1人、理事2人及监事2人以上的主管，机构的业务除章程另有规定外，由理事长及理事之过半数表决决定。上述机构负责人依章程规定由总会选任或解任，但负责人的任免必须经过内阁总理大臣及财务大臣的认可。

此外，机构设有总会、营运委员会与评价审查会。总会为机构的最高机关；而营运委员会应针对理事长的咨问，就关于机构业务营运之重要事项加以审议，并得就业务的营运情况向理事长陈述意见，在对机构业务的营运具有必要经验者中，经内阁总理大臣及财务大臣认可，由理事长任命委员；评价审查会的职责主要为评价失去清偿能力保险公司之财产，针对理事长之咨问而加以审议，其委员是具有学术经验或专门知识者中，经内阁总理大臣及财务大臣认可，由理事长任命。目前日本损害保险保户保护机构成员有37家，而生命保险保户保障机构成员则有39家。

（2）融资方式

产寿险的保户保障机构分别设置保户保障基金，对允许实施资金援助等业务提供费用支持。

关于机构融资，日本《保险业法》第265条33款第一项规定："会员每一机构事业年度，为提拨保户保障基金应依其章程所订，向机构缴付负担金。但机构当年度末所积存的保户保障基金余额，对应于机构的资金援助等所需费用预计数额十分充足，已达章程规定后年的数额不受此限制"，因此机构之会员必须每年缴纳负担金，即保户保障机构的基金聚集采用事前征收制；但如果该机构当年度末所积存的保户保障基金余额已达章程规定的数额，便不需要一再累积巨额资金，可暂免各会员义务。

至于负担金的额度部分，规定表现在《保险业法》的第 265 条第 1 项：会员于每一事业年度应缴付予机构的负担金额度，数额等于各会员以下额度的合计额。依章程所订定有最低额时，以相当于该最低额之额度计算。但含机构成立日在内年度的会员应缴付予机构的负担金额度，则以其当年间负担额除以十二后，再乘以含机构成立日在内的月数后的金额计算。其金额之计算可表示如下：

寿险公司负担金额 = 前三年度平均保费收入 × 负担金率 + 前三年度平均责任准备金等 × 负担金率

产险公司负担金额 = 年度保费收入 × 负担金率 + 年度责任准备金等 × 负担金率

上述负担金率经总会决议后，由机构订立且制定或变更时应取得内阁总理大臣及财务大臣的认可。制定负担金率时，应符合以下基准：对应资金援助等业务所需费用的预估额，维持机构长期财务均衡；不得对特定会员有差别待遇。

若会员未在章程所规定的缴纳期限内缴纳上述负担金，《保险业法》规定需对机构另行缴付滞纳金，滞纳金的额度以未缴纳的负担金数额，自缴纳期限翌日起至缴付日止的天数乘以年 14.5% 比例计算。

（3）参与救助的方式

在保险公司发生经营困难、运营明显不合理，有损保单持有人利益或者破产时，投保人保护机构通过对破产保险公司保险合同的转移提供资金援助、对承继保险公司进行经营管理、受让保险合同、为支付补偿对象保险金提供资金援助、受让保险金请求权等行为，保护投保人的利益，维持保险业的信誉。

①确保保险合同存续的资金援助

在具体的救助方式上，日本保险保障基金首先考虑的是将破产保险公司的保险合同通过与其他保险公司或保险持股公司合并，或将合同部分或全部转移至救济公司、投保人保护机构、承继保险公司、再承继保险公司。或再转移保险公司，使得保险合同继续存续，以最大限度地保护保单持有人的利益。根据日本《保险业法》的相关规定，投保人保护机构可以对破产保险公司的保险合同采取以下三种方式进行转移，以确保保险合同延续。

a. 由救济公司受让破产保险公司保险合同的资金援助程序

根据日本《保险业法》的规定，在有救济公司（即救济保险公司或救济保险持股公司）受让破产保险公司保险合同的情况下，破产保险公司通过协议转移破产保险公司部分或全部保单、合并及重组等方式向救济公司转移保险合同，具体运作方式和具体资金援助程序如图9-1、图9-2所示。

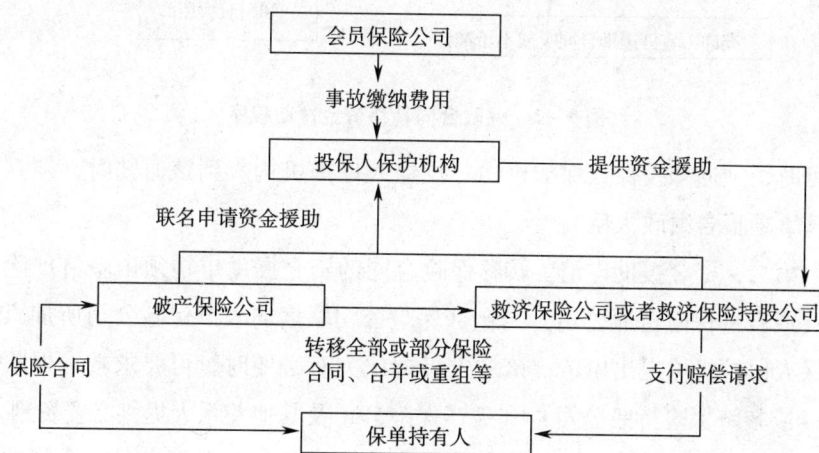

图9-1　有救济公司受让破产保险公司保单的运作流程

第一，保险合同转移事项许可申请及许可程序。根据日本《保险业法》第268条第1项和第2项规定，在破产保险公司和救济保险公司（或救济保险持股公司）联名提出资金援助申请之前，其须向内阁总理大臣联名提出保险合同转移事项许可申请，并由内阁总理大臣决定是否许可转移该保险合同。申请人只有同时符合以下三个条件（但有日本《保险业法》第269条之例外规定者除外），内阁总理大臣才能作出许可决定：一是该保险合同的转移等有利于保护投保人；二是投保人保护机构提供资金援助是确保保险合同顺利转移的必要条件；三是若保险公司将停止营业或解散时，将会有损公众对保险业的信赖。内阁总理大臣作出保险合同转移事项

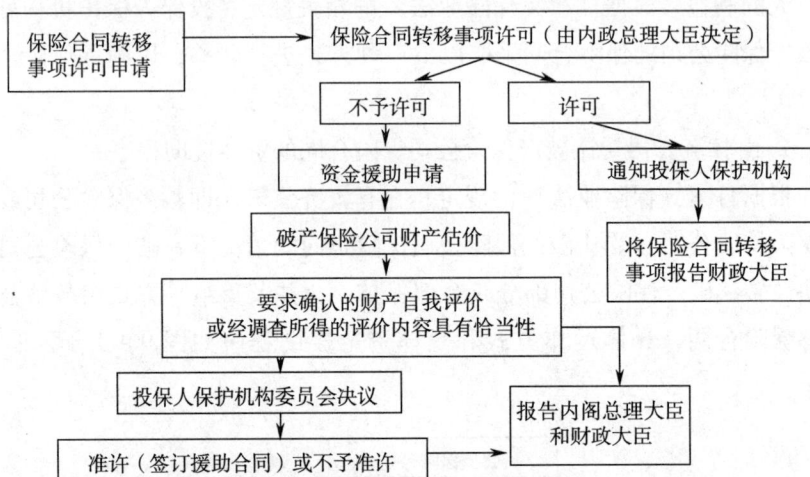

图9-2 保险合同转移资金援助程序

许可时，须通知投保人保护机构，投保人保护机构收到该通知时，须立即将该事项报告财政大臣。

第二，资金援助申请。转移保险合同的资金援助申请须由救济保险公司（或救济保险持股公司）与破产保险公司联名向破产保险公司所加入的投保人保护机构提出申请，该加入机构认为有必要时，可要求救济保险公司（或救济保险持股公司）和破产保险公司及其他关系人提供必要资料。

第三，破产保险公司的财产估价。破产保险公司在提出保险合同转移事项许可申请或资金援助申请的同时或提出后，应立即向其加入的投保人保险机构申请，就其财产自我评价的恰当性进行确认。投保人保护机构通过审查会决议，认为前述要求确认的财产自我评价具有恰当性，或认为不具恰当性后，通过对财产评估展开调查后，再经审查会决议，认定前述调查得到的评价具有恰当性时，应将要求确认的财产自我评价具有恰当性或经调查得到的评价内容通知提出申请的破产保险公司。投保人保护机构发出该通知后，应立即将该通知所涉及的事项报告内阁总理大臣和财政大臣。

第四，资金援助申请决议。投保人保护机构要求确认的财产自我评价具有恰当性或经调查得到评价内容后，须立即通过委员会决议，决定是否准许该资金援助申请。同时，还需将前述决定的相关事项报告内阁总理大臣和财政大臣。如果决定提供资金援助，则须选择救济保险公司或救济保险持股公司作为资金援助方，并签订援助合同。

b. 由投保人保护机构设立子公司受让破产保险公司保险合同的资金救济程序。

在保险合同无人受让或基于其他理由，依法有保险合同转移实属困难的情形，破产保险公司可申请投保人保护机构承继保险合同，且可一并申请合同承继的资金援助（限于金钱赠与或资产转让）。以该种方式对破产保险公司保险合同承继的运作流程如图 9－3 所示。

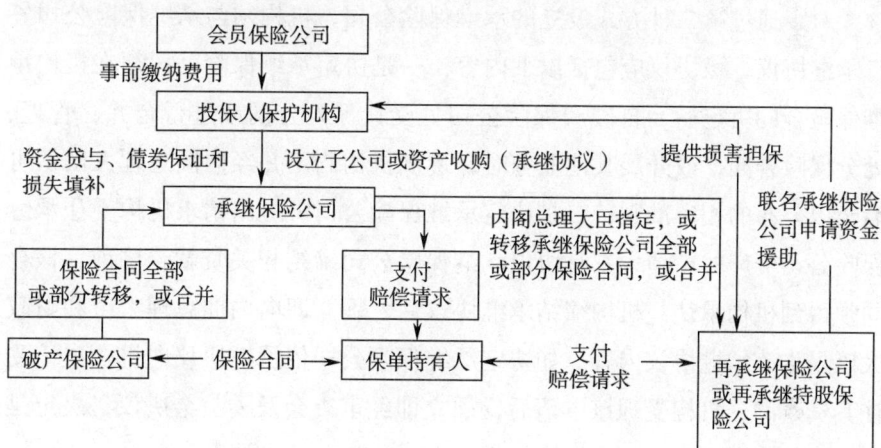

图 9－3　破产保险公司保险合同承继与再承继运作流程

根据日本《保险业法》的规定，具备以下条件之一者，破产保险公司加入的投保人保护机构（以下简称加入机构）应立即通过委员会决议方式，作出设立加入机构的子公司，承继破产保险公司保险合同或进行合并，或者由承继保险公司对破产保险公司进行保险合同的转移或合并的决议：一是加入机构认为不需要向内阁总理大臣提出请求内阁总理大臣采取指定其他保险公司或持股保险公司等与该破产保险公司合并，并对该被指定公司实施劝告的措施；二是加入机构请求内阁总理大臣采取指定其他保险公司或持股保险公司等与该破产保险公司合并，并对该被指定公司实施劝告的措施，内阁总理大臣通知采取前述措施，或者内阁总理大臣依法采取前述措施，但合并谈判破裂的，加入机构收到破产保险公司关于合并破裂的通知。同时，加入机构在收到破产保险公司关于承继保险合同的资金救助申请的，在针对该申请所涉及的保险合同承继事项作出决定时，须经委员会决议，确定是否对该申请提供资金救助。

前述承继保险公司是指通过公司合并或保险合同转移，对破产保险公司的保险合同进行受让、管理、处分为目的而设立的机构子公司（其中机构法人持有股东表决权超过50%）。它通过两种方式设立：其一是经过加入机构委员会决议，加入机构作为发起人出资设立承继保险股份公司；其二是事先经加入机构委员会审议通过，由加入机构对承继保险公司出资。

对于通过第二种方式设立的承继保险公司，机构须与承继保险公司签订承继协议，该协议应包括以下内容：一是协定承继保险公司须在机构承继保险合同决定后，自破产保险公司处受让保险合同或进行合并，管理、处分保险合同，或开展其他业务时，遵循机构制定并经内阁总理大臣认可后予以公布的相应准则；二是协定承继保险公司可提出请求机构受让承继保险公司资产的申请；三是协议承继保险公司缔结相关贷款合同前，该合同须得到机构承认。机构缔结承继协议后，须立即向内阁总理大臣和财政大臣报告该承继协议内容。如协定承继保险公司依承继协议向机构申请受让其资产的，机构受理该申请后，须立即经审查会及委员会决议，决定是否受让相关资产，并须将该决定报告内阁总理大臣和财政大臣。

承继保险合同的资金援助方式有以下两种：一是资金贷与和债务保证，即当协定承继保险公司为确保其业务顺利开展而向机构提出必要资金贷款申请或提供保证金申请时，机构认为必要的，可经委员会决议，向其贷出资金，或为其借款提供保证，同时，机构须立即向内阁总理大臣和财政大臣报告该资金贷与或债务保证情况。二是损失填补，即若依承继协议约定，实施业务行为，导致协定承继保险公司产生损失时，机构可经委员会决议，在政令规定限额内，对其损失予以补偿。

日本《保险业法》不仅规定了保险合同承继及其资金援助，而且规定了保险合同再承继及其资金援助。再承继保险公司或再承继保险持股公司在与承继保险公司联名向承继保险公司的设立机构（以下简称机构）申请保险合同的资金援助（限于损害担保）前，须就该保险合同再承继事项征得内阁总理大臣的认可。且该认可程序与保险合同转移事项认可程序相同。同时，进行保险合同再承继的，内阁总理大臣有权指定再承继保险公司或再承继保险持股公司，并对其进行劝告，邀请其就参加协议作出回应。保险合同再承继资金援助申请提出后，同样适用保险合同转移资金援助中关于财产估价、资金救助决议及订立援助协议等程序。

c. 投保人保护机构直接受让破产保险公司的保险合同。

在保险合同无人受让或基于其他理由，依法有保险合同转移实属困难的情形，破产保险公司向投保人保护机构申请承继或受让保险合同，投保人保护机构除了通过设立承继保险公司受让保险合同外，还可以直接受让该保险合同（保险合同承继的条件及相关程序、再承继的资金援助申请、条件及相对方指定等程序同样相应适用此处）。投保人保护机构直接受让破产保险公司的保险合同的运作流程如图9－4所示。

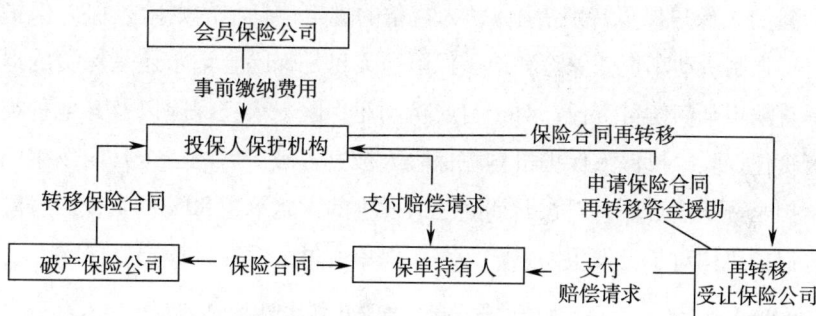

图9－4　投保人保护机构直接受让破产保险公司的保险合同的运作流程

② 支付补偿对象保险金的资金援助

a. 提出申请支付补偿对象保险金资金援助的情形。

提出申请支付补偿对象保险金资金援助的情形包括：一是在法定情形中，因保险公司发生经营困难，或运营明显不合理、有损害投保人利益之虞等情况，被保险监管机构依法采取停止全部或部分业务、任命保险管理人接手该保险公司业务及财务管理等监管措施，而停止其业务及支付保险金的；二是保险公司被法院判决进入破产或重整程序、停止保险合同相关支付的。

b. 资金援助方式为金钱赠与。

c. 获得支付补偿对象保险金资金援助的程序。

首先有符合法定条件的特定保险公司向其加入机构提出对支付补偿对象保险金进行资金援助申请，加入机构受理该申请后，须立即经委员会决议，决定是否准许该援助申请。加入机构作出该决定后，应立即将此决定报告内阁总理大臣和财政大臣，同时如作出准予资金援助决定的，还须与申请者签订资金援助合同。

③收购保险金请求权

投保人保护机构收购保险金请求权适用的条件为特定保险公司停止保险合同相关支付，其加入机构经委员会决议，可作出收购补偿对象合同相关的保险金请求权或其他权利的决定。且加入机构须将该决定的相关事项报告内阁总理大臣和财政大臣。

（4）救助范围和限额

参照《保户保障特别措施》第 50 条的规定，日本的财险投保人保护机构对于强制机动车责任保险和地震保险，无论是保险金请求还是保费的退还都一直承担全额偿付责任；对于自愿机动车保险、火灾保险以及其他种类的财产责任保险，投保人保护机构在保险人被宣告破产后的三个月内发生的索赔承担全额赔偿责任，对在此期间之后发生的索赔承担80%的责任。寿险投保人保护机构对于已发生的索赔，基于保单应付金额的90%提供保障。

表 9 - 1　　　　　　　　非寿险保单补偿的范围和比例

	保单类型	补偿比例
可提供补偿的保单	强制机动车责任保险	100%
	住所地震风险的保险合同	
	机动车保险	90%
	火灾保险	
	第三者责任险	
	个人意外伤害险	
	医疗费用保险	
	护理费用保险	
	境外旅游者人身伤害险	

续表

保单类型		补偿比例
不予补偿的保单	不在上述保单范围内的	此类型保单的损失不由保单持有人保证公司提供补偿，其损失可能视破产公司的财务状况情况补偿一部分
	海洋货物保险	
	内陆运输保险	
	航空保险	
	工伤补偿责任保险	
	一般责任险	
	动产综合保险	
	机器及安装保险	
	承包人风险保险	

（四）加拿大保险保障机构与制度

1. 制度立法情况

加拿大的企业破产程序受不同的法律和法规管辖。尽管根据联邦宪法规定的权利划分，涉及债权人方面的有关权益属于各省的法律管辖并根据各省的法律处理，但是，联邦政府对破产和资不抵债拥有排他性管辖权。联邦对破产管辖权的原则确立于"安大略省司法部长 v. Wentworth 保险公司投保人案"，加拿大最高法院认为应适用联邦《清算和重组法》而非《保险法》（安大略省）来确认分配一个破产保险公司按省级法律要求提交信托的抵押物优先权。《破产法》（*Bankruptcy and Insolvency Act*）和《公司债权人权益处置法》（*Companies' Creditors Arrangement Act*，以下简称《处置法》）是两个最常使用的处理破产案的加拿大联邦法律。

《破产法》适用于任何在加拿大注册的一般性质的企业，根据《破产法》，债务人本人或者其债权人可以提出破产申请，经受理后即进入破产程序，经过破产评估或者发布破产令，破产企业的全部所有权、资产和业务将作为债权人的全部收益转给破产企业受托人。在此之后，破产企业受托人将所有未作抵押的资产变卖。根据《破产法》制定的详细规则，变卖获得的收益将分给未获抵押的债权人，按照比例支付某些根据法律委托所提出的索赔和担保索赔。除了破产企业受托人提出的法律规定以外的赔偿，企业破产不损害抵押债权人的权益或者所涉及的抵押资产。债务人也可以提出破产动议，即要求对其业务进行重组以便避免遭到清算或者通过债权人的默认和妥协没收其财产，依照《破产法》提出的破产动议只有在所有等级的债权人通过投票并以多数或者三分之二债权人出席会议投票同意的情况下才能得到确定。此外，破产动议还需要经法庭批准。如果债务人未能获得所有债权人的批准，或者法庭拒绝批准破产动议将导致企业自动破产。

《处置法》适用于任何在加拿大注册的公司或者其在加拿大的资产和业务活动面临破产或者导致破产行为，而且其所欠债权人的全部债务超出500万美元（单独达到或作为集团公司的分公司其债务超出500万美元）的情况。

但是这两个法律都明确规定不适用于保险等金融机构。规制包括保险公司在内的金融机构的法律主要是《清算和重组法》（*Winding-up and Restructuring Act*）。而各省的保险法主要用以调整按各自规定成立的保险公司以及消费者的相关问题。《清算和重组法》第一编中的总则适用于所有清算，第三编则仅适用于保险公司的清算。第一编"适用篇"第6条第1款对其适用范围作出了规定："本法适用于所有议会、加拿大先前省份或新斯科舍省、新不伦瑞克省、不列颠哥伦比亚省、爱德华王子省或纽芬兰省立法授权成立的公司，以及成立和其他事务受议会立法规制的公司，以及那些不论在哪里成立但在加拿大经营的银行和储蓄银行、经过授权的外国银行、信托公司、保险公司、有贷款权的借贷公司、有股本的建筑贷款协会和贸易公司，所有这些公司中的任何一个出现以下情形：（a）无力偿债；（b）在清算或在停业清理程序中，并由其股东或债权人、受让人或清算人要求以本法案破产；或（c）如果它是金融机构，它本身或其财产在监督人控制下，并且是根据10.1条清算令的适用主体。"

2. 制度具体内容

（1）管理机构

加拿大保护保单持有人的非营利性组织机构是 Assuris，它成立于1990年，其董事会由在寿险业务经营上具有相关知识和经验的独立专业人士组成，其中三分之一成员来自会员公司，共有九十多家成员保险公司，公司下设行业建议委员会，由 7 名来自会员公司的代表组成，主要起到将公司董事会与会员公司相连结的纽带作用，以保护加拿大保单持有者的利益为宗旨，参与处理了加拿大 20 世纪 90 年代 3 起寿险公司清偿案例。Assuris 在破产清算干预机制中通过将保单持有人的损失降到最低来保护其利益，并确保以较快的速度将保单转移到能使保单持有人继续享受保单利益的有偿付能力的公司。加拿大的财产与意外保险补偿公司（PACICC）负责管理非寿险保障基金。

加拿大联邦金融监管局（Office of the Superintendent of Financial Institutions，OSFI）为加拿大金融监管机构，包括对寿险、产险公司进行监管。OSFI 在破产清算干预机制中主要负责对公司进行规范和监督，以风险为导向的方式对这些公司的安全和声誉进行评估。

在干预过程中，Assuris 与 OSFI 通力合作：Assuris 对其成员公司开展独立财务分析，并就分析结果定期与 OSFI 进行讨论；OSFI 向 Assuris 提供被认为需要高度关注的公司信息。

（2）融资方式

加拿大的寿险保障基金采用事后征集的方式，征收的最高比例并不固定，主要视其超出法定的持续经营所需最低偿付能力的标准而定。为了补偿工作能够更快捷高效地运行，保障基金的流动资金账户会维持在不低于 1 亿加元的最低水平线上。

财险和意外伤害保险保障基金采用事前与事后相结合的筹集方式，即基金的日常管理费每年在会员公司之间分摊，保单的赔偿费用事后依保费规模征集。补偿公司的费用包括两个部分：管理费用和赔付费用，所以这些费用都来源于会员公司。每个会员公司每年缴纳 1500 美元管理费用。随后，改成根据公司规模不同而缴费不同，从每年 1600 美元到每年 8000 美元不等。实际行政费用超过部分按照每家保险公司过去五年保费收入的一定比例收取"特别预收费用"（0.5%×五年平均保费收入）。保障基金可以先从银行贷款以确保保单持有人的未到期保费与出险所要求的赔偿能够快速地退还和给付，之后再根据各会员公司上年保费收入所占市场份额进行分摊。

赔付费用方面，由于事先不能确定破产保险公司的规模，也不能确定补偿公司每次可能承担的赔款额，因此基本采用事后分担制。如果某个保险公司发生破产，补偿公司首先从银行贷款，对被保险人进行赔款。当所有赔款清偿完毕后，补偿公司确定本次的净损失，然后在会员单位中分摊。分摊时，分摊比例依据保险公司保费规模。在特殊情况下，可能额外征收 0.35% × 七年平均保费收入的"特别借款"。Assuris 有权向成员保险公司预借最多未来六年的收费（或最多 3% 的五年平均保费）。

（3）参与救助的方式

破产清算干预机制包含五个阶段：关注阶段——尚未发生重大问题；第一阶段——提前警告；第二阶段——出现财务可持续性及偿付能力方面的风险；第三阶段——严重质疑公司的财务可持续性；第四阶段——出现财务状况无法持续，濒临破产的情形。

如果 OSFI 认为公司的财务状况、政策和程序足以保证公司的稳健经营，未显示发生重大问题或控制缺陷，那么公司被认为尚未发生重大问题。OSFI 评估公司的财务状况和经营情况；查阅公司文件、财务报告和管理层向董事会的报告中的相关信息；组织公司的会议；组织公司日常风险监测；OSFI 的官员参加公司董事会会议进行现场监督；向公司发出监管函；通知公司需要采取的纠正措施；监控纠正措施的执行情况，包括要求提供额外信息和/或进行后续监督；Assuris 对其直接从公司获取的信息进行分析，与 OSFI 讨论其分析结果。

当公司被归类为第一阶段，OSFI 认为公司的财务状况、政策和程序或其他经营行为、条件和境况未及时处理，OSFI 以监管函的方式通知公司管理层、董事会和外部审计，要求公司采取措施弥补或纠正发现的缺陷；与公司管理层、董事会和/或外部审计就关注的要点和补救措施进行讨论；要求公司缩短报告频率和/或增加报告信息内容；进行更高频率的监督，或指示公司内部专家加强对需要特殊关注的方面的监督，如资产评估或保单负债评估；与公司就采取的维持和提高公司安全与信誉的措施达成协议；要求公司增加资本；在适当的情况下对公司进行业务限制和/或发布业务合规指引；Assuris 对所有相关公共信息和直接从公司或 OSFI 处获得的信息进行进一步分析；与 OSFI 就在一个年度内多次被归类为第一阶段的公司及其他需要特别关注的问题进行讨论。

在第二阶段，公司存在重大影响公司稳健运行的隐患，使得公司易受到不利商业及经济情形的影响，若不及时采取有效措施，可能会对公司的财务可持续性及偿付能力产生严重威胁。OSFI 增加监管报告的报送频率，加大对整改措施的监控力度；增强监督工作的频率或扩大监督工作的范围；要求公司在业务计划内包含适当的补救措施，以期在规定时限内完成整改；要求该公司的外部审计扩大财务报表审计范围，或另行出具相关报告；要求公司聘请公司外部审计以外的会计师事务所进行专项审计；要求被委任的精算师采用其他精算假设及方法计算公司保单负债；将增强监督、扩大审计范围和加强监控后所获取的数据及结果通知 Assuris；并与 Assuris 共同协商，制定应急预案，使 OSFI 有能力在公司情况迅速恶化后及时接管公司资产。Assuris 要求 OSFI 提供以下信息并对其进行分析：包含补救措施的公司业务计划、OSFI 定期及专项检查的报告和结果、外部审计的审计结果、精算师的核算结果。聘请咨询师对关键领域进行深入分析，制定初步的重组计划。

若被归类为第三阶段，表明 OSFI 认为公司在第二阶段所做的补救措施失败，并且情况在持续恶化。公司有非常严重的影响持续运营的问题，若不立刻采取有力的纠正措施，公司将遇到重大财务可持续性及偿付能力方面的风险。OSFI 引入外部专家对公司的某些领域进行评估，如资产质量、流动性、准备金充足性、保单负债充足性、再保险安排的可靠性等；加大对公司业务限制的范围，提高公司提交 OSFI 信息的详细程度；OSFI 成员定期现场监督公司运行情况；细化应急预案，与公司董事会及管理层就解决方案的重要方面进行沟通，如重组或者寻找潜在买家；Assuris 和 OSFI 之间就公司状况进行更深层次、更频繁的讨论。Assuris 宣布该公司陷入财务困境；制定详细的重组计划；估计其偿付缺口；评估是否需根据实际情况承担重组费用以减少潜在风险；制定详细的应急预案，以管理清偿过程，并确保资金充足。

若被归类为第四阶段，表明 OSFI 认定该公司存在严重财务困难，并且出现以下情况：该公司已无法达到监管要求的资本金数额，并且该情况短期内无法改善；采取控制措施的法定条件已经满足；公司无法制定并实施合理的业务计划，导致短期内上述两种情况无法避免。

在第四阶段，OSFI 已确认公司资不抵债，濒临破产。满足法定条件的情况下，暂时接管该公司资产；满足法定条件的情况下，控制和管理该公司资产或接管该公司；如果该公司或者该公司资产受监督控制，请加拿大相关机构或人员就该公司或该公司资产申请清盘令；与 Assuris 协商需采取的行动步骤：

①暂时接管；

②安排临时管理工作；

③总结接管期间公司情况并进行清算工作；

④确定清算人和/或任命备用代理人；

⑤就第三阶段准备的清算应急预案如何实施进行讨论。

Assuris 在清算过程中为公司的保单提供偿付保障；对公司进行评估，以筹集所需资金，保障得到偿付的范围达到已发出清盘令的预期；在委任清盘人的帮助下有序开展清算，具体工作包括：

①起草应急手册，旨在应对清算过程中突发的问题；

②培训对外信息发布人员，应对公众询问；

③安排筹资及汇报事项；

④与清算人就清算期间公司发展制定战略。

（4）救助范围及限额

加拿大人身保险的具体救助金额见表 9－2。

表 9－2　　　　　加拿大人身与健康险保障基金补偿范例

	原保单应给付的总额	Assuris 承诺给付的金额
伤残保险（最低 85%，月给付低于 2000 加元可获得足额补偿）	1800	1800
	2100	2000
	4000	3400
定期寿险（最低 85%，死亡给付不超过 200000 加元可获足额补偿）	18000	18000
	21000	20000
	40000	34000

	原保单应给付的总额	Assuris 承诺给付的金额
累积年金给付（最高补偿为 100000 加元）	80000	80000
	110000	100000
	200000	100000

财产保险补偿方面，根据保单持有人的补偿限制规定，每张保单的最高补偿限额是 25 万加元，未到期保费可视情况按最高 70% 退还，最多退还 700 加元。

（五）中国台湾地区保险安定基金制度

中国台湾地区将保险保障基金称为安定基金。早在 1974 年，台湾就颁布了"人寿保险业安定基金设置及管理办法"，设立了人寿保险业安定基金。1992 年 12 月 30 日，台湾颁布了"保险安定基金组织及管理办法"，细化了安定基金的组织与管理。2001 年 12 月 20 日，在以上两项规定的基础上，台湾颁布了新的"财团法人保险安定基金组织及管理办法"，该办法较为全面地规定了安定基金的管理机构、安定基金的专户管理与收入来源、资金运用的方式、动用安定基金的审批与工作流程、安定基金的内部治理与预算以及相关责任。此外，在更高的一层的法律位阶上，台湾的"保险法"①也明确规定了安定基金的地位与职责。2005 年 11 月 18 日，台湾国华产物保险股份有限公司由于严重亏损被主管机关勒令停业清理，该公司的营业资格及资产被公开招标出售，公司进入破产程序。在此过程中，安定基金付出了十多亿元新台币的垫付与救助款，充分发挥了稳定作用。

1. 台湾安定基金制度情况

台湾对安定基金制度进行规定或者涉及到安定基金制度的规范性文件有："保险法"（1929 年颁布，2007 年修订）；"财团法人保险安定基金组织及管理办法"（2001 年 12 月 20 日颁布，2008 年 1 月 31 日修订，2009 年 3 月 30 日再修订）；"保险安定基金组织及管理办法"（1992 年 12 月 30

---

① 制定于 1929 年，经历 14 次修订，最后一次修订是在 2007 年。

日颁布，2002 年 7 月 16 日废止）；"人寿保险业安定基金设置及管理办法"
（1974 年颁布，2000 年 10 月 6 日废止）；"财团法人财产保险安定基金动
用范围及限额规定"（2003 年 5 月 14 日颁布，2006 年 1 月 2 日修订）；
"人身保险安定基金动用范围及限额规定"（2006 年 7 月 18 日颁布）。上述
这些规定较为全面地确立了安定基金制度，促进了台湾安定基金制度的实
际运作。

2. 安定基金制度的具体内容

（1）管理机构

根据"财团法人保险安定基金组织及管理办法"第二条的规定，财团
法人保险安定基金由财团法人财产保险安定基金及财团法人人身保险安定
基金合并设立，这也就确定了安定基金主体上的唯一性。这是该办法在
2008 年修订后的新内容，在此之前，保险安定基金包括财团法人财产保险
安定基金及财团法人人身保险安定基金，财产保险安定基金及人身保险安
定基金应各设委员会，分别进行管理。该办法修订时，"为使安定基金资
源得有效率之整合，并建置场外监控机制及强化预警系统，以有效掌握保
险业经营信息，协助主管机关适时监督保险业经营风险，安定基金成立为
一专责机构将可使本法赋予安定基金之积极性功能得有效发挥"，"遂将原
有的财团法人财产保险安定基金及财团法人人身保险安定基金予以合并，
新设财团法人保险安定基金"①。

（2）融资方式

2001 年颁布的"财团法人保险安定基金组织及管理办法"取消了对安
定基金的总额的限定。按照 1992 年颁布的"保险安定基金组织及管理办
法"的规定，财产保险安定基金之总额暂订为新台币二十亿元，人身保险
安定基金总额暂订为新台币四十亿元。② 从 2005 年安定基金对国华产险的
救助来看，幸好新的办法取消了这一限制，否则以当时的救助总额来计算
（约 16 亿元新台币），一次救助就会几乎耗尽财产保险安定基金的所有资

---

① "财团法人保险安定基金组织及管理办法"修正条文对照表，载于台湾"金融监督管理委
员会保险局"网站。
② 该办法第三条、第四条。

金。应当说，安定基金或者类似的基金，设定一个总额限制，其目的在于减轻行业的负担。但是在保险保障基金建立初期，由于资金规模本身较小，如果再设定一个很小的规模上限，一旦真的发生需要救助的危机公司，安定基金可能很难发挥很大的作用。这从台湾国华产险的例子就可以看出。从规模上来看，台湾国华产险在台湾财产险市场属于中小公司，市场份额仅为 2.7%[①]，如此小的保险公司的破产都使安定基金伤筋动骨，那么，如果真有一家大中型保险公司遇到危机，安定基金就无能为力了。所以，不适宜对安定基金施以规模上的限制。

依据台湾"保险法"第一百四十三条之一第三项、第四项规定："安定基金由各保险业者提拨；其提拨比率，由主管机关审酌经济、金融发展情形及保险业承担能力定之，并不得低于各保险业者总保险费收入之千分之一。""安定基金累积之金额不足保障被保险人权益，且有严重危及金融安定之虞时，得报经主管机关同意，向金融机构借款。"

"财团法人保险安定基金组织及管理办法"第五条规定："安定基金得视基金累积及动用情形、经济、金融发展情形及保险业承担能力，适时提供主管机关依本法第一百四十三条之一第三项订定或调整提拨比例之建议。""财产保险安定基金专户或人身保险安定基金专户累积之金额有不足保障各该业别被保险人权益，且有严重危及金融安定之虞时，安定基金应即依本法一百四十三条之一第四项规定，拟具向金融机构借款及偿还计划，报主管机关核准。"

由上述条文可见，安定基金如果面临资金不足的情况，可以有两个解决途径：一是安定基金可以向主管机关提出调整筹集比例的建议，二是安定基金可以在获主管机构核准后向金融机构借款。安定基金的资金运用可以有三种方式：存放金融机构；购买公债、国库券、金融债券、可转让定期存单、银行承兑汇票及银行保证商业本票；其他经主管机关核准之运用项目。

---

① 载台湾必富网，网址：http：//www. berich. com. tw/AG/Cnyes/Cmpinfo/Cmpinfo_ NW. asp? cmpname＝％C0s％A5％AD％A6w％B2％A3％AA％AB％ABO％C0I。

（3）参与救助方式

根据"保险法"一百四十三条之三第一项的规定，安定基金办理如下事项：

对经营困难保险业进行贷款；保险业因与经营不善同业进行合并或承受其契约，致遭受损失时，安定基金得予以低利贷款或补助；保险业依第一百四十九条第四项规定被接管、勒令停业清理或命令解散，或经接管人依第一百四十九条之二第三项规定向法院声请重整时，安定基金于必要时应代该保险业垫付要保人、被保险人及受益人依有效契约所得为之请求，并就其垫付金额取得并行使该要保人、被保险人及受益人对该保险业之请求权；保险业依本法规定进行重整时，为保障被保险人权益，协助重整程序之迅速进行，要保人、被保险人及受益人除提出书面反对意见者外，视为同意安定基金代理其出席关系人会议及行使重整相关权利。安定基金执行代理行为之程序及其他应遵行事项，由安定基金订定，报请主管机关备查；受主管机关委托担任接管人、清理人或清算人职务；经主管机关核可承接不具清偿能力保险公司之保险契约；其他为安定保险市场或保障被保险人之权益，经主管机关核定之事项。

（4）救助范围及限额

财产保险安定基金在代保险公司垫付要保人、被保险人及受益人依有效契约所得为请求，有一定的范围和最高限额。

①依保险契约请求保险赔款或保险金者，垫付的限额如下：申请强制汽车责任保险给付者，依强制汽车责任保险给付标准垫付；申请住宅地震保险赔款者，依住宅地震保险共保及危险承担机制实施办法规定垫付；其他各种保险按保险契约得请求之保险赔款或保险给付百分之九十垫付，并以新台币三百万元为限；同一人在同一保险公司（保险合作社）有数个请求权者，垫付金额以新台币三百万元为限。责任保险依"保险法"第九十四条第二项直接向保险人请求给付赔偿之第三人应与被保险人合并计算该垫付限额。

②依保险契约请求退还保险费者，按得请求金额百分之四十垫付。

可见，财产保险安定基金对保单持有人的救助是分不同情况区别对待的：对于强制险，给予全额垫付，且没有最高额限制；对于其他保险，按百分之九十的比例垫付，同时还有三百万元新台币的限制。同时，为了防止保险公司危机发生时保单持有人的挤兑行为，对于退还保费的请求只给予少部分的救助，也是以法律的手段降低保单持有人的退保动力。

人身保险安定基金对保单持有人的垫付，也有一定的范围和限额：身故、残废、满期、重大疾病（含确定罹患、提前给付等）保险金：以每一被保险人计，每一保险事故或每一被保险人之所有满期契约（含主附约），为得请求金额之百分之九十，最高以新台币三百万元为限。

年金（含寿险之生存给付部分）：以每一被保险人计，所有契约为得请求金额之百分之九十，每年最高以新台币二十万元为限。

医疗给付（包含各项主附约之医疗给付）：以每一被保险人计，每一保险事故之垫付，每年最高以新台币三十万元为限。

解约金给付：以每一被保险人计，为得请求金额之百分之二十，最高以新台币一百万元为限。

未满期保险费：以每一被保险人计，为得请求金额之百分之四十。

红利给付：以每一被保险人计，为得请求金额之百分之九十，最高以十万元为限。

可见，人身保险安定基金和财产保险安定基金一样，对保单持有人的救助是分不同情况区别对待的，保障性强的险种，垫付比例高，投资性强的险种，垫付比例相对较低。同时，各险种均设定了最高额限制，保障性强大险种最高额也高，投资性强的品种最高额较低。

二、各国（地区）保险保障基金制度的共性与差异

（一）各国（地区）实践的共性分析

1. 管理机构

在国际上，一般由行业监管者发起，并由市场中的各会员公司共同集资建立保险保障基金。基金的性质具有强制性，各国通过特定的法规，依据一定的标准要求会员公司缴费。保障基金通常交由非营利性的法定机构负责日常管理。机构的理事会大多由各会员公司代表和代表被保险人利益

的中立人员组成。有些国家的基金管理委员会根据工作的内容，下设若干委员会负责实际工作。理事会除了负责基金的管理，还要负责基金使用的决策。各国普遍法定将保险公司的破产或重组，视为触发保障基金启动的标志。

虽然各国的保险保障基金一般是独立运营，并不在政府职能部门管辖范围内，但是在其运作过程中，还是普遍与行业监管者紧密配合的。这是因为保障被保险人的利益，更多还是从政府监管者的角度考虑的。例如美国各州的保险监督官是基金理事会成员或有权与会；加拿大监管当局可以召集和列席基金理事会会议。另外，基金的运作与使用也必须经地方法律法规批准等，这都体现了监管机构可以参与保障基金的重大决策。

2. 覆盖类型

各国保障基金的覆盖范围有些是针对行业内大多数保险产品的，而有些则针对某一特定险种。这些特定的险种往往是强制性保险，保障的是人民最基本的需求。在运用保障基金进行补偿时，强制保险一般是足额补偿的。例如交强险可以保障事故受害者在发生交通意外时，有能力获得基本的医疗救助和损失补偿等。与驾驶员有购买交强险的义务相对等的是，政府监管部门也有责任保证契约的另一方——保险公司担负保险责任，让保单持有人的合法权益得以保障。在这种情况下，政府需要承担连带责任：即在保险公司破产清算的情况下，代为支付被保险人的赔偿请求。监管者一方面尽力防范保险公司破产，另一方面则将剩余的破产风险分散到全行业。所以，大多欧盟国家就算没有建立覆盖全行业的保险保障基金，也专门为强制保险设立了保障计划。同时，大多专业类保险产品往往不被纳入保障计划范围内，如再保险、信用保险以及海险等。这是因为这类保险产品的投保人多为具有一定保险专业知识的企业客户，与民众生活关系不大。经营此类产品的保险公司即使发生偿付危机，也不会对社会主体利益造成过多的危害。

3. 基金设置

通常保障基金具有法定强制性的特点，即市场中所有获准经营的保险公司都必须向基金账户缴费。这么做的目的在于：第一，可以充分确保保单持有人的利益得到保护；第二，可以尽量避免逆选择的发生。因为高风险公司更愿意参加保障基金计划得到庇护，而低风险公司基于自身风险管理能力较强，往往不愿为此增加成本。若规定自愿参与，长期下去，保障基金所保的就都是高风险公司，会导致出现严重的财务不足。此外，多数国家的保险保障基金都按照产寿险分别设置人寿健康保险保障基金和财产意外保险保障基金。只建立单一基金的国家，也会分别设立寿险与非寿险两个账户。这是由于产险和寿险产品的差异较大，前者多为一年期，而后者的保单持续时间较长。二者独立运行，可以有效避免交叉补偿的现象产生。

4. 基金功能

各国建立保险保障基金的最基本目的就是为了保障保单持有人。当保险公司不具偿付能力时，保障基金会进入处理程序，而所有在保障范围内的保单持有人就会自动获得要求补偿的权利。对于持有长期寿险产品的保单持有人，各国普遍会延续他们的保险合同。因为持有长期人寿及健康保险合同的被保险人更希望看到他们的保单得以延续，而不是立即中止合同提现。延续长期寿险保单，与保单持有人本来的风险态度和运用资金去购买保险的初衷是相一致的。所以延续此类保险合同，才能更好地保护保单持有人的利益。各国在处理保险合同的延续上，都给予了足够的重视。

5. 政府支持

保险保障基金的建立与运行离不开各国政府的大力支持。保障基金通常不是行业自发建立的。为了维护社会稳定，政府建立保障基金后，会采取行政与财政手段，支持、辅助保险保障基金的有效运作。例如日本政府允许该国的保险保障基金可在政府授权下从金融机构贷款，以增强其应对突发的重大保险公司偿付能力危机事件。除了政府给予的融资贷款支持外，如美国还会对保障基金提供财税支持。美国大多数州都允许公司将缴费用于直接抵减其应缴的保费税，从而将这部分额外的成本转嫁给政府财政，再进一步分摊给全体纳税人。

（二）各国（地区）实践的差异性分析

1. 筹集方式

保险保障基金一般由会员公司缴费或向其征税形成。征收时，按照一定的标准在会员公司之间公平分摊，以避免给公司带来过重的财务负担。各国筹集基金的方式总体上有事前征收、事后征收和事前事后相结合三种。

事前征收是各会员公司定期缴费，用以应对将来可能发生的保险公司无偿付能力的情形。当满足基金充足性要求时，各会员公司即可停止缴费。征收的基金在使用前将投资于安全性高、流动性强的资产。

采用事前征收方式具有三点优势，首先是在发生偿付能力危机事件的时候可以快速反应，随时投入使用。这一点在处理大型保险公司的破产清算案件中至关重要，因为基金能够在短时间内调拨用于处理事件的大笔资金。其次，由于存在充足可见的用于保障保单持有人利益的资金，有利于维护社会大众对保险行业的信心。最后，采用事前征收方式还可以让各会员公司能够更好地预测其未来的财务状况。这种筹集方式的缺点在于因事前不能确定所需资金的数额，所以难以确定基金的规模。如果资金规模过大，容易诱发被保险人的道德风险；反之若资金并不充足，则会对公众信心造成负面影响。而安全网的存在，会导致行业监管者放松其监管，间接增大保险公司破产清算事件的概率。

事后征收方式是指真正需要使用基金时，根据需要的金额向各会员公司征缴。一般各国会设定每家公司每次缴费的上限，即一次征收最高不会高过多少。相比于事前征收，虽然这种筹集方式容易引发保险公司的道德风险，但其也有自身优势。首先，无需考虑日常资金的管理和投资，因此可以节约管理费用；其次，在动用保障基金之前，公司可以支配这部分资金用于投资更高回报率的项目，进而获取更多收益。

第三种筹集方式是事前与事后征收相结合。在确定使用事前征收方法为基础之后，各会员公司提取并累计其应缴纳费用，记入保险保障基金准备金账户。当累积到一定程度或者需要动用保障基金时，再向基金管理方缴纳并供使用。我国改革保险保障基金制度之前曾采用此方式。采用这种做法的国家还有挪威、法国。其中，法国允许公司自留其应缴费的一半用于投资，当需使用时再缴纳剩余的部分。

目前世界上对于究竟采用何种筹集方式，并没有普遍一致性。但是有一个趋势是，近些年才建立保险保障基金制度的国家多采用事前征收的方式，如法国和日本等。而基金建立已 20 年的加拿大，正向其事后征收的基本方法当中融入部分事前征收。从目前的情况来看，采用事前征收方式的保障基金，其运作的效果还是令人满意的。保有一定规模的资金，用以快速应对偿付能力危机事件，这可以看作是当前流行的新思路。而从缴费的公司角度来看，采用哪种征收的方式对它们的区别不大。因为若采用事前征收，当若干年后基金达到法定规模，各公司停止缴费；此时即与事后征收相同。若采用事后征集，因对公司每年所需缴费有上限的规定，则剩余的费用分摊要各公司未来几年内继续缴纳，这又与事前征收相同。

2. 征收标准

会员保险公司需要交纳的费用是根据其总保费或净保费收入计算得出的，相对而言比较公平合理，因为公司的保费来源于全体参保人，用于补偿部分人的损失。若将这个概念放大，则全行业保费收入中的一部分，将会被用做补偿因个别公司破产而受损的消费者。但是若保险公司据此提高费率，会将这部分额外的财务负担转嫁到保单持有人身上。因此，实践中正在打破旧有思维，各国开始思考基于风险因素的评估与筹集方法。日本计算征收额时，不仅考虑保费收入，同时也将技术准备金（Technical Reserves）纳入标准，以反映公司的支付能力。而加拿大的寿险保障基金则考虑使用公司的法定资本（Capital Required）作为计算依据。

表 9-3　　　　　　　　　　　各国年缴费标准一览

	国家	寿险保障基金	非寿险保障基金
事前征收	法国	技术准备金的 0.05%（总额 2.7 亿欧元）	—
	日本	全体公司年缴费 560 亿日元（上限 10 年）	全体公司年缴费 65 亿日元（上限 10 年）
	韩国	保费收入的 0.45%	保费收入的 0.45%
事后征收	加拿大	法定资本的 1.33%	保费收入的 1%
	英国	毛保费收入的 1%	净保费收入的 1%
	美国	毛保费收入的 2%	净保费收入的 2%

3. 保障范围

为了将保障基金用于那些确实更加需要保险补偿的保单持有人身上，部分国家对基金的保障范围做了一定限制。如英国的保障基金一般仅向个人与合伙小企业提供保障，而大型企业被保险人仅能申请一些强制险的补偿。还有些国家，大型企业被认为在购买保险时，应具有风险管理的意识和能力，因此不被包括在保障范围内。但也有部分国家的保障基金并未对保单持有人的资格做严格的限定。这是由于此类国家对于补偿支付总额的限制是根据一般保单持有人的情况而制定的，可以有效地保障此类群体的利益，因此大型企业很难从安全网体系中获利，进而降低了道德风险。

4. 补偿限制

大多数保险保障基金都对保单持有人的补偿限额做了规定。此举旨在通过不足额的赔偿，将损失在所有保单持有人中间分摊，从而达到降低保单持有人道德风险的目的。但在实际操作中，各国在限制方法的选择上存在一定差异。对补偿设限的方法总体上可分为两类，即限额支付和比例支付。一般采用限额支付的，其设限的对象是每个保单持有人，而不是单张保单。这就要求将保单持有人持有的全部保险合同加总，得出其所能获得的最高补偿金额。采用比例支付的保障基金，则是对全体保单持有人可获得的补偿打一个折扣。或者是两种方法同时使用，即在按比例补偿的同时也规定最高支付限额。此外，对于非寿险合同的未到期保费，有些国家不予退还，而有些国家则按一定比例给予退还。

无论采取何种形式的补偿限制，其最终目的都在于降低保单持有人的道德风险，只是侧重有所不同。限额支付主要是针对大型企业希望在安全网中获利的行为。一般个人保单持有者的保险金额都在设定的最高限额以内，因此基金完全可以有效地保护这部分人的利益。采用这种方法通常还会对处理破产清算案件的成本设限，以减轻会员公司的财务压力。比例支付所针对的是全体的保单持有人，即个人和小企业也需分担选择保险公司不当的后果。通过打折的做法，可以让全体消费者、保险公司和监管机构意识到风险，从而强化市场的有序性。

表 9 – 4　　　　　　　　　　　各国补偿限制一览

国家	寿险保障基金	非寿险保障基金
法国	70000 欧元	—
加拿大	200000 加元，最高 60000 加元的折现价值	250000 加元
美国	300000 美元，最高 100000 美元的折现价值	300000 美元
日本	90%	90%
英国	90%	90%，3 200 欧元以下足额给付
爱尔兰	65%，最高 825000 欧元	—

第二节　保险公司破产案例比较分析

一、各国（地区）保险公司破产案例

根据以上对各国（地区）保险保障基金制度的介绍与分析，我们有必要进一步了解以上各国（地区）保险公司破产案例的实际情况，通过案例分析来进一步了解各国（地区）保险保障基金如何在破产过程中发挥维护金融稳定、保障保单持有人利益的作用。本节的每个案例分析大致包括公司概况及破产原因、监管机关介入、保单处理、破产清算程序四个部分，以求在对破产案例进行全面分析解读的基础上，对保险保障基金进行保单救助及参与保险公司破产清算进行重点的介绍与分析。

（一）英国保险公司市场退出案例

1. 独立保险公司（Independent Insurance）

（1）公司概况

独立保险公司成立于 1987 年，经营非强制性财产保险与再保险。于 2001 年 6 月因失去清偿能力而停止对新保单进行承保。该公司破产的最大原因，在于扩大承保商业物件以及赔偿责任保险的责任准备金出现严重不足的情况，特别是长尾型责任保险的责任准备金不足与理赔管理不当。

（2）监管机关介入

独立保险公司向法院申请普通清算。英国重大经济犯罪搜查厅调查证实了该公司责任准备金不足的情况。独立保险公司提出清算申请后，法院在 2001 年 6 月任命普华永道会计师事务所为其临时清算人。

（3）保单处理

经认定，独立保险公司财务状况的调查结果显示需要启动保单持有人保障机制（PPB，后更改为 FSMA），根据当时实施的《1975 年保单持有人保护法》，发布公告对保单持有人进行下列补偿金的支付：

➢ 保单条款内规定的解约者，应促使其解约；

➢ 强制保险（汽车保险、雇主意外责任保险）予以全额补偿；

➢ 其他非强制性财产保险予以 90% 补偿。

至于无法从 PPB 得到补偿的保单持有人，应具有独立保险公司分配资产的权利，此项分配权在该公司债务安排协议顺利启动之后方可行使。在 PPB 进行补偿的同时，英国大型产险公司 R&SA 公司以 300 万英镑买下独立保险公司的损害调查部门，该部门 300 名理赔人员（Adjuster）亦同时顺利进行工作转移；另外，R&SA 公司亦雇用部分员工，并承接独立保险公司的住宅保险契约。此后，暂定由清算人进行损害金额的确定并修正诉讼中的保险事故。

（4）破产清算程序

①在债务安排协议达成后，临时清算人对独立保险公司立即采取了如下措施：

➢ 冻结该公司的现金资产及所进行的投资，并将这些资产置于临时清算人的管理之下；

➢ 对其他必要的资产进行评价以及冻结；

➢ 为了有利于债务安排协议的执行，对该公司具有相关专业技能与专门知识的员工，予以继续任用。

②临时清算程序回顾

a. 概述

2001 年 6 月 17 日，普华永道会计师事务所合伙人 Dan Schwarzmann 和 Mark Batten 被任命为独立保险公司破产程序中的联合临时清算人，出于对债权人最佳利益的考量，他们选择英国《2006 年公司法》第 895 章下所规定的债务安排协议（Scheme of Arrangement）作为破产路径。另外，由独立保险公司 100% 出资的 Aurora Corporate Service Limited 亦全面协助清算工作。

b. 债务安排协议

总的来说，这是一种对公司及其股东间的债务进行重新安排之后达成的协议。在独立保险公司这个案例中，此项协议主要的作用在于对保单持有人的请求进行估价（在这些请求都不会得到 FSCS "金融服务补偿计划"的补偿的情况下）和将公司资产分配给债权人。

对于任何债务安排协议，在请求权的数量和价值方面必须得到债权人中多数人的认可（对于数量来说，至少需要获得一半债权人的认可；在价值方面，则至少需要 3/4 的投票）。由于 FSCS 是独立保险公司最大的债权人，在向债权人递交任何协议之前，FSCS 都必须先对此协议进行认可。

协议一旦制定完成，临时清算人将举行会议的日期通知给所有债权人，最近的一次就协议细节进行讨论的债权人会议已经在 2012 年的早些时候举行。

c. 未了责任和保单的处理（Run-off Management）

保险公司清算中所谓的 Run-Off，指的是保险公司停止签发新保单，同时对未到期的保单进行相应的处理的程序。临时清算人和其团队工作人员不仅要同扮演独立保险公司 "未了责任处理人"（Run-off Manager）角色的 Capita Insurance Services Limited 展开积极的合作，同时也要对其工作进行监督，以确保债权人的利益能够得到最大限度的保护。临时清算人同 Capita Insurance 就保单处理程序所要达到的目标、保单处理的优先顺序、关键债权的选择和同 Capita Services Limited 所得报酬联系紧密的绩效表现等问题进行了积极的沟通。

d. 请求权协议

自从临时清算程序启动以来，通过和未通过的保险索赔请求的总数达到 91000 多项，总价值高达 7.39 亿美元。另外，独立保险公司每个月还会收到大概 80 项新的保险索赔请求。

保险索赔请求主要分为两大类：受保护的和未受保护的请求。举例说明，受保护的请求是指那些来自于私人保单持有人和开展所谓强制保险业务的公司，这些都受 FSCS 的保护。对于未受保护的请求来说，债权人只能收到基于公司最终的财务状况所带来的一些分红款项而已。

截至 2011 年 5 月 31 日，FSCS 所支付的受保护请求的款项已高达 3.9 亿英镑，同时还有 1944 个未偿付的同类请求，价值达到 4000 万英镑；同样地，未受保护请求的价值也已经达到 3.58 亿英镑，同时未偿付的同类请求有 802 项，总价值超过 2.13 亿英镑。上述两种请求都不包括那些"已发生未报告"（IBNR）的请求。

另外，在独立保险公司进入临时清算程序之后，FSCS 还为其所引发的"退保潮"支付了 950 万英镑退保费。

e. 财务状况

在对独立保险公司的资产进行评估和鉴定方面，临时清算人花费了相当多的时间和精力。自从独立保险公司进入临时清算程序以来，基于为债权人谋取最大利益的前提，已完成评估和鉴定的资产总值达到 5.559 亿英镑（截至 2010 年 10 月为 5.58 亿英镑）。虽然说独立保险公司的资产追回工作已经基本尘埃落定，但是考虑到独立保险公司曾经签发过相当数量的长尾负债账号（以员工负债为例），所以对于其最终负债程度来说，其中还是存在着很大的不确定性。

f. 集团公司

独立集团由多个公司组成，为了加快整个清算工作的进行，临时清算人需要更加合理地安排其工作：2011 年 1 月，另有两家无债务的子公司正式宣布脱离独立集团。这使得总值 110 万英镑的股份资本和盈余资金得以回到独立集团的大股东独立保险公司的手中。2011 年 6 月，独立保险公司跟另外一家起诉独立集团的子公司之间就一项未偿付的请求达成了最终协议。至此，独立集团旗下还有 5 家子公司将进行清算。清算工作预计在 2012 年 8 月前后完成，届时，独立保险公司将会获得的资产总值在 2900 万英镑左右。

g. 非正式的债权人委员会

临时清算人创建了一个非正式的债权人委员会，由七名成员作为独立保险公司的债权人代表，以协助临时清算工作的进行。第一次债权人会议在 2001 年 11 月 28 日举行，从此之后债权人会议定期召开，最后一次是在 2010 年 11 月 25 日。临时清算人对非正式债权人委员会的成员的协助和支持表达了由衷的感谢，并且会在正式债权人委员会成立之前继续向那七名成员进行咨询。

（二）日本保险公司市场退出案例

1. 日产生命相互保险公司破产处置

（1）公司概况及破产原因

①概况

日产生命保险公司（以下简称日产生命）成立于明治 42 年（1909 年），其保费收入在日本生命保险公司中列第 16 位，为中型规模公司。1996 年 3 月，该公司总资产达 2 兆 1764 亿日元。该公司持有保险合同约 1400 万件，个人保险合同额约 9 兆 8000 亿日元，团体保险合同额约 7 兆 3000 亿日元，保户人数达 4700 万人。该公司有分支机构约 380 个，代理店 516 个，内勤职工约 1300 名，外勤职工约 3600 名。此外，下设物业管理、证券投资及有关生命保险业务的健康调查等子公司 5 家。

②破产原因

一是 20 世纪 80 年代中后期，该保险公司在金融机构与大型企业集团（如日立集团及日产集团等）合作销售"高预定利率"的个人年金保险，且销售规模过大。当时该保险公司的高管层主要关注如何调整好经营规模扩大和成本之间的比率，没有对设定高利率并且将保险产品的销售过度集中于某特定产品的风险产生足够认识。在资金运用方面，又将从产品销售中取得的高利率资金主要运用于购买股票和外国证券，于 1993 年开始发生了"利差损"。二是保险产品过度集中于团体年金保险，对个人保险产品的销售低于行业平均水平 3% 以上，造成产品比例不协调。三是将上述高利率资金投入到股票、外国证券等高风险的投资中，在泡沫经济破灭后受到逆利率的拖累。四是在外部经营环境恶化时，实施的结算方案不合适，导致经营更加恶化。五是资产负债管理不佳。六是内外监督机制失灵：因其相互公司形式导致总代会形骸化（如决定破产处理的总代会 60% 均与公司及集团有密切利害关系，最后以压倒性优势通过）；该公司和大藏省都没有实施可以减少保险金额的做法，且当时信息披露尚未法令化。七是因为相互公司的特殊形态。八是未能及时采取破产措施：公司于1994年起进入实质破产状态，但仍然一直延续了3年。这主要是安全网不完善、尚不存在保险公司退出机制、大藏省没有及时采取破产处理等因素导致的。最后导致负债过高、侵害投保人的利益。

（2）监管机构启动及介入程序

1997年4月25日，日本保险主管当局（大藏省）对日产生命下达了停止保险业务的命令。此外，为了妥善运营和管理日产生命的保险业务和财产，大藏省还于次日命令日本寿险协会为保险管理人，由保险管理人对日产生命的业务和财产进行管理（当日本寿险协会或为保险管理人时，该保险管理人的组成成员由加盟该协会的各寿险公司派遣）。

（3）保单处理程序

①保单去向

保险管理人没有找到接管公司，最后由其自身（日本寿险协会）出资成立青叶生命股份保险公司（以下简称青叶生命）接管日产生命。

②合同条件的变更

保险合同责任准备金及积累方式没有改变，投保人损失相当小；没有减少10年定期实际保险金额；但定期终身保险的保险金减少较多；预定利率由3.75%~5.5%变为2.75%，处于较高水平；提前解约扣除额为7年从15%到3%。

③保单处理问题

投资人保护基金存在以下一些问题：一是没有考虑到没有公司愿意接手既存合同的情况；二是将援助额度上限定为2000亿日元，但援助额的决定方针不透明；三是投保人保护基金的加入是任意性的，且分担金在处理结束后缴纳；四是没有对处理过程中发生死亡等情况的应对方法进行规定。经过本次破产处理，投资人保护基金的资金枯竭，暴露出制度上的问题，客观上推动了破产处理制度的改革。

（4）破产清算、转让等处理程序

日本寿险协会设立了专门用于接盘的保险公司——青叶生命，由青叶生命临时性地总括性接受了日产生命持有的保险合同转让（当时，日本虽然还没有成立保险投保人保护机构，但是该机构的前身投保人保护基金已经存在。投保人保护基金并不具备由投保人保护机构设立自己的子公司承继破产保险公司持有的保险合同的职能，因此在当时的情况下，只能通过设立接盘寿险公司的形式解决该问题）。

进行总括性保险合同转让时日产生命的财务状况如下：

资产额：18220 亿日元 + 1232 亿日元（品牌价值费）= 19452 亿日元

负债额：21442 亿日元

债务超过额：1990 亿日元

投保人保护基金对青叶生命支付了上述债务超过额，即 1990 亿日元的资金援助。另外，青叶生命最终被保德信生命保险股份公司吸收合并。通过处理，公司形态由相互公司变为股份公司。

2. 东邦生命相互保险公司破产处置

（1）公司概况及破产原因

①概况

东邦生命相互保险公司（以下简称东邦生命）是一家在日本具有 90 年历史传统的人寿保险公司，历经了明治、大正、昭和三个时代。东邦生命在泡沫经济时期一味扩大经营规模，以致债台高筑，最后资不抵债。该公司在 1998 年度结算中出现了包括有价证券在内的约 1200 亿日元的亏空，加上无法回收的贷款约 960 亿日元等，共约 2300 亿日元没有着落。监察法人德勤会计师事务所对东邦生命 1998 年的结算进行审查后，认为其不合法，要求其对有价证券的账外损失、不良债权等 2313 亿日元进行追加处理，使东邦生命存在 2000 亿日元的债务大白于天下。

②破产原因

一是 20 世纪 80 年代中后期销售了大量高利率的资产型（储蓄型）商品（共济年金、一次性付清养老保险等），为日后受逆利率之苦埋下伏笔。二是进行房地产投资等高风险投资，泡沫经济破灭后产生巨额不良资产。三是经营者经营不力（家族经营，太田氏不谙经营，排挤有识之士）。四是内外部监察不力：总代会及工会均由利害相关人掌控。五是信息公开不透明、难以判断经营情况。六是因为相互公司的特殊形态。

（2）监管机构启动及介入程序

1999 年 6 月 4 日，日本保险主管当局对东邦生命下达了停止保险业务的命令。此外，为了妥善运营和管理东邦生命的保险业务和财产，日本保险主管当局还于次日命令日本寿险协会以及另外两名专业人士（一名注册会计师、一名律师）为保险管理人，由保险管理人对东邦生命的业务和财产进行管理。

（3）保单处理程序

①保单的去向

采取新旧分离方式，设立 GE 基金爱迪生生命保险股份公司（以下简称 GE 爱迪生生命）（专门为收购其销售网而设立的外资寿险公司，80% 的内勤及 100% 的营业推销人员为东邦员工），新合同由 GE 爱迪生生命负责，旧合同由东邦生命负责。但这种回生术最终没有产生效果，东邦生命最终破产。破产后，合同全部由 GE 爱迪生生命接手。

②合同条件的变更

保险合同责任准备金减少 10%，积累方式由 10 年齐尔默式改为全期齐尔默式；定期终身保险的保险金减少较多；预计利率由 4.79% 变为 1.5%；提前解约扣除额为 8 年从 15% 到 2%。

（4）破产清算、转让等处理程序

东邦生命的破产处理采用了新旧分离的模式。其具体方法是由东邦生命和 GE 基金股份公司以合资方式设立新公司——GE 爱迪生生命，由东邦生命对新公司转让营业资产、销售网络以及员工，作为交换，东邦生命得到了 700 亿日元的资金。通过这种方式，东邦生命集中精力进行其既存保险合同的管理和资金运用，而新公司——GE 爱迪生生命则专注于保险产品的营销。

通过上述方式，东邦生命试图通过剥离员工而大幅降低成本，并计划通过财务再保险获取收益以求东山再起，但是，在 1 年后还是无可避免地陷入资不抵债而破产。

在其后的破产处理中，以 GE 爱迪生生命为救助保险公司，接受了东邦生命的总括性保险合同转让。

进行总括性保险合同转让时，东邦生命的财务状况如下：

资产额：21870 亿日元 + 2400 亿日元（品牌价值费）= 24270 亿日元

负债额：28400 亿日元 − 530 亿日元（责任准备金缩减至原来的 90%）

= 27870 亿日元

债务超过额：3600 亿日元

投保人保护机构对 GE 爱迪生生命支付了上述债务超过额，即 3600 亿日元的资金援助。

其后，GE 爱迪生生命被 AIG 并购，成为 AIG 爱迪生生命保险股份公司。

通过处理，公司形态由相互公司变为股份公司（但股东或股东选任的董事会参与了分红规则的制定，与分红合同人的利益可能存在冲突）。

3. 第百生命保险相互公司破产处置

（1）公司概况和破产原因

一是未能改善收益结构。第百生命保险相互公司（以下简称第百生命）原属旧川崎财阀的公司，主要以储蓄型保险为主。但储蓄型保险与保障型保险相比，收益性低下。虽然 20 世纪 70 年代开始提出"储蓄保障双丰收"的方针，但由于营业转换、经验不足等原因，没有得到实现，储蓄型产品一直处于六七成以上。二是 1999 年与加拿大寿险公司宏利合作，实行了改革。但很快受东邦生命破产的影响，解约数量剧增。三是外国债券投资失败。四是由于相互公司的特殊形态。五是监察薄弱：内部的保险统计专家认真负责，有一定的发言权，但由于经营内容在上层没有得到共享，致使其效力未能得到及时发挥；资产负债管理不足；相互公司的总代会只是橡皮图章。

（2）监管机关介入

2001 年金融厅检查发现第百生命自 1999 年 3 月开始，从外国的银行吸收了 300 亿日元的后偿贷款，企图改善偿付能力额度，于是金融厅下达了限期整改命令。2000 年 5 月 31 日，日本保险主管当局对第百生命下达了停止保险业务的命令。此外，为了妥善运营和管理第百生命的保险业务和财产，日本保险主管当局还于次日命令日本寿险协会以及另外两名专业人士（一名注册会计师、一名律师）为保险管理人，由保险管理人对第百生命的业务和财产进行管理。

（3）保单处理

①保单的去向

采取新旧分离方式，第百生命与加拿大宏利人寿保险公司合资设立宏利世纪生命保险公司。新合同由宏利世纪生命负责，旧合同由第百生命负责。但这种回生术最终没有产生效果，第百生命最终破产。破产后，合同全部由宏利世纪生命接手。

②合同条件的变更

保险合同责任准备金减少10%，积累方式由纯保险费方式改为全期齐尔默式；预计利率由4.46%变为1.0%；提前解约扣除额为10年从20%到2%。

（4）破产处理

第百生命的破产处理采用了与东邦生命相同的新旧分离的模式。其具体方法是由第百生命和加拿大宏利人寿以合资方式设立新公司——宏利世纪生命保险股份公司（以下简称宏利生命），即现在的宏利生命保险股份公司。由第百生命对新公司转让保险经营，通过这种方式使第百生命得以集中精力管理其既存保险合同，而新公司——宏利生命则专注于保险产品的营销。

第百生命在上述调整的大约1年后因资不抵债而破产。

在其后的破产处理中，以宏利生命为救助保险公司，接受了第百生命的总括性保险合同转让。

进行总括性保险合同转让时第百生命的财务状况如下：

资产额：13000亿日元＋1470亿日元（品牌价值费）＝14470亿日元

负债额：16200亿日元－280亿日元（责任准备金缩减至原来的90%）＝15920亿日元

债务超过额：1450亿日元

投保人保护机构对宏利生命支付了上述债务超过额，即1450亿日元的资金援助。

通过处理，公司形态由相互公司变为股份公司（但股东或股东选任的董事会参与了分红规则的制定，与分红合同人的利益可能存在冲突）。

4. 大正生命保险股份公司破产处置

（1）破产原因

大正生命保险股份公司（以下简称大正生命）在泡沫经济破灭后受到逆利率的拖累，且受日产生命破产的影响，解约数量剧增。其本想通过Claremont Capital Holding 的增资来解决经营问题，不料该公司社长由于欺诈被捕，大正生命最终破产。

（2）监管机关的介入

金融监督厅发现其陷入资不抵债境地，于 2000 年 2 月下达早期整改命令。

2000 年 8 月 28 日，日本保险主管当局对大正生命下达了停止保险业务的命令。此外，为了妥善运营和管理大正生命的保险业务和财产，日本保险主管当局还于次日命令日本寿险协会以及另外两名专业人士（一名注册会计师、一名律师）为保险管理人，由保险管理人对大正生命的业务和财产进行管理。

（3）保单处理

①保单的去向

采取新旧分离方式，两家救助保险公司——软银金融股份公司（以下简称软银金融）与大和生命保险相互公司（以下简称大和生命）一起设立阿匝弥生命保险股份公司（以下简称阿匝弥生命）。新合同由阿匝弥生命负责，旧合同由大正生命负责。但这种回生术最终没有产生效果，大正生命最终破产。破产后，合同全部由阿匝弥生命接手。

②合同条件的变更

保险合同责任准备金减少 10%，积累方式由 3~7 年齐尔默式改为全期齐尔默式；预计利率由 4.05% 变为 1.0%；提前解约扣除额为 10 年从 15% 到 3%。

（4）破产清算处理程序

大正生命的破产处理采用了新旧分离的模式，但是其内容和目的均与东邦生命及第百生命不同。其具体方法是由救助保险公司——软银金融和大和生命以合资方式设立阿匝弥生命，由大正生命对新公司转让保险经营，通过这种方式使大正生命得以集中精力管理其持有的保险合同，而新公司——阿匝弥生命则专注于保险产品的营销。

阿匝弥生命在上述调整后的大约 1 年左右被大和生命吸收合并（其名称为大和生命保险股份公司）。

采用上述较为复杂方式的原因是，大和生命希望从相互制公司变更为股份制公司，因程序极为复杂且成本很高，利用上述方式可以在简化程序的前提下实现股份制变更。

进行总括性保险合同转让时大正生命的财务状况如下：

资产额：1545 亿日元 + 70 亿日元（品牌价值费）＝ 1615 亿日元

负债额：1910 亿日元 - 33 亿日元（责任准备金缩减至原来的 90%）＝1877 亿日元

债务超过额：262 亿日元

投保人保护机构对阿匝弥生命支付了上述债务超过额，即 262 亿日元的资金援助。

（三）加拿大保险公司市场退出案例

1. Les Cooperants 破产处置

Assuris 成立后，加拿大共发生三起人寿保险公司破产案例。第一次是 1992 年 1 月 3 日总部设在蒙特利尔的 Les Cooperants 保险公司破产。当时该公司有 22.2 万个人保单持有人和 60 万团体保单所有者。这是加拿大第一家保险公司破产，在保险界具有标杆性意义。原因就在于当时的 Comp-Corp 为保障保单所有者的利益，树立了保险公司被清算时保单持有人有优先权的先例。在该案例中，CompCorp 以 1.8 亿加元的成本保证了所有保单持有人的利益。

2. Sovereign Life 破产处置

第二次是 1993 年 1 月 18 日总部在卡尔加里的 Sovereign Life 保险公司破产清算案。当时 Sovereign Life 拥有 24.9 万保单持有人，其中 96% 的人得到了保单保额 100% 的保证，剩余 4% 的保单所有者中，最少的也获得了保单承诺额的 90%。该案例的独特之处在于，CompCorp 为了更顺利地将保单从破产公司转移到正常运营的保险公司，创立了按比例再保险的概念，并成立一个再保险附属机构。该案中，CompCorp 付出的成本是 2000 万加元。

3. Confederation Life 破产处置

第三次是 1994 年 8 月 11 日 Confederation Life 保险公司破产清算案。这是一家在加拿大、美国和英国都有运营的国际公司，因此清算非常复杂，仅在加拿大其就有 26 万个人保单持有者和 150 万团体保险保单持有者。在前两次经验的基础上，通过与保险监管机构、破产清算机构的全力合作，CompCorp 这次又 100% 保证了保单持有者的利益，并且仅花费了 500 万元加元。

（1）公司概况

Confederation Life 保险公司（以下简称 Confederation Life），是一家主要的加拿大保险公司以及金融服务提供商，其总部设于多伦多。该公司在加拿大、美国、英国及百慕大运营，在古巴还有一间闲置办公室，且其保单持有人总债务的三分之二是通过美国分公司承保的。Confederation Life 于 1994 年被迫清算。该程序始于当年的 8 月 11 日。

（2）监管机构介入

1994 年 8 月 15 日，安大略省法院命令 Confederation Life 保险公司依照《停业清理法案》（Winding-up Act）进行停业清理。通过该日的进一步命令，法院指定金融机构监管人（the Superintendent，以下简称监管人）作为 Confederation Life 的临时清算人。监管人指定毕马威会计师事务所作为其代理人进行清算的管理工作。清算工作始于 1994 年 8 月 12 日。1997 年 9 月 10 日，法院免除了监管人作为 Confederation Life 保险公司临时清算人的职务，任命毕马威公司为永久清算人。

1994 年 8 月 12 日，密歇根州 Ingham 地区的巡回法庭（以下简称密歇根法庭）命令所有在美国的 Confederation Life 的业务，包括其美国分公司，均停止，称为"整顿中的 Confederation Life 保险公司（U. S.）［以下简称 CLIC（U. S.）］，密歇根州的保险监督官作为整顿人管理、引导并控制该产权。1996 年 10 月 23 日，根据整顿计划，密歇根法院命令 CLIC（U. S.）停业清理，并指定整顿人作为 CLIC（U. S.）的清算人。

（3）保单转让

在清算过程中，当时的 CompCorp（现称为 Assuris）保障了所有保单持有人的资产，且仅花费了 500 万加元的保障基金。几家不同的加拿大及美国保险公司接受了该公司的不同业务，如表 9 - 5 所示。

表 9 - 5　　　　　　　　　Confederation Life 保单转让表

保　单	拟转让公司
加拿大团体人寿与健康保险，包括长期及短期失能保单	宏利人寿保险公司
加拿大个人人寿与健康保单，包括长期失能保单	海事保险公司
加拿大即期年金	加拿大人寿保险公司
加拿大个人延期年金，人寿收入基金及注册退休收入基金业务	帝国人寿保险公司
加拿大团体养老金保单	于 2000 年 5 月 31 日全部支付完成
英国子公司与分公司	太阳人寿保险公司
在古巴签发的保单	古巴国有保险人
百慕大分公司保单	花旗国际保险公司

（4）破产清算

自 2000 年起，清算人共对 Confederation Life 的财产进行了 11 次分配：

2000 年 9 月 5 日，法院通过了对 Confederation Treasury Services Limited（CTSL）与普通债权人的第一次分配，共计 260000000 加元。

2001 年 3 月 27 日，法院通过了对 CTSL 与普通债权人的第二次分配，共计 100000000 加元。

2001 年 10 月 4 日，法院通过了对 CTSL 与普通债权人的第三次分配，共计 150000000 加元。第三次分配使 CTSL 全部清偿完毕。因而，第四次分配被唯一地用于清偿普通债权人的债务。

2002 年 5 月 8 日及 11 月 12 日，法院通过了唯一针对普通债权人的第四次、第五次分配，共计 112636000 加元。第五次分配使普通债权人获得了其允许债权的 100%（清算利息前）。

2002 年 11 月 28 日，法院通过了清算后利息处理（协议）——这是由普通债权人及次级债持有人的代表律师达成的，以及第六次金额为 75000000 加元的分配，其分配与清算后利息处理协议一致。

2003 年 11 月 4 日，法院通过了金额为 75000000 加元的第七次分配。

2004 年 10 月 5 日，法院通过了金额为 35000000 加元的第八次分配，本次分配与清算后利息处理协议一致，在普通债权人及次级债持有人之间分配，20% 归普通债权人，80% 归次级债持有人。

2005 年 12 月 13 日、2007 年 5 月 22 日及 2011 年 10 月 13 日，法院通过了金额为 40000000 加元、50000000 加元、27722500 加元的第九次、第十次及第十一次也是最后一次分配，同样在普通债权人及次级债持有人之间分配。

2012 年 4 月 4 日，安大略省最高法院的大法官发布命令撤销了毕马威的 Confederation Life 清算人的任命，清算过程基本结束。

4. 加拿大联合人寿（Union of Canada Life Insurance）破产案

（1）公司概况

Union of Canada Life Insurance（以下简称 UCLI）成立于 1863 年，是加拿大最古老的保险公司之一。作为由安大略省监管的一家相互保险公司，其由保单持有人全资持有。它提供人寿保险保单，包括分红保单、年金及意外保险保单、抵押及投资产品，经营范围包括安大略省、魁北克省、新不伦瑞克省及爱德华王子岛等五个省。其有效人寿保额的 91% 以及其直接保费的 88% 是在魁北克签发的。公司拥有总额大约 3000000 的无抵押债权人以及其他索赔权人。公司的主要投资形式是债权，但也投资于抵押贷款及房地产。在公司总部渥太华，有约 22 名员工，总资产约 100000000 加元。

2007 年，该公司拥有厚实的资产，但战略上略有缺陷，如无可持续的竞争优势、无法得到资金、不良但根深蒂固的管理层和董事会的管理，但董事会不承认战略有问题，并拒绝兼并提议。2011 年，该公司资产难以维持债务、战略上有缺陷、有大量未识别的利率风险暴露，相对于短期资产来说，负债期限十分长，在单一房地产资产上过度集中。

在法院发出破产指令时，该公司资产负债表情况如下：

资产：   97454000

普通债权人：   3416000

保单持有人：   89641000

盈余：   4397000

但在重新评估之后：

资产：   97454000

普通债权人：   3416000

保单持有人：   99628000

盈余（赤字）：   －5590000

（2）监管机构介入

2011年8月，利率突然下跌，使UCLI无法达到150％的最低可持续资产及盈余要求（Minimum Continuing Capital and Surplus Requirements，MCCSR），监管机构发出带控制意愿的通知，对该公司施加压力督促其识别自身问题，强迫变更董事会，首席执行官由董事会替代。管理层认为其需要更多的时间，并承诺找到解决办法。

2011年12月，三名监管者会同保障基金劝说公司放弃继续经营，公司同意将其置于法院破产保护之下。

2012年1月，公司进行"或有计划准备"，与公司律师就清算命令的形式达成协议，准备Assuris与清算人之间关于融资与保单持有人支持的协议，同意清算人关于保单利益继续维持的提议，监管者、Assuris与清算人密切合作。清算人准备采取实质控制措施。

该公司破产后与利益相关者的交流计划如下：

①"黑站"：建立网站告知保单持有人其需要知道的信息，维持保单持有人的信心；

②呼叫中心Q&A；

③发行出版物（与监管者联合发行）；

④UCLI的国际交流（针对雇员及金融顾问）；

⑤社会媒体（推特更新）。

2012 年 1 至 2 月，公司资不抵债，不能够支付到期债务。2012 年 2 月 2 日，因发现该公司无足够资本来保证长期生存能力，安大略省高等法院命令 UCLI 停业清算，指定独立第三方均富会计师事务所（Grant Thornton Limited，GTL）作为清算人，并指定 Assuris 及 Jean – Claude Lafontaine 先生为督察官。

（3）保单处理

①转让前保单处理

保单持有人的索赔及津贴（Benefit）都由 Assuris——加拿大人寿与健康保险补偿公司保障，仅极少数保单未受 Assuris 完全保障。UCLI 继续接受保费续保，但不接受任何赎回、退保或提取现金的支付请求。

在处理 UCLI 保单及未到期索赔的计划最终定案之前，为允许 GTL 以正常程序尽可能多地继续给付保单持有人的索赔及年金，作出以下安排：

a. 定期给付——年金

若保单持有人正在接受定期给付的年金，其将继续获得全额给付而不会中断。但一旦公司资产与负债接受了评估，随后的定期给付额可能需要进行调整。

b. 死亡和意外死亡与伤残的索赔

若保单持有人具有合格而毫无疑问的死亡给付索赔资格，每人将获得所有索赔金额累积总和不超过 Assuris 规定限额的给付。这些款项将被视作在 UCLI 清算过程中保单持有人索赔账户的给付款。一旦 UCLI 的资产及负债被评估，可能需要对随后的定期给付进行调整。

c. 注册退休收入基金（Registered Retirement Income Fund，RRIF）

若保单持有人正接受 RRIF 计划下的定期给付，其将继续获得全额给付而不会中断。此外，为了税收目的，GTL 将增加必要的给付额以满足 RRIF 持有人所必需的最低提款水平。但是，此种税收目的的产生的增加额不会使得定期给付的总额增加。一旦 UCLI 的资产及负债被评估，RRIF 持有人随后的定期给付额可能需要进行调整。

d. 长期与短期的伤残

若保单持有人正在接受长期或短期伤残给付相关的定期给付款项，其将继续获得全额给付而不会中断。这些款项将被视作在 UCLI 清算过程中保单持有人索赔账户的给付款。一旦 UCLI 的资产及负债被评估，可能需要对随后的定期给付进行调整。

e. 健康与疾病津贴

若保单持有人正在接受非经常性给付，例如健康、疾病或类似津贴的索赔给付，所有合格而毫无争议的索赔都将在 Assuris 规定的每一合格申请者的累积限额之内给付。这些款项将被视作在 UCLI 清算过程中保单持有人索赔账户的给付款。一旦 UCLI 的资产及负债被评估，可能需要对随后的定期给付进行调整。

f. 保费缴纳与保单转让

（保费）到期时，保单持有人应当继续缴纳保费以确保其有资格获得 Assuris 的保护。若保单持有人没有缴纳保费，其将没有资格获得 Assuris 的保护并不能被转让给新的保险人。若保单持有人的保单以低于现有保单的保额转让到另一家保险公司，其将获得保费的退还。退费总额将按比例调整以反映保单价值的减少。

g. 到期，赎回与退保

依据目前的情况，GTL 暂停了关于任何保单到期、赎回、退保或任何其他收取保单价值的给付请求，并成立困难时期委员会，该委员会负责审查个人的紧急或必需的现金给付要求，条件是该个人可能处于若得不到给付便陷入困境的特殊状态。若保单持有人的合同到期或在此期间需要续保，其可以行使合同项下的权利，选择一个新的续保期限。

h. 保单贷款

目前，GTL 不会处理任何保单贷款请求。若保单持有人有保单抵押贷款，其必须继续定期还款。同样，困难时期委员会将考虑例外的困难情况。保单里的自动保费贷款条款将继续有效。

i. 分红保单——股利

在目前的情况下，UCLI 不能宣派分红人寿保险保单的红利。

j. 再保险人

在保单转让手续办理期间，UCLI 将继续经营其业务。因此，在没有任何不寻常的情况下，对 UCLI 有益的到期再保险保费将继续支付给再保险人。GTL 希望再保险人继续对 UCLI 按正常程序支付所有再保险赔付，并就其业务对另一个保险人的转让与 GTL 合作。

②转让后保单处理

每一保单持有人将收到一封如何保障他们的保单权益的邮件。

在限额以下的保单持有人将得到 100% 保障，超过限额的，保单转让后，Assuris 保证保单持有人将保存至少 85% 的承诺给付。这包括死亡给付、医疗费用、现金价值以及每月收入：

a. 200000 加元或 85% 的承诺死亡给付，二者中的高者；

b. 60000 加元或 85% 的承诺医疗费用，二者中的高者；

c. 60000 加元或 85% 的承诺现金价值，二者中的高者；

d. 2000 加元/月或 85% 的承诺每月收入，二者中的高者。

有存款类型产品的保单持有人如超过 Assuris 限额的累积年金（GIC）将保留至少 100000 加元的累积价值。

（4）破产清算

一接受委派，GTL 即采取措施保存 UCLI 保险业务的价值，尽最大可能使保险业务按正常轨迹继续进行。在破产清算期间，GTL 将在安大略省渥太华的总部继续经营 UCLI，但其将不会处理任何签发新保单的请求。

根据贷款协议，Assuris 将预先发放给清算人（贷款）以赔付保单持有人在保单项下的索赔，上限为 Assuris 的限额，并提供额外的经书面同意的贷款。Assuris 及清算人最终同意，为了公司利益相关者的最大利益，Assuris 向清算人提供额外 2000000 加元的流动资金，使其不需要变现资产。

2012 年 2 月 16 日，法院通过了出售 UCLI 保险业务及其他资产的招标程序。GTL 认为，一项"受让再保险交易"是最大化公司价值的合适方法，因为它可能考虑实现商誉，且比简单的管理保单更具成本效益。特别是，它对保单持有人最有利，因为它能够保证所有保单持有人的保险保障不中断（因为有些人可能不再具备可保条件）。GTL 按照能够使得受让再保险协议顺利执行的招标过程行事，保留了咨询精算师 Oliver Wyman 以提供精算咨询、帮助清算人评估保险业务、审查并比较提交的要约，找出最佳交易。

2012 年 3 月 2 日，GTL 向 32 家公司发送了有关招标的电子邮件并收到了 18 家潜在投标人的执行保密协议的回复。GTL 向其开放了 UCLI 的精算模型、虚拟数据中心（该中心包括所有数据，包括草拟的出售协议）及受让再保险协议的形式，并回答了相关问题。在投标截止日为 2012 年 4 月 16 日下午 5 时，4 份标书上交，一些标书有约 3 星期的延迟上交期。标书要求投标者列示以下四类价格：

一是它们需要多少现金来承接保单持有人债务；

二是它们额外需要多少现金来承接既有的债券组合；

三是在债券组合及抵押贷款以外，它们需要多少现金；

四是在债券组合、抵押贷款及房地产以外，它们需要多少现金。

在审核标书时，GTL 主要考虑：

一是资产（现金、债券、抵押、房地产）的性质以及投标人要求转让的、以满足 UCLI 公司债务要求的资产及其为每一保单项下津贴提供的承付款项（保单债务）的总额。要求的资产总额越低，该标书越能满足要求。

二是投标人拥有必需的（如果有要求的话）金融资源以完成交易并获得监管或其他相关方认定的证据。

三是投标人对分红保单持有人是否有分红的意愿。

四是无法完成受让再保险交易时的选择权以及（在其他选择中）管理保单的选择权。

五是期望的完成时间以及成本、利息率以及其他与延迟相关的风险。

在考虑了标书及进一步说明之后，没有投标人对 UCLI 的房地产感兴趣，于是，房地产正在进行出售程序。房地产包括其位于渥太华的总部的大楼、两处相连的停车点（潜在发展点）、酒店。

最后，UL Mutual Assurance Company（以下简称 UL Mutual）同意受让有 Assuris 全额保障的保单债务，作为交换，它将得到现金、债券、抵押贷款。至于超额保单，Union Vie 同意受让以下二者中的高者：①最后可由破产财产支付的保单债务的总额（最后实现百分比）乘以超额保单债务；

②Assuris保障的全部金额。因为房地产还没有被出售，且在破产财产中有其他未尽事宜，该"最后实现百分比"一时间还不明确。协议认为，除非GTL发布"最后实现百分比"的通知，保单债务将是以下二者之间的高者：在招标关闭前GTL决定的临时百分比与Assuris保障的总额。GTL与UL Mutual同意促进招标程序的关闭，保单债务将以Assuris保障的总额进行受让，Assuris同意该决定。

2012年5月17日，法院指定的UCLI清算人GTL与UL Mutual签订协议，该协议在安大略省高等法院的同意下达成。根据协议，UL Mutual将接受UCLI的所有保单。目前分红保单持有人的分红将保持至2012年。对价由债券及抵押贷款支付。整个抵押组合以基点进行转让。

（四）中国台湾地区保险公司市场退出案例

1. 国华产险破产处置

（1）公司概况

国华产物保险股份有限公司（以下简称国华产险）成立于1962年，大股东是王锦标、林瑞容夫妇，持股比重约达七成，股权相当集中，王锦标并担任国华产险董事长。

国华产险2003年净值为新台币（下同）4.09亿元，2004年净值更正后为负值 -3.78亿元，截至2005年10月，净值为 -8.5亿元。2004年国华产险进行了两次增资，但其资本额仍严重不足，截至2005年资本额为11亿元；远低于台湾产险公司最低资本额20亿元的规定。

国华产险之所以出现巨额亏损，原因在于：

一是1998年国华产险开办小额信贷保险，造成不少亏损，净值已成为负数。

二是国华产险业务高度集中于车险，国华产险的车险比重占所有险种的七成，比重太大，且综合成本率很高，2005年前四年综合率平均为102%，2005年上半年综合率甚至恶化为129%。

三是内部控制出问题，违规操作。国华产险负责人被控伪造车险理赔单据，向公司申请理赔金并侵吞入袋，虚增营业额美化公司账面，让外界误以为国华产险营业状况良好，实则掏空逾3亿元。

四是财务报表严重失真，会计报告不实。2004 年原本财报净值为正值，经相关机关认定不实要求重新编制报告，净值更正后为负值 –3.78 亿元。

五是财务状况不佳，存在资本金不足的压力，资本适足率（自有资本与风险资本的比率）自 2003 年开始一直低于 200% 的法定标准（台湾"保险法"第一百四十三条之四）。

表 9 – 6　　　　　　　　国华产险财务概况

	2002	2003	2004
毛保费（新台币百万元）	4113.885	4123.04	3310.3
净签单保费收入（新台币百万元）	2267.002	1805.448	1618.548
净满期保费收入（新台币百万元）	2175.617	2181.666	1616.544
总资产（新台币百万元）	2975.704	2853.136	2207.295
报告盈余（新台币百万元）	401.86	409.706	– 378.439
调整盈余（报告盈余 + 应急准备金）（新台币百万元）	745.122	786.219	13.191
技术准备金（新台币百万元）	1557.99	1260.797	1234.877
市场份额（DPW）（%）	3.7	3.46	2.626
DPW 增长率（%）	7.8	0.03	– 20.01
保费自留比率（%）	55.106	43.789	48.894
损失率（%）	64.378	66.391	88.901
费用率（%）	35.304	42.199	77.531
综合赔付率（%）	99.682	108.59	166.432
调整的净收入（新台币百万元）	– 130.329	42.332	– 914.398
调整的净资产收益率（%）*	– 32.431	10.332	
报告盈余/总资产（%）	13.505	14.36	– 17.145
净签单保费收入（NPW）/报告盈余	5.641	4.407	– 4.277
NPW/（报告盈余 + 应急准备金）	3.042	2.296	122.701
技术准备金/毛保费（%）	37.872	30.579	37.304

注：*表示排除了索赔均衡准备金中的变化；年度的。

资料来源：公司数据，惠誉评级公司计算。

（2）监管机构启动及介入程序

2005 年会计师在审阅国华产险半年报时，举报该公司 2003 年度挪用强制汽车责任保险准备金，其中编号为［C528697］号定存单被设置为履约保证金。2005 年 1 月，"台湾保险局"对于国华产险违法挪用保险资金、拖欠同业共保费用等涉及严重诚信问题的行为，给予 20 万元罚款的处罚并予以公告，同时将国华产险列为"重点管理"公司。面对国华产险的问题，台湾"金管会"多次要求国华产险增资或者引入其他投资者，以改善财务结构，否则将不排除启动保险业退场机制，但是多次努力均未成功。截至 2005 年 10 月底，"金管会"发现其财务改善情况不容乐观。

2005 年 11 月 18 日，"金管会"命令国华产险停业清理，并同时指定由财团法人保险事业发展中心（以下简称保发中心）担任清理人进行清理程序。"金管会"与保险安定基金、保发中心等相关单位成立接管小组，拟妥接管计划，接管小组包括代表保险同业利益的 50 多名成员，将同步接管国华产险全省八家分公司及总公司。清理人的主要职责包括积极清理国华产险的财务资料，协助保户办理理赔、解约等事宜，以保障国华产险原有保户之权益。

国华产险遭"金管会"勒令停业派员清理期间，为便于清理人迅速进行财产的清查，并维持对所有债权人的公平性，除了必要清理费用外，禁止国华产险对其他债权人进行债务清偿。

（3）保单处理程序

国华产险被勒令停业进行清理，其情况符合"保险法"第一百四十九条第四项规定，即"被接管、勒令停业清理或命令解散，或经接管人依第一百四十九条之二第三项规定向法院申请重整时，安定基金于必要时应代该保险业垫付要保人、被保险人及受益人依有效契约所得为之请求，并就其垫付金额取得并行使该要保人、被保险人及受益人对该保险业之请求权"，故清理期间对被保险人的理赔给付及保险合同批改作业均持续进行，所需资金由安定基金依法垫付。依据财团法人财产保险安定基金动用范围及限额规定，其垫付标准如下：

①依保险合同请求退还保险费（即未满期保费）的，按请求金额 40% 办理，其余 60% 则登记为保单持有人对国华产险的债权。

②申请强制汽车责任保险给付的，依强制汽车责任保险的给付标准

垫付。

③申请住宅地震保险赔款的，按住宅地震保险共保与风险承担机制实施办法的规定垫付。

④其他各险种按保险合同能够请求的保险赔款或保险给付的 90% 垫付，并以新台币（下同）300 万元为限。同一人在同一保险公司有数个请求权的，垫付金额以 300 万元为限。责任保险中，依据"保险法"第九十四条第二项直接向保险人请求给付赔偿的第三人应与被保险人合并计算该垫付金额。超过 300 万元之部分则登记为被保险人对国华产险之债权。

截至 2006 年 5 月 16 日，安定基金为国华产险共向被保险人或投保人垫付 5.63 亿元，包含垫付应付赔款 5.54 亿元及退还未满期保费 900 万元。安定基金在垫付后就上述垫付金额取得对国华产险的债权请求权。加上在同日交割中支付给台寿的 10.56 亿元，截至该日，安定基金为处理国华产险所付出的代价共计 16.1 亿元，后续还有其他的垫付款项。而当时统计的财险安定基金规模也只有 27 亿元。所以，对国华产险保单持有人和承接公司的垫付和补偿，耗尽了财险安定基金的大部分资金。可见，国华产险破产导致台湾财险安定基金规模大为缩减。

（4）破产清算、转让等处理程序

①清理期间的工作

国华产险自 2005 年 11 月 18 日收到"金管会"清理命令后，在最短时间内将财产清册、账册、印鉴、各类收付款章、员工名册、信息系统控制权等事物，在"金管会"的监督下移交清理人。

依据"保险法"第一百四十九条之八规定，清理人的职务为：

a. 了结现务：自清理之日起，国华产险不得再承保新的业务，为保障被保险人的权益，有必要将部分业务以公开招标方式出售给其他产险公司。另一方面，为清偿债务的必要，应一并处分相关资产。

b. 收回债权：收回国华产险原未收回的债权，包含但不限于应收再保险赔款、保险同业往来账项摊回及其他债权。

c. 清偿债务：因国华产险在受清理前，其负债便已经超过资产，并无能力全额清偿债务。故而，清理人依据"保险法"第一百四十九条第九款规定，办理公告催告债权人申报债权；待完成资产处分、收回原有债权及确定清理债权后，清理人将依据"保险法"第一百四十九条第十款的规定，确定清偿比例以清偿债务。

②国华产险业务标售

为保障国华产险投保人、被保险人及受益人的最大权益，在报经主管机关"金管会"核准后，清理人即着手筹划公开标售国华产险营业与资产的相关事项。

a. 2006 年 3 月 13 日，清理人公告办理国华产险营业及资产公开标售事宜，将国华产险营业资格及其资产进行捆绑招标出售。按照公开标售规划，清理人在 2006 年 3 月底前须完成投标人的资格审核。

b. 2006 年 4 月 6 日，顺利完成招标出售工作，由台湾人寿保险股份有限公司（以下简称台湾人寿）得标，并由台湾人寿成立的龙平安产险公司承受标售标的，得标条件包括：将"消费者信用贷款信用保险"剔除在投标范围之外；由其新设的财产保险公司重新聘用国华产险 355 名留职员工的半数以上，且聘用期间自交割日起算不得低于一年；请求财团法人财产保险安定基金补偿新台币 10.56 亿元。

c. 2006 年 5 月 16 日，交割仪式举行，由保发中心以国华产险清理人的名义，将国华产险除消费者信用贷款信用保险及国外分进再保险业务外的各项业务移交给龙平安产险公司，共计移转 40 余万张有效保单，另龙平安产险公司也履行了投标条件中关于员工留用的承诺，留用 180 余名员工。

③龙平安产险公司的运作

台湾人寿保险公司在得标后，随即依标售合约的规定，向主管机关申请新设财产保险公司，名称定为"龙平安产物保险股份有限公司"。自 2006 年 7 月 21 日正式营运，后更名为"台寿保产物保险公司"，为台湾人寿 100% 投资成立的子公司。

④员工处理问题

清理期间面临最棘手的问题首推劳工问题，突如其来的无预警勒令停业清理，对马上陷入失业困境的 438 名国华产险员工而言，有如晴天霹雳，由于国华产险的退休金、资遣费严重提拨不足，导致劳工权益大幅受损，回顾 2005 年 11 月 18 日进入清理当时，国华产险在中信局的劳工退休金准备专户仅有 170 余万元、在中国信托银行的职工退休金专户也仅有 3000 余万元，但是所需的退休金与资遣费估计将近 2.2 亿元，而由于国华负债已远大于资产，若将员工退休及资遣等权益纳入最优先受偿，将会排挤到其他债权人的权益，基于受偿权的公平性，将国华产险的退休金、资遣费纳入最优先受偿权解释空间非常有限。

为寻求国华产险员工最大权益的保障，主管机关多次邀请"劳委会"、"法务部"等相关部会召开会议，除了先依法将国华产险清理前未依法提拨的职工福利金 977551 元予以补足外，为充实中信局劳工退休准备金账户，经精算师试算合理的长期提拨率为 16.4%。清理人据此向"台北市劳工局"申请备查获准后，将清理期间的提拨率由 8% 提高至 15%，使得中信局退休准备金增加至 8751604 元整。如此调整后，退休人员从中信局以及职工退休金专户的分配中可获得约 41% 的应得退休金，资遣人员则为 16%。

台湾人寿同意聘用国华产险 355 名员工的半数以上，且聘用期间自交割日起算不得低于 1 年。清理人于 5 月 16 日与台湾人寿完成移交与清点作业。当日半数以上原国华产险员工，也顺利转职到台湾人寿出资成立之龙平安产险公司。

由于停业清理期间所有对外营销业务一律停止，故只需留用部分员工处理清理业务，在节约清理费用的前提下，清理人于 2005 年 12 月 22 日向各地劳工局提出第一次大量解雇计划书，资遣员工 225 人并依法发给 60 天资遣预告期间工资。由于国华产险标售后，员工年资在移转过程中无法获得新雇主承认，清理人在 2006 年 4 月 14 日提出第二次大量解雇计划书，在 6 月 13 日将所有员工 203 人全数资遣完毕。

⑤后续清理工作

a. 国华产险清理人就剩余资产及负债进行了后续清理程序。

b. 保发中心以国华产险清理人的名义起诉国华产险前董事长王锦标，根据相关报道，地方法院已判王锦标需赔付安定基金代垫的 13.69 亿元。

c. 由于后续的工作涉及国华产险资产的处分、变卖、债务分配，已属于民事上的债权债务纠纷。主管机关在"以最低成本，速战速决、稳定金融市场"的阶段性任务已达成后，即把整个程序交给法院，按照破产程序进行后续处理。

2. 华山产险破产处置

（1）公司概况及亏损原因

①概况

华山产物保险股份有限公司（以下简称华山产险）原名太平产物保险，于1929年1月5日由交通、金城、大陆、中南、国华、东莱等六家银行出资，创立于上海。1950年，随国民党政府迁至台湾，于2007年更名为华山产物保险股份有限公司。华山产险是台湾保险业的元老之一，总公司内依据业务、营业及管理之不同功能分设三大系统，总公司之外有六家分公司，十七个通讯处，曾拥有遍及各行各业的大型企业客户，如 TSMC、远纺集团、台塑集团、华新集团、太平洋集团、中钢、奇美、荣工处等。近年来，业务主要偏重汽机车强制责任险和住宅地震险。

数十年前，太平产险与银行合作推出"1090"保单，银行可向购买了保险的贷款户提供两成无担保信用贷款。后因经济不景气，房贷户违约情况严重，太平产险几年间陆续理赔十几亿元，导致公司财务状况急剧恶化。后太平产险大股东董孝强家族无力增资，把股权让给量子基金。2006年5月，太平产险被前明台产险大股东林明洋家族买下，林明洋家族囊括了华山产险所有董事、监事名额，并预计增资新台币（下同）10亿元。但到2007年3月，增资失败，林家仅愿意认购2.75亿元；同年10月、11月，公司董事长、总经理均辞职；12月底时与外资谈判破局。

至2008年9月底，华山产险净值已为−8.78亿元，账上累亏28.78亿元，之前每年保费收入有28亿元，而2008年也降到仅约15.8亿元，有效保单62万张，市场占有率为1.6%。因为净值低、财务状况不佳，华山产险丧失了很多投保的企业客户，产险业共保也不找华山产险，进而使华山产险的业务不断萎缩，终于演变到现金流量出现缺口的局面。

②亏损原因

一是财务状况不佳，引资困难。华山产险一直存在资本金不足的压力,资本适足率(自有资本与风险资本的比率)始终低于200%的法定标准(台湾"保险法"第一百四十三条之四)。台湾监管机构多次要求其增资、自救,但在期限内都未能履行。增资失败是导致华山产险最终停业清理的最重要原因。

二是经营机制欠佳,缺乏专业经营能力,经营层数度易手。

三是国际保险集团进入台湾市场,也增加了华山产险的竞争压力。

表9-7　　　　　　　　　　　华山产险财务概况

	2006	2007	2008年第三季度
毛保费(新台币百万元)	2786.134	2910.708	1364.508
净签单保费收入(新台币百万元)	1405.325	1492.049	—
净满期保费收入(新台币百万元)	1494.76	1523.547	—
总资产(新台币百万元)	3009.963	2354.333	2937.234
报告盈余(新台币百万元)	−690.933	−994.664	−877.504
调整盈余(报告盈余+应急准备金)(新台币百万元)	494.896	322.048	−101.5
技术准备金(新台币百万元)	1632.374	1517.933	2543.168
市场份额(DPW)(%)	2.13	2.29	—
DPW增长率(%)	−7.941	5.986	—
保费自留比率(%)	50.44	51.261	—
损失率(%)	77.269	63.538	—
费用率(%)	47.604	51.069	—
综合赔付率(%)	124.873	114.608	—
调整的净收入(新台币百万元)*	−255.865	−172.848	—
调整的净资产收益率(%)*			
报告盈余/总资产(%)	−22.955	−42.248	−29.875
净签单保费收入(NPW)/报告盈余(×)	−2.034	−1.5	—
NPW/(报告盈余+应急准备金)(×)	2.834	4.633	—
技术准备金/毛保费(%)	58.589	52.15	186.38

注:扣除再保险保费;

　*表示排除了索赔均衡准备金中的变化;年度的。

资料来源:公司数据,惠誉评级公司计算。

（2）监管机构启动及介入程序

台湾监管机构多次要求华山产险增资、自救，但在期限内都未能履行，2009年1月中旬，华山产险向"金管会"表示公司现金出现缺口，可能无法履行保单理赔义务。"金管会"依"保险法"第一百四十九条第四项及第五项规定，于2009年1月17日发布金管保一字第09802500572号函，紧急派员进驻华山产险，对华山产险采取"勒令停业清理处分"，宣布华山产险即日起不再对外营业，不销售新的保单，华山产险保户权益由产险安定基金保障，政策性保险100%理赔。并于同日以金管保一字09802500573号函委托财团法人保险事业发展中心担任华山产险的清理人，依据"保险法"行使有关清理人的职务及办理相关清理事宜。同时，"金管会"依据台湾相关规定，对华山产险近3年来卸任、现任的董事、监事，限制出境及限制财产移转。

（3）保单处理程序

根据"金管会"的指令，在清理期间保险合同的投保人、被保险人及受益人依保险合同所得请求的范围（不包括分入之再保险业务），将依法由安定基金依据"财团法人财产保险安定基金动用范围及限额规定"办理垫付事宜。

①垫付范围及限额

表9－8 垫付范围及限额

垫付类型	垫付及限额
依保险契约请求保险理赔者	a. 申请强制汽车责任保险给付者，依强制汽车责任保险给付标准100%垫付，保户权益不受影响。 b. 申请住宅地震保险赔款者，依住宅地震保险共保及危险承担机制实施办法规定100%垫付，保户权益不受影响。 c. 其他各种保险，如火险、水险、信用保险和责任保险等，按保险契约得请求之保险赔款或保险给付90%垫付，并以新台币300万元为限。 d. 同一人在同一保险公司有数个请求权者，垫付金额以新台币300万元为限。责任保险依"保险法"第九十四条第二项直接向保险人请求给付赔偿的第三人应与被保险人合并计算该垫付限额。
依保险契约请求退还保险费者	得按请求金额之40%垫付。即如要保人申请终止有效契约，则安定基金将按原得请求金额之40%垫付，但强制汽车责任保险如不存在"强制汽车责任保险法"第二十一条所列情形者，不终止契约。

华山产险有效保单中，有 31 万张是政策性、强制保险，属于上述 a、b 项的范畴，可受到 100% 理赔；另外 31 万张为其他险种，可受到 90% 理赔，华山产险该类保单中有 90% 都是保额在 300 万元以下的。

上述各项金额未得安定基金垫付的部分，则登记为对华山产险的一般债权，待所有资产都清理变现并进行债权分配后，清理人将会主动通知保户领取分配款项。

②安定基金的垫付流程

a. 安定基金预支部分垫付款，并汇入理赔专用账户。

b. 投保人、被保险人、受益人填写《垫付金额受领意愿书暨权利让渡表》、《垫付金额汇款账户资料及汇入账户同意书》及《安定基金垫付金额受领同意书》，并将上述文件提交给华山产险清理人，清理人将文件提交给安定基金。

c. 安定基金对文件进行审核，其中，对低于 8 万元的赔款，经派驻于总公司及各分公司的安定基金的代表审核后，即可进行拨款程序；超过 8 万元的赔款，须送安定基金审核。

d. 经审核，对合格垫付名册的投保人、被保险人、受益人，直接将赔款划入其账户。根据《安定基金垫付金额受领同意书》，安定基金按照其垫付的理赔金及退保费的数额对华山产险享有债权，并将该债权请求权移转至安定基金专案小组，由其负责向华山产险或其清理人行使代位求偿权。

e. 经审核，对于不符合及有疑异垫付名册的投保人、被保险人、受益人，安定基金进行再查证，经再查证，仍无法确认符合垫付要件之投保人、被保险人、受益人，安定基金将收回预列垫付准备。

第一批安定基金垫付款已于 2009 年 2 月 26 日分别汇入华山产险保户的账户，截至 2010 年 10 月 23 日，安定基金已垫付新台币 425048523 元。如前所述，安定基金既是为了保障被保险人的权益，又是为维护金融安定而代华山产险垫付相关赔款及未满期保费，故其于垫付后，可以就其垫付金额取得对华山产险的请求权，并能够登记为对华山产险的债权。

（4）破产清算、转让等处理程序

①清理人的清理

"金管会"指定保发中心担任华山产险的清理人，并于 2009 年 1 月 17 日上午 8 时 30 分起，华山产险的业务及财产之管理处分权移交给清理人。清理人的主要职责包括：

a. 受理保险理赔及保单解约。清理人自 1 月 17 日进驻后，一方面进行程式设计，开发一套为保户量身定制的安定基金垫付系统；另一方面积极与安定基金进行沟通，请安定基金先预支部分垫付款，汇入专用账户，再通过安定基金的审核机制，完成核赔、拨款等程序，以加快理赔垫付速度。

b. 接受债权申报。华山产险债权人须自 2009 年 1 月 19 日起 30 日内向保发中心申报债权，逾期未申报者，其债权将不列入清理范围，待清理债权完全受清偿后，如有剩余财产，才可继续提出请求。对于清理人所明知的债权，如已申请的保险理赔未获垫付的部分，则不需要再向清理人申报。华山产险停业清理期间，除清理所涉必要费用及员工薪资或职权、抵押权等别除权应优先给付外，其余债权均需等清理程序结束后才能按比例分配。

c. 了结现有业务、收取债权，办理营业、资产及负债的转移。

d. 按照劳工相关法规争取员工权益。

②公开标售

a. 华山产险清理人经报"金管会"核准办理华山产险资产、负债及营业标售案，并于 2009 年 4 月 22 日公告办理华山产险全部或部分资产、负债及营业公开标售事宜，标售标的包括华山产险有效保单、分公司执照等。标售方式包括：

方式一：直接合并，即中标人直接将华山产险合并，承受华山产险的全部权利及义务，包括分公司执照；

方式二：全部业务的承受与让与，标售标的为华山产险在交割日有效的直接签单保险契约，但不包括强制汽车责任保险契约、台湾再保及共保分进业务、台湾岛外再保分进业务及转分进再保业务；

方式三：主要业务让与及承受，中标人所承受的业务不包括 1090 住宅抵押保证保险、消费者信用贷款保险、强制车险、再保、共保等；

方式四：部分业务让与及承受，即除方式三所排除的业务外，工程保险、保证保险、专业责任险也排除在中标人所承受的业务范围之外；

方式五：指定业务让与及承受，即只竞标长期火险及伤害险保单。

此外，投标人可以选择是否同意履行"员工安置承诺书"，即承接至少50%以上的华山产险员工；中标人还可依法请求安定基金补助一定额度的金额，但应以安定基金动用范围及限额规定所垫付之金额为上限。

b. 华山产险清理人于2009年5月18日起审查投标者资格，并于2009年6月1日开始进行价格投标开标程序。但仅有纺织业老字号福益进行投标，经审查，没有投资人通过资格标审查，华山产险标售案宣告流标。因产险公司的保单多是一年期，第一次标售未果后，再办理第二次标售的意义不大。

③赔案及追偿服务标

清理人保发中心于2009年7月1日公告华山产险的"赔案及追偿服务招标案"，有意接手的保险公司必须符合四大条件，包括：必须在台湾岛内登记有案；须符合实收资本额不低于20亿元、自有资本与风险资本比率（RBC）不低于300%；申诉率、理赔率及处理天数综合评分值为产险业前80%；必须在新竹、桃园、台中、台南及高雄设有分公司。投标人应在2009年7月10日前办理登记。7月13日至20日进行实地查核，再估算出多少价格承作华山产险的后续赔案及追偿，标案于2009年7月27日决标。这是台湾岛内首件让保险公司退场的服务标。7月29日，华山产险服务标流标。

④后续清理工作

华山产险清理人于2009年10月7日公开招标人力派遣公司，约需要64位人员，进行华山产险清理工作，怡东人事顾问股份有限公司得标。因华山产险未能顺利标售，目前只能等所有保单到期理赔及相关法律问题结束，华山产险才能正式退场。自2010年5月21日起，先后撤销桃园、新竹及台南分公司，香港、马来西亚办事处，并进行多次不同产拍卖作业。截至2011年12月31日，华山产险累积共垫付18842笔赔案及退保费案件，共计新台币669886676元，完成8笔不动产拍卖，执行率达80%。

3. 国华人寿接管案例

（1）公司概况及亏损原因

①公司基本情况

国华人寿保险股份有限公司（以下简称国华人寿）成立于 1963 年，总部设在台北。国华人寿曾为台湾岛内前五大寿险公司之一，并在 1996 年接待大陆平安保险公司访台，开启了两岸保险业交流的先河。

自 2001 年以来，台湾"金管会"就要求该公司增资以改善财务状况，但多年来国华人寿一直无法完成当局的要求。2008 年，国华人寿将 25% 的资本投入台湾股市，在金融危机冲击下大幅亏损新台币（下同）400 多亿元，使公司在 2008 年底净资产为 −589.73 亿元。虽然在 2009 年上半年，国华人寿获利 10.6 亿元，但至 6 月底净资产仍为 −579 亿元。2009 年 7 月 29 日，国华人寿的股东临时会通过减资 20 亿元、增资 40 亿元的议案，但大股东却未提出增资的具体日程和计划，执行性非常低；7 月 30 日，股东间发生股权转移，致使董事长及两位监察人自然解任，公司治理出现严重问题，有损保户权益之虞。根据惠誉评级 2009 年 7 月 10 日的报告，国华人寿在台湾寿险市场的占有率仅为 2%，它是台湾 5 家净值为负的人寿保险公司之一。

2009 年 8 月 4 日，"金管会"依据"保险法"第一百四十九条第三款的规定，指定财团法人安定基金对国华人寿进行接管。国华人寿成为台湾保险史上第一家被接管的寿险公司。

②亏损原因

一是财务恶化，大股东缺乏增资诚意，资本适足率始终无法达到法定标准；

二是投资不利，导致亏损加剧；

三是因股权变动导致董事、监事的解任，严重影响了公司的治理。

（2）监管机构启动及介入程序

"金管会"于 2009 年 3 月 27 日对国华人寿一直无法完成增资、引资，违反资本适足率规定的行为实施处罚措施，包括解除翁小妹及翁世华的董事职位、不得销售金砖 123 养老保险，同时在完成下次增资前，业务员人数不得超过 3 月 27 日登录人数等措施。

2009 年 6 月 29 日，"金管会保险局"派员进驻国华人寿，监控该公司每笔超过 100 万元以上的资金进出和投资情况，了解公司财务、业务状况。

2009 年 8 月 4 日，"金管会"指定安定基金担任国华人寿的接管人，同时指定保发中心派员协助接管作业，共同组成接管小组，并于 2009 年 8 月 4 日下午 5 时 30 分起，国华人寿原有股东会、董事及监察人之职务即行停止，其业务及财产之管理处分权应即移交给接管人；接管期限以九个月为原则，必要时得依"保险法"第一百四十九条之三的规定进行调整。

（3）破产清算、转让等处理程序

①接管小组行动

接管小组的主要职责为：

a. 依据相关法令的规定研拟适当的处置方案，报经主管机关核定后定案，希望借由处置方案的实施来保障保户的权益；

b. 办理相关移交或交接工作；

c. 尽速办理减资后再增资事宜，如无法筹足所需资金，则将由安定基金出资入股，以维护保户之权益。

安定基金于 2009 年 8 月 4 日发布公告，明确国华人寿在接管期间，仍于原址继续营业并提供服务，持续受理保户之缴费、保险给付、保单借款、有效保险契约之变更或终止等业务，并继续承接新业务，保户权益依保险契约约定内容不受影响。

安定基金在接管国华人寿后近 20 日，向"保险局"申请开放新增业务员、营业据点等需求，"金管会"于 2009 年 8 月 25 日，已同意解除国华人寿不得新增业务员的禁令。

②对相关人员采取限制措施

"金管会"对近三年内国华人寿的董事、监事责令限制出境，包括前董事长陈履安、副董事长郁慕明等，将先由法律事务所进行法律责任调查，确定没有应负法律责任时，才会报交"金管会"解除境管。台北地检署于 2009 年 8 月 5 日开始就国华人寿前董事长翁大铭内部交易、暗箱操作等行为进行侦办。

③调整注册资本

2009 年 8 月底，接管小组确定由安永会计师事务所担任国华人寿财务顾问，对国华人寿进行实地查核，确定减增资金额，同时洽询可能的买家。依据"公司法"，原股东可以依其持股比例认购新增股份，或由接管人洽询特定人认购。

2009 年 9 月 25 日，经"金管会"核准，国华人寿确定减资 30 亿元，增资 60 亿元，除了原股东及员工认购 417 万元外，其余的 59.96 亿元全数由安定基金认购，受托接管国华人寿的安定基金即成为国华人寿的最大股东。上述增资款已于 2009 年 12 月 1 日全数到位，增资完成后，国华人寿的实收资本额为 60.1 亿元。

2010 年 1 月 14 日，安定基金与国华人寿签订了保额为 1.17 亿元的团体综合保险合约，安定基金同时成为国华人寿的客户。

④公开标售

a. 第一次公告

2010 年 4 月 12 日，安定基金对外公告国华人寿标售案，采取增资及合并两种不同交易方式对外公开招标；同时给出了三种监理宽容措施，包括放宽资本适足率法定标准达成年限，废止对国华人寿业务、财务的处分，要求安定基金提供辅助。所谓"增资"，是指由投资人直接参与国华人寿增资，即对外引资性质；所谓"合并"，则是投资人可以现金作为对价与国华人寿进行合并。登记截止日为 4 月 21 日。

根据该次申请登记结果，国华人寿的潜在买家有两家，即前大股东翁大铭旗下的颖瑞科技和前幸福人寿董事长黄正一的伟新国际传销。

b. 第二次公告

2010 年 5 月 14 日，安定基金就国华人寿标售案发布第二次公告，标售方式及条件没有实质性改变，登记截止日为 5 月 24 日。根据计划，正式的投标期限为 6 月中旬，而国华人寿最终的经营权也将依据增资完成后的股东结构来确定。

2010 年 7 月 30 日，安定基金发布新闻稿，宣布三商美邦人寿保险股份有限公司放弃投标，并宣布不会启动第四次投标机制。

c. 第三次公告

2012 年 7 月 31 日，安定基金发布公告，说明国华人寿资产、负债及营业的概括让与标售事宜，公开招标。

本次招标书包括"整体出售"与"切割出售"两套方案。其中，整体出售方案的投标标的基本上是国华人寿所有资产、负债及营业事项。切割出售方案规定国华人寿保留部分资产和负债，并保留责任准备金率为 6.5% 的保留保单涉及的资产、负债及营业事项，其余资产、负债及营业事项均作为投标标的。标书载明，投标人可以选择一个方案进行投标，也可以两个方案都投标，无论投标哪个方案，都是申请救助额度较小者胜出，但开标时先对整体出售方案进行开标，如有中标者，将不再对切割出售方案进行开标。本次公开招标，共有 3 组投资人参与投标，其中投标整体出售方案的全球人寿保险股份有限公司（以下简称全球人寿）以 883.68 亿元新台币中标。

2013 年 3 月，安定基金、全球人寿签署了交割确认书，完成了交割手续。交割完成后，安定基金发布公告，对于 883.68 亿元新台币救助资金的性质及来源等情况进行了说明，指出国华人寿由于有巨额净值缺口及利差损，全球人寿接收其有效保单将遭受较大损失，符合"保险法"规定的补助条件，上述资金在性质上属于补助资金。公告还明确，该项补助资金由人身保险业提取的安定基金和金融业特别准备金承担，其中金融业特别准备金承担 70%。由于存量安定基金和金融业特别准备金规模不能满足本次补助需要，经"金管会"批准，安定基金采取公开招标的方式，向台湾保险、银行等金融机构借款 570 亿元新台币，还款资金由未来每年提取的安定基金和金融业特别准备金承担。

2012 年 8 月 3 日，"金管会"延长安定基金接管国华人寿 12 个月至 2013 年 8 月 3 日。

二、各国（地区）保险公司破产实践操作的比较分析

基于对上述各国（地区）案例的整理分析，我们从启动程序、清算/接管实施主体、接管流程、保单救济流程、破产清算流程、保障基金作用

（角色）等方面对各国（地区）保险公司破产实践进行了总结与比较。

（一）启动程序方面

当各国（地区）保险监管机构发现破产保险公司运营出现异常，财务状况恶化，资不抵债或偿付能力不足时，均先命令其限期整改，增资自救，若未成功，则根据下达命令主体不同有两种方式：一是监管命令型，以中国台湾、日本为代表，由监管机关下达停业清算命令；二是司法命令型，以英国、加拿大为代表，由法院下达停业清算命令。

（二）清算/接管实施主体方面

根据实施主体的不同分为以下三种类型：一是行业协会主导型，以日本为代表，其保险管理人由日本寿险协会以及另外两名专业人士（一名注册会计师、一名律师）构成；二是监管机关主导型，以美国为代表，其在处理 Confederation Life 在美业务时，以当地保险监督官为清算人；三是第三方专业机构主导型，以加拿大、英国为代表，任命会计师事务所为清算人；四是保险保障基金主导型，以台湾国华人寿接管案例为代表。

（三）接管流程方面

在接管流程方面，各国（地区）不尽相同，但其实践均包括以下几项重要内容：

1. 通过多种渠道发布公告，告知各利益相关主体其所需要知道的信息，尤其是与保单持有人有关的信息，包括是否持续经营，是否承接新业务，既有保单是否受到影响等，以维持保单持有人的信心，维护社会稳定；

2. 办理破产公司业务及财产管理处分权等相关事务移交工作，包括财产清册、账册、印鉴、各类收付款章、员工名册、信息系统控制权等；

3. 除必要费用之外，对公司现金等必要资产进行冻结；

4. 维持破产公司原有业务持续进行，如保户缴纳保费、续保、保险理赔、保险给付、有效保单变更或终止等；

5. 对破产公司相关人员采取相应处置措施，如限制出境、留任、转移至新公司等。

（四）保单救济流程方面

按救济行为主体不同，可将各国（地区）保单救济归类为以下两个方面：

1. 直接救济

直接救济指保险保障基金根据其既定的保单救助标准直接对保单持有人提出的索赔或给付请求进行支付，同时取得破产保险公司的债权请求权，后再根据需要，对破产保险公司的业务、资产等进行公开标售等转让处理，以中国台湾为代表，其保单救济流程主要包括以下几个步骤：

（1）发布公告，通知相关保单持有人；

（2）开立理赔专用账户；

（3）保单持有人提出申请并提交相应文件；

（4）保险保障基金对保单持有人资格进行审核，合格者在救助标准内予以支付。

2. 间接救济

间接救济指保险保障基金通过公开招标等方式找到合适保险公司受让破产保险公司的保单，作为对价，保险保障基金支付受让公司一笔款项，以日本、加拿大为代表，其保单救济流程主要包括以下几个步骤：

（1）在找到受让公司之前，保险保障基金预先发放给清算人一笔贷款，以维持保单持有人索赔给付请求的正常支付；

（2）启动公开招标程序；

（3）评价标书并选择合适受让公司；

（4）完成保单转让并支付相应款项。

（五）破产清算流程方面

在破产清算流程方面，因各国公司法、破产法等法律不尽相同，故具体流程也不同，但主要涉及以下几个方面：

1. 拟定适当的处置方案或破产模式/路径，尽可能保护保单持有人利益并保证其保险保障不中断，同时最大化公司价值；

2. 评估鉴定破产保险公司资产；

3. 了结现有业务，收回应收债权，催告并接受债权申报，分配资产；

4. 按照相关劳动法规为员工争取利益。

（六）保障基金作用（角色）方面

在保险公司破产、清算、退出的过程中，各国（地区）保障基金所起的作用或在其中扮演的角色主要包括以下几个方面：一是保单利益补偿或支付者，向具有合理赔偿或给付请求权的保单持有人支付救助限额内的补偿款或全额支付；二是破产保险公司债权人，保障基金在对保单持有人进行补偿或支付之后，依法取得保单持有人对破产保险公司的债权，故其为破产保险公司最大债权人；三是保单受让公司补偿者或"最后的保单受让公司"，以日本保险公司退出案例为例，受让公司在接受破产保险公司保单转让的同时，获得投保人保护机构的债务赤字补偿，而日产生命未能找到接盘公司，便由保单持有人保护机构设立公司接受保单转让，故其为"最后的保单受让公司"；四是濒临破产保险公司接管者，在台湾国华人寿的案例中，保障基金即以接管者角色对国华人寿的风险进行处置并认股注资；五是清算工作督查者，如在加拿大 Union of Canada Life 公司破产案中，法院指定独立的第三方作为清算人的同时，也指定保障基金为督察官，亦即保障基金拥有对清算工作的监督权。

（七）破产保险公司法律责任追究方面

监管机关依法对破产保险公司近3年来卸任、现任的董事、监事采取限制出境及限制财产转移措施，并进行法律责任调查。查证确应对破产承担责任者，由清算人向法院提起诉讼，赔偿保障基金支付额。

各国（地区）具体实践比较如表9-9所示。

表9-9　　　　　各国（地区）保险公司破产案例对比

	程序启动	破产清算人（接管人）	救助人	保单转让方式	破产清算模式	保障基金支付额
大正生命	金融监督厅下达早期整改命令，无果，保险主管当局命令停业清算，并指定清算人	日本寿险协会以及另外两名专业人士（一名注册会计师、一名律师）	软银金融股份公司与大和生命保险相互公司（合资成立阿匝弥生命）	新旧分离，新合同由阿匝弥生命负责，旧合同由大正生命负责	新旧分离	262亿日元
第百生命	金融厅下达限期整改命令，无果，保险主管当局命令停业清算并指定清算人	日本寿险协会以及另外两名专业人士（一名注册会计师、一名律师）	加拿大宏利人寿（与第百生命合资设立宏利世纪生命保险股份公司）	新旧分离，新合同由宏利世纪生命负责，旧合同由第百生命负责	新旧分离	1450亿日元

续表

	程序启动	破产清算人（接管人）	救助人	保单转让方式	破产清算模式	保障基金支付额
日产生命	保险主管当局（大藏省）命令停业清算，并指定清算人	日本寿险协会以及另外两名专业人士（一名注册会计师、一名律师）	日本寿险协会出资成立的青叶生命股份保险公司	青叶生命临时性地总括性接受了日产生命持有的保险合同转让	新旧分离	1990亿日元
东邦生命	保险主管当局命令停业清算，并指定清算人	日本寿险协会以及另外两名专业人士（一名注册会计师、一名律师）	GE爱迪生生命	新旧分离，设立GE基金爱迪生生命保险股份公司（专门为收购其销售网而设立的外资寿险公司，80%的内勤及100%的营业推销人员为东邦生命员工），新合同由GE爱迪生生命负责，旧合同由东邦生命负责	新旧分离	3600亿日元
独立保险公司	向法院申请普通清算	普华永道	—	R&SA公司以300万英镑买下损害调查部门及300名理赔人员，亦雇用部分员工，并承接住宅保险契约	债务安排协议	3.9亿英镑
国华产物	"金管会"限期整改，无果，命令停业清理，并指定清理人	财团法人保险事业发展中心（"金管会"与保险安定基金、保发中心等相关单位成立接管小组）	台湾人寿成立的龙平安产险公司	公开标售	公开标售营业资格及资产	新台币16.1亿元

续表

	程序启动	破产清算人（接管人）	救助人	保单转让方式	破产清算模式	保障基金支付额
华山产物	"金管会"派员进驻，勒令停业清理并指定清理人	财团法人保险事业发展中心	—	公开标售（但流标）	公开标售（但流标）	新台币6.7亿元
国华人寿	"金管会"对无法完成增资实施处罚，派员进驻，监控，发布监管命令	安定基金（保发中心派员协助，共同组成接管小组）	—	公开标售	公开标售	—（安定基金入股，成为最大股东及团险客户）
Confederation Life	安大略省法院命令停业清理，并指定临时清算人	金融机构监管人（临时清算人，指定毕马威为其代理人进行清算的管理工作，三年后，法院任命毕马威为永久清算人）	—	几家不同的加拿大及美国保险公司接受了该公司的不同业务		500万加元
Union of Canada Life	安大略省高等法院命令停业清算，并指定清算人	均富会计师事务所（法院同时指定Assuris及Jean-Claude Lafontaine先生为督察官）	UL Mutual Assurance Company	公开招标，受让再保险交易	公开招标	未统计

根据以上比较分析，我们可以概括总结出各国（地区）实践背后隐含的共同思路。

第一，以法律为基础，依法实施破产及救助流程。在各国（地区）的实践中，无论是破产清算程序的启动，还是对保单持有人保障机制启动与否的认定，抑或是保单持有人相关法律文件的提交，都有法可依，循法而为，依法推进。

第二，以保障保单持有人利益为核心。保险保障基金的宗旨即保障保单持有人的利益，维护社会稳定，该宗旨体现在各国（地区）实践的每一个细节中，如理赔专用账户的设定、保单受让公司的选择标准、处置方案或破产模式/路径的拟定原则等。

第三，以市场参与为主要方式。现代社会是市场化、法制化的社会，独立第三方专业机构参与清算，市场主体直接参与招投标等具体实践证明，只有依靠市场的力量，才能保证破产救济过程的公开、公平、公正、高效，使保险保障基金的每一笔支出都用在最合适、最需要的地方。

第十章
完善保险保障基金管理运行机制的
政策建议

从上文分析可以看出，我国保险保障基金在管理运行方面存在诸多问题，需要进一步完善。有鉴于此，我们将对保险保障基金的使用原则、程序、条件等法律法规设计，救济的实施程序和具体标准提出相关建议。

第一节　完善保险保障基金管理运行的法律法规

一、明确使用基金的原则要求

《保险保障基金管理办法》第五条规定："保险保障基金以保障保单持有人利益、维护保险业稳健经营为使用原则，依法集中管理，统筹使用。"该原则在指导保险保障基金的使用时过于笼统和宽泛。保险保障基金的使用应努力维护基金的安全。然而，《保险保障基金管理办法》对于"安全"如何界定并没有给出一个确切、具体的定义，无法为具体工作提出明确的可操作要求。因此，在坚持维护基金安全的前提下，应明确使用保险保障基金的有关原则。经过对各国（地区）保险市场退出的实务分析，结合保险保障基金相关理论，使用保险保障基金的原则可以概括为：尽量采取市场化的方式，争取以最小的救助成本化解最大的行业风险，或者可以概括为市场化、成本最小化和风险最小化这三个原则。

（一）市场化原则

使用保险保障基金是根据监管机关批准而采取的一种行业风险救济行为，其启动有赖于行政的力量，但这并不等于说在救济过程中不必考虑市场手段和市场因素。

保险保障基金在风险处置中的主要主体——保险公司，是市场化经济的产物，其很多决策和活动属于市场行为，风险的发生大多源自市场，其带来的影响也势必将会作用于市场。可见，这一系列都离不开市场这个大环境，风险的化解必须依靠市场这只无形的手。

因此，使用保险保障基金实施救济时应体现市场化的原则。所谓市场化原则，是指在救济方案的制定、实施过程中，参考市场案例，依靠市场力量，由市场机制进行调节，促进整个流程平稳开放运行，在市场的博弈中实现保险保障基金使用的结构架置优化和资金配置合理化。市场化的原则主要体现在以下几个方面：

1. 当保险公司出现问题时，首先采取市场化运作的方式，当市场化运作无法解决问题且达到一定条件时，保险保障基金公司才会选择介入。在金融业中，风险无处不在，合理恰当地管理和控制风险才能保证公司的盈利性和安全性。基金的使用遵循市场化原则旨在督促各保险公司对风险的重视，在问题出现后积极应对风险而不是一味地寄希望于保险保障基金的救济。防止出现因为基金的存在，各保险公司松懈对风险防范的情况，杜绝道德风险和"搭便车"状况的发生。

2. 进行救济时，在相关部门的监督下，采取市场招投标的方式寻找受让公司、中介机构，公平竞争，减少行政干预，实现有效资源配置的最大化。保险保障基金公司作为一个独立的市场主体，拥有中介机构的备选库，在进行评估核定时可以由法律顾问、审计师等提供相关服务，选取更加专业化的手段。而这种聘请专业中介机构的方式也充分体现了市场化的特点。

3. 保险保障基金公司虽然具有一定的特殊性，但是作为一个独立的市场主体，其在履行义务的同时，也充分享有市场赋予的权利。当保险保障基金公司采取注资的方式对保险公司进行问题处置，就获得了股东应具有的权利。

4. 在对保险公司救济的过程中，保险保障基金公司的介入是为了帮助保险公司平稳过渡，之后公司的运转不应再继续依靠保险保障基金的使用。保险保障基金公司可以采用从市场上引入战略投资的方式维持保险公司接下来的运转。若被救济保险公司是上市公司，保险保障基金可以选择转让股权的方式退出，也可以选择通过招标、竞争性谈判等方式借助市场的力量高效且有盈利性地退出。

5. 保险保障基金自身具有风险，在救济过程中可能会出现基金不足的情况。此时，保险保障基金公司可以利用市场的融资机制，向市场发债，或进行商业贷款。

（二）成本最小化原则

从本质上看，保险保障基金制度与政府救济制度有着很大的相似性。但是，使用保险保障基金进行救济并不是无限度的救济。基金采用的是事前筹集制度，规模有限。各保险公司按照业务收入的一定比例缴纳基金，可见基金的根本来源是各保单持有人缴纳的保费，属于公共基金，其承担的是一种公共责任，应当用来对公共利益的损害进行补偿。基于这样的性质，基金的使用要合理配置，实现整体效用最大化，即体现成本最小化的原则。所谓成本最小化，并不是简单地解释为总体成本越小则越优，而是指在保险保障基金的使用过程中，采取减少不必要成本支出或寻找其他成本承担者的方式，达到成本使用的总体效用最大，进而在完成目标的前提下实现成本使用的最小化。成本最小化原则主要体现在以下几个方面：

1. 前移行业风险处置关口，对存在重大隐患的公司及早开展尽职调查，摸清风险底数，研究提出处理建议，避免被动救助。保险保障基金应充分发挥行业风险识别器和预警器的作用，通过接收问题保险公司或参与整顿、接管等过程提前介入，做到在最短的时间内对问题进行处理并提出有效的整改建议。若等到保险公司问题严重甚至破产时才发挥保险保障基金的作用，则成本耗费较大。对于保险保障基金来说，对信息的完全掌握也有利于成本的减少，可以有效避免由于信息不对称造成基金的浪费。同时，相关法律法规应加强保险保障基金公司对保险公司预警和参与风险处置的政策支持。对保监会认定存在风险隐患的保险公司，应在相关制度中明确保险保障基金公司获取该保险公司财务、业务等专项数据和资料的渠道和机制，并明确保险保障基金公司可对这类公司进行现场风险调查，也可以参与保监会组织的专项检查。

2. 保险保障基金是一个支点，一个杠杆。在市场力量无法解决的情况下，可由保险保障基金参与，作为一个起点。如同中华联合的注资重组案例，必须先由保险保障基金注资 60 亿元，战略投资者才有可能有意愿进入；否则，不可能引入市场化的力量。由市场机制进行调节，实现基金使用数额的合理配置。战略投资的引入也有利于保险保障基金今后的退出。

3. 虽然保险保障基金先进入问题保险公司，但它并不必须承担全部的亏损，若引入的战略投资方愿意承担一部分的亏损，就可以减少保险保障基金的使用，实现成本最小化。未来，在选择受让公司时，也可以采取这样的操作方式，受让公司一般都要承担一定的亏损。如台湾国华产险的案例中，在处置风险时就采用了对业务进行标售的方法，找寻受让公司，受让公司承担了一部分损失，以减轻保险保障基金的负担。根据成本最小化原则，在招投标中，愿意承担更大损失的保险公司可以优先作为受让公司的选择对象。

（三）风险最小化原则

基于保险公司的特殊性，保险公司市场退出在一定程度上可以说是一种两难选择。因为市场退出的关键在于化解保险风险，但这一行为本身又不可避免地会引发一定范围、一定区域不同程度的社会震荡。因此，对待保险公司的市场退出问题，必须坚持风险最小化原则，以稳定社会和不对保险体系构成较大冲击为前提，把这一行为可能引发的社会震荡限制在最小的范围和程度内。所谓风险最小化，是指在使用保险保障基金时，分析比较面临的所有风险，明确不同的优先级，以化解行业整体风险为出发点，以救济保单持有人的保单利益损失为重点，防范道德风险，兼顾保险公司员工失业等其他风险，实现总体风险的最小化。风险最小化的原则主要体现在以下几个方面：

1. 从宏观上看，风险是指影响行业的金融稳定的风险。保险保障基金使用的目的是防范和化解保险业风险，在正常保险公司和问题保险公司之间建立起一道"防火墙"，防止风险向正常保险公司蔓延。因此，首先应做到的是行业风险的最小化，维护整个保险业和宏观经济的稳定。

2. 从微观上看，保单持有人个人面临的风险是救济过程中的主要风险。无论是对保险公司的救济还是对保单受让公司的救济，其根本目的都是对保单持有人进行救济。对保单持有人的救济是整个救济流程的一个重要部分。因此，在控制好行业风险的前提下，应重点处置此类风险，最大限度保护保单持有人，尤其是中小保单持有人的利益。

3. 道德风险是参与救济过程中所有主体都可能涉及到的一种风险，其对象范围最为广泛。道德风险的载体也触及很多方面。因此，为了保证救济过程的顺利进行和基金使用的安全，在程序上要规范流程，在救济过程中要做到严防道德风险。在满足行业风险和保单持有人风险最小化的同时，将道德风险产生的可能性也降到最低。

4. 保险保障基金自身的风险。很多国家（或地区）在实施保险保障基金制度时都曾经面临这一机制本身的风险。日本、中国台湾，由于基金金额不足而赔付巨大，导致资金亏空。因此要时刻监测行业风险，充分借助市场的力量来分担亏损。

5. 对于股东风险和债权人风险的处置，这里是指除保单持有人之外的其他债权人，如次级债的购买者。此时，保险保障基金应首先分析和衡量自身的救济能力，可以根据损失分担原则在一定程度上对股东、高管和除保单持有人之外的其他债权人的利益进行约束和削减，根据商业原则让其自行承担一部分商业风险。

6. 保单受让公司在承接问题保险公司的业务之后，风险也随之转嫁到了其自身上。对于保单受让公司面临的风险，保险保障基金公司和保单受让方在招投标过程中应给予充分的考量。在保单受让公司能最大限度保障保单持有人利益的前提下，根据商业原则让其自行化解一部分风险。

由此可以看出，在救济过程中面临的风险是具有结构性的，风险最小化的实现是分层次的。在妥善处置这许多个风险过程中，要求得平衡，求得最佳的结果。这样设计出来的制度才是最为科学有效的。

（四）"三化原则"之间的联系

市场化原则和成本最小化原则是相辅相成、相互促进的。市场化是成本最小化的手段，成本最小化是市场化的最终目标。通过市场化的运作方式，依靠市场的力量，实现基金的合理配置和使用效率的最大化，同时也达成了降低成本的目的。成本最小化目标的实现也离不开市场化的帮助。

然而，成本最小化原则和风险最小化原则是相互矛盾的。成本最小化的目的在于保险保障基金使用的数额在合理的范围内尽量保持较低的水平。而风险最小化原则意味着尽可能地处置所有风险，其必然要导致保险保障基金使用成本的增加。平衡好成本最小化与风险最小化原则的关键在于对两者概念的核心理解。如前文所述，对风险的分类有六种。对于宏观上整个行业风险以及微观上中小保单持有人风险的处置，应首先考虑风险防范的问题，其优先于对成本的考量。而对于高额保单持有人、股东、高管、除保单持有人以外的其他债权人风险的处置，则对成本的控制应放在第一位。

二、设立使用基金的程序和条件

关于使用保险保障基金的条件我国《保险法》和《保险保障基金管理办法》中都有相关规定。《保险法》第一百条规定："保险保障基金应当集中管理，并在下列情形下统筹使用：（一）在保险公司被撤销或者被宣告破产时，向投保人、被保险人或者受益人提供救济；（二）在保险公司被撤销或者被宣告破产时，向依法接受其人寿保险合同的保险公司提供救济；（三）国务院规定的其他情形。"《保险保障基金管理办法》第十六条规定："有下列情形之一的，可以动用保险保障基金：（一）保险公司被依法撤销或者依法实施破产，其清算财产不足以偿付保单利益的；（二）中国保监会经商有关部门认定，保险公司存在重大风险，可能严重危及社会公共利益和金融稳定的。"

我们可以看出，相对于《保险法》，《保险保障基金管理办法》中对于使用基金的条件作出了更明确的规定。但是，依照前文提出的使用保险保障基金原则要求来看，仍然存在着问题：

（1）分类不明确。使用基金的几种情形的分类不够明确，逻辑关系不清晰，区分度不够。且每种情形的条件表述并不是都有着明确的法定条件约束。规定不明确容易引起实践中的争议。对于保险监管机构来说，行使决定权的标准是需要明确的，而现在没有一部法律法规可以给予监管机构在操作中切实可行的依据。对于各保险公司来说，它们对于风险的严重程度以及何时可以使用保险保障基金的概念也非常模糊，这样不利于各保险公司积极防范风险，也不利于各部门之间的协调、沟通。

（2）"被宣告破产"表述不当。在《企业破产法》框架下，"破产"不单纯指破产清算，除破产清算外，重整、和解也属于破产程序，而"被宣告破产"只适用于破产清算。加之，破产程序本身具有复杂性，以及不同类型的破产程序具有不同的特点。因此，在这里仅仅使用"被宣告破产"具有一定的不恰当性。

（3）"存在重大风险"说法不够严谨。规定中只是泛泛地提到，并没有明确问题保险公司具备什么样的条件是属于存在重大风险，这样会导致在实际实施当中处理问题的不明确以及引起不必要的争议。

经过相关材料的搜集和分析，结合我国保险业的实际情况，以尽量明确相关条件为原则，总结出下列几种关于使用保险保障基金的情形。

（1）保险公司被依法撤销或者被依法实施破产，其财产不足以偿付保单利益的，中国保监会可动用保险保障基金按照有关规定对保单持有人进行救济，对保单受让公司进行救济。

（2）保险公司出现重大经营或财务风险，可能或已经严重危及社会公共利益和金融稳定，但未被撤销或者未被实施破产的，中国保监会可以动用保险保障基金对该保险公司进行救济。"重大经营或财务风险"是指保险公司偿付能力充足率连续三年低于100%，连续三年亏损，且经营性现金流为负。

当问题保险公司符合上述条件时，可以使用保险保障基金。但是，必须要经过一系列完整的程序才能使用基金。基金的使用需要由中国保监会拟定风险处置方案和使用办法，商有关部门后，报经国务院批准。

三、协调各方职责

在使用保险保障基金进行救济时涉及到多方的主体包括中国保监会、保险保障基金公司、保险公司、保单持有人、保单受让公司。在整个实施过程中各方主体有着各自的职责，只有明确了自己的职责所在才能避免发生责任交叉、责任不明确等争议的发生。同时，不同的主体又代表着不同的利益，必然会有利益的冲突和矛盾，所以各方要在履行好自己职责的前提下，互相协调，积极沟通，共同合作完成整个救济过程。

在使用保险保障基金的过程中，中国保监会扮演着统筹兼顾的角色，对保险保障基金的整体使用情况进行监督和指导。保险保障基金公司在中国保监会的组织领导下，负责救济中各个环节的具体工作和细节问题处理。保险公司和保单持有人应积极配合保险保障基金公司的工作，共同推进工作的开展。保单受让公司作为一个特殊的主体，其发挥的作用至关重要。保单受让公司不但要认真履行自己的责任，还应积极配合保险保障基金公司的相关工作。

（一）中国保监会职责

中国保监会依法对保险保障基金的使用进行监督和指导，需履行以下职责：

1. 风险处置方案和保险保障基金使用办法，商有关部门后，报国务院批准；

2. 依法撤销或者依法实施破产的保险公司无法通过协议方式转让其持有的人寿保险合同时，由中国保监会指定经营有人寿保险业务的保险公司接收；

3. 对保险保障基金使用过程中的重大事项进行审核批准，对使用全过程进行监督管理，根据需要进行检查及审计。

（二）保险保障基金公司的职责

在中国保监会的组织领导下，保险保障基金公司需履行以下职责：

1. 配合监管部门，参与拟订保险公司风险处置方案和保险保障基金具体使用办法；

2. 组织实施经批准的风险处置方案和保险保障基金具体使用办法；

3. 对保单持有人的损失进行认定，核定拟支付给保单持有人或保单受让公司的救济金额；

4. 办理保险保障基金的发放、资金划拨等具体事宜；

5. 依法受让保单持有人对保险公司的债权，或通过其他方式获得保险公司的股权和债权，并实施管理；

6. 参与保险公司的清算、重整与和解程序，进行监督、引导。

（三）保险公司职责

被救济保险公司及其股东、实际控制人应当配合保险保障基金使用过程中的各项工作。保险公司还应当向监管部门派驻的法定管理机构或工作组移交其信息及业务系统，同时定期向保险保障基金公司报送财务、业务等专项数据和材料。

（四）保单持有人职责

保单持有人应积极配合保险保障基金公司的工作，在规定的期限内提交相关申请，并保证所提供信息的真实、准确和完整。

（五）保单受让公司职责

保险业务受让方保险公司应当承担转让方保险公司依照原保险合同对投保人、被保险人和保单受益人负有的义务。但是，在保险公司被撤销或实施破产时，其全部财产很可能不足以偿付保单利益，在这种情况下将使用保险保障基金对保单受让公司提供救济，但是《保险保障基金管理办法》第二十一条对保险保障基金救济保单受让公司也规定了80%或90%的补偿上限。即原保险合同所对应的全部保单利益，至少有10%～20%是需要有人承担的，或者是保单受让公司，或者是保单持有人，或者是两者共同承担。在这种情况下，若一定要求保单受让公司全部承担原有保险责任，可能就会出现无法找到接盘者的情况，保单持有人的利益就无法得到保障。在日本等国家的保险市场退出实践中，存在着保单受让公司并不完全承担原有保险责任的实例。预计在未来实践中，不能排除保单利益在受让后有所削减的可能。因此，保单受让公司应根据保单受让结果依法对保单持有人承担保险责任，履行自己的法定义务。

（六）监督与协调

在使用保险保障基金过程中，中国保监会应当会同有关部门以及地方人民政府建立协调配合与快速反应机制。保险保障基金公司在使用保险保障基金过程中，应严格依据有关法律法规规定进行，自觉接受中国保监会的指导和监督，并依法接受审计。保险保障基金公司可以委托或聘请中介机构参与救济工作，提供相关专业服务。保险保障基金公司及其所委托或聘请的中介机构应对其所知悉的保险公司及保单持有人的各项信息、数据、资料严格保密，未经监管机关同意，不得向任何机构或个人进行披露。保险保障基金公司应公平对待全体保单持有人和被救助保险公司，并建立必要的内部监督与协调机制。在使用保险保障基金过程中，发现涉嫌犯罪的，有关机构应及时向中国保监会或司法机关报告。

第二节　规范保险保障基金进行救济的实施程序

一、接收保险公司的基本步骤

使用保险保障基金进行救济包括三个方面：对保单持有人的救济、对保单受让公司的救济、对保险公司的救济。无论是对哪个方面的救济，在保险保障基金的使用过程中都要保证基金的安全。保险公司需要救济往往是因为内部风险问题的发生而导致经营不善，因此，在救济前，必须对保险公司进行接收并控制，为今后更好地管理和救济做铺垫。接收保险公司的流程分为以下五点展开。

（一）派驻专项工作组

实施接收工作的第一步是需要向问题保险公司派驻专项工作组。工作组是整个实施流程的核心部分，一个优秀领导力的形成，能有效地防范内部存在的道德风险以及改善原领导团队能力不足的状况，有助于下一步工作有序开展和顺利进行。专项工作组由保监会、保险保障基金公司等相关单位组成，并包括来自其他各大保险公司的多名小组成员。其主要职责是代替原管理层对保险公司进行经营管理，为以后的救济工作做准备，具体包括接收财会工作、管控信息系统、维护经营稳定和防范法律风险。

专项工作组应立即展开的工作有：对于负有经营不善责任的原高管层，应予以解职，并要求配合接受调查。在对之前的案例分析中发现，公司主要负责人出现问题是导致保险公司需要被接收控制的一个主要原因。而国内外金融风险处置实例中，派驻专项工作组后马上更换主要负责人也是一种惯例做法。

（二）接手财会业务

财会工作作为一种经营管理手段，贯穿于公司经营活动的各个环节，是各项管理活动的基础和支撑，高级管理层需要根据财务部门提供的各项数据作出正确的决策，保证企业价值最大化目标的实现。同时，公司经营活动的效果也是通过财务信息客观、迅速、综合地反映，财务信息是企业利益相关者了解企业的最根本的信息来源。对于监管机构已经确定其财力受损或无力偿债，并指定了相关接收机构的保险公司，财会工作的接手可以帮助确定财力受损的原因、排除障碍，并帮其恢复偿付能力。对于已经确定不能重整成功的保险公司，财会工作的接手可以协助进行清算。对于停业清算的保险公司，会计职能就是确认保险公司资产、评估确认债务及按规定的清偿顺序对债权人进行适当分类。因此，财务状况的接手可以提供及时、相关、准确的财务信息，对于接管组进行决策是非常重要的。

接管财会业务的工作主要包括以下几点：熟悉保险公司会计部门结构图、会计流程图、操作程序指南和账户体系表；以保险公司既有会计人员为主体，以外部独立审计机构为补充，接管保险公司财产、印章和账簿、文书等资料，整理包括分支机构和子公司在内的会计档案、合同等会计记录，进行财务报告的调查和审计。

（三）管控信息系统

随着办公环境的电子化、业务处理的信息化，对保险公司的接管实质上是对其信息的掌握。为了成功进行接收控制并管理，顺利开展重整或清算工作，接管组必须首先控制住保险公司的信息系统。信息系统的管控为接管组今后高效、准确地获得数据提供了保证，也为保险保障基金的安全使用提供了保障。同时，信息的公开透明披露也可以增强员工和客户的信心，维护稳定。

管控信息系统的工作主要包括：建立起重整和清算的信息系统，为管理提供信息；对硬件进行登记和维护，防止数据丢失或系统损耗；熟悉系统软件和应用软件的使用；与保险公司员工合作，获得所有可掌控的信息，并留备份；对相关互联网、企业内部网和一些新技术进行接手；进行数据安全检查，采取确保数据安全的措施。

（四）维护现有保单业务

撤销保险公司或对其实施破产，意味着保险公司不能再开展新工作，但原有业务应继续维持。若不能保证原有业务的继续，保险公司的状况将会持续恶化，进而引起退保风潮，保单持有人的利益会受到损害，之后救济工作所需的成本也将增加。因此，接管组应采取各种措施维护现有保单业务。

主要针对以下三个方面：一是对业务。对原保单继续正常展开核损、理赔、保全和日常维护等业务，保证原保单持有人的利益，为保险公司以后的运营打好基础，使其在经历过渡期后，生产经营活动可以按照既定的目标持续下去。二是对公司员工。公司员工的合理安排在公司的正常运转和持续经营中扮演着重要的角色。对于公司业务骨干，应要求并促使各司其职，确保接管及后续处理工作顺利推进，同时设立交流渠道，稳定员工心理上的波动。三是对保单持有人。专项工作组在派驻后要尽快发布公告，告知保单持有人保险公司目前状况和接管情况。公开披露信息，减少因信息不对称给保单持有人带来的恐慌。让保单持有人清楚地知道保险公司的原有业务仍在正常进行，其利益仍将会得到最大的保障，稳定公众信心。

（五）防范法律风险

偿付能力不足的保险公司被接管往往是因为内部存在风险问题而导致经营不善。对其进行接管是一项十分复杂的过程，将涉及诸多利益主体，例如，保单持有人、保单受让公司、被接管保险公司中各利益主体。因此，接管组应该采取各种措施，规范接管行为，减少外部纠纷和内部道德风险问题的发生，平衡各方利益，防范法律风险。

防范法律风险的主要工作包括：在接收前期，监管人介入通过机密指令对保险公司进行短期调整；监管人通过保全令或查封令的权力调查并确定保险公司真实状况；监管人还可以通过向法院申请用来执行破产重整的指令，来解决保险公司的问题；要确保行动的机密性，这样能够使接收机构在公众不知情的情况下解决保险公司的问题，避免对保险公司正在进行的业务造成损失，减少纠纷。

二、保单持有人救济的基本步骤

当保险公司出现问题时，保单持有人利益的损害首当其冲。对保单持有人的救济是保险保障基金的根本目的，救济的流程分为以下五个部分。

（一）发布公告

保险公司被依法撤销或者依法实施破产的，在撤销决定作出后或者在破产申请依法向人民法院提出前，保单持有人可以与保险保障基金公司签订债权转让协议。在签订协议之前需要很多准备工作。首先，在中国保监会的组织领导下，保险保障基金公司将向所有保单持有人发布公告，告知保单持有人救济工作的整个流程，保单持有人需要履行的程序和申请救济时需提供的相关证明材料，以及公告有效时限。在保单持有人熟知救济流程的基础上开展工作，可以提高保单持有人和保险保障基金公司的配合度，有利于之后工作的顺利进行。公告可以通过各大新闻媒体和公司网站发布，同时还应对保单持有人逐个通知。

（二）申请与受理

申请救济时，保单持有人提供的保单救济申请及其他相关证明材料是审核确认时的重要依据。申请保单救济的相关机构或个人应对提供资料的真实性、完整性承担法律责任，若出现提供虚假资料，骗取救济资金且构成犯罪的，将被移交司法机关追究其刑事责任。且保单持有人应当在规定的期限内提交相关申请与资料。作出这样的约定，主要是从两方面进行考虑：一是给予原保单持有人较为充裕的时间应对风险的发生，寻找新的保险公司进行投保，确保保单持有人利益的衔接。二是从效率的角度看，在有些国家和地区的案例中，也可以看到这样的例子，规定2~3个月的期限是保单持有人申请救济的期限。保险保障基金公司选择集中一段时间对需救济保单进行处理可以确保效率，避免冗长的救济工作产生不必要的人力物力成本。因此，收到通知的保单持有人应当自通知后一个月内，未收到通知的保单持有人应当自公告起三个月内提交规定的相关申请与资料，逾期未申报的，视为自动弃权。但是从公平的角度来看，因为保单持有人所缴纳的保费中本身就包含保险保障基金的部分，如果不考虑实际情况仅仅因为延迟申请，就剥夺其权利，其公平性有欠考虑，而且也必将引起争议。所以因不可抗力或者其他障碍不能申请救济的，保单持有人申请救济的期限可延长至公告之日起一年内，超过一年的，不再受理救济申请。

被处置保险公司或其法定管理机构接收保单持有人提交的申请及相关证明材料。申请期限截止后，对保单持有人提交的材料进行初审。初审合格后，根据中国保监会及保险保障基金公司的要求向保险保障基金公司提供拟实施救济的保单及投保人的有关资料。被处置保险公司或其法定管理机构应提供的材料包括：保单情况统计表；投保人、被保险人、受益人身份证明文件及主体资格证明文件；与保单持有人签署的保险合同；保费缴纳情况说明及相关凭证；理赔情况说明及相关凭证；保险保障基金公司及其委托的中介机构要求提供的其他资料。并且被处置保险公司或相关机构应对提供资料的真实性、完整性承担全部责任。一旦出现提供虚假资料的情况，将由中国保监会责令改正，并可对保险公司及其直接责任人处以罚款；情节严重的，可以取消直接责任人保险公司高级管理人员任职资格或保险从业资格；涉嫌犯罪的，移交司法机关追究其刑事责任。

当保险公司被撤销或者被实施破产时，为了高效准确地获取原保单数据，避免信息不对称的问题，保险保障基金公司还应当将自己的信息系统与保险公司的业务信息系统进行连接，为下一步工作的开展打好基础。

（三）审核确认

保险保障基金公司对保险公司提交的保单救济申请及相关材料进行进一步审核，核定保单持有人的资格、损失及拟救济金额。

保险保障基金公司首先应根据保单持有人和被处置保险公司提供的相

关材料核定保单是否合格、保单持有人是否有资格得到救济。基于保险保障基金使用的成本最小化和风险最小化原则，在救济时应保证过程的合法性、安全性和高效性。因此，保险保障基金仅对符合下列条件的非人寿保险保单持有人提供保单救济：（1）申请人与保单持有人一致；（2）保单真实、合法、有效；（3）保单持有人足额、及时缴纳保费；（4）保单未设置质押或其他第三方权利；（5）不存在与保单有关的争议；（6）同意将其依据保单享有的权利转让予保险保障基金公司或其指定的第三方；（7）不属于法律法规禁止救济的保单范围。然而，并不是符合上述条件的保单持有人的所有利益都将会得到保障。为了避免道德风险，保险保障基金保障的保单利益是指保险合同项下确定的保证利益部分，不包括非保证利益部分，如分红保险的红利分配、万能保险结算利率超过最低保证利率的部分，以及投资连结保险的投资账户单位价值等。

由于救济标准中保单持有人为个人或机构时补偿的比例是不同的，为了避免纠纷，需要对个人与机构分别进行认定。考虑到保险合同的当事人和关系人以及实际情况，笔者认为应认定为个人保单持有人的情况有：投保人、被保险人、受益人均为个人的；投保人为个人且以个人名义提出退保申请的；被保险人或受益人为个人且以个人名义提出索赔申请的。除此之外，都应认定为机构保单持有人。

对于保单损失的核定，保险保障基金公司聘请专业中介机构对保单损失进行核定，保险保障基金公司对中介机构的专业结论进行初审后，报中国保监会核准。

审核完成后，保险保障基金公司提出支付救济款的名单及具体救济金额方案，上报中国保监会批准。批准后，保单持有人与保险保障基金公司签订债权转让协议。

（四）支付救济款

获保监会批准后，保险保障基金公司将救济款支付给保单持有人。使用保险保障基金向保单持有人提供救济时应体现成本最小化原则，专户管理，专款专用，不得用于维持被处置保险公司的日常运营等其他用途。保险保障基金公司以保险保障基金向其支付救助款，并获得保单持有人对保险公司的债权。清算结束后，保险保障基金获得的清偿金额多于支付的救济款的，保险保障基金应当将差额部分返还给保单持有人。

（五）异议处理

保单持有人的数量较多，救济过程中涉及的主体也较多，而救济的一些标准和规定中定性的成分多于定量的成分。这些原因将会导致保单持有人对保险保障基金公司救济决定产生异议。例如，赔与不赔之争、赔多赔少之争、机构与个人区分之争等争议。保险保障基金公司必须要做好异议处理的工作，避免纠纷，防范法律风险。经过审核，决定不予救济的保单，保险保障基金公司应书面告知保单持有人，保单持有人可以向保险公司主张债权，维护自己的利益。若保单持有人不认同保险保障基金公司的决定，对其救济决定有异议的可以向保险保障基金公司申请复核。对复核结果仍有异议的，可以向中国保监会申请复查。对于保单持有人是否可以向法院提起民事诉讼的问题，笔者认为，保单持有人对保险保障基金公司的复核结果提出异议，并非民事纠纷，向人民法院提起民事诉讼的法理基础不充分。根据之前的证券公司风险处置实践，法院对解决这类纠纷的积极性不高。因此，通过民事诉讼方式来进行救济，可操作性有限。保单持有人在对复核结果仍有异议的情况下，还是建议向中国保监会申请复查。

三、保单受让公司救济的基本步骤

人寿保险业务与其他类型的保险业务有着很大的差别。它的业务周期往往很长，有的长达数十年。由于保险期限长，被保险人的收入、身体状况也在保险期间发生着变化。因此人寿保险业务收取的是针对整个保险期间的均衡保费，采取保费收入在先、赔付在后的形式，只要保单没有到期，保险经营周期就没有结束，保单持有人就应还享有其权利，保险公司也需要继续履行其义务。因此，经营有人寿保险业务的保险公司被依法撤销或者依法实施破产的，即被处置保险公司，为了保障保单持有人的利益，应进行保单受让公司的遴选，将原有业务转让给其他保险公司，保险保障基金将对遴选出的保单受让公司进行救济。对保单受让公司的救济包括被处置保险公司原保单的受让和对保单受让公司的救济两个部分。具体实施有以下五个步骤。

（一）对保险公司进行评估

在进行保单受让前，保险保障基金公司应对保险公司现状进行充分的了解。对于保险公司财务情况、拟转让寿险保单损失以及保险公司补偿资金缺口的核定，保险保障基金公司基于市场化原则，应采取更加专业化手段，聘请专业中介机构对损失进行核定。中介机构对保险公司的评估为下一步寻找保单受让公司的谈判过程提供技术支持，也为保险保障基金公司明确了需要补偿的数额。保险保障基金公司对中介机构的结论初审后，应报中国保监会核准。

（二）遴选保单受让公司

为了遵循市场化原则，保单受让公司遴选时，被处置保险公司应当以平等协商为前提，努力与其他保险公司订立保险业务转让协议。

遴选保单受让公司的谈判有两种方式：一是单一谈判，即一对一的协商。二是竞争性谈判，采取招投标的方式遴选保单受让公司。首先，根据《保险法》的相关规定，保险保障基金公司和被处置保险公司共同发布招标公告，公告中简要介绍保险公司目前状况以及有关招标的相关情况。有意向的保险公司可以在规定时间内提交申请书和保证金。保险保障基金公司将对按要求提交了相关材料和保证金的公司在规定时限内开放资料库。有意向成为保单受让方的保险公司可以在资料库里获取经过专业中介机构评估的详细资料，如转让方的偿付能力、寿险保单损失情况等。保险保障基金公司和保险公司共同向意向方出具招标方案。有意向成为保单受让方的保险公司按规定时间提交投标书，在投标书中需要明确提到愿意接受被处置保险公司保单的范围和比例，以及需要保险保障基金救济的数额。根据各意向方的投标书，评标委员会进行评判，选出最终中标的保险公司，该公司即保单受让公司。保单受让公司选定后应当报中国保监会审核批准。整个招投标的过程是受法律保护的，中标的结果具有法律效力，被选中的保险公司必须履行作为保单受让公司的相应义务，否则将接受惩罚。

被处置保险公司情况复杂多样，可能会出现其他保险公司由于无利可图而不愿意投标或者保险保障基金公司和被处置保险公司对投标书均不满意的现象，这样就无法在市场上寻找到合适的保单受让公司。为了保障保单持有人的利益，在这种情况下，可以由中国保监会指定经营有人寿保险业务的保险公司接收。但是，监管机关指定某保险公司接收是否合适和可能，某保险公司在保监会的强制指定下是否愿意接收，存有不确定性。因此，这种做法的可行性值得进一步探讨。

在日本等国保险市场退出实践的做法中，日产生命相互保险公司破产处置后，保险管理人——日本寿险协会没有找到接管公司，最后由其自身出资成立青叶生命股份保险公司接管日产生命。中国保险保障基金公司作为一个独立的市场主体，完全有能力设立自己的公司，在无人接受被处置保险公司原有业务时对其进行接收。而且，保险保障基金公司对之前的救济流程较为熟悉，自身又是站在保障保单持有人利益的立场上，其作为保单受让公司可以利用自身的特性和专业性对保单持有人的利益进行更好的维护和保障。因此，参考国外保险市场的做法，在这里，笔者提出另外一种解决方法，即可以由保险保障基金公司设立子公司，作为保单受让公司承接保单。

（三）完成受让工作

依照相关法律协议的规定，保单受让公司应该承担被处置保险公司依照原保险合同对投保人、被保险人和保单受益人负有的义务。当保单受让公司选择需要保险保障基金公司提供救济时，保险保障基金公司和保单受让公司应签署补偿协议。保险保障基金公司进行救济后，取得了对被处置保险公司的债权，保险保障基金公司应和被处置保险公司签署债权转让协议。整个救济过程将涉及到保险保障基金公司、保单受让公司、被处置保险公司三方，该三方应达成一致意见，一同签订相关文件，并在相关文件中根据前期招投标书或平等协商的结果就补偿金额、保险保障基金公司获得债权等事项作出约定。

（四）实施救济工作

在保单受让工作完成后，保单受让公司需要保险保障基金提供救济时，必须保证保单受让公司、被处置保险公司以及保单持有人三方已经达成一致意见。因此，当在相关监督机构的指导下，相关利益方已经履行完成下列程序时，保险保障基金公司才可以向保单受让公司提供救济。

1. 保单受让公司与被处置保险公司已就保险合同转让达成协议；

2. 保单转让事项经保单受让公司和被处置保险公司的董事会、股东（大）会批准，并获得中国保监会的批准；

3. 就保单受让事项，被处置保险公司应当及时将相关事宜告知保单持有人并征得同意。

（五）完成救济工作

救济工作完成后，根据相关法律协议的签订产生的相应法律结果，对于保单受让公司来说，其应最大程度地保证保单持有人在原保单项下利益。而对于保险保障基金公司来说，其对保单受让公司实施救济后依据债权转让协议，依法参与保险公司的破产清算并获得清偿。

四、对保险公司处置的基本步骤

（一）风险预警

对存在重大风险隐患的保险公司，保险保障基金公司应充分发挥行业风险识别器和预警器的作用，保险保障基金宗旨是救济保单持有人，维护保单持有人权益，有动力、也有责任去甄别警示保险公司风险，提出风险处置建议，充分发挥自己的风险管理职能。若等到保险公司问题严重需要救济时才发挥保险保障基金的作用，则耗费资金巨大，保单持有人的利益会遭受一定的损失，对保险业的稳定和消费者的信心也带来重大的影响。因此，保险保障基金应做好提前预警，遵循成本最小化原则，前移风险处置关口，不能仅仅依赖于事后救济。保险保障基金公司可以对经中国保监会认定存在重大风险隐患的保险公司进行尽职调查，该保险公司应予以配合。经中国保监会认定存在重大风险隐患的保险公司也应定期向保险保障基金公司报送财务、业务等专项数据和资料，并接受保险保障基金公司的检查监督。

（二）介入保险公司

当保险公司已经出现重大问题时，需要先对保险公司进行接收，查明问题出现的原因以及保险公司目前的状况，例如，财务状况、内部控制和治理状况、业务运行状况等，为下一步作出判断提供依据。在这种情况下，保险公司被接收的方式有以下两种：

1. 提前介入

在保险公司风险已经发生后，考虑到风险处置方案的制定与报批需时较长，在此期间，应当前移行业风险处置关口，由保险保障基金公司先行介入处理，使保险保障基金公司成为危重保险公司的"起搏器"和"灭火器"。因此，当保险公司已经暴露出重大风险，但相关风险处置方案尚未制定完成前，经中国保监会批准，保险保障基金公司可提前介入风险处置，负责整顿组或接管组具体工作，控制风险，防范风险。

2. 托管介入

当保险公司已经发生问题时，可以由保险公司主动提出托管申请，保险保障基金公司与被处置保险公司股东平等协商，受托管理股东所持股权（份），代行股东权利，参与被处置保险公司的经营管理。在托管期间，保险保障基金公司可通过该公司股东（大）会参与重大经营决策，改选该公司董事会，推动更换经营层。通过股权托管等平等协商的市场化方式参与保险公司风险处置，可充分发挥保险保障基金公司的独立主体地位和市场化、专业化优势。这也是保险保障基金妥善处置中华联合保险公司风险的成功经验。

（三）实施处置工作

在接收完成后、具体救助前，基于使用保险保障基金的"成本最小化、风险最小化"的原则，整顿组、接管组或保险保障基金公司应首先充分了解保险公司经营状况并对其进行有效控制与定期信息沟通。在了解的基础上，接管组或保险保障基金公司准确地作出"救"或"不救"的决定。作出决定需考虑以下三方面因素。

1. 保险公司存在重大风险。该重大风险是由外部宏观环境等不可抗力引起的，非保险公司自身经营不善所致，或者保险公司破产可能引致系统性风险。重大风险的存在将导致保单持有人利益受到损害，甚至危及整个金融业的稳定。对于此种会产生重大影响的保险公司，应该考虑使用保险保障基金进行救助。

2. 仅仅依据保险公司存在重大风险，是不能作出使用保险保障基金进行救助的决定的，还应对保险公司的一些核心情况进行了解。保险保障基金数额是有限的，且其目的是保障保单持有人的利益、维护金融稳定。因此，在使用保险保障基金时应考虑使用的效用最大化，对于基础较好、有发展前景的保险公司进行救助，对于基础较差、内部控制混乱的保险公司则不选择救助，否则即使进行救助也无法挽回其最终走向破产的结局，保险保障基金的使用也是一种资源的浪费。因此，优化资源配置，注重救助效果，以达到使用保险保障基金的最根本目的。具体来说，当保险公司符合以下情况时才考虑予以救助：保险公司财务信息真实、完整；公司治理有效，不存在内部人控制等情况；保险公司不存在严重违规经营；保险公司控股股东、实际控制人及其他主要利益相关方予以配合和支持。

3. 有切实可行的整改方案和整改措施，增强实施救助的可行性。

当满足以上三个条件时，接管组或保险保障基金公司可以作出对保险公司进行救助的决定，进入实施救助的流程。

（四）完成处置工作

实施救助后，对于保险保障基金公司来说，根据签订的相关法律协议，其获得了相应的权利。而对于保险公司而言，由于偿付能力不足被处置，并接受了保险保障基金的救助，今后的一些行为必然要受到相应的约束。

保险保障基金对保险公司救助一般采取购买公司债、借款、注资、受让股权或中国保监会批准的其他方式进行。根据对保险公司处置形式的不同，保险保障基金公司获得权利不同。保险保障基金公司获得保险公司债权的，成为被处置保险公司的债权人，拥有债权人应有的权利。保险保障基金公司向保险公司注资并获得相应股权的，成为保险公司的股东，其有权依法行使所持股权所对应的股东权利，通过推荐相关人员担任保险公司董事、监事、高级管理人员、参加保险公司股东（大）会等方式参与重大经营决策，维护保险保障基金安全。

相对应地，被处置保险公司及其股东、实际控制人应自觉履行其与保险保障基金公司就处置达成的各项协议，配合保险保障基金公司各项工作的开展。除此之外，在处置期间，为了最大程度地实现对保单持有人利益的维护，保险公司应保持偿付认可资产，保持其现有的偿付能力，避免公司结构的扩张，禁止经营费用的继续支出和承担风险的增加，防止股东和高管在公司状况不佳的情况下获得额外收益，引发道德风险。因此，未经中国保监会同意，被处置保险公司在处置期间不得从事下列行为：向股东分红；处置、转让其主要资产和业务；实施股权激励机制；对外借款或提供担保；提高董事、监事及其他高级管理人员的薪酬待遇；扩大经营费用和支出；购置固定资产和车辆；增加聘用员工，或与现有员工补签、续签含有高额赔偿内容的劳动合同。

被处置的保险公司在被处置期间应负有相应的法律责任。如保险公司在处置过程中，向保险保障基金提供虚假资料的，由中国保监会责令改正，并可对保险公司及其直接责任人处以罚款；情节严重的，可以取消直接责任人保险公司高级管理人员任职资格或保险从业资格；涉嫌犯罪的，移交司法机关追究其刑事责任。

第三节　完善保险保障基金救助的具体标准

一、我国保险保障基金救助标准的规定及其特点

（一）关于救助标准的规定

对保险保障基金救助标准的规定主要体现在《保险保障基金管理办法》第十九条、第二十一条和第二十二条。

1. 财险方面

（1）保单持有人的损失在人民币 5 万元以内的部分，保险保障基金予以全额救助。

（2）保单持有人为个人的，对其损失超过人民币 5 万元的部分，保险保障基金的救助金额为超过部分金额的 90%；保单持有人为机构的，对其

损失超过人民币 5 万元的部分，保险保障基金的救助金额为超过部分金额的 80%。

2. 寿险方面

（1）保单持有人为个人的，救助金额以转让后保单利益不超过转让前保单利益的 90% 为限。

（2）保单持有人为机构的，救助金额以转让后保单利益不超过转让前保单利益的 80% 为限。

（二）规定的特点

从现行规定来看，我国对保险保障基金救助标准的规定有以下几个特点：

1. 对保险保障基金赔偿限额的设定采用比例赔偿方式，未规定赔偿额上限，可能造成对大型企业的赔偿过多或对一个较大的商业保单的救助就将保障基金耗损大半，从而影响到保障基金对广大个人保单持有者的保障。

2. 对保险保障基金救助范围未有一个科学的划定，仅将险种区分为财产险及人寿险，而产险、寿险下不同险种的风险大小、保单价值不尽相同，保障基金的救助范围应体现这些区别以确保救助的科学性及公平性。

3. 对保险保障基金的救助对象区分了个人及机构并设定不同的救助标准，将中小型尤其是小微企业同大型企业一视同仁，但小微企业在投保时可能不能如大型企业那般考虑周全，在其投保的保险公司退出之后，若发生保险事故而得不到保险保障基金的较多救助，可能影响到其正常运营。

鉴于以上三点，笔者认为，有必要在借鉴其他国家（地区）的经验并结合我国自身实际情况的基础上，对保障基金救助标准进行科学修订，以使保险保障基金切实覆盖每一需要保障的个体，最大限度地发挥其保障作用，保证金融安全，维护社会稳定。

二、保险保障基金救助标准的国际比较与分析

表 10 – 1　　　　　　**保险保障基金救助标准的国际比较**

	救助对象	赔偿限额		保障范围	
		寿险	非寿险	寿险	非寿险
英国	个人及小型企业，排除大型商业企业等①	首 2000 英镑为100%，其后为90%	1. 强制性保险类别：100%。2. 非强制性保险类别：首2000 英镑为100%，其后为90%	保障　所有个人及中小企业购买的人寿保单	1. 除不保障险种以外个人及中小企业购买的非人寿保单。2. 强制性保险类别，也会涵盖大型企业的保单
				不保障　—	海事险、航空险、交通险及再保险
加拿大	无特别规定	1. 保证利益：最少85%。2. 保险利益低于下述订明款额的：100%。（1）身故利益：200000 加元（折合人民币1314920元②）。（2）每月收入：2000 加元（折合人民币13149.2元）。（3）健康护理费用：60000 加元（折合人民币394476元）。（4）现金价值：60000加元（折合人民币394476元）。3. 存款类别产品：累积结余的100%，以100000加元（折合人民币657460元）为上限	1. 每名被保险人每次事故的赔偿限额为250000 加元（折合人民币1643650 元），个人财产保为300000 加元（折合人民币1972380元）。2. 未满期保费的70%，每份保单以700加元（折合人民币4602.22元）为上限	保障　加拿大公民或居民所持有由参与赔偿计划的保险公司承保的人寿保单	大部分财产及意外保险
				不保障　—	—

续表

救助对象	赔偿限额		保障范围	
	寿险	非寿险	寿险	非寿险
日本	无 特 别 规定	90%	1. 疾病及各人身意外保单：90% 2. 强制性汽车责任及地震保单：100% 3. 其他类别保单：在保险公司无力偿债后首3个月及其后提出的索赔，赔偿限额分别为100%及80%	保障　大部分人寿保单	强制机动车责任保险（100%保障）、住所地震风险保险（100%保障）、机动车保险、火灾保险、第三者责任险、个人意外伤害险、医疗费用保险、护理费用保险、境外旅游者人身伤害险
				不保障　—	不在上述保单范围的海洋货物保险、航空保险、工伤补偿责任保险、一般责任保险、动产综合保险、机器及安装保险、承包人风险保险等
新加坡	—	1. 所有人寿和意外及健康保单的保障负债：100%保障 2. 保险金额及现金价值的赔偿限额分别为500000新加坡元及100000新加坡元（折合人民币2518850元及503770元），但残障收入、长期护理、医疗护理及团体保单则不设赔偿额上限	受保障业务获得100%保障，不设上限	保障　1. 所有个人和团体人寿保单 2. 人寿保险基金中的意外及健康保单	1. 强制汽车第三者伤亡责任及工伤赔偿保单 2. 个人和团体意外及健康保险 3. 个人汽车保险、财产保险、外佣保险及旅游保险
				不保障　—	—

续表

	救助对象	赔偿限额		保障范围		
		寿险	非寿险		寿险	非寿险
美国：NAIC示范法	—	1. 人寿保险：30万美元（折合人民币1998690元）2. 现金价值给付上限：10万美元（折合人民币666230元）3. 健康保险：10万美元（折合人民币666230元）4. 年金保险：10万美元（折合人民币666230元）（各州可自行调整）	劳工保险全额保障，其他险别各州自行确定，一般为10万～50万美元（折合人民币666230～3331150元）	保障	人寿保险、健康保险和年金保险	—
				不保障	保险公司没有承保的风险和被保险人造成的风险损失；保单的预定利率在承担给付义务时，超过法定利率值；保单的分红部分；未被正式核保通过的保险合同等	人寿保险、年金、健康保险、抵押保证保险、财务保证保险、投资风险保障保险、海上保险和有关联关系人的保险等
美国：纽约州	无特别规定	个人人寿保单：50万美元（折合人民币3331150元）；团体年金保单及雇员福利计划下的资助协议：100万美元（折合人民币6662300元）	每一索赔：100万美元（折合人民币6662300元）；在纽约州以外发生的意外，每一保单的赔偿上限500万美元（折合人民币33311500元）	保障	寿险合同、健康险合同、年金险合同及这些保单的附属合同	劳工保险（全额保障）；汽车意外险、火灾保险、水灾保险、盗窃险、玻璃保险、财产损失保险、保证保险、劳工保险、责任保险、未到期责任保费的返还（每人每次100万美元，或每张保单50万美元的上限）
				不保障	被保险人不是美国公民或永久居住者；不是以美元缴纳保险费的保险契约；变额寿险和变额年金中由被保险人承担风险的部分和由被保险人自己导致的风险；年金保险的保证利率明显超出一般利率水平，则保障上限为合理利率下的保险给付	—

注：①一般而言，凡是不属下列情况的任何个人（包括自然人和法人）的在英国的存款、投资、保险都是补偿计划的保护对象：公司（小公司和个体贸易公司除外）；国外公司；集合投资计划，以及任何该计划的受托人和执行者；养老金和退休金，以及任何该基金的受托人（不包括小额的自我管理的基金的受托人，以及小公司或小合伙企业的雇主的职业基金计划的受托人）；跨国机构、政府部门和中央管理当局；省级、地区、地方和市级政府；违约方的董事和经理（但不包括以下情况：违约方是共同协会，但不是大共同协会；为违约方工作的董事或经理没有收到工资和其他公司待遇）；上述人员的亲属；与违约方同属一个集团的机构；持有违约方或与违约方同属一个集团的机构5%以上股份的人；违约方或与违约方同属一个集团的机构的审计人员；金融服务补偿计划有限公司（FSCS）认为是造成违约方违约或对此负有责任的人；大型公司；大型合伙企业和大的共同协会；涉嫌从事洗钱犯罪活动的人。②按2010年12月20日汇率折算，下同。

由表10-1我们可以看出，国外对保险保障基金救助标准的规定主要包括以下三个方面。

（一）对赔偿限额的规定

国外对保险保障基金赔偿限额设定的常用的模式是设定赔偿的百分比（部分赔偿）及金额上限（封顶额）。日本及英国主要采用的部分赔偿的形式，强制性保险除外；加拿大、新加坡、美国等均采用设封顶额的形式，就其封顶金额的设定来看，美国对保单持有人的保障力度较大。虽然封顶额及部分赔偿都是为了限制保险保障基金可能产生的道德风险，但其关注点不同。前者着眼于防止大型保单持有人的道德风险，而为小型保单持有人提供全额保障，这也有利于控制单个赔案的处理成本，缓解成员公司的财务负担。而后者要求所有的保单持有人，包括小型保单持有人，共担其选择的保险人破产的后果，该做法致力于降低所有保险消费者、保险公司及监管者的道德风险，并增强保险公司管理的有序性。

（二）对保障范围的规定

国外对保险保障基金保障范围的划定方面存在一些共同点：第一，强制险基本属于保障范围，且在运用保险保障基金进行补偿时，强制保险一般可以得到足额补偿，因为强制保险一般保障的是投保人最基本的需求；第二，大多专业类的保险产品不在保障范围内，如财务担保、抵押担保等一些为投资风险提供保障的保险、海上保险、信用保险、产权保险、保释金保证等，因其投保人多为具有一定保险专业知识的企业客户，经营此类产品的保险公司如果出现经营困难，也不会对社会主体利益造成过多的危害；第三，对保障范围的规定，寿险大多采取"定性排除法"，即排除具有某类特征的寿险保单或寿险保单的一部分，如排除"由保单持有者承担的投资收益中超过利率调整条款规定的部分"，而非寿险大多采取"列明排除法"，即列举不在保障范围内的保险险种。

（三）对救助对象的规定

国外对保障基金赔偿救助对象的规定可分为以下三类：

第一，直接规定救助对象，以英国为代表。我们认为如此设定的原因在于，其对赔偿限额的规定为比例方式，未就赔偿限额设定上限，也未对可受偿险种作出详尽的范围规定，故需要在救助对象上进行规定从而排除大型企业等相对处于强势地位的保单持有人，使个人及小企业等保单持有人得到充分保障，降低道德风险。

第二，未直接规定救助对象，无赔偿限额上限设定，但对可受偿险种有较详尽的规定且范围较窄，以日本为代表。我们认为如此设定的原因在于，其对赔偿限额的规定为比例方式，未就赔偿限额设定上限，且未直接规定救助对象，故需要通过对险种的限制间接排除大型企业等类别的保单持有人。

第三，未直接规定救助对象，且对可受偿险种的范围划定较宽泛，有赔偿限额上限设定，以美国为代表。我们认为如此设定的原因在于，其对可受偿险种的划定范围较宽泛，其中涵盖了大中型企业类保单持有人，故需要根据个人及小企业类保单持有人的情况设定赔偿限额上限，间接将大中型企业类保单持有人排除在外，从而不需要再一次通过直接规定救助对象将大型企业排除在外。

三、完善保险保障基金救助标准的建议

（一）关于保险保障基金赔偿限额的厘定

根据上文对其他国家（地区）经验的比较分析，我们认为，对保单持有人赔偿限额的设定需要回答以下两方面的问题：第一，该赔偿限额对不同类别的保单持有人的保障率及覆盖范围有多大？第二，该赔偿限额产生的保险保障基金的成本率是多少？

要回答上述两个方面的问题就需要对全国保单持有人的保险金额情况、保单类别情况进行定量分析，从而能够基于我国现状及特殊国情设定出较合理的赔偿限额，使其既能够有效保障保单持有人的利益，又能够有效抑制道德风险，同时契合保险保障基金成本最小化的原则。

1. 厘定原理

鉴于对全国范围内所有寿险及非寿险保单的保险金额进行统计存在一定的困难，我们根据中心极限定理，可假定全国寿险及非寿险保额服从正态分布，利用数量相对较少的保险金额样本，我们能够估计出总体均值和

标准差，然后以正态分布随机模拟保险金额，这里用到的随机模拟方法为蒙特卡罗（Monte Carlo）模拟方法[①]。在对模拟结果进行描述统计分析之后，便可估计出全国保险金额分布的均值、众数、中位数等情况，从而模拟出设定某一赔偿限额对保单持有人的保障率及覆盖范围，再通过设计不同的赔偿限额方案，对多个方案进行比较，最终得出最佳方案。

2. 数据及抽样

综合考虑样本的可得性及完整性等方面，我们选取中国人民保险集团股份有限公司、中国人寿保险（集团）公司、中国平安保险（集团）股份有限公司、中国太平洋保险（集团）股份有限公司4家国内产险、寿险业务较全面的集团公司旗下全国所有营业省份产险、寿险分公司按下述抽样方法抽出的2011年1月1日至12月31日新增的（包括续保的）每一份寿险保单的保险金额、2011年1月1日至12月31日报告的每一份非寿险保单的索赔额、各险种具体保单数的数据（需说明该保单是个人保单或机构保单）。

抽样方法：尾号抽取法，如抽取尾号为06的保单；

备选抽样方法1——随机数法：根据保单编号，利用计算机产生随机数进行抽样；

备选抽样方法2——城市抽取法：抽取一线城市（北京、上海、广州、深圳）、二线城市（杭州、南京、天津、重庆、青岛、大连、厦门、武汉、哈尔滨、西安）、三线城市（海口、绍兴、大庆、邯郸、包头、珠海、威海、徐州、扬州、绵阳）的保单。

3. 实施步骤

（二）关于保险保障基金保障范围的划定

1. 划定依据

保险保障基金制度的根本价值是在保险公司失去清偿能力时，维护保单持有人，特别是中小保单持有人的利益，维护金融稳定。其着眼点不是

---

① 蒙特卡罗模拟方法的原理是当问题或对象本身具有概率特征时，可以用计算机模拟的方法产生抽样结果，根据抽样计算统计量或者参数的值；随着模拟次数的增多，可以通过对各次统计量或参数的估计值求平均的方法得到稳定结论。

```
┌─────────────────────────────────┐
│        数据收集及整理             │
└─────────────────────────────────┘
              ↓
┌─────────────────────────────────┐
│        进行蒙特卡罗模拟           │
└─────────────────────────────────┘
              ↓
┌─────────────────────────────────┐
│      对模拟结果进行描述统计分析    │
└─────────────────────────────────┘
              ↓
┌─────────────────────────────────┐
│      拟定不同的赔偿限额设定方案    │
└─────────────────────────────────┘
              ↓
┌─────────────────────────────────┐
│     进行方案比较选出最佳方案       │
└─────────────────────────────────┘
```

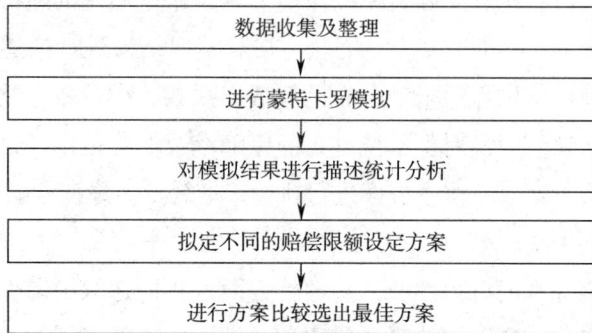

图 10 - 1　实施步骤

为保险公司兜底，不是全部承担保单责任。故保险保障基金对所有保单的损失不能不加任何区别地全部承担，需要具体研究不同险种、不同保单的赔偿保障范围。首先需要明确该赔偿保障范围划定的依据，以此为衡量某一险种或保单是否能获得救济，获得多少救济的标准①。

　　基于以上观点，我们认为，赔偿保障范围划定的依据应当包括以下两个方面：第一，该保单承保的风险为可保风险，即该保单承保的风险是纯粹风险，其发生具有偶然性、不确定性与非预期性，该风险使大量标的均有遭受损失的可能性，其损失必须是可以用货币计量的；第二，该保单发生了重大保险风险的转移，即除缺乏商业实质的情形外，保单约定的保险事故发生可能导致保险人支付重大保险附加利益。

　　2. 保险保障基金保障范围的划定

　　（1）寿险方面

　　①寿险保单类型

　　a. 传统型人寿保险

　　普通人寿保险：是对个人或某个家庭的保险，它保障的是人的生、死等基本危险。包括定期寿险、终身寿险、两全保险及一些寿险附加险。

　　特种寿险：是指从普通寿险发展而来，在寿险保单条款的某一方面或某几方面作出特殊规定而形成的新险种，主要有年金保险、简易寿险、团

---

① 一般来说，强制性险种均为全额保障，故以下讨论的主要是自愿性险种。

体寿险。

b. 创新型人寿保险

与传统产品相比较，创新型人寿产品通常具有投资功能，如投资连结产品或称为投资理财类保险产品。在保险费缴纳方式、保单现金价值或保险金额等方面是可以单独或共同变动的。主要种类有变额寿险（投资连结险）、万能寿险和变额万能寿险。其中，万能寿险为储蓄类保险产品，其有最低收益保证；变额寿险为投资类保险产品，其最大特点为投资风险转移，即投保人自行负担投资风险。

②赔偿保障范围的划定

一般情况下，寿险保单承保的风险均为可保风险，故需要对寿险保单进行重大风险测试，看其是否发生了重大风险转移。该测试可依据中国保监会《重大保险风险测试实施指引》中相关规定进行。根据测试结果，将寿险保单按其转移重大保险风险的程度划分为保障类、储蓄类及投资类保单，分别适用不同的赔偿比例及限额。笔者建议，对于保障性强的保单，赔偿救济比例高，赔偿限额也较高；投资性强的保单，赔偿救济比例相对较低，赔偿限额也较低。对于由保单持有者承担的投资风险的投资收益中超过某一特定额度的也不提供保障。

（2）非寿险方面

①非寿险保单类型

非寿险保单通常包括车险、企业财产保险、家庭财产保险、工程保险、船舶保险、农业保险、货物运输保险、责任保险、意外伤害保险、健康保险、综合保险、特殊风险保险、信用保险、保证保险等。

②赔偿保障范围的划定

一般情况下，非寿险保单基本满足转移重大保险风险的条件，故确认一张非寿险保单是否属于保险保障基金赔偿保障范围的关注点在于其承担的风险是否满足可保风险的条件。

我们认为，商业车险、企业财产保险、家庭财产保险、工程保险、船舶保险、农业保险、货物运输保险、责任保险、意外伤害保险、健康保险、综合保险、特殊风险保险均满足可保风险的条件，但保证保险与信用保险尚待进一步讨论。

保证保险的投保人（债务人）对保险标的（债务履行）不具有保险利益，对于部分险种来说，保险事故（债务不履行）是否发生，实际上取决于投保人（债务人）的主观意愿（如表 10 - 2 所示），不符合可保风险条件中有关风险的发生具有客观的不确定性的条件，不是传统意义上的保险合同。保证保险其形式和实质是不一致的，是采取保险形式的一种担保手段。且履约的全部义务由债务人自己承担，保险公司为了减少风险，往往要求债务人提供反担保，故并没有发生风险转移。所以我们认为，保证保险不应被纳入保障基金赔偿的范围。

表 10 - 2　　　　　　　　　　　部分保险公司保证保险

公司名称	险种名称	保险责任
中国人民财产保险股份有限公司	高新技术企业小额贷款保证保险	在保险期间内，投保人连续三个月完全未履行与被保险人签订的《借款合同》中约定的还款义务，即为保险事故发生。发生保险事故的，被保险人根据《借款合同》的约定向投保人和担保人进行追偿后，对于不足以清偿投保人的借款本金与借款利息的剩余部分，保险人按照本保险合同的约定负责向被保险人赔偿。
中国人民财产保险股份有限公司	雇员忠诚保险	赔付雇主由于附表所列任何一名或一名以上雇员在下述情况下：（1）附表规定的赔偿期内；及（2）在上述雇员不中断的雇用期间；及（3）和上述雇员有关的职业和职责中，因欺骗或不忠实行为而遭受的直接经济损失。
中国大地财产保险股份有限公司	外派劳务人员履约保证保险	在本保险期限内，投保人由于不履行其与被保险人签订的劳务合同，导致被保险人的下列经济损失，保险人按本条款的规定负责赔偿。

续表

公司名称	险种名称	保险责任
中国大地财产保险股份有限公司	银行信贷资产转让履约保证保险	本保险单明细表载明的保险期间内，被保险人转让的信贷资产中，由于借款人发生破产、重组、未能偿还借款，且担保人也未能履行代偿责任的信贷事故，造成其无法如期偿还到期借款本息，保险人负责在约定的限额内，赔偿被保险人超过累计绝对免赔额部分的贷款损失。
中国大地财产保险股份有限公司	医疗设备还款保证保险	由于投保人未依约支付购买设备所欠任何一期款项，致使被保险人未能如期收回其融资款项，视为保险事故发生。保险事故发生后 6 个月，投保人仍未履行规定的还款义务，保险人按照本条款的规定负责赔偿被保险人未收回的融资款项。
中国大地财产保险股份有限公司	资产监管责任保险附加雇员忠诚保证保险	在保险期间内，若被保险人雇员在从事资产监管业务过程中，因其故意行为导致委托人的直接经济损失，并在保险期间及扩展报告期内由委托人首次向被保险人提出索赔申请，依法应由被保险人承担的经济赔偿责任，保险人负责赔偿。

信用保险中被保险人交纳保费是为了把可能因义务人不履行义务而使自己受到损失的风险转嫁给保险人，保险人承担着实实在在的风险，但该风险大多数并不是纯粹风险，而是投资风险，即既有损失机会又有获益可能的风险，使得此类险种风险巨大，故我们认为，信用保险不应被纳入保障基金赔偿的范围。①

（三）关于保险保障基金救助对象的规定

我们认为，对保单持有人救助的限制应区分寿险及非寿险。

1. 寿险方面

寿险因其被保险人为自然人，无论其投保人是个人还是大型企业，未

---

① 其他如货运险、航空险等高保额险种，我们认为可通过对赔偿限额的设定或对救助对象的规定予以限制。

来给付保险金的对象均为个人，保障的是个人的利益，故建议不对其救助对象进行规定，采取设定赔偿限额并划定可受偿险种范围的方式限制保障基金救助金额，以使需要保障的个人得到应有的保障。

2. 非寿险方面

非寿险因其被保险人可为自然人也可为法人，故可采取以下两种方式对救助对象进行规定：

（1）直接限制救助对象。借鉴英国经验，将大型商业企业的所有保单排除在保障基金的救助范围以外。而对于大、中、小型商业企业的划类，可参照工信部等四部门印发的《中小企业划型标准规定》中的划分标准进行。

（2）间接限制救助对象。鉴于我国保险市场尚未完全成熟，存在险种不完善等问题，建议借鉴美国经验，对可受偿险种的范围进行较宽泛的划定并设定赔偿限额上限，以间接排除大型企业类保单持有人。

参 考 文 献

［1］Alan Gart：《管制、放松与重新管制》，陈雨露译，北京，科学出版社，1999。

［2］美国联邦存款保险公司：《危机管理——1980—1994 年联邦存款保险公司和处置信托公司的经验》，刘士余译，北京，中国金融出版社，2004。

［3］阙方平：《加强银行监管亟待解决的若干问题》，载《武汉金融》，2003（4）。

［4］徐安良：《在深化改革中防范金融风险》，载《开放导报》，2006(5)。

［5］孙海芹：《对我国问题金融机构处置工作的政策思考》，载《新疆金融》，2007（7）。

［6］徐孟洲、徐阳光：《论金融机构破产之理念更新与制度设计》，载《首都师范大学学报》，2006（1）。

［7］周智海：《美国保险保证基金体系简介》，载《保险研究》，2002(5)。

［8］滕帆：《美国保障基金体系及其对中国的借鉴作用》，载《现代财经》，2004（2）。

［9］张领伟：《保险公司风险处置研究》，南开大学 2010 年博士学位论文。

［10］江先学：《中国保险保障基金制度研究》，西南财经大学 2009 年博士学位论文。

［11］沈南宁：《中国保险市场退出机制比较研究》，厦门大学 2009 年博士学位论文。

[12] 何佳：《我国保险市场退出制度研究》，南开大学 2008 年硕士学位论文。

[13] 杨哲：《保险保障制度研究》，西南财经大学 2001 年硕士学位论文。

[14] 财政部财政科学研究所：《我国保险行业保障风险研究》，内部研究报告，2010。

[15] 中国人民大学：《保险保障基金公司参与保险公司整顿、接管、破产清算国际比较研究中期报告》，内部研究报告，2008。

[16] 中伦律师事务所：《保障基金参与保险业风险处置研究》，内部研究报告，2010。

[17] 北京市金杜律师事务所：《保险公司风险处置问题研究》，内部研究报告，2010。

[18] 中国证券投资者保护基金公司：《证券投资者保护基金公司在证券公司风险处置程序中的地位和作用》，内部研究报告，2007。

[19] 《我国金融体系如何抵御金融危机》，2013 – 11 – 12，http：//www. caijing. com. cn/2008 – 11 – 12/110027997. html。

[20] 《雷曼 4 家子公司香港遭封 134 只窝轮停止交易》，载《21 世纪经济报道》，2008 – 09 – 17。

[21] 台湾必富网，http：//www. berich. com. tw/AG/Cnyes/Cmpinfo/Cmpinfo_ NW. asp？cmpname = % C0s% A5% AD% A6w% B2% A3% AA% AB% ABO% C0I。

[22] 中国经济法网，www. cel. cn。

[23] Freeman, R. Edward. : Strategic Management：A Stakeholder Approach, Pitman Publishing Inc, 1984.

[24] Jeffrey W. Stempel, Doris S. , Theodore B. Lee：The Insurance Policy as Social Instrument and Social Institution, 2010.

[25] Simon Ashby, Paul Sharma, William McDonnell：Lessons about Risk：Analyzing the Causal Chain of Insurance Company Failure, 2003.

[26] Martin F. Grace, Robert W. Klein, Richard D. Phillips：Insurance

Company Failures: Why Do They Cost So Much? 2003.

[27] Property and Casualty Insurance Guaranty Association Model Act, 2008.

[28] Life and Health Insurance Guaranty Association Model Act, 2008.

[29] Financial Services and Markets Act, 2000.

[30] National Insurance Consumer Protection Act Sec. 602: Establishment of the National Insurance Guaranty Corporation.

[31] Florida Life and Health Insurance Guaranty Association Act, http://www. flsenate. gov/Statutes/index. cfm? App _ mode = Display _ Statute&URL = Ch0631/part03. htm&StatuteYear = 2004&Title =% 2D% 3E2004%2D%3EChapter%20631%2D%3EPart%20III.

[32] The Life Insurance Company Guaranty Corporation of New York Act, http://www. nylifega. org/.

[33] Rolfe Winkler, Insurance "Guarantee Funds," Another Mirage? http://marketpipeline. blogspot. com/2009/03/insurance – guarantee – funds – another. html.

[34] SeeWhat Happens When an Insurance Company Fails? http://www. nolhga. com/policyholderinfo/main. cfm/location/insolvencyprocess.

[35] 日本: 金融机关等の更生手続の特例等に关する法律（平成八年六月二十一日法律第九十五号）。

后　记

　　2009 年 5 月至 2011 年 6 月，中国保险保障基金公司风险管理部先后与中伦律师事务所、北京大学金融政策研究中心和天津财经大学经济学院合作，分别从保险保障基金和保险保障基金公司两个角度，对保险业风险处置进行理论和实务研究。此课题历时两年，在借鉴其他国家（地区）保险业风险处置一般规律，结合中国国情的基础上，着重对保险保障基金参与保险业风险处置、保险保障基金公司风险处置职能定位、处置主要模式及处置平台建设、保险公司救助和保单救济等问题进行深入研究，为修订《保险保障基金管理办法》及制定相关风险处置制度提供了参考。

　　2012 年 4 月至 2013 年底，根据《建立健全保险市场准入和退出机制工作方案》的要求，中国保险保障基金公司风险管理部在保监会财会部的领导下，成立了课题研究小组，并邀请金杜律师所事务所破产组资深律师、国枫凯文律师事务所金融保险专业律师、对外经济贸易大学保险学相关研究人员共同参与课题研究工作。课题组成立后，分别在深圳、上海、北京三地召开了保险机构座谈会，听取近 20 家保险机构对保险市场退出机制、保险保障基金管理运行方面的意见和建议，从而进一步明确了课题研究重点。在此基础上，又在海南举办了专题研讨会，邀请保监会发改部、产险部、寿险部、法规部等相关部门参与，与课题组共同探讨市场退出机制的有关问题。会议确定了课题研究报告名称，并对课题研究框架形成初步共识。在前期筹备工作的基础上，课题组研究了美国、英国、日本、加拿大以及台湾地区的保险保障基金制度和案例，并在撰写过程中充分听取各方意见，不断地进行修改和完善。课题通过对保险市场退出机制中的保险保障基金制度进行理论和实务研究及国内外比较，总结了我国保险保障基金的风险处置经验，为建立完善的市场退出机制，规范实施救济流程，细化具体操作、标准提供了理论和实务支持，并为《保险保障基金救济工作手册》的制定提供了参考。为总结前期研究成果，同时加强保险保障基金风险处置功能的宣传，现形成《保险保障基金参与保险业风险处置与市场退出研究》一书。

我们衷心感谢中国保监会各位会领导以及有关部门的指导和支持。特别感谢中国保监会主席项俊波为本书所作的严谨精辟、立意深远的序言。同时，中国金融出版社社长魏革军、编辑部主任张铁对本书的编辑、出版、发行给予了大力支持，在此表示感谢。

由于编写时间紧迫加之水平有限，本书难免存在疏漏和不足之处，敬请各位专家学者、同仁批评指正。

编者

2014 年 8 月